GERSTENBERG VERLAG

50 Klassiker
DEUTSCHE SCHRIFTSTELLER

Von Grimmelshausen bis Grass

dargestellt von Joachim SCHOLL
unter Mitarbeit von Klaus Binder

»Wann und wo entsteht ein klassischer Nationalautor?«

… fragte Johann Wolfgang von Goethe 1795 in einem Essay und formulierte gleich mehrere Stichpunkte zu einer Antwort: Zunächst müsse ein solcher Autor in großen, ereignisreichen Zeiten leben, vom Geist seines Volkes durchdrungen sein und einen hohen Grad an nationaler Kultur besitzen, um »ein großes Werk zu übersehen, zu ordnen und in einem Sinne auszuführen«. Dass es aber einen ›deutschen‹ Nationalautor von klassischem Gepräge geben könne, lehnte Goethe entschieden ab. Von welchem Volk wäre denn zu sprechen? Bildeten hunderte von Fürstentümern eine Nation?

»Zerstreut geboren, höchst verschieden erzogen, meist nur sich selbst und den Eindrücken ganz verschiedener Verhältnisse überlassen«, sähen sich die Autoren schon allein deshalb außerstande, kulturelle Identität zu stiften. Viel wichtiger als die nationale Frage erachtete Goethe indes die unsichere soziale Stellung der Schriftsteller, den mangelnden Respekt der Umwelt, mithin die stete Sorge um das täglich Brot, die die meisten Kräfte raube! Das ist Goethes entscheidender Punkt: Solange man den Schriftstellern die gesellschaftliche Bedeutung versagt, bleibt jeder Gedanke ans ›Klassische‹ ein Luxus, den sich kaum einer leisten kann. »Wir sind überzeugt, dass kein deutscher Autor sich für klassisch hält«, folgerte der Geheime Rat, und er begriff sich sogar selbst mit ein.

■ Johann Wolfgang von Goethe

Goethes trostloser Beschreibung haben sich die Kollegen aller Jahrhunderte grimmig angeschlossen. Theodor Fontane, der erst mit sechzig, nach langer Mühsal, den Sprung vom Journalisten zum Romancier schaffte, stellte am Ende seines Lebens nüchtern fest: »Es ist immer dasselbe Lied: Wer durchaus Schriftsteller werden muss, der wird es. Aber wer nicht ganz dafür geboren ist, der bleibe davon.« Zwei Generationen später zog Heimito von Doderer ein ebenso trockenes Resümee: »Unsere wahren Tragödien: Wir kriegen die Torte, wenn wir sie nicht mehr essen können.« Doderer hatte vierzig Jahre lang auf den literarischen Durchbruch gewartet, sämtliche

Habe inklusive Schreibmaschine zur Pfandleihe getragen, um seinen Roman *Die Strudlhofstiege* fertigstellen zu können, der ihn dann berühmt und zum österreichischen ›Nationalautor‹ machte. Vielen anderen blieb dieses glückliche Erlebnis versagt. Außer seiner Schwester glaubte zur Zeit Georg Büchners kein Mensch daran, dass sein schmales Werk einst in den Rang einer epochalen Leistung aufsteigen würde. Franz Kafkas grandiose Prosa wurde erst nach dem Zweiten Weltkrieg entdeckt und anerkannt. Kafka selbst war wenig davon überzeugt und bat den Freund Max Brod, sämtliche Manuskripte zu verbrennen. Sicherlich träumten auch Büchner und Kafka bisweilen von »Größe, Außerordentlichkeit, Welteroberung und Unsterblichkeit des Namens«, wie Thomas Mann in seiner Schiller-Novelle *Schwere Stunde* das höchste Ziel eines jeden Dichtertums beschrieb. Doch kaum einer der Meister sah diesen Traum erfüllt, schwere Stunden indes hatten sie alle genug.

Fast sämtliche Biographien unserer Klassiker erzählen eine Geschichte von größter Einsamkeit, Zweifeln und Krisen. Viele Autoren des 19. Jahrhunderts mussten gar ein Doppelleben führen. Sie betrieben ihre Kunst im Stillen und nur nebenbei. Der Bergbau-Ingenieur Friedrich von Hardenberg verbarg die literarische Tätigkeit vor seinen Vorgesetzten mittels Pseudonym, als »Novalis« wurde er zum Inbegriff der Romantik. Die Staatsbeamten Joseph von Eichendorff, Gottfried Keller und Theodor Storm trabten brav über Jahrzehnte allmorgendlich ins Büro, abends kam die Literatur zu ihrem Recht. Wilhelm Busch war öfter drauf und dran, das Schreiben gänzlich aufzugeben, es werde ja doch nichts damit, notierte er und erwog ernsthaft die Karriere eines Bienenzüchters in Brasilien. Theodor Fontane saß die Ehefrau im Nacken, die ihm noch auf der Höhe seines Erfolges vorwarf, nichts Anständiges zu arbeiten. Der Dichter überlegte zwischendurch, ob er sich vielleicht besser bei der Eisenbahn bewerben sollte.

Nur die wenigsten Autoren waren sich ihrer Bestimmung gewiss. Mit entwaffnender Nonchalance und Gelassenheit beschritt Rainer Maria Rilke seinen Weg, den ihm reiche Baronessen komfortabel pflasterten. Gerhart Hauptmann und Thomas Mann dagegen forderten noch mehr. Beide fühlten früh den Drang nach repräsentativer Geltung, wählten den gewaltigen Goethe zum Vorbild und pflegten bald jenen großbürgerlich-luxuriösen Lebensstil, der den Glanz ihrer künstlerischen Triumphe auch äußerlich strahlend sichtbar machte. Zwei ener-

■ Gerhart Hauptmann

gische und überaus wohlhabende Gattinnen lieferten Unterstützung und das notwendige Startkapital. Die hart schuftenden Ärzte Gottfried Benn und Alfred Döblin haben diese Privilegien dem Nobelpreisträger Thomas Mann nie verziehen, der seinerseits vor Neid erblasste, wenn er die Auflagenhöhen der Bücher eines Lion Feuchtwanger oder Erich Maria Remarque mitbekam.

Im 20. Jahrhundert drückte sich literarischer Erfolg oder Misserfolg auch in Zahlen aus. Jetzt flossen Tantiemen, und mit der wachsenden Macht der Presse stieg das öffentliche Renommee der Dichter deutlich an. Autoren wurden zu Stars und Lieblingen des Boulevards, man befragte sie zu ihren Meinungen. Politiker schmückten sich gern mit ihnen, Gerhart Hauptmann war sogar für das Amt des Reichspräsidenten im Gespräch. Hitler und seine Spießgesellen wussten nach 1933 sofort, was es galt, um diesen Einfluss zu unterbinden. Sie verbrannten die Bücher, trieben die Schriftsteller ins Exil, viele verkrafteten es nicht. Joseph Roth und Stefan Zweig starben in Verzweiflung. Wer in Deutschland blieb, musste sich fügen. Manche, wie Gottfried Benn, Erich Kästner schwiegen freiwillig und lebten fortan mit einem Makel, der nie mehr ganz zu tilgen war. Mit der deutschen Diktatur, mit Verfolgung, Krieg und Massenmord haben sich die literarischen Parameter der Neuzeit unumkehrbar ins Politische verschoben. Doch in dem Maße, wie die erzwungene Emigration die deutschen Schriftsteller über den halben Erdball verstreute, wuchs die Bedeutung ihrer herausragenden Gestalten. Thomas Mann wurde zur Institution, zum Repräsentanten des ›guten‹ Deutschland. Nach dem Zweiten Weltkrieg umwarb die sozialistische DDR die Linksintellektuellen Heinrich Mann und Bertolt Brecht. Letzteren feierte man als Staatsdichter und, wenn man so will, als Nationalautor im Sinne Goethes: An »ereignisreichen Zeiten« war wahrlich kein Mangel.

■ Erich Maria Remarque

Wie politisch zweifelhaft, zuweilen menschlich schwach sich die berühmten Männer verhielten, welche Haken sie schlugen, welche Fehler sie begingen – auch davon erzählen ihre Lebensläufe. Die faszinierende Gabe, tief ins Wesen von Individuum und Gesellschaft vorzudringen, Zeit und Welt literarisch zu erfassen und dabei neue ästhetische Sphären zu eröffnen – all das macht den Schriftsteller vielleicht zum Klassiker, jedoch

nicht unbedingt zu einem politisch klügeren Zeitgenossen. Doch eben diesen im künstlerischen Genie freizulegen, und des weiteren im Genie den auch privaten Charakter zu entdecken, bildet den Reiz der biographischen Beschäftigung. Biographien erklären keine Kunst, aber sie klären die äußeren wie inneren Bedingungen und Voraussetzungen, unter denen sie entsteht. Es ist eine kulturelle Errungenschaft erst unserer Tage, dass sich die Bewunderung der künstlerischen Leistung durchaus mit dem kritischen Blick auf die Persönlichkeit verträgt. Das haben die moderne Politisierung und eine neue Medien-Öffentlichkeit ebenfalls bewirkt. Man kann heute einen Dichter schätzen und sein Werk genießen, ohne ihm in allem zuzustimmen. Dunkle Flecken gehören zu jeder Sonne.

Das vorliegende Buch versammelt 50 große Namen von Schriftstellern aus Deutschland, Österreich, der Schweiz und dem deutschsprachigen Tschechien von einst. Alle diese Autoren haben Epoche gemacht, in Prosa, Lyrik und Dramatik. Den »rasenden Reporter« Egon Erwin Kisch zählen wir dabei ebenso zum Kanon wie den alten Indianer Karl May, den manche für trivial und nichtig halten. Seine Verbreitung in über 100 Millionen verkaufter Bücher und die eindeutig sensationelle Vita waren uns Grund genug, den Vater von Winnetou und Old Shatterhand zu würdigen. Dagegen fehlen etliche Schriftsteller von Gewicht, etwa Adalbert Stifter, Stefan George, Robert Walser und Peter Weiss. Ebenfalls hätten Hermann Broch, Stefan Heym oder Erwin Strittmatter eine Darstellung verdient, Verlag und Verfasser mussten sich entscheiden, wir bitten um Pardon bei allen Verehrern dieser Größen. Wer auf den ersten Blick die geschlossene Männergesellschaft bemängelt, dem sei respektvoll annonciert: Die Schriftstellerinnen erhalten ihren eigenen, gesonderten Band! Auch lebende Schriftsteller haben wir in der Qual der Wahl nicht berücksichtigt. Mit einer Ausnahme, nämlich Günter Grass, dem bisher letzten (männlichen) deutschsprachigen Nobelpreisträger. Seine internationale Bekanntheit und weltliterarische Wirkung hat kein zweiter Landsmann im letzten Drittel des 20. Jahrhunderts erreicht. Siegfried Lenz, Martin Walser und Peter Handke – nichts für ungut! Über ihren zukünftigen Rang als Klassiker befinden die Nachgeborenen.

■ Heiner Müller

Ein Tausendsassa macht den Anfang

Johann Jakob Christoffel von Grimmelshausen

um 1622–1676

■ Grimmelshausen-Porträt, Nürnberg 1670

MUTTER COURAGE
Die Vorlage von Bertolt Brechts berühmtem Stück heißt *Trutz Simplex oder Lebensbeschreibung der Erzbetrügerin und Landstörzerin Courasche* und stammt von Grimmelshausen. Seine Courage ist eine kinderlose Landstreicherin und mannstolle Hure. Brecht dagegen machte sie zur zynischen Geschäftsfrau und treusorgenden Mutter. Die Moral bleibt dieselbe: Krieg zerstört die Menschen!

Das schönste Denkmal hat ihm rund 300 Jahre nach seinem Tod ein geistesverwandter Kollege gesetzt: In der 1979 erschienenen Erzählung *Das Treffen in Telgte* versammelt Günter Grass in einem Wirtshaus eine kleine Gruppe von Barockdichtern zum poetischen Gespräch, ein jüngerer Mann sticht dabei besonders hervor. Begleitet von bewaffneten Reitern bietet er den Literaten Schutz, organisiert Verpflegung und sorgt mit forschem Mundwerk, in flottem Jägerhut und grünem Wams, für gute Stimmung. Auch seine gewagten literarischen Ambitionen erheitern die Runde, in der keiner ahnt, dass dieser Frechdachs sie eines Tages alle an Bekanntheit und Auflage übertreffen wird. Dabei hat er jetzt, anno 1647, kurz vor Ende des Dreißigjährigen Krieges noch gar nichts geschrieben! Aber er plant Großes, ungeheuer Neues, man werde schon sehen! Die Herren lächeln. Wie heißt der Bursche eigentlich? Gelnhausen nennt er sich, nach seinem Geburtsort im Hessischen, Stoffel ruft man ihn, als Dichter veröffentlicht er später allerdings unter mehreren Pseudonymen, weshalb die Nachwelt fast zweihundert Jahre braucht, um seine Werke zweifelsfrei zu identifizieren. Samuel Greifnson von Hirschfeld lautet zum Beispiel eine Tarnung, German Schleifheim von Sulsfort eine zweite, es sind sämtlich Anagramme, gebildet aus Buchstaben dieses Namens: Johann Jakob Christoph von Grimmelshausen.

Bei Günter Grass verschwindet der ominöse Autor *in spe* über Nacht auf Nimmerwiedersehen, im tatsächlichen Leben dauert es noch zwanzig Jahre, bis er sein Versprechen einlöst. 1668 erscheint *Der Abentheurliche Simplicissimus Teutsch*, ein gewaltiger Roman, nicht nur vom Umfang her, und der erste deutsche Prosaroman von Weltrang. Den ganzen Wahnsinn des Krieges fängt das Buch ein, grausame Metzeleien, Folterung und Vergewaltigung, es erzählt vom Religionsstreit und Kräftespiel der europäischen Mächte, schildert aber ebenfalls die pralle Lebensfreude des Barock mit üppigen Festen, Trinkgelagen und erotischen Ausschweifungen. Dazwischen wird viel gebetet und ums Seelenheil gerungen. Massen von Lesern verschlingen den Roman. Sie lieben die kraftvoll-derbe Sprache und vor allem den Helden des Romans, Simplicius oder Simplex genannt, einen herzensguten Bauernbur-

■ *Ländliches Fest*. Gemälde, 1600, von Pieter Brueghel d. J. Autun, Musée Rolin

schen, den der Krieg durch halb Europa schleift und dessen naiver Blick die Dinge scharf und komisch zugleich erscheinen lässt. Simplicius gerät in gefährliche und drollige Abenteuer, in den Wirren der Zeit steigt er zum Edelmann und Casanova auf, um am Ende der verdorbenen Welt fromm den Rücken zu kehren. »Es hat mir so wollen behagen, mit Lachen die Wahrheit zu sagen«, schreibt Grimmelshausen über die Absichten seines Romans, der ihn zum populärsten deutschen Autor des 17. Jahrhunderts macht.

Wenn man auch Verfasser und Hauptfigur nicht miteinander verwechseln darf – Grimmelshausen hat etliche Erlebnisse seines Simplicius selbst durchlitten. Geboren um 1621 in ärmlichen Verhältnissen, wird der Dreizehnjährige nach der Erstürmung Gelnhausens von hessischen Soldaten verschleppt und zieht jahrelang im Tross verschiedener Heerhaufen durch das verwüstete Land. Er dient als Musketier in einer Garnison, landet um 1643 glücklich in der Schreibstube seines Regiments und übersteht so den Krieg. Mit der Tochter eines befreundeten Leutnants gründet Grimmelshausen hoffnungsvoll eine Familie, das Paar bekommt zehn Kinder, die meisten sterben früh in diesen kargen Jahren. Wenigstens befördert ihn sein einstiger Kommandeur und Gönner

»So habe ich z. B. heute den *Simplicius Simplicissimus* von Grimmelshausen beendet, den ich schon seit Jahren besitze, ohne dass ich früher an ihm Geschmack gefunden hätte. Es ist ein starkes und großes Zeitgemälde aus dem 30jährigen Krieg, ein Bild der damaligen gesellschaftlichen Verwilderung in Deutschland, von erschütternder Wirkung.«
Rosa Luxemburg
in einem Brief, 1917

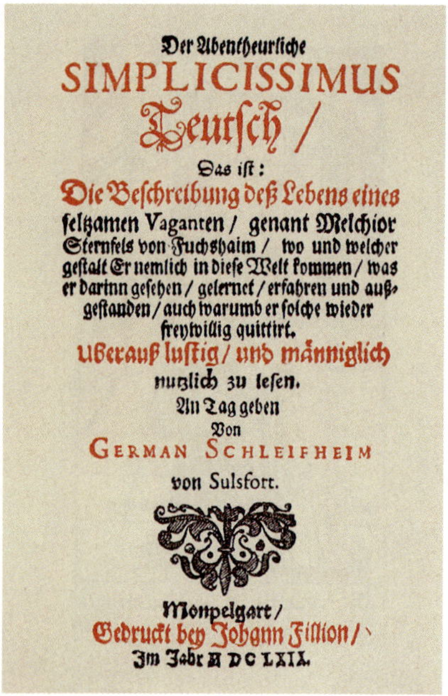
Der Abentheurliche
SIMPLICISSIMUS
Teutsch /
Das ist:
Die Beschreibung deß Lebens eines
seltzamen Vaganten / genant Melchior
Sternfels von Fuchshaim / wo und welcher
gestalt Er nemlich in diese Welt kommen / was
er darinn gesehen / gelernet / erfahren und auß-
gestanden / auch warumb er solche wieder
freywillig quittirt.
Uberauß lustig / und männiglich
nutzlich zu lesen.
An Tag geben
Von
GERMAN SCHLEIFHEIM
von Sulsfort.
Mompelgart /
Gedruckt bey Johann Fillion /
Im Jahr M DC LXIX.

■ Titelseite der Erstausgabe des *Simplicissimus*, Mömpelgard 1669. »Eines der vortrefflichsten Bücher ist der *Simplicius Simplicissimus*. Tieck hat ihn mir geliehen. Herr, das ist göttlich!«
Clemens Brentano, 1803

»Der *Simplicissimus* ist ein Literatur- und Lebensdenkmal der seltensten Art, das in voller Frische fast drei Jahrhunderte überdauert hat und noch viele überdauern wird, ein Erzählwerk von unwillkürlicher Großartigkeit, bunt, wild, roh, amüsant, verliebt und verlumpt, kochend von Leben, mit Tod und Teufel auf Du und Du, zerknirscht am Ende und gründlich müde einer in Blut, Raub, Wollust sich vergeudenden Welt, aber unsterblich in der elenden Pracht seiner Sünden.«
Thomas Mann, 1944

zum Gutsverwalter. Grimmelshausen handelt mit Wein und Pferden, betreibt einen Gasthof, um schließlich ab 1667 in der württembergischen Ortschaft Renchen das achtbare Amt des Schultheiß (Gemeindevorstehers) auszuüben. Während all dieser Stationen verschafft er sich in zähem Selbststudium die Bildung, die ihm zum Schreiben fehlt. In kaum zehn Jahren produziert er mehrere tausend Seiten. Nur zögerlich lüftet Grimmelshausen das Geheimnis seiner Identität. Das Versteckspiel entspringt zwar auch der grillenhaften literarischen Neigung zu »Chaos, Mischmasch, Labyrinth und Irrgarten«, wie er selbst gesteht, doch plagt ihn stets die Furcht, man könne ihm die einfache Herkunft zum Vorwurf machen, das »von« im Namen deutet lediglich auf längst erloschenen Ritteradel hin. Grimmelshausens Sorge ist begründet: Literatur gilt in jener Epoche als rein akademische Sache, betrieben von studierten, oftmals adligen Schöngeistern, zumindest Männern in respektablen Berufen. Sie beherrschen Latein und Griechisch, dichten nach festen, klassisch vorgeformten Regeln. Ein Bäckerssohn und Autodidakt zählt in solchen Kreisen nicht, und was nach unserem Verständnis eine ästhetische Revolution darstellt, ja den Beginn einer eigenständigen deutschen Literatur, wirkt in den Augen der gebildeten Autorenschaft anmaßend und trivial. Zudem rechnet man die Gattung des Romans zur niederen Dichtung, und wenige erkennen, dass Grimmelshausen mit seinem *Simplicissimus* in den Spuren eines Miguel de Cervantes wandelt, dessen *Don Quijote* ähnlich Grandioses liefert: das satirische Sittenbild eines gesamten Zeitalters.

Gegen die Hochnäsigkeit des literarischen Betriebs rennt Grimmelshausen vergeblich an, die vornehmen Dichtergremien, etwa die »Fruchtbringende Gesellschaft« (s. nächstes Kapitel), bleiben Grimmelshausen verschlossen. Er stirbt im August 1676 im Alter von wohl 55 Jahren an den Folgen einer schweren Krankheit.

Sein Außenseitertum, aber auch sein Wesen als lustiger Geselle und froher Zecher hat Günter Grass im *Treffen von Telgte* liebevoll nachgezeichnet. Jenes Poetentreffen ist frei erfunden, eine launige Reminiszenz an die Begegnungen der Gruppe 47, die nach dem Zweiten Weltkrieg zusammenfindet. Grass gehört ihr an, als ›junger Wilder‹ und wird mit der *Blechtrommel* zum Star. Ohne das Vorbild von Grimmelshausen, so erklärt der Nobelpreisträger gern, wäre dieser Roman nie entstanden.

JOHANN JAKOB CHRISTOFFEL VON GRIMMELSHAUSEN

LEBEN & WERK

Geboren ist Grimmelshausen in Gelnhausen/Hessen um 1622. Nach dem Tod des Vaters, eines Bäckermeisters, 1627, heiratet die Mutter nach Frankfurt; Christoffel bleibt bis zur Belagerung Gelnhausens (1634) bei den Großeltern. Trotz Flucht wird der 13-Jährige von Soldaten entführt, die ihn, wohl wegen seiner Kritik an ihrem Treiben, in ein Narrenkostüm stecken, dann aber doch zum Musketier ausbilden. So kommt er schließlich nach Breisach, dessen Befreiung misslingt, Grimmelshausen setzt sich ab ins Regiment des Obristen Hans Reinhard von Schauenburg. Von 1639 an ist Grimmelshausens Lebensweg gut dokumentiert. Die Stationen: um 1643 Schreibgehilfe, dann Regimentsschreiber, dabei »Weiterbildung«, gefördert durch den Kanzleisekretär Johann Witsch, 1649 Rückkehr nach Offenburg, Heirat, »Schaffner« (Gutsverwalter) des Obristen Schauenburg in Oberkirch-Gaisbach, dessen Besitz er wieder aufbaut; 1662–1665 Burgvogt der Ullenburg, im Dienst des Straßburger Arztes Johannes Küffer. Grimmelshausen erwirbt Grundstücke, baut, unter anderem das Gasthaus »Zum silbernen Stern«, das er 1665–1667 selbst führt. Und er beginnt zu schreiben, arbeitet unter anderem am *Simplicissimus* (1668). Seine Zeit als Schultheiß von Renchen, von 1667 bis zu seinem Tod am 17. August 1676, ist zugleich die Zeit des enorm produktiven und kommerziell erfolgreichen Autors.

WISSENSWERTES

Zum Schelmenroman

Der Simplicissimus, sagte Eichendorff, »ist ein aus dem Volk gegriffener, poetischer, treuer Gesell. Und es ist eine Lust zuzusehen, wie er diese bestialische Welt humoristisch zu bewältigen weiß.« Diese Leselust zu verschaffen war Sinn und Aufgabe des »Schelmenromans«, einer Erzählform, die im Spanien des 16. Jahrhunderts entstand, in einer Zeit, in der die alten höfisch-ritterlichen Ideale zerbrachen, die Nationalstaaten sich herausbildeten und das (lesende) Volk nach eigenen Ausdrucksformen suchte; auch nach Geschichten, die von ihrem Leben, alltäglichen Beschwernissen und Hoffnungen handeln. Im Grunde knüpft der Schelmen- oder Abenteuerroman an volkstümliche Erzählformen an; wie im Märchen (siehe das *Tapfere Schneiderlein*) macht sich der »kleine Mann« auf und wehrt sich listig gegen die übermächtige Weltordnung. Das bestimmt die episodenhafte Form, die Vielfalt der Schauplätze, die Handlung. Sie wird nicht – wie im späteren Bildungsroman – aus dem erfahrenden Ich motiviert, die Abenteuer widerfahren dem Helden, und das Erzählen wird unterbrochen durch moralisierende und belehrende Einschübe. Übergreifendes Thema ist die Unzulänglichkeit der Welt, an der man zwar nichts ändern kann, mit der man aber fertig wird. So blieb diese Romanform über das Barock hinaus aktuell: Man denke an Twains *Huckleberry Finn* oder an Hašeks *Schwejk*.

DATEN

Fünf Werke:

- *Der Abentheuerliche Simplicissimus Teutsch*
- *Trutz Simplex oder Lebensbeschreibung der Erzbetrügerin und Landstörzerin Courasche*
- *Satyrischer Pilgram*
- *Der seltsame Springinsfeld*
- *Die verkehrte Welt*

Lesenswert:

Johann Jakob Christoph von Grimmelshausen. Mit Selbstzeugnissen und Bilddokumenten dargestellt von Curt Hohoff, Reinbek 1995

Gabriele Praschl-Bichler: *Alltag im Barock*, Wien 1995

Miguel de Cervantes: *Leben und Taten des scharfsinnigen edlen Don Quichotte von La Mancha*, Berlin 2003

Günther Grass: *Das Treffen in Telgte*, Hamburg 2006

Sehenswert:

Des Christoffel von Grimmelshausen abenteuerlicher Simplizissimus. Regie: Fritz Umgelter; mit Matthias Habich und Christian Quadflieg. BRD 1975

Besuchenswert:

Gelnhausen: mit dem Geburtshaus, seit 1571 im Besitz derer von Grimmelshausen; heute Hotel

Oberkirch im Renchtal: mit Grimmelshausen-Museum, dem Gasthaus »Silberner Stern« in Gaisbach, Ruine Schauenburg und benachbarte Ullenburg, Grimmelshausendenkmal (von Manzú) und -haus in Renchen

AUF DEN PUNKT GEBRACHT

Überlebenskunst im Barock – verschmitzt und gottesgläubig verwandelt Grimmelshausen die Schrecken der Zeit in kraftvolle Literatur. Durch seine Bücher versteht man, was es hieß, im Dreißigjährigen Krieg zu leben.

»Der Unsterbliche«

Andreas Gryphius

1616–1664

■ Andreas Gryphius. Zeitgenössischer Kupferstich von Philipp Kilian. »Als man geschrieben 1616, den 2. Weinmonat, um 12 Uhr nach Mittage, ist der Selige gesund an diese Welt geboren.«
Aus einer zeitgenössischen Biographie

■ Unterschrift des Dichters, um 1650

Die Türme stehn in Glut, die Kirch ist umgekehret,/Das Rathaus liegt im Graus, die Starken sind zerhaun,/Die Jungfraun sind geschänd't, und wo wir hin nur schaun,/Ist Feuer, Pest und Tod, der Herz und Geist durchfähret. Szenen aus einem totalen Krieg, wie sie Andreas Gryphius schon als Fünfjähriger miterleben muss und, zwanzig Jahre später verarbeitet, im Gedicht *Tränen des Vaterlandes anno 1636.* Er wird hunderte solcher Verse schreiben. Im Herbst 1621 sieht das Kind seine schlesische Heimatstadt Glogau in Flammen aufgehen. Ein 8000 Mann starkes Söldnerheer fällt ein, brennt alles nieder, beraubt die Bewohner, foltert und mordet wahllos, vergewaltigt Frauen und Mädchen. Andreas und seine Verwandten fliehen in die Wälder, entgehen dem Unheil nur knapp. Im Frühjahr hat er schon den Vater, einen protestantischen Geistlichen, am Herzschlag sterben sehen, nachdem Soldaten die Kirche geplündert hatten. Die neuen katholischen Machthaber Glogaus vertreiben alle Protestanten, nehmen den Jungen als Geisel, wieder rettet ihn die Flucht. Mit zwölf verliert er die Mutter, sie erliegt der Schwindsucht, und die sechsköpfige Familie, bei der Gryphius dann unterkommt, rafft sämtlich die Pest dahin. Diese traumatischen Erfahrungen des Dreißigjährigen Krieges lassen ihn nie mehr los, prägen seine Dichtung von Beginn an; sein erstes Drama handelt vom Kindermord in Bethlehem. Da ist er gerade mal fünfzehn, ein Ausnahmeschüler von höchster Intelligenz und rhetorischer Begabung, schreibt und spricht fließend Latein und Griechisch, mit der Zeit beherrscht er zehn Sprachen. Bald findet sein großes Talent einflussreiche Förderer, die den mittellosen Jüngling unterstützen. Im kriegsverschonten Danzig kann er für einige ruhige Jahre die Schule besuchen und nebenbei die notwendige literarische Bildung erwerben. Denn darauf kommt es in dieser Epoche an: Man dichtet nicht einfach drauflos, sondern nach festen, zumeist klassisch-antiken Regeln. Ein hoher, deklamatorischer Ton dominiert auch die Themen. Noch spricht kein Autor von privaten Empfindungen, nur ›objektive‹ historische, mythologische oder religiöse Stoffe zählen zur Kunst. In Gryphius' Lehrjahre fällt jedoch eine sensationelle Neuerung. 1624 veröffentlicht der angesehene Jurist und Philosoph Martin Opitz das Buch von der *Deutschen Poeterey,* in dem er mutig mit dem Vorurteil aufräumt, die deutsche Sprache tauge nicht zum Dichten. Opitz zeigt, dass die antiken Versmaße auch im Deutschen passen und ihren Wohlklang entfalten. Gryphius wird zum treuen, begeisterten Diener dieser Lehre, erprobt den zwölfsilbigen Alexandriner, den Opitz besonders empfiehlt, und entwickelt die altitalienische Form des Sonetts zur Meisterschaft. Thematisch allerdings geht der junge Poet rasch eigene Wege; ihn interessieren weder Gesänge über griechische Götterhelden, geistliche Trost- und Kirchenlieder noch die allseits beliebten, volkstümlichen Hirtenidyllen, in denen reizende Mägdlein mit hübschen Schäfern tändeln. Gryphius hat andere Bilder im Kopf und blickt auf die seelischen Verwüstungen der Gegenwart: *Was sind wir Menschen doch!/Ein Wohnhaus grimmer Schmerzen,/Ein Ball des falschen Glücks, ein Irrlicht dieser Zeit,/Ein Schauplatz herber Angst, besetzt mit scharfem Leid,/ein halb verschmelzter Schnee und abgebrannte Kerzen.* 1637 erscheint die erste Sammlung mit Sonetten, sie macht den Einundzwanzigjährigen praktisch mit einem Schlag zum respektierten Dichter. In diesen Gedichten taucht bereits das zentrale Motiv auf, das sein gesamtes literarisches Werk prägt: die *vanitas mundi* – die Eitelkeit der Welt. Wir verwenden den Begriff heute nur noch im eingeschränkten Sinn, bei Gryphius meint das Wort weit mehr als Selbstgefälligkeit, »eitel« bedeutet vergeblich, unnütz, nichtig, vor

■ Wappenschild der Fruchtbringenden Gesellschaft (Palmenorden) mit dem Bildnis des Stifters, Ludwig Fürst von Anhalt-Köthen, um 1620

DIE FRUCHTBRINGENDE GESELLSCHAFT

Auch »Palmenorden« genannt, die einflussreichste literarische Gesellschaft des 17. Jahrhunderts, gegründet 1617 von Ludwig Fürst von Anhalt-Köthen. Zu dieser Zeit existierte keine literarische Öffentlichkeit, wie wir sie kennen, es gab weder Tageszeitungen noch allgemein zugängliche Zeitschriften. Die »Fruchtbringende Gesellschaft« widmete sich der Sprachpflege, förderte die einheitliche Orthographie und sorgte für die Verbreitung und Diskussion von Literatur. Jene an die Mitglieder verliehenen Beinamen hatten auch die demokratische Funktion, Standes- und Besitzunterschiede zu verdecken. Namen wie »Der Spielende« oder »Der Rüstige« bezeichneten Wesen und Rang des jeweiligen Dichters. Martin Opitz, der Verfasser der wegweisenden *Deutschen Poeterey,* hieß entsprechend königlich »Der Gekrönte«.

■ Der Dichter Martin Opitz (1597–1639). Koloriertes Porträt, um 1635

allem: vergänglich. »Alles Irdische ist eitel«, sagt schon der Prediger Salomo in der Bibel, Gryphius verschärft den Spruch: vanitas, vanitatum, et omnia vanitas – alles ist eitel! *Du siehst, wohin du siehst, nur Eitelkeit auf Erden,/Was dieser heute baut, reißt jener morgen ein.* – So erinnert Gryphius an die Wirklichkeit des Krieges, beständig drohen Gewalt und Zerstörung, nichts hat Bestand, einzig verlässlich bleiben Untergang und Grab. Solch kraftvoller Pessimismus ist auch eine Reaktion auf die Prunkgebärden der barocken Epoche, in der das Leben tobt und Sinnenlust und Daseinsfreude ornamentale Pracht in Malerei, Musik und Architektur erzeugen. Mit dem Gedanken der *vanitas* mahnt der Dichter zu frommer Demut, im Jenseits wartet der Lohn Gottes.

Über menschliches Glück, etwa die Liebe, verliert Gryphius kaum eine Zeile, im Leben findet er beides. Als Erzieher der Söhne des Hofpfalzgrafen Georg Schönborner, seines langjährigen Gönners, bereist er Europa, studiert im holländischen Leiden, hält selbst Vorlesungen, überall beeindruckt er durch umfassende Bildung und bescheidene Wesensart. Man trägt ihm hohe akademische Ämter an, Gryphius lehnt ab, um in der Heimat die solide und gutbesoldete juristische Stellung eines Syndikus im Fürstentum Glogau zu bekleiden. Zuvor hat er geheiratet, führt eine glückliche Ehe, wird Vater von sieben Kindern. (Vier davon sterben früh, wie leider üblich in jener Zeit.) In der Literatur wächst er mit mehreren Dramen sowie bald 300 makellosen Sonetten zur unbestrittenen Autorität empor, 1662 nimmt ihn die »Fruchtbringende Gesellschaft«, die damals vornehmste literarische Vereinigung, in ihre Reihen auf. Wie hoch die Wertschätzung seiner Zeitgenossen reicht, zeigt der Bei- und Ehrenname, der ihn fortan schmückt: »Der Unsterbliche« darf sich Andreas Gryphius schon zu Lebzeiten nennen. Der Tod kommt allerdings nur zwei Jahre später, überraschend, schnell und schmerzlos: Am 16. Juli 1664 stirbt der bedeutendste Lyriker des Barock während einer Amtssitzung an einem Schlaganfall.

CHRISTLICHES BAROCK

In der Dichtung der Epoche herrschte zu weiten Teilen ein feierlich-geistlicher Ton. Angesehene, auch beim Volk sehr populäre Autoren waren etwa Paul Fleming und Paul Gerhardt, ihre Gedichte stehen bis heute in kirchlichen Gesangbüchern. Christian Hofmann von Hofmannswaldau wurde ein enger Freund von Gryphius. Zu andauerndem Weltruhm brachte es Johannes Scheffler unter dem bezeichnenden Künstlernamen Angelus Silesius (Schlesischer Engel). Seine bisweilen arg frömmelnde, stets auf Seelenheil und kindliche Gottessehnsucht ausgerichtete Trostlyrik reicht an die alttestamentliche Donnerkraft eines Gryphius jedoch nicht heran.

ANDREAS GRYPHIUS

LEBEN & WERK

Am 2. Oktober 1616 wird Gryphius (mit deutschem Namen Andreas Greiff oder Greif) im schlesischen (heute polnischen) Glogau geboren: zwei Jahre vor Ausbruch des Dreißigjährigen Kriegs (1618–1648). Kriegsgräuel und Glaubenskämpfe prägen seine Zeit. Ab 1634 ist Gryphius Hauslehrer (Ephorus) der Kinder des Rechtsgelehrten und Hofpfalzgrafen Georg Schönborner in Schönborn bei Freistadt, der den 21-Jährigen – 1637 ist *Sonnete* (Lissaer Sonette), die erste Gedichtsammlung, erschienen – zum Dichter krönt und zum Magister der Philosophie ernennt. 1638 begleitet Gryphius die Schönborner-Söhne ins holländische Leiden, studiert dort Sprachen, hält von 1639 an selbst Kollegs. Aus dieser Zeit datiert die Freundschaft mit seinem Landsmann, dem Dichter Christian Hofmann von Hofmannswaldau. Von 1644 an bereist er Frankreich (Paris, Marseille) und Italien (Florenz, Rom, Venedig), kommt 1647 nach Straßburg, wo sein erstes Schauspiel entsteht: *Leo Armenius oder Fürstenmord*. 1647 kehrt er über Stettin nach Fraustadt zurück und heiratet 1649 Rosina Deutschländer. Von 1650 an arbeitet er als Rechtsberater (Syndikus) der Stände des Fürstentums Glogau. Am 16. Juli 1664 erliegt Gryphius während einer Sitzung der Glogauer Landstände einem Schlaganfall. 1698 erscheinen, von Sohn Christian herausgegeben, Gryphius' *Gesammelte Werke*.

WISSENSWERTES

Zum Barock in Deutschland
Zunächst war das Wort »Barock« eher ein Schimpfwort: für üppig überladene Werke in Architektur und Kunst. Literarisch bezeichnet es die Epoche zwischen Humanismus und Aufklärung, die in Spanien (Calderon, Lope de Vega) und in Frankreich (Corneille, Racine, Molière) zu einer Blütezeit von Literatur und Theater wurde und Normen setzte. Im kriegszerrissenen Deutschland dagegen entsteht kein einheitlicher literarischer Stil. Das Theater kennt viele Formen, höfische und kirchliche, Passionsspiele und protestantisches Schultheater, und volkstümliche, Wanderbühnen und Laienspiele, stehen nebeneinander. Wenn es ein deutsches Kunstdrama des Barock gibt, ist Gryphius sein Begründer, in dessen Stücken sich seine Theatererfahrungen aus Holland, Frankreich und Italien niederschlagen. Seine Herrscherdramen sind getragen von der Überzeugung, dass Aufstände auch gegen Tyrannen vergeblich seien, weil sich politische und soziale Gegensätze im Diesseits nicht lösen lassen. Mit seinen Trauerspielen will er die »Vergänglichkeit menschlicher Sachen« darstellen – auch und gerade gegen den Prunk des wiedererwachenden höfischen Lebens. Shakespeares Einfluss wird in den Komödien spürbar, so im »SchimpffSpiel« *Absurda Comica. Oder Herr Peter Squentz* (1658).

EMPFEHLUNGEN

Fünf Werke:
- *Es ist alles eitel*
- *Tränen des Vaterlands anno 1636*
- *Was sind wir Menschen doch*
- *Ebenbild unseres Lebens*
- *Leo Armenius oder Fürstenmord.* Drama

Lesenswert:
Andreas Gryphius: *Dichtungen*. Hg. von Karl Otto Conrady, Reinbek 1968

Ders.: *Dramen*. Hg. von Eberhard Mannack, Frankfurt/M. 1991

Andreas Gryphius. Edition Text und Kritik, München 1980

Albrecht Schöne (Hg.): *Das Zeitalter des Barock*, München 1988

Hörenswert:
Andreas Gryphius: »*Gedanken über den Kirchhof« und andere Gedichte*, gelesen von Albert Gehlen, München 2006

Besuchenswert:
Gryphius' Geburtsstadt Glogau (Głogów) im polnischen Niederschlesien

AUF DEN PUNKT GEBRACHT

Inmitten barocker Kunstpracht errichtet Gryphius mit seiner formvollendeten Dichtung ein düster-frommes Monument, an dem sich fast alle deutschen Schriftsteller der Epoche orientieren. Selbst der Rabauke Grimmelshausen, der gegen Gryphius' vornehme Strenge opponiert, macht die *vanitas* zur Grundlage seiner Literatur.

Der erste Popstar der Literatur
Friedrich Gottlieb Klopstock
1724–1803

Solch ein Begräbnis hatte Hamburg noch nicht gesehen: Sämtliche Kirchenglocken läuteten, die Schiffe im Hafen hissten Trauerflaggen. Zehntausende Menschen säumten am 22. März 1803 den Leichenzug, dem über 100 Kutschen folgten, mit Vertretern der Regierung, Honoratioren, Diplomaten und Militärs. Hinaus ging es nach Ottensen, ins damals noch dänische Altona, wo der Verblichene auf eigenen Wunsch bestattet werden sollte, neben seiner geliebten, früh verstorbenen ersten Frau Meta.

Wie einem Fürsten oder Staatsmann erwies Hamburg dem Dichter Friedrich Gottlieb Klopstock die letzte Ehre, obwohl kaum einer der Trauernden sein Werk noch kannte. Aber Name und Persönlichkeit waren längst Symbol für einen bestimmten lyrischen Stil, für eine geistige Periode, die man heute ›empfindsam‹ nennt – und für den neuen, wirklich epochalen Begriff vom Schriftsteller, der nicht nur Erbauliches zur Unterhaltung verfasst, sondern, durchflossen von quasi-göttlicher Sendung, ein höheres, vorbildhaftes Dasein führt und dem die Gesellschaft entsprechenden Respekt und Tribut zu zollen verpflichtet ist. Vor Klopstock galt Literatur als schöngeistige Nebentätigkeit, betrieben von Gelehrten in fester Anstellung oder von reichen Adligen, die es sich leisten konnten, der Dichtkunst zu frönen. Klopstock verschrieb sich ihr mit Haut und Haar, ohne zunächst nur einen Pfennig zu besitzen. Zwar entstammte er selbst einer wohlhabenden Familie, allerdings mit sechzehn Geschwistern, außerdem verspekulierte der Vater, ein angesehener Jurist, den Großteil des Vermögens. Wenigstens reichte es noch zu einer angemessenen Bildung, im berühmten Naumburger Internat Schola Portensis, der Schulpforta, aus der später noch philosophische Größen wie Johann Gottlieb Fichte oder Friedrich Nietzsche hervorgingen. Hier erwarb der junge Klopstock eine solide theologische und literarische Bildung, las die antiken Klassiker, lernte Grie-

■ Friedrich Gottlieb Klopstock.
»Man ist gegenwärtig sehr geneigt, Lessing als den Ausgangspunkt unserer Literatur hinzustellen. Das ist aber nicht wahr. Der Vater unserer Literatur ist Klopstock. Er hat zuerst den Funken der Begeisterung in die träge und pedantische Masse geworfen …«
Franz Grillparzer, 1851

chisch und Latein. Und in seiner auf Lateinisch gehaltenenen Abschlussrede vom September 1745 dankte er bereits dem Institut als der »Mutter jenes Werkes, das ich in deiner Umarmung durch Nachdenken zu beginnen gewagt habe …«. Mit 21 fand und wählte Klopstock jenen Stoff, der ihn unvermutet durch das ganze Leben tragen würde und sich zu einem monumentalen lyrischen Epos von schließlich 22 000 Versen auswachsen sollte. Im April 1748, während eines flüchtig absolvierten und von einem Vetter finanzierten Theologiestudiums, veröffentlichte Klopstock die ersten drei Gesänge des *Messias* in einer Zeitschrift: *Sing, unsterbliche Seele, der sündigen Menschen Erlösung,/Die der Messias auf Erden in seiner Menschheit vollendet,/Und durch die er Adams Geschlecht zu der Liebe der Gottheit,/Leidend, getödtet, und verherrlichet, wieder erhöht hat.* Schon diese Anfangszeilen schlugen ein, in ihrem völlig neuen, erhaben-trunkenen Ton, unerhört war auch die dramatische Neugestaltung der Leidensgeschichte Jesu, in der die göttliche Liebe des Erlösers zu solch einer ekstatischen Seelen-Erotik verschmolz, dass selbst Satan, der gefallene Engel, fromm mitschluchzen durfte. Mutig sprach der Dichter sogar Gottvater direkt an, sollte der noch nichts wissen von der wahren Himmelsmacht: *Die fühlst du selber, als der Einzige;/Es fühlen jauchzend, welche du himmlisch schufst,/Die hohen Engel deines Bildes/Letzten und göttlichsten Zug, die Liebe!*

Empörten Theologen erschien dieser Schwung blasphemisch und viel zu erotisch, die Leser, zumal die Leserinnen, fühlten es mächtig im Busen pochen und kürten Klopstock zum Helden ihrer Herzen. Wie selbstverständlich verband er sein literarisches Programm mit der ebenfalls überraschenden Vorstellung vom ›heiligen‹ Dichter als Seher, der einzig ihm allein zugängliche Wahrheiten verkündete und deshalb auch keine Zeit darauf verschwenden konnte, mit profaner Arbeit den Lebensunterhalt zu verdienen. Entwaffnend offen hielt Klopstock die Hand auf, futterte sich bei verschiedenen Gönnern durch, bis ihn eine stattliche

▪ Klopstocks Grab unter der Linde auf dem Kirchhofe zu Ottensen bei Altona. Kolorierte Lithographie, um 1830, nach einer Zeichnung von Peter Suhr. Dresden, Staatliches Kupferstichkabinett

▪ Titelseite der Erstausgabe von Klopstocks *Messias*
»Klopstocks *Messias* steht zu unserer Zeit, wie ein stattlicher gotischer Dom. Er ist herrlich genug und jeder fühlt Respekt, aber keiner tritt ein.«
Friedrich Hebbel, 1837

Der
Meßias
ein
Heldengedicht.

HALLE,
bey Carl Herrmann Hemmerde.
1749.

IMMER IN BEWEGUNG
Klopstock war extrem sportlich. Schon als Knabe lief, ritt und schwamm er mit seinen Geschwistern um die Wette. Später entdeckte er das Schlittschuhlaufen. Insgesamt vier prachtvolle Oden widmete er jener damals neuen Mode unter der Jugend, es sind die ersten Sportgedichte der deutschen Literatur. In *Dichtung und Wahrheit* erzählt Goethe von einer Begegnung, bei der Klopstock kaum über Poesie, umso mehr von seinen neuen Schlittschuhen sprach. Bis ins hohe Alter frönte der Dichter dieser Leidenschaft.

Pension des dänischen Königs Friedrich V. von allen Geldsorgen befreite. In einer »besonderen Mischung von Majestät und Kindlichkeit«, wie ein Beobachter notierte, genoss das junge Genie den Kult um seine Person, der bald ganz Deutschland erfasste. Er ließ sich feiern, wurde in den feinen Kreisen herumgereicht, alle wollten diesen Dichter sehen und erleben. Während der nächsten zwanzig Jahre stiegen Ruhm und Ansehen in ungeahnte Höhen, Klopstock veröffentlichte Oden, Dramen und religiöse Hymnen, vollendete 1773 im Triumph den *Messias*. Gesellschaftlich anerkannt und fest etabliert als ›freier‹ Berufsschriftsteller, der nur schrieb und nichts anderes tat, brachte er den literarischen Nachwuchs auf dieselbe wagemutige Idee, aufmerksam verfolgte in Frankfurt a.M. ein lustloser Jurist namens Goethe die Größe Klopstocks. Sie blieb unbestritten, ein Leben lang, doch allmählich und dann immer rascher verschwand hinter der Glorie des Namens seine Dichtung. Schon 1771 spöttelte Gotthold Ephraim Lessing: *Wer wird nicht einen Klopstock loben? Doch wird ihn jeder lesen? – Nein!/Wir wollen weniger erhoben,/Und fleißiger gelesen sein.* Die tiefe Innerlichkeit, das hochgespannte lyrische Pathos kamen aus der Mode, man ehrte weiterhin die Persönlichkeit und vergaß das Werk, bis heute ruht es beim alten Eisen der Literaturgeschichte.

Auch die Hamburger Trauergemeinde, die Klopstock das letzte, so königliche Geleit gab, schaute respektvoll, aber wohl eher unwissend auf die Prachtausgabe des *Messias*, die den Sarg zierte und mit ihm in die Grube sank. Sterbend hatte der Dichter noch die eigenen Verse aus dem XII. Gesang gebetet: *Vater, in deine Hände befehl' ich meine Seele/Gott Mittler! Erbarme dich unser!*

■ Scherenschnitt Klopstocks. Klopstock begeisterte sich zunächst auch für die Französische Revolution. Am 26. August wurde er, neben Friedrich Schiller und George Washington, zum französischen Ehrenbürger ernannt; die Urkunde war von Danton unterzeichnet und an »Henry Klopstock à Hambourg« adressiert.

FRIEDRICH GOTTLIEB KLOPSTOCK

LEBEN & WERK

Klopstock wird am 2. Juli 1724 in Quedlinburg geboren, als Ältestes von 17 Geschwistern. Schon als Kind lernt er die wirtschaftliche Unsicherheit der bürgerlichen Existenz kennen: Mit einer gescheiterten Unternehmensgründung stürzt der Vater die Familie in Armut. Nur mit dem Stipendium eines Gönners kann Klopstock die Fürstenschule Schulpforta besuchen, wo er nicht nur die antiken Autoren kennen (und lieben) lernt, sondern, als sein Leitbild, auch die antike Vorstellung vom Dichterpriester. Davon, aber auch durch die Lektüre von John Miltons *Paradise Lost* angeregt, schreibt er während seines Theologiestudiums in Jena und Leipzig (1745–1748, nicht vollendet) die ersten Verse seines *Messias*. Bis 1773 arbeitet er an diesem Langgedicht, das ihm, der sich glücklos um Hauslehrerstellen oder eine Professur beworben hat, eine Pension des dänischen Königs Friedrich V. einbringt, die er ab 1751 auf Betreiben des Reformers und Ministers Graf von Bernstorff bis an sein Lebensende bezieht. Er lebt bis 1777 in Kopenhagen, aber nicht in der Funktion eines Hofpoeten, sondern als »freier«, nicht dem Fürsten, sondern der Wahrheit verpflichteter Schriftsteller. Als einer der Ersten unter seinen Kollegen macht er sich über die prekäre Stellung derer Gedanken, die für einen anonymen Büchermarkt schreiben müssen (der sich um 1750 überhaupt erst entwickelte). In *Die deutsche Gelehrtenrepublik* (1774) fordert er die Freiheit des Dichters vom Regelzwang, den freien Zusammenschluss der geistig Schaffenden, deren Stellung nicht durch Geburt und Stand, sondern allein von der Fachkompetenz bestimmt wird. Kein Wunder, dass er die Französische Revolution und die Verkündung der Menschenrechte (1789) als »des Jahrhunderts edelste Tat« feiert. 1754 heiratet er Meta Moller, die in seinen Oden als »Cidli« auftaucht. Nach Metas frühem Tod (1758) lebt er in Halberstadt, Braunschweig und Quedlinburg und übersiedelt 1764 noch einmal nach Dänemark. Von 1770 bis zu seinem Tod am 14. März 1803 lebt er, bis ins Alter hochverehrt, in Hamburg.

WISSENSWERTES

Klopstock als Wegbereiter
Klopstocks Ruhm gründet vor allem auf seinen Frühwerken, mit denen er die moralisch-pietistische Bindung und Erstarrung der Literatur im Spätbarock überwunden hat. Mit seiner Betonung der dichterischen Individualität, mit der Befreiung von kanonisierten Regelwerken, der Entdeckung des eigenen Rhythmus der deutschen Sprache und mit seinen eigenwilligen Sprachschöpfungen wurde er zum Wegbereiter für die Dichter der Empfindsamkeit und des Sturm und Drang – nicht nur für den jungen Goethe.

AUF DEN PUNKT GEBRACHT

So schnell er berühmt wurde, so gründlich wurde er vergessen: Friedrich Gottlieb Klopstocks Karriere bleibt ein merkwürdiges Phänomen. Mit ihm kam die Vorstellung in die Welt, dass Dichter höhere Wesen sind, die man bewundern und gefälligst gut bezahlen soll.

EMPFEHLUNGEN

Fünf Werke:
- *Der Messias*
- *Die Frühlingsfeier*
- *Der Zürchersee*
- *Das Rosenband*
- *Der Eislauf*

Lesenswert:

Franziska und Hermann Tiemann (Hg.): *Es sind wunderliche Dinger, meine Briefe. Meta Klopstocks Briefwechsel mit Friedrich Gottlieb Klopstock und ihren Freunden*, 1751–1758, München 1980

Klaus Hurlebusch: *Friedrich Gottlieb Klopstock*, Hamburg 2003

Peter Rühmkorf: *Walther von der Vogelweide, Klopstock und ich*, Reinbek 1984

Arno Schmidt: *Das essayistische Werk zur deutschen Literatur. Band 1* (Zu Brockes, Schnabel, Klopstock, Wieland, Herder und Wezel), Zürich 1988

Hörenswert:
Unser Klopstock, ein lyrisches Stimmenkonzert mit J. Bobrowski, V. Braun u.a., hg. von Harro Zimmermann, Göttingen 2003

Besuchenswert:
Das Klopstock-Museum in Quedlinburg, eines der bedeutendsten Literaturmuseen Deutschlands

Der weise Nathan, unerbittlich

Gotthold Ephraim Lessing

1729–1781

■ Lessingdenkmal in Kamenz, Skulptur von 1863.
Lessing nannte sich selbst einen »Weltbürger« und schuf damit ein neues Wort.

Schon als Fünfjähriger weiß er anscheinend, wo es mit ihm hingeht: »Mit einem großen Haufen Bücher müssen Sie mich malen«, fordert der Knirps von einem Maler, dem er Porträt sitzt. Und diese »Überzeugung, dass mein ganzes Glück in den Büchern bestehe«, bekräftigt auch der Student Gotthold Ephraim Lessing gegenüber der besorgten Mutter in einem langen, enthusiastischen Brief vom Januar 1749, als sein Entschluss feststeht, fortan die Literatur zum Beruf zu machen. Denn stolz sieht er da das erste Bühnenstück bereits gedruckt, ein weiteres sogar aufgeführt, unter viel Beifall des Publikums, zum Entsetzen des Vaters, der den Sohn gern in seinen Fußstapfen als Pastor und gelehrter Theologe gesehen hätte. Die elterliche Skepsis ist wohlbegründet, weil zu jener Zeit kein Dichter ohne eigenes Vermögen oder reiche Mäzene überleben kann. Weder gibt es Tantiemen im heutigen Sinn, noch existiert ein Urheberrecht. Autoren werden von Verlegern oder Buchhändlern einmalig und oftmals kärglich honoriert, Raubdrucke sind die Regel. Aber der junge Lessing zögert nicht, verlässt die Leipziger Universität, zähneknirschend begleicht sein Vater die Schulden des Filius, der frohgemut weiter nach Berlin zieht, in die aufblühende Welt des Journalismus, wo Zeitungen und Zeitschriften mit Aufträgen winken. Viel Geld bezahlen sie nicht, aber dem frischen Talent macht es kaum etwas aus, er braucht wenig, solange eine Garküche für »1 Groschen und 6 Pfennige eine starke Mahlzeit« bietet. In der preußischen Metropole weht die Luft der Aufklärung, hier setzen Philosophen wie Moses Mendelssohn und der Verleger Friedrich Nicolai ständig neue, wagemutige Ideen in die Welt. Mit beiden Männer freundet sich Lessing an, er nimmt rasch Kontakt zu einflussreichen Leuten auf, trifft sogar Voltaire, der am Hof des Preußenkönigs weilt, arbeitet für den großen Franzosen – und verkracht sich mit ihm wegen eines Manuskripts. Lessing ist ein Hitzkopf, gerät schnell in Rage, erst mit den Jahren lernt er, die »Spitzbübin Iraszibilität«, den Zorn, zu kontrollieren. Dieses Naturell prägt auch seinen journalistischen Stil. Lessing schreibt so furios, wie er spricht, geht

»Der wahre Kunstrichter folgert keine Regeln aus seinem Geschmack, sondern hat seinen Geschmack nach den Regeln gebildet, welche die Natur der Sache erfordert. Einen elenden Dichter tadelt man gar nicht; mit einem mittelmäßigen verfährt man gelinde; gegen einen großen ist man unerbittlich.«
Lessing

in blitzend pointierter Sprache schnurstracks auf ein Thema los, jedes Wort sitzt und trifft. Und dieser Neuling kennt sich aus! Nicht umsonst hat er Kindheit und Jugend in der Bibliothek des Vaters zugebracht, seine Lehrer durch überragende Intelligenz verblüfft. Literarisch und philosophisch umfassend gebildet, tritt er an, unbekümmert attackiert er etablierte Autoritäten. Etwa den hochrenommierten Johann Christoph Gottsched, Kritikerpapst jener Epoche, der mit seiner *Critischen Dichtkunst* dem Theater strenge Regeln verordnete. »›Niemand‹, sagt man, ›wird leugnen, dass die deutsche Schaubühne einen großen Teil ihrer ersten Verbesserung dem Herrn Professor Gottsched zu danken habe.‹ Ich bin dieser Niemand, ich leugne es geradezu.« So der Ton Lessings, Gottsched schäumt vergebens, die literarische Welt spitzt die Ohren. Den praktischen Beweis, dass man auch anders Theater spielen kann als im hohen, steifen Duktus der französischen Klassiker, wie Gottsched vorschreibt, liefert Lessing selbst: *Miss Sara Sampson. Ein bürgerliches Trauerspiel.* Schon der Zusatz ist unerhört. Einfache, ›bürgerliche‹ Menschen kommen bis dahin im Theater nur als Hanswurst oder Dienstboten vor, Lessing macht sie zu Hauptpersonen, zeigt ihre Individualität mit Herz und Gefühl, und – noch revolutionärer – er bringt die Gegenwart auf die Bühne! Mit *Miss Sara Sampson* beginnt eine neue Ära in der Literatur, das deutsche Drama emanzipiert sich, findet gesellschaftliche Anerkennung, Lessing verwandelt es in einen Ort der Humanität, wo sich der Zuschauer durch »Furcht und Mitleiden« zu einem besseren Menschen entwickeln soll. Die Tragödie »soll unsre Fähigkeit, Mitleid zu fühlen, erweitern«, denn »der mitleidigste Mensch ist der beste Mensch, zu allen gesellschaftlichen Tugenden, zu allen Arten der Großmuth der aufgelegteste«.

Warum gelingt es Lessing so überzeugend, vitale und blutvolle Charaktere zu zeichnen? Es hat wesentlich damit zu tun, dass er selber einer ist. Er interessiert sich für alles, was um ihn herum ge-

■ Lessings Wohnung am Nikolaikirchhof in Berlin (drittes Haus von rechts), wo er von 1748 bis 1751 lebte. Holzstich, um 1890

■ Lavater und Lessing bei Moses Mendelssohn. Gemälde, 1856, von Moritz Daniel Oppenheim. Berkeley, Judah L. Magnes Memorial Museum

»Wenn man sagen wird, dieses Stück lehre, dass es nicht erst von gestern her unter allerlei Volke Leute gegeben, die sich über alle geoffenbarte Religion hinweggesetzt hätten und doch gute Leute gewesen wären; wenn man hinzufügen wird, dass ganz sichtbar meine Absicht dahin gegangen sei, dergleichen Leute in einem weniger abscheulichen Lichte vorzustellen, als in welchem der christliche Pöbel sie gemeiniglich erblickt: So werde ich nicht viel dagegen einzuwenden haben.«

Aus der geplanten Vorrede zum *Nathan*, die sich in Lessings Nachlass fand

schieht, er liebt das Leben der Großstadt, isst und trinkt gern mit Freunden, vom Schreibtisch zieht es ihn abends in die Kneipen und zum Glücksspiel. Leidenschaftlich tippt er in der Lotterie – »Wann ist Ziehung?« –, und nicht selten eilt Lessing in der Theaterpause zum Roulette. »Oh weh, schon wieder falsch gesetzt!«, liest man in einem Brief an die Verlobte Eva König. Das Geld bleibt ein Problem. Trotz wachsenden, bald landesweiten Ruhms hängt sein ›freies‹ Schriftstellertum am seidenen Faden. Lessing publiziert unermüdlich und muss doch ständig knapsen. Zwar locken Fürsten, sogar Kaiserin Maria Theresia von Österreich, mit attraktiven Posten, alle wollen jetzt Theater haben. Doch Lessing beharrt auf seiner Freiheit, auch weiß er um die launische Gunst von Majestäten, die sich prompt verflüchtigt, geht es auf der Bühne kritisch zu. Eine Professur für Rhetorik schlägt Lessing aus, weil er die alljährlich verlangte Lobrede auf den König als Frechheit empfindet. Für einige Jahre schlüpft er unter bei General Tauentzien, einem Freund und Gönner, wird Sekretär – das regelmäßige Einkommen erlaubt endlich größere Sprünge, eine kostbare

»Nicht nur die Einsicht, dass es die eine Wahrheit innerhalb der Menschenwelt nicht geben kann, sondern die Freude, dass es sie nicht gibt und das unendliche Gespräch zwischen den Menschen nie aufhören werde, solange es Menschen überhaupt gibt, kennzeichnet die Größe Lessings.« Hannah Arendt

LESSING UND DIE RELIGION

Er war kein Atheist, betete zu Gott, lehnte aber jede religiöse Dogmatik ab. Ein erbitterter Gegner Lessings wird der Hamburger Hauptpastor Johann Melchior Goeze. An dessen streng orthodoxen Prinzipien entzündete sich ein heftiger Streit. Lessing plädierte, energisch und scharf wie selten, für Toleranz, Ausgleich und Versöhnung der Konfessionen. Nach dem Machtwort des Kurfürsten weicht Lessing auf die Dichtung aus: »Nathans Gesinnung gegen *alle* positive Religion ist von je her die meinige gewesen.«

»Zum ersten Mal in Deutschland verkörpert er den europäischen Typus des großen Schriftstellers, welcher, ein Mann des freien und glänzenden, sachlich-übersachlichen Wortes, eine geist- und kunstumleuchtete Persönlichkeit, seiner Nation zum Bildner und Erzieher wird.«

Thomas Mann

Bibliothek zum Beispiel, die er später zu Schleuderpreisen verkaufen muss. Wieder hat er zu viel riskiert, einen Verlag gegründet und grandios in den Sand gesetzt, und die richtigen Lottozahlen wollen einfach nicht fallen.

Gegen Honorar begleitet Lessing Adelssöhnchen auf ihrer Kavalierstour, in Hamburg spendieren ihm wohlhabende Kaufleute eine Stelle am neugegründeten Theater. Zuvor macht die Komödie *Minna von Barnhelm* national Furore, erneut ein Stück fürs erstarkende Bürgertum, über Ehre, fürstliche Willkür und weibliche List, mit herrlichen Figuren wie Minna und Major Tellheim, noch heute reißen sich Schauspieler um diese Rollen. In der Hansestadt entsteht die *Hamburgische Dramaturgie*, ein Jahrhundertwerk ästhetischer Theorie, fulminant geschrieben, originell und rebellisch in der Argumentation, wie überhaupt Lessings Stil und Geist die deutsche Literaturkritik erstmals auf europäisches Niveau hebt. Er weist auf Shakespeare hin, den in Deutschland kaum jemand kennt, vertreibt die harmlos tändelnde Dichtung des Rokoko, Kunst ist für ihn eine ernste Sache, Kritik ihr bedeutsamstes Instrument im Kampf für Fortschritt und Toleranz.

Mit einundvierzig segelt Lessing doch noch in einen sicheren Hafen. Der Kurfürst von Braun-

■ Ziehung der Lotterie-Lose. Holzstich aus dem 19. Jahrhundert nach einem Kupferstich von 1706

»Seine Stücke sind er selbst; seine Wesenheit, Form geworden.«
Hugo von Hofmannsthal

EVA KÖNIG

Die einzige große Liebe in Lessings Leben: Eva König war die Witwe eines Wiener Seidenfabrikanten, in Hamburg lernte sie den Dichter kennen. Doch Lessing zögerte aufgrund seiner schlechten materiellen Lage die Heirat immer wieder hinaus. Erst 1776 gaben sich beide das Jawort. Im Jahr darauf wurde ihnen ein Sohn geboren, er lebte keine 24 Stunden, Eva starb zwei Wochen später. Verzweifelt schrieb Lessing in einem Brief: »Ich wollte es auch einmal so gut haben wie andere Menschen! Aber es ist mir schlecht bekommen.«

schweig engagiert ihn an der prächtigen Bibliothek in Wolfenbüttel, zahlt ordentliche 800 Taler Gehalt und – das Wichtigste! – gewährt Lessing die Befreiung von jeglicher Zensur.

Dieses Privileg nutzt der Autor nach Kräften, Kurfürst Karl hätte es wissen müssen. Ein Religionsstreit, in dem Lessing mit einem starrsinnigen Geistlichen die Klingen kreuzt und die gesamte klerikale Orthodoxie gleich miterledigt, wird zum Politikum, ängstlich verbietet der Landesvater seinem Bibliothekar jedes weitere Wort. Zum Glück für die Weltkultur! Denn Lessing fügt sich nur, um zum letzten großen Schlag auszuholen. »Ich muss versuchen, ob man mich auf meiner alten Kanzel, auf dem Theater, wenigstens noch ungestört will predigen lassen«, notiert er im September 1778. Kein Trauerspiel, keine Komödie hat er im Sinn, sondern ein »dramatisches Gedicht«.

In fünffüßigen Jamben formuliert Lessing das unsterbliche Ideal vom Frieden zwischen den Religionen: *Nathan der Weise*. Und wie viel eigener Schmerz steckt in der Figur und Rede des gütigen, klugen Juden Nathan, dem man Weib und Kinder ermordet und der den Christen dennoch verzeiht. Während der Arbeit stirbt Lessings geliebte Eva im Kindbett, auch der Säugling überlebt nicht. Drei Jahre später, 1781, folgt der Dichter nach. Zur selben Zeit erscheint Immanuel Kants epochale *Kritik der reinen Vernunft*, die Aufklärung geht weiter, in ihrem Licht aber strahlt Lessings Name für alle Ewigkeit.

■ Porträt von Lessings Frau Eva König. Holzstich nach einem Gemälde aus dem Jahr 1772 von Georg Desmarées

GOTTHOLD EPHRAIM LESSING

LEBEN & WERK

Am 22. Januar 1729 in Kamenz (Oberlausitz) geboren, besucht Lessing die Schule in Meißen, beginnt 1746 das Studium in Leipzig bei Gellert und Gottsched, übersetzt für das damals berühmte Theater der Neuberin, übersiedelt 1748 nach Berlin, um »freier« Schriftsteller zu werden. Und er schreibt: Fabeln, Gedichte, Theaterstücke, Rezensionen, Abhandlungen, bricht Kontroversen vom Zaun – mit Voltaire, mit dem Theaterpapst Gottsched, dessen französischem Theaterideal er Shakespeare entgegensetzt und damit in Deutschland bekannt macht. 1754 beginnt die Freundschaft mit dem jüdischen Philosophen Moses Mendelssohn. 1755 wird *Miß Sara Sampson* uraufgeführt. 1760–1765, in seiner Zeit als Sekretär des preußischen Generals von Tauentzien, entstehen die Abhandlung *Laokoon* und das Lustspiel *Minna von Barnhelm*. Von 1767 an versucht er, als Hausdramatiker des Hamburger Nationaltheaters deutsche Stücke durchzusetzen, scheitert aber. Von 1770 bis zu seinem Tod am 15. Februar 1781 lebt er als herzöglicher Bibliothekar in Wolfenbüttel. Seine (anonyme) Teilveröffentlichung von *Apologie oder Schutzschrift für die vernünftigen Verehrer Gottes* des Herman Samuel Reimarus führt zum »Fragmentenstreit« (1777), Hauptgegner ist der Hamburger Hauptpastor Goeze. Seine Auffassung, dass alle Religionen auf eine gemeinsame Wurzel zurückgehen, stellt er in *Nathan der Weise* auf die Bühne: mit der Ringparabel.

BEDENKENSWERT

Toleranz

Zusammengehörigkeit der Menschen über Religionsgrenzen hinweg, Respekt für den Fremden: Verlangt Lessing zu viel von uns? Nicht nur dessen Duldung, Anerkennung und Sich-Einlassen fordert er. Das zeigt der Text: »Es strebe jeder um die Wette,/Die Kraft des Steins an seinem Ring an Tag/zu legen! Komme dieser Kraft mit Sanftmut … mit Wohltun, mit innigster Ergebenheit in Gott/ zu Hülf!« Ergebenheit in Gott – das ist, wie Lessing wusste, die deutsche Übersetzung für *Islam*; vom Wettstreit, gut zu handeln, spricht nicht nur die Bibel (Matth. 7,20), auch der Koran: »Wenn Gott gewollt hätte, hätte Er euch zu einer einzigen Gemeinde gemacht. Er wollte euch aber in alledem, was Er euch gegeben hat, auf die Probe stellen.« (5. Sure) So konsequent hat kein »Aufklärer« gedacht, kein Voltaire, kein Kant, der in den »Arabern« den Ausbund gefährlicher »Schwärmerei« zu sehen glaubte. Lessing dagegen hält Aufklärung nicht für ein nur westliches Projekt, verweist auf die Geschichte des Islam, »genau so wichtig und lehrreich wie die griechische und römische«. Gemeinsame Basis kann nur Vernunft sein, die sich im Handeln zeigt. Sie ist der Kern der Ringparabel, auch die Basis menschlicher Entwicklung. Vernunft, so glaubt der Deist Lessing, kann sich aus eigner Kraft entwickeln – wenn sie sich dem Fremden nicht dogmatisch entgegensetzt.

AUF DEN PUNKT GEBRACHT

Er ist der wichtigste Schriftsteller deutscher Aufklärung, der erste hiesige Kritiker von Weltrang, aber auch Lehrmeister der Klassik. Ohne Lessing sind Goethe und Schiller nicht zu denken, und sein Nathan bleibt internationales Zeichen der Humanität.

EMPFEHLUNGEN

Fünf Werke:

- *Miss Sara Sampson*
- *Hamburgische Dramaturgie*
- *Minna von Barnhelm*
- *Emilia Galotti*
- *Nathan der Weise*

Lesenswert:

Werner Jung: *Lessing zur Einführung*, Hamburg 2001

Helmut Göbel (Hg.): *Lessings Nathan. Der Autor, der Text, seine Umwelt, seine Folgen*, Berlin 2002

Gunter E. Grimm (Hg.): *Lessing zum Vergnügen: »Je mehr ich vergesse, desto gelehrter werde ich«*, Stuttgart 2005

Jan Philipp Reemtsma: *Lessing in Hamburg*, München 2007

Hörenswert:

Gotthold Ephraim Lessing: *Zeus und das Pferd. Fabeln*, gelesen von Gerd Balthus, Hamburg 2004

Sehenswert:

Gute Verfilmungen von Lessing: *Minna von Barnhelm*, *Emilia Galotti* und *Nathan der Weise* sind auf DVD erhältlich.

Besuchenswert:

Kamenz mit Taufkirche und Lessing-Museum: Ausstellung zu Lebensweg, Werk & Theatergeschichte, Lesekabinett; Ort der Verleihung des Lessing-Preises des Landes Sachsen

Das Lessinghaus in Wolfenbüttel, Wohnhaus des Hofbibliothekars Lessing

Ein Kobold unter Strom

Georg Christoph Lichtenberg

1742–1799

■ Porträt Lichtenbergs. Zeitgenössischer Kupferstich von Johann Conrad Krüger nach einem Gemälde von Johann Ludwig Strecker. Den berühmten Satz von Immanuel Kant, der die Aufklärung als »Ausgang des Menschen aus seiner selbstverschuldeten Unmündigkeit« definierte, wandelte Lichtenberg um in »sich aus dem Schutt fremder Dinge herausfinden, selbst anfangen zu fühlen, und selbst zu sprechen und ich möchte fast sagen, auch einmal selbst zu existieren.«

Jedes Mal, wenn wir eine Batterie in irgendein elektrisches Gerät einlegen, müsste eigentlich sein Namenszug aufleuchten. Als Erster hatte er die unterschiedliche Spannung der Elektrizität entdeckt, sie in positiv/negativ eingeteilt und mit dem Plus/Minus-Zeichen versehen. Er experimentierte mit Blitzableitern, beschrieb das Prinzip rundum geschützter Erdung und zeichnete einen metallenen Käfig, fünfzig Jahre bevor der Brite Michael Faraday damit internationale Berühmtheit erlangte. 1783 ließ unser Mann mit Helium gefüllte Schweinsblasen aufsteigen und sah die Menschheit den Himmel bereisen, wenige Wochen darauf sprach ganz Europa vom Ballon der Brüder Montgolfier. Dass gebündelte Lichtstrahlen Druck erzeugen, bildete eine weitere seiner Beobachtungen, im 20. Jahrhundert entwickelte man daraus den elektronischen Kopierer. Er selbst hielt solche Forschung für nebensächlich, für hübsch anzuschauende Phänomene und Zaubertricks, die er Freunden und Besuchern zur Unterhaltung vorführte. Hätte er die Ergebnisse ernsthaft publiziert, würde heute alle Welt seinen Namen kennen. So aber taucht der Physiker und Mathematiker Georg Christoph Lichtenberg lediglich im Literaturlexikon auf, als glänzender Stilist und Autor, den bedeutende Geister wie Leo Tolstoi, Albert Einstein und Kurt Tucholsky zu ihrem Lieblingsschriftsteller erkoren. Und zwar hauptsächlich wegen eines Werkes, das erst lange nach seinem Tod erschien. Nie dachte er darüber nach, es zu veröffentlichen. Um zukünftigen Ruhm scherte sich Lichtenberg allerdings wenig, er war viel zu beschäftigt mit der Gegenwart, in der er größte Popularität und Anerkennung genoss. Lichtenberg korrespondierte mit der gesamten intellektuellen Prominenz der Epoche, Goethe warb um seine Gunst, mit dem englischen König Georg III. stand er auf freundschaftlichem Fuße, der Monarch ernannte ihn zum Großbritannischen Hofrat, die vornehmste wissenschaftliche Institution, die Londoner Royal Society, nahm den Gelehrten in ihre Reihen auf, ein Privileg, das dem heutigen Nobelpreis nahe-

IN ENGLAND

Lichtenberg war, genau genommen, ein Brite. Das Kurfürstentum Hannover gehörte damals zur britischen Krone, somit besaß der Schriftsteller die doppelte Staatsbürgerschaft. Er liebte die englische Sprache, bewunderte die Literatur, vor allem Satiriker wie Jonathan Swift und Laurence Sterne. In der konstitutionellen Monarchie sah er die ideale Staatsform. Zweimal reiste Lichtenberg nach Großbritannien. Als er am 22. April 1770 von König Georg III. empfangen wurde, sprach er vom »glücklichsten Tag meines Lebens«. In seinen Briefen nach Hause beschrieb Lichtenberg das turbulente London, es ist die erste Großstadt-Schilderung in der deutschen Literatur.

kommt. Aus dem In- und Ausland strömten die Studenten ins kleine Göttingen, um Lichtenbergs Vorlesungen zu besuchen, er wurde zum Markenzeichen von Stadt und Universität. Jedermann schwärmte von seinem sprühenden Geist, dem wahren Feuerwerk verblüffender Gedanken, die er witzig und elegant zu formulieren verstand. Bei aller Begeisterung für die Wissenschaft stellte er stets den Menschen in den Mittelpunkt seiner Überlegungen, verband den strengen Rationalismus der Aufklärung mit Herz, Gefühl und Lebenslust. Der Religion begegnete der Pfarrerssohn mit freundlicher Skepsis: »Ich danke es dem lieben Gott tausendmal, dass er mich zum Atheisten hat werden lassen.« Wenn Lichtenberg je niedergeschlagen war, dann nur über sich selbst und vor allem seine körperliche Erscheinung.

1742 geboren, aber »bei der Zeugung misslungen«, wie er selbst mutmaßte, wuchs dem Kind – das siebzehnte der Familie! – ein hässlicher Buckel, »seine ganze Figur lacht ihn aus«, lautete das bittere Fazit des Erwachsenen, der mit kümmerlichen 1,40 m auch für damalige Verhältnisse als Wichtel galt. Lichtenbergs Zeitalter gab behinderten Menschen keinerlei Pardon, zäh kämpfte er sich durch eine von Hohn und Spott übergossene Jugend, wurde zum fleißigen Schüler, ein Stipendium ermöglichte ihm das Studium der Mathematik und Physik. An der Universität erkannte man rasch seine brillanten Fähigkeiten, bald arbeitete der junge Lichtenberg als Tutor vornehmlich für ausländische Kommilitonen, weil er mühelos Sprachen lernte. Mit 28 Jahren wurde er zum Professor berufen, seine Antrittsvorlesung handelte von der Wahrscheinlichkeit beim Glücksspiel, das in jener Zeit unter den Studenten

Obwohl körperlich alles andere als ein Adonis, war Lichtenberg ein überaus sinnlicher Mensch. Mit seinem reizenden Wesen hatte er großen Erfolg bei Frauen. Von vielen Liebschaften wird berichtet, ständig setzte er Kinder – insgesamt acht – in die Welt, zweimal lebte Lichtenberg in jahrelanger ›wilder Ehe‹: »Es ist nicht der Geist, sondern das Fleisch, das mich zum Nonkonformisten macht.« Als er 1789 schwer erkrankte, heiratete er die Geliebte Margarethe Elisabeth Kellner, um ihr seine Professorenpension zu sichern. Am 24. Februar 1799 starb Lichtenberg, er wurde nur 56 Jahre alt.

■ Karikatur Lichtenbergs, wahrscheinlich von seinem Kollegen Blumenbach

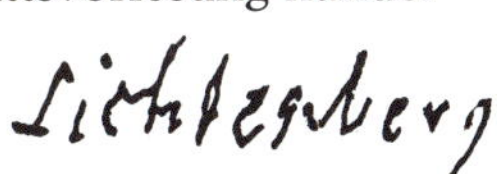

■ Am 4. Juni 1783 ließen die Brüder Montgolfier auf dem Marktplatz in Annonay, Ardèche, den ersten unbemannten Heißluftballon, die Montgolfière, bis auf 1800 Meter Höhe emporsteigen. Nach einem Flug mit Tieren fand am 21. November 1783 der erste freie Flug mit Menschen statt.

übel grassierte. Solch praktische Aufklärung sprach sich herum und machte Lichtenberg über die Grenzen seiner Fächer landesweit bekannt.

Literarisch gewann er Profil durch die Herausgabe des *Göttinger Taschen-Calenders,* eines jährlich erscheinenden Magazins, das vom philosophisch-wissenschaftlichen Essay bis zur Damenmode alle aktuellen Tendenzen der Zeit aufgriff. Das bunte Sammelsurium passte ganz zu Lichtenbergs sprunghaftem Naturell, er fühlte sich in jedem Sujet zu Hause und schrieb hunderte von Beiträgen. »Warum hat Deutschland noch kein öffentliches Seebad?«, mahnte er 1793, prompt wurde im Jahr darauf in Doberan bei Rostock das erste eröffnet.

Trotz dieser beträchtlichen zeitgenössischen Wirkung wäre auch der Schriftsteller Lichtenberg wohl mit seinem Jahrhundert versunken, denn ein großes, zusammenhängendes Werk ist nicht überliefert, die zahlreichen Pläne zu Romanen und Dramen blieben schon im Ansatz stecken. Doch nach seinem Tod 1799 tauchten etliche Kladden voller Notizen auf. Über Jahrzehnte hatte Lichtenberg ein privates »waste book« geführt, ein »Schmier- und Klitterbuch«, in das er täglich Einfälle und Reflexionen eintrug, einzelne Sätze oder nur Wörter, die ihn inspirierten und auf neue Gedanken brachten. Unter dem Titel *Sudelbücher* gilt es heute als wertvollste Aphorismensammlung deutscher Sprache. Kreuz und quer blitzen darin die Ideen; man kann nur vermuten, wie und in welchem Zusammenhang sie entstanden sind. Lichtenberg liebte Daniel Defoes *Robinson Crusoe*, ein vieldiskutiertes Buch. Waren es die Kannibalen-Szenen oder die Metzeleien des Siebenjähriges Krieges, die ihm folgende Sentenz eingaben: »Wir fressen einander nicht, wir schlachten uns bloß.« Leider ebenso zeitlos gültig lässt sich diese Einsicht zitieren: »Die meisten haben selten mehr Licht im Kopf, als gerade nötig ist zu sehen, dass sie nichts darin haben.« Und Männer jeglicher Epoche müssen auch das hinnehmen: »Aus der Maitresse eines Mannes lässt sich viel auf den Mann schließen, man sieht in ihr seine Schwachheiten und seine Träume.« Mehr als 2000 solcher Maximen haben Georg Christoph Lichtenbergs Esprit schließlich doch für die Ewigkeit konserviert. Jenseits der Literatur findet sich sein Name nur noch auf dem Mond. Dort ist eine Formation von vier Kratern nach ihm benannt, passend im »Meer der Stürme«. Das hätte ihm gefallen.

»Ihm stand eine ganze Welt von Wissen und Verhältnissen zu Gebote, um sie wie Karten zu mischen und nach Belieben schalkhaft auszuspielen.«
Johann Wolfgang Goethe

»Von dem, was in diesen *Sudelbüchern*, wie er das genannt hat, an Witz heute verschüttet liegt, leben andere Leute ihr ganzes Leben.«
Kurt Tucholsky

GEORG CHRISTOPH LICHTENBERG

LEBEN & WERK

Lichtenberg, geboren am 1. Juli 1742 als 17. und letztes Kind des Ober-Ramstädter Dorfpfarrers, späteren Superintendenten in Darmstadt, kehrt 1762, als er die Schule durchlaufen hat und auf Antrag der Mutter (die Familie hätte kein Studium bezahlen können) mit einem landgräflichen Stipendium ausgestattet wird, seiner Heimatstadt den Rücken: Zeitlebens bleibt er in Göttingen – bis 1766 als Student, ab 1770 als Professor für Physik, Mathematik und Astronomie. Seine regelmäßigen, bald berühmten Vorlesungen hält er ab 1776. 1780 erfolgt die Ernennung zum ordentlichen Professor. Möglicherweise ist es seine Behinderung, eine fortschreitende Rückgratverkrümmung, die Kleinwuchs, Atemnot und häufige Krankheiten zur Folge hatte, die Lichtenberg besonders sensibel machte für Reaktionen und Verhalten seiner Umwelt. Schon früh jedenfalls richtet er seine Beobachtungsgabe, Spürsinn und Witz nicht nur auf Phänomene der Natur, denen er mit erfinderischer Experimentierfreude zu Leibe rückt, sondern auch auf die Spannungen, auf Anziehungs- und Abstoßungskräfte im Umgang der Menschen miteinander. Mit unerschöpflicher Neugier hält er alle seine Beobachtungen, Einfälle, Pläne, Lesefrüchte in den ab 1764 geführten »Sudelbüchern« fest, die die Welt, das Denken und Fühlen und Leiden seiner Zeit wie ein schillerndes Kaleidoskop abbilden, ohne jeglichen Ehrgeiz zum System. Rahel Varnhagen übrigens besorgt eine erste Teilausgabe der nach seinem Tod gefundenen Hefte. Seine Weltoffenheit zeigt sich auch in seinen Briefen, in der Themenvielfalt des von ihm edierten und mit vielen Beiträgen versehenen *Göttinger Taschen-Calenders* und in den Berichten über die beiden Englandreisen (1770 und 1775). Hellsichtig beschreibt er die beginnende Industrialisierung und das Londoner Großstadtleben. Anfang 1777 lernt er die zwölfjährige Dorothea Stechard kennen, gibt ihr eine Stellung in seinem Haus, lehrt sie Lesen und Schreiben – und verliebt sich in sie: Es entstehen die Briefe »über die Macht der Liebe«. Nur zwei Jahre bleiben dem »Paar ohne priesterliche Einsegnung«, 1782 erliegt die Stechardin einer schweren Krankheit. 1784 beginnt ein eheähnliches Verhältnis mit Margarethe Elisabeth Kellner, die er 1789 heiratet, um ihr und den gemeinsamen Kindern sein Erbe zu sichern. Grund ist eine schwere gesundheitliche Krise, die ihn ein halbes Jahr ans Bett fesselt, eine Folge seiner Rückgratverkrümmung, eine Krise, die auch sein Gemüt verdüstert: »Meine Munterkeit, meine Furchtlosigkeit … meine Liebe zu lesen und zu schreiben, Thätigkeit überhaupt, all das blieb im Bette.« Zehn Jahre noch kämpft er gegen seine Krankheit, bis er am 24. Februar 1799 stirbt.

AUF DEN PUNKT GEBRACHT

Mit dem Ruhm geht's manchmal auch andersrum: Im Gegensatz zu vielen Größen, die zu ihrer Zeit verkannt wurden, war Lichtenberg einer der berühmtesten Deutschen des 18. Jahrhunderts. Heute verbindet man mit dem Namen nur noch seine herrlichen Aphorismen. Immerhin.

EMPFEHLUNGEN

Fünf Werke:

- *Über Physiognomik, wider die Physiognomen*
- *Aphorismen (= Sudelbücher)*
- *Vermischte Schriften*
- *Briefe an die Freunde*
- *Briefe aus England*

Lesenswert:

Wolfgang Promies: *Georg Christoph Lichtenberg*, Reinbek 1992

Gerd Hofmann: *Die kleine Stechardin*, München 1999

Helmut Heißenbüttel: *Neue Blicke durch die alten Löcher*, Göttingen 2007

Henning Boëtius: *Der Gnom. Ein Lichtenberg Roman*, München 1998

Robert Gernhardt: *Unsere Erde ist vielleicht ein Weibchen. 99 Sudelblätter zu 99 Sudelsprüchen*, München 2001

Hörenswert:

Georg Christoph Lichtenberg: Gewitzte Aufklärung. Eine Hommage, hg. von Jörg-Dieter Kogel und Harro Zimmermann, gelesen von Christian Brückner, Göttingen 1995

Besuchenswert:

Lichtenberg-Spaziergang durch Göttingen, Führer unter www.literaturatlas.de

In der Göttinger Universität, Physikalisches Institut I, sind Lichtenbergs Apparate gesammelt.

»Voilà un homme!«

Johann Wolfgang Goethe

1749–1832

»Man hört jetzt oft die Frage nach einem ›richtigen‹ Goethebild, das wird es nicht geben, man muss sich damit begnügen, dass hier etwas ins Strömen geraten ist, das verwirrt, nicht zu verstehen ist, aber an die Wüste gewordenen Ufer Keime streut – das ist die Kunst.«
Gottfried Benn, 1950

Es ist schon ein großartiges Bild: Das Ölgemälde von Josef Karl Stieler zeigt Goethe im Alter von 78 Jahren. König Ludwig I. von Bayern höchstselbst hatte den Auftrag dazu erteilt und eigens seinen Hofmaler nach Weimar entsandt. Vom 25. Mai bis 6. Juli 1828 saß der Dichter Modell. Just in dieser Zeit starb Goethes lebenslanger Freund und Protektor, Herzog Carl August. Die Nachricht traf Goethe tief. Allerdings registrierte er schon wenig später beim Anblick »des in jedem Sinne schmeichelhaften Bildes«, dass die Trauer über den Verlust seine Erscheinung »auf sonderbare Weise begünstigt« habe. Das würdevolle Gesicht, der feine, schmale Mund mit leicht zusammengepressten Lippen, die großen Augen, die vom Manuskript aufschauen – tatsächlich glaubt man, hier werde ein hoher Herr gestört durch eine überraschende Mitteilung, die er dennoch so ernst und gemessen empfängt, wie es die Welt von einem gereiften Mann erwartet. So sah sich der Abgebildete selbst gerne, so wollte er, dass ihn die Nachwelt wahrnahm. Johann Wolfgang von Goethe war zu dieser Zeit über den einfachen Rang eines Schriftstellers längst hinausgewachsen, er verkörperte einen Begriff geistiger Größe, mit der man eine gesamte Kultur verband. Wer »Goethe« sagte, meinte weniger das literarische Werk, das um 1830 kaum noch gelesen wurde, sondern vielmehr das faszinierende Spektrum einer Persönlichkeit, die es durch Entfaltung der verschiedensten Talente und Fähigkeiten geschafft hatte, sich zum nationalen Symbol und Repräsentanten zu entwickeln. Diese öffentliche Wirkung prägte Goethes Bewusstsein in seinen letzten Jahren, darauf richtete er die ganze Schaffenskraft. Das eigene Leben wurde ihm zum Maßstab einer vorbildhaften Existenz, für die er alles nutzbar machte, was um ihn herum geschah. Auch die leichte Melancholie im Mienenspiel des Stielerschen Gemäldes passte perfekt. Der Tod des Herzogs verlieh zusätzlichen Glanz.

■ Porträt Goethes, 1828, von Josef Stieler. München, Neue Pinakothek

Mehr als fünfzig Jahre zuvor hatte Carl August den jungen Goethe nach Weimar geholt. Mit 26 war dieser bereits berühmt. Sein erster Roman, *Die Leiden des jungen Werther* – geschrieben in lediglich sechs Wochen –, erschien 1774. Bald lag halb Europa im ›Werther-Fieber‹. Die Geschichte über den Heißsporn, der sich aus unerfüllter Liebe zur verheirateten Lotte umbringt, lebte von der jugendlichen Rebellion gegen die Konventionen einer verhärteten Gesellschaft, der träumerische Werther setzte Poesie und Leidenschaft anstelle bürgerlicher Moral, seine himmelsstürmenden Gefühle trieben ihn zur letzten Konsequenz. Goethe entnahm den skandalösen Stoff einer wahren Begebenheit, verflocht sie mit einem eigenen unglücklichen Liebeserlebnis und lieferte auf diese Weise ein frühes Beispiel für jenes individuelle literarische Prinzip, nach dem er sein ganzes zukünftiges Werk gestalten sollte: Goethe erfand kaum etwas, er brauchte Wirklichkeit, die Anschauung einer äußeren, realen Ursache, die ihn anregte und auf künstlerische Ideen brachte. Die meisten Gedichte entstanden »bei Gelegenheit«, wie er es nannte, nach einem konkret erlebten Anlass. Charakteristisch ist dabei auch der umgekehrte Fall: Was ihn abstieß oder unangenehm berührte, interessierte ihn erst gar nicht. Gewalt, Krankheit, die hässlichen Seiten des Lebens waren für ihn kein Thema. Er hasste das Rauchen, mied Menschen mit Brille, ging auf

■ Carl August Herzog von Sachsen-Weimar und Goethe während der zweiten Schweizreise (1779–1780) auf dem Faulhorn. Holzstich, um 1860, nach einer Zeichnung von Theobald von Oer

WELTLITERATUR

Er hat den Begriff geprägt. Obwohl Goethe nur selten ins Ausland reiste, war er im Denken ein Europäer. Er las englische, französische, italienische und spanische Literatur im Original, übersetzte etliche Werke, pflegte eine weitreichende internationale Korrespondenz und bewirtete in Weimar Gäste aus aller Welt. Diesen Austausch empfand Goethe als wichtiges politisches Medium zur Völkerverständigung. So war es ein zentraler Gedanke seines Alters, wie er im Oktober 1827 in einem Brief schrieb, »dass dasjenige, was ich Weltliteratur nenne, dadurch vorzüglich entstehen wird, wenn die Differenzen, die innerhalb der einen Nation obwalten, durch Ansicht und Urteil der übrigen ausgeglichen werden«.

■ Unterschrift des Dichters. Wie keine andere bedeutende Figur der Weltgeschichte hat Goethe – von seinen mittleren Jahren an – versucht, jeden Augenblick seines Daseins in Briefen (rund 15 000 sind überliefert), Tagebüchern, Notizen und in Gesprächen, die bereits vorab zur Niederschrift bestimmt waren, aufzubewahren.

keine Beerdigung – nicht einmal auf die seiner Frau – und mochte Hunde wenig leiden. Auch solche alltäglichen Motive spielen in Goethes Werk nur eine geringe Rolle, wenn sie überhaupt vorkommen, und für des berühmten »Pudels Kern« im *Faust* muss gleich der Teufel selbst herhalten. Schon der junge Goethe entschied rein nach Instinkt, ob und wie ihm ein Sujet entsprach. Bald wurde daraus eine Arbeitsweise. In einem vermutlich 1797 entstandenen, autobiographischen Fragment, das er zu Lebzeiten nie veröffentlichte, heißt es: »Eine Besonderheit, die ihn sowohl als Künstler als auch als Menschen immer bestimmt, ist die Reizbarkeit und Beweglichkeit, welche sogleich die Stimmung von dem gegenwärtigen Gegenstand empfängt, und ihn also entweder fliehen oder sich mit ihm vereinigen muss.« Dieser Wesenszug führte zu wichtigen persönlichen Wendepunkten in Goethes Leben. Der Aufenthalt in Weimar war zunächst nur die Flucht vor dem drohenden Beruf des Rechtsanwalts. Aufgewachsen in der bildungsbürgerlichen Behaglichkeit seines Frankfurter Elternhauses, hatte Goethe auf Geheiß des Vaters, eines ehemaligen Kaufmanns, in Leipzig und Straßburg ein lustloses Jurastudium absolviert. Viel stärker fesselten ihn Literatur, Kunst und Philosophie, erste Gedichte entstanden im empfindsamen Stil der Zeit, dann immer wilder als »Sturm und Drang«, wie man sie heute literaturgeschichtlich fasst. Sein knalliges Ritterdrama *Götz von Berlichingen* sorgte für Aufsehen, indes bestand der gestrenge Vater auf einer ordentlichen Beschäftigung. Der Sensationserfolg des *Werther* sprengte die Ketten. Die Einladung Carl Augusts, ebenfalls ein junger Brausekopf, kam gerade recht, nebenbei wurde noch eine Verlobte kurzerhand im Stich gelassen. Nach anfänglicher ausgelassener Zeit mit dem Herzog strebte das flammende Genie nach weiterer Vervollkommnung. Von Carl August stattlich entlohnt und zum Geheimen Legationsrat ernannt, verwandelte sich Goethe überraschend in einen tüchtigen Beamten. Er leitete Kommissionen, überwachte Finanzen und entdeckte in seiner Eigenschaft als Bergbauminister neue aufregende Wissensgebiete. Goethe beschäftigte sich mit Mineralogie, Botanik und Anatomie. Heute weiß man, dass diese literaturarme Zeit

■ Geburtshaus Goethes in Frankfurt am Main

■ Goethe auf seiner ersten Italienreise (1786–1788) in einer römischen Osteria. Zeichnung aus dem 19. Jahrhundert von Woldemar Friedrich

– eher en passant entstanden spätere Dramen-Klassiker wie *Iphigenie auf Tauris* und *Torquato Tasso* – wesentlicher Teil von Goethes Programm war, sich eine äußere, solide Verfassung und seinem universalen Bildungshunger Nahrung zu geben. Dann aber begannen ihn die Staatsgeschäfte zu langweilen, eine unerfüllte Liebe, zu Charlotte von Stein, tat ein Übriges dazu – Goethe brannte wieder durch. Bei Nacht und Nebel floh er 1786 nach Italien, fast zwei Jahre blieb er dort. Der großzügige Herzog finanzierte auch diesen langen Bildungsurlaub, verzieh dem Deserteur und entlastete ihn nach seiner Rückkehr von allen Aufgaben, bei vollem Gehalt, dem zweithöchsten im Fürstentum.

In den nächsten 30 Jahren entfaltete Goethe eine unglaubliche Produktivität. Er wurde zum universalen Schriftsteller und geistigem Monument, stilsicher und meisterhaft in jedem Genre. Die Freundschaft mit Friedrich Schiller gab der Epoche ihren Namen, gemeinsam formulierten sie nach antik-griechischem Vorbild jene Ästhetik aus klarer Form und Sprache, die man heute »Weimarer Klassik« nennt. Aus der Fülle der poetischen, naturwissenschaftlichen und autobiographischen Schriften ragen die großen Dich-

GOETHE UND DIE LIEBE

Zahlreiche Frauen begleiteten Goethes Lebensweg, die meisten ließ er mit gebrochenem Herzen zurück. Leidenschaftlich verliebte er sich in die verheiratete Weimarer Adelsdame Charlotte von Stein. Sie erwiderte die Gefühle durchaus, hielt ihn dennoch auf Distanz. Charlotte erzog den jungen Flegel zum Weltmann und war bitter enttäuscht, als Goethe nach Italien floh. Seine dort verfassten *Römischen Elegien* zeigen, dass sich der Dichter auch erotisch weiterbildete. Nach der Rückkehr machte Goethe ein einfaches Blumenmädchen zur Geliebten. Zur Entrüstung der feinen Gesellschaft heiratete er diese Christiane Vulpius sogar. Sie wurde sein »Bettschatz« und Mutter mehrerer Kinder, die – bis auf den Sohn August – alle früh starben.

»Goethe ist nicht Vorbild zur Nachahmung. Er ist wie andere große Orientierung für uns – aber er ist mehr als sie durch sein menschliches Medium, in dem wir reiner werden, klarer werden, mehr und tiefer lieben. Goethe ist wie eine Vertretung des Menschseins, ohne doch der Weg für uns zu werden, dem wir folgen können.«
Karl Jaspers, 1947

■ Blätter mit gepressten Pflanzen aus Goethes botanischer Sammlung

tungen hervor wie *Wilhelm Meisters Lehrjahre*, *Die Wahlverwandtschaften*, *West-östlicher Divan* und *Faust*, dessen zweiten Teil Goethe kurz vor seinem Tod abschloss. Mehr als 15 000 Briefe sind überliefert, die so genannte Sophien-Ausgabe des Gesamtwerks umfasst 143 Bände. Und wie dem armen Gretchen im Faust erging es den meisten Zeitgenossen, denen der Verfasser leibhaftig gegenübertrat: »*Du lieber Gott! Was so ein Mann/Nicht alles, alles denken kann/Beschämt nur steh ich vor ihm da/Und sag zu allen Sachen ja*«. Diese Haltung seiner Umwelt war für den alten Goethe selbstverständlich. Sein berühmtes Haus am Frauenplan gestaltete er zur ersten Adresse des geistigen Deutschlands, prominente Gäste aus ganz Europa fanden sich ein. Viele Berichte zeugen vom imperialen Pomp des greisen Dichterfürsten, der jeden Besucher auf die Knie zwang und jedes kritische Wort unmöglich machte. Aber wenn Goethe bei guter Stimmung war, erzählte er leutselig von seiner Begegnung mit Napoleon, der ihm unter allen Größen seiner Zeit am stärksten imponierte. Am 2. Oktober 1808 hielt der Kaiser Audienz in Erfurt. Der Bezwinger Europas saß beim Frühstück und bot dem Dichter nicht einmal einen Stuhl an. Kauend sprach Napoleon von den Fehlern im *Werther*. Goethe erwiderte diplomatisch, das sei noch keinem andern aufgefallen. »Voilà un homme – das ist ein Mann!«, soll der Gewaltige den umstehenden Höflingen zugeraunt haben. Das war die Krönung, der Ritterschlag seiner Existenz. Goethe eilte beglückt zurück nach Weimar. Bis zum Ende nannte er Napoleon zärtlich »meinen Kaiser«!

»Nur für wenige hat er gelebt und lebt er noch: für die meisten ist er nichts als eine Fanfare der Eitelkeit, welche man von Zeit zu Zeit über die deutsche Grenze hinüberbläst.«
Friedrich Nietzsche, 1886

GOETHE ALS NATURFORSCHER

Auf seine wissenschaftlichen Arbeiten war der Dichter besonders stolz. Speziell die botanische Studie über *Die Metamorphose der Pflanzen* trug ihm den Respekt der Fachwelt ein. 1784 wies er die Existenz des menschlichen Zwischenkieferknochens nach, eine bis heute gültige Leistung. Äußersten Ehrgeiz entwickelte Goethe in der Physik. Er glaubte, erkannt zu haben, wie falsch der große Isaac Newton mit seiner Theorie der Spektralfarben lag. Zwanzig Jahre bastelte Goethe an einem Gegenbeweis, der nicht gelingen konnte. Seine 1810 abgeschlossene *Farbenlehre* ist eine wütende Polemik gegen Newton, Goethe hielt die Schrift bis ans Lebensende für sein bedeutendstes Buch.

JOHANN WOLFGANG GOETHE (GEADELT 1782)

LEBEN & WERK

Goethe, am 28. August 1749 in Frankfurt am Main geboren, lässt in *Dichtung und Wahrheit* (1811/12) das Leben in der Freien Reichsstadt, die Anregungen, die er hier empfängt, wieder auferstehen. Er soll Rechte studieren, das behagt ihm wenig, er lernt zeichnen, liest, beginnt zu schreiben. 1770/71, in Straßburg, schließt er das Studium ab. Entscheidender ist die Befreiung von Rokoko-Künstlichkeit und rational erstarrter Aufklärung, die hier gelingt: Shakespeare (*Rede zum Schäkespears-Tag*, 1771); das Erlebnis der Gotik (*Von deutscher Baukunst*, 1772); die Freundschaft mit Herder, der ihm die Volkspoesie und ein »alchemisch« aufs Ganze gerichtetes Denken nahebringt; die Liebe zu Friederike Brion. Ein Sturm dichterischer Produktion bricht los: das »Mailied« (1771), *Götz von Berlichingen* (1773), *Clavigo* (1774), erste Faust-Skizzen, die *Harzreise im Winter*. Poetischer Anlass ist stets das erlebte Hier und Jetzt: »Hier ist Rhodus! Tanze, du Wicht,/Und der Gelegenheit schaff ein Gedicht!« So macht auch das Zwischenspiel am Reichskammergericht in Wetzlar (1772) ihn nicht zum Anwalt; dafür erlebt er, in der unerfüllten Liebe zu Charlotte Buff, den Anlass für den *Werther*. Erst in Weimar findet Goethe seinen Wirkungskreis; übernimmt, von Herzog Carl August 1776 in den »Geheimen Conseil« berufen, öffentliche Aufgaben: Straßen-, Deich- und Bergbau, Kriegskommission. Als Enge und Pflichten unerträglich werden, verlässt er den Weimarer Hof fluchtartig Richtung Italien (1786–1788; *Italienische Reise*, 1816). Dort öffnet sich ihm eine lebendige Antike, eine unmittelbar erotische Sinnlichkeit (»Römische Elegien«) und mit der Entdeckung der »ursprünglichen Identität aller Pflanzenteile« das Feld naturhistorischer Forschungen. Ein Gespräch darüber führt zur Freundschaft mit Schiller (ab 1794). Anders als dieser, der den Bastillesturm (1789) begrüßt, hält Goethe, der die Niederlage der Republik Mainz (1793) als Augenzeuge miterlebt, die deutschen Verhältnisse nicht für reif für Revolutionen. 1788 verliebt er sich in Christiane Vulpius, sie wird zu seiner Hausgenossin – die spätere Heirat ändert nichts an der Entrüstung der Weimarer Gesellschaft. Auch politisch isoliert (er sieht die Niederlage Preußens 1806 nicht als nationale Katastrophe), konzentriert er sich auf wissenschaftliche Studien (*Farbenlehre*, 1810); auf *Die Wahlverwandtschaften* (1809), biographische Schriften. Nach Christianes Tod (1816) entstehen der *West-östliche Divan* (1819), die *Marienbader Elegie* (1823). Bis zuletzt bleibt die »Ewigkeit des Augenblicks« Thema, gewinnt in *Faust. Der Tragödie Zweiter Teil* Gestalt. Nach 60 Jahren hat er das »Hauptgeschäft vollendet«. Goethe stirbt am 22. März 1832 in Weimar.

AUF DEN PUNKT GEBRACHT

Sein Name ist ein weltweites Markenzeichen. Kein zweiter deutscher Schriftsteller hat es zu solchem Ruhm gebracht. Goethe steht als bedeutendster Repräsentant für ein Deutschland von intellektueller Tiefe und ästhetischer Pracht. Sein Leben und Werk sind kulturelles Ereignis und zugleich der spektakulärste Ego-Trip der Literaturgeschichte.

EMPFEHLUNGEN

Fünf Werke:

- *Die Leiden des jungen Werther*
- *Die Wahlverwandtschaften*
- *Wilhelm Meisters Lehrjahre*
- *Faust I + II*
- *Der west-östliche Divan*

Lesenswert:

Hans Mayer: *Goethe*. Hg. von Inge Jens, Frankfurt/M. 1999

Sigrid Damm: *Christiane und Goethe. Eine Recherche*, Frankfurt/M. 2000

Peter Boerner: *Johann Wolfgang von Goethe*, Reinbek 2003

Hörenswert:

Das Leben, es ist gut. Hundert Gedichte. Ausgewählt von Siegfried Unseld, gelesen von Maria Becker, Will Quadflieg, Gert Westphal u.a., Universal Music

Große Goethe-Interpreten (Acht Balladen, gesprochen von Will Quadflieg u.a.), Hamburg 2003

Italienische Reise. Gesprochen von Bruno Ganz, Hamburg

Sehenswert:

Die Braut. Regie: Egon Günther; mit Veronica Ferres, Herbert Knaup, Rüdiger Vogler, Fritzi Haberlandt. D 1999

Besuchenswert:

Das Goethe-Haus in Frankfurt am Main

Weimar und Umgebung, geführt durch Paul Raabes *Spaziergänge durch Goethes Weimar*, Zürich 1999

Leben in einer idealen Welt

Friedrich Schiller

1749–1805

»Von seinem sanftgewaltigen Willen gehe durch das Fest seiner Grablegung und Auferstehung etwas in uns ein: von seinem Willen zum Schönen, Wahren und Guten, zur Gesittung, zur inneren Freiheit, zur Kunst, zur Liebe, zum Frieden, zu rettender Ehrfurcht des Menschen vor sich selbst.«

Thomas Mann, 1955

»Das Theater glich einem Irrenhaus, rollende Augen, geballte Fäuste, heisere Aufschreie im Zuschauerraum! Fremde Menschen fielen einander schluchzend in die Arme …« So erinnert sich ein Besucher an die Premiere des Schauspiels *Die Räuber* im Nationaltheater zu Mannheim. Der Autor des furiosen Spektakels, das zeigt, wie man durch unmenschliche Behandlung zum Verbrecher werden kann, ist ein völlig Unbekannter, ein 23-jähriger Regimentsmedikus aus Stuttgart: Friedrich Schiller. Was damals, am 13. Januar 1782, niemand weiß: Der Verfasser sitzt unter den Zuschauern, incognito in einer Loge. Aber warum das Versteckspiel? Sein Landesherr, der Herzog Carl Eugen von Württemberg, hat Schiller an der eigenen, äußerst strengen »Carlsschule« aufgenommen, ihm das Medizinstudium finanziert und will über die Laufbahn des Schützlings auch in Zukunft bestimmen. Als der Herzog vernimmt, dass der junge Mann dichtet, zürnt er heftig und verbietet alles weitere Verseschmieden und Komödienschreiben. So muss sich der frischgebackene Dramatiker ins Theater schleichen, um bei seinem ersten großen Bühnenerfolg dabei zu sein.

■ Friedrich Schiller, nach einem Gemälde von Johann Heinrich Wilhelm Tischbein d. J., 1783

Ein halbes Jahr später verlässt Schiller die Heimat für immer – wieder heimlich, versteckt in einem Fuhrwerk, seiner selbst aber gewiss: »Neigung für Poesie beleidigte die Gesetze des Instituts, worin ich erzogen ward, und widersprach dem Plan seines Stifters. Acht Jahre rang mein Enthusiasmus mit der militärischen Regel; aber Leidenschaft für die Dichtkunst ist feurig und stark wie die erste Liebe. Was sie ersticken sollte, fachte sie an.« Den Hang zum Gesetzesbruch wird Schiller behalten – nicht in der persönlichen Lebensführung, aber auf der Bühne. Er versteht seinen dichterischen Auftrag als Kampf um die *Freiheit* von absolutistischer Willkür mit den Mitteln des Theaters. Auf unerhörte Weise brechen Schillers Helden die Konventionen: »Sire, geben Sie Gedankenfreiheit«, ruft Marquis Posa im *Don Carlos*, ein politischer Affront ersten Ranges. Und im Spätwerk *Wilhelm Tell* rüstet sich der Titelheld gar zum Tyrannenmord. Schiller dichtet, um im

zersplitterten, von Duodezfürsten häufig im feudalen Stil regierten Deutschland den Willen zur Freiheit zu wecken.

Die Flucht aus Stuttgart fällt ihm nicht leicht. Ihn schmerzt die Trennung von Freunden und Familie, außerdem fehlt das nötige Geld. Eine vermögende Mäzenin, Henriette von Wolzogen, bietet ihm Quartier im thüringischen Bauerbach an. Hier schreibt Schiller *Kabale und Liebe*, beginnt den *Don Carlos*. Als er sich in die Tochter seiner Mentorin verliebt und Absichten äußert, sind seine Tage im Refugium gezählt. Wieder zurück in Mannheim, als festbestallter Theaterautor, glaubt er sich am Ziel. Aber Direktor Dalberg, stets in Angst vor der Zensur und beunruhigt durch das revolutionäre Pathos seines Hausdichters, kündigt ihm nach nur einem Jahr. Erneut steht Schiller vor dem Nichts. In dieser Zeit erkrankt er schwer an Malaria. Bis an sein Lebensende wird er immer neuen, immer schlimmeren Schüben dieser Krankheit ausgesetzt sein, an deren Folgen er schließlich im Alter von nur 47 Jahren stirbt.

■ Aquarell, um 1785, nach dem Bühnenbild zu der Uraufführung der *Räuber* 1782

Der junge Schiller ist ein hagerer, linkischer Rotschopf, zartfühlend, dünnhäutig, hungrig nach Wissen und Erfahrung, voller Energie und Arbeitswut. Es ist, als ahnte er, dass ihm nur wenig Zeit vergönnt bleibt, und er produziert unter enormer Anspannung. Mit 25 hat er schon vier große Dramen geschrieben, alles Erfolge, nur *Die Verschwörung des Fiesco zu Genua* fällt zunächst durch. Als einer der ersten freien Schriftsteller der deutschen Literatur trifft er auf einen ungeregelten Markt: Kein Verleger zahlt Tantiemen, und die Einkünfte aus dem Druck der Werke reichen nicht zum Leben. Noch herrscht das Modell vor, dem der zehn Jahre ältere Goethe folgt: Ein Mann des Geistes begibt sich tunlichst unter den Schutz eines hochmögenden Gönners, vorzüglich eines Fürsten. Schiller kann vorderhand kaum hoffen, mit seinen aufrührerischen Ideen einer solchen allerhöchsten Protektion teil-

»Lange schon habe ich, obgleich aus ziemlicher Ferne, dem Gang Ihres Geistes zugesehen und den Weg, den Sie sich vorgezeichnet haben, mit immer erneuerter Bewunderung bemerkt.«

Aus einem der ersten Briefe von Schiller an Goethe, 23. August 1794

haftig zu werden. Zur glücklichen Rettung naht ein Freigeist aus dem Bürgertum, Christoph Gottfried Körner aus Leipzig. Er übermittelt Schiller seine Verehrung, schickt Geld und lädt ihn zu sich ein. Schiller nimmt an. Es ist der Beginn einer lebenslangen Verbundenheit mit ständigem Briefkontakt und Gedankenaustausch. Mit Körner entfaltet Schiller ein zweites großes Lebensthema: die Freundschaft. Materiell pflegt der Dichter keine großen Ansprüche. Auf Schnupftabak und guten Wein verzichtet er zur Not – nicht jedoch auf jene Segnungen des Daseins, die für ihn in Geselligkeit, der Harmonie der Herzen und gemeinschaftlichen Anstrengung des Geistes bestehen. Schiller hat die Freundschaft nicht nur besungen, er hat sie auch, als loyaler Gefährte, gehalten und gepflegt. Fast scheint es, als ob ihn der geistige Bund, den er mit Körner, Christoph Martin Wieland, Wilhelm von Humboldt, Goethe und anderen Zeitgenossen schließt, stärker beglückt als die Liebe zu Frauen. Bevor er seiner späteren Gemahlin, Charlotte von Lengefeld, den ersehnten Antrag macht, ist er in deren verheiratete Schwester verliebt; allzu gern hätte er sich in einer Dreiecksbeziehung eingerichtet. Aber dazu erklärt sich die Braut dann doch nicht bereit. Es entwickelt sich, trotz des verwirrenden Beginns, eine stabile Ehe, aus der vier Kinder hervorgehen. Die Heirat wagt Schiller erst, als er sich einigermaßen sicher situiert fühlt – durch eine Professur für Geschichte in Jena und die Ernennung zum Hofrat durch den Weimarer Herzog Carl August. Aber immer muss der Dichter rechnen, ständig drücken Schulden.

■ Charlotte Schiller geb. von Lengefeld. Ölgemälde, 1794, von Ludovike Simanowiz

■ Schiller, die Brüder Humboldt und Goethe in Jena. Holzschnitt, 1797

»Verhältnissen zu entfliehen«, schreibt Schiller im Rückblick auf seine Flucht aus Stuttgart, »die mir Folter waren, schweifte mein Herz in eine *Idealenwelt* aus – aber unbekannt mit der wirklichen, von welcher mich eiserne Stäbe schieden.« Diese ideale Welt bildet seine eigentliche Heimat, wird zum

DIE KLASSIKER

Schillers bedeutendste und fruchtbarste Freundschaft ist die Verbindung zu Goethe. Beide können einander zu Beginn nicht leiden. Goethe verabscheut *Die Räuber*, Schiller fühlt sich vom älteren Dichterfürsten ignoriert, was ihn in Wut versetzt. Aber als sie dann nah beieinander wohnen, Schiller in Jena, Goethe in Weimar (wohin später auch Schiller übersiedelt), kommt es im Jahre 1794 zu einem Gespräch, bei dem beide erkennen, wie viel sie einander zu sagen haben. Ihr Briefwechsel bezeugt eine wohl einmalige gegenseitige Inspiration – daraus erwächst die literarische Ästhetik, die wir heute »Klassik« nennen. Menschlich waren der feurige Schiller und der maßvolle Goethe grundverschieden. Doch wenn sie sich in der »Idealenwelt« begegneten, stand nichts zwischen ihnen.

»Seine Werke gleichen am meisten von allen Dingen der Erde den großen Schiffen, deren Wucht Schönheit und deren Dasein Bewegung ist, die immer ihr Ziel wissen, nie ins Ungewisse schweifen, Länder an Länder binden und vorwärtsstrebend den Rand der Erde adeln.«
Hugo von Hofmannsthal, 1905

›idealistischen‹ Ziel und Programm. Tagespolitik interessiert Schiller wenig. Stattdessen vertieft er sich in die Geschichte, um den Kosmos, den er in sich trägt, mit neuen Stoffen anzureichern. Er schreibt Essays, Traktate und Erzählungen, er gründet Zeitschriften. Seine großen Balladen wie *Das Lied von der Glocke* oder *Die Bürgschaft* gehören bald zum Hausschatz deutscher Dichtung. Und Ludwig van Beethoven verwandelt Schillers *Ode an die Freude* in berauschende Musik, die heute als Hymne Europas erklingt: *Freude, schöner Götterfunken,/ Tochter aus Elysium,/Wir betreten feuertrunken/Himmlische, dein Heiligtum* … Der Dramatiker Schiller wird schon zu Lebzeiten stürmisch gefeiert, Stücke wie die *Wallenstein*-Trilogie, *Maria Stuart* und *Die Jungfrau von Orleans* füllen die Theatersäle, die Jugend erhebt den Dichter zu ihrem Gott.

Um 1800 strahlt Schillers Ruhm so hell, dass selbst Monarchen nach ihm verlangen. In Berlin empfängt ihn Königin Luise und unterbreitet ein verlockendes Angebot. Schiller soll am neu errichteten Schauspielhaus am Gendarmenmarkt wirken. Direktor ist August Wilhelm Iffland, der berühmteste Schauspieler der Epoche, einst hat er in der Uraufführung der *Räuber* als Karl Moor geglänzt. Auch Iffland drängt und organisiert zu Ehren von Schillers Besuch ein regelrechtes Festival, führt gleich drei seiner Stücke auf. Das Berliner Publikum entbietet dem Dichter »standing ovations«. Ernsthaft erwägt er den Wechsel in die preußische Hauptstadt, das Gehalt wäre fürstlich.

■ Die Schauspielerin Elisabeth Schneider als Maria Stuart

»Der Naturalismus konnte mit dem Pathos der Idee und des Fühlens nichts beginnen. Erst im Expressionismus wurde die dramatische Energie, die revolutionäre Leidenschaft, die Glut seines ethischen Forderns wieder begriffen. Seither baut sich ein neues, tiefer erfahrenes Bild auf, das die bisher unübertroffene Meisterschaft des dramatischen Bildners ebenso wie die Tragweite der ästhetisch-politischen Einsichten und den Ernst, die Größe seines tragischen Humanismus verstehen lehrt.« Fritz Martini über Schiller

CITOYEN SCHILLER

Während Goethe der französischen Revolution von 1789 skeptisch gegenübersteht, begrüßt Schiller den Umsturz. Allerdings erlischt seine Sympathie schlagartig, als die Ära des Terrors beginnt. Dem deutschen Freiheitsdichter verleiht der Pariser Nationalkonvent die französische Ehrenbürgerwürde. Die Urkunde wird ihm, wohl der Wirren halber, erst mit jahrelanger Verspätung zugestellt. In der Heimat hat sich Schiller gleichwohl um einen Adelstitel bemüht – seiner Frau zuliebe, wie er später sagt. Denn das adlige Fräulein von Lengefeld war nach ihrer Eheschließung mit dem bürgerlichen Herrn Schiller vom Weimarer Hofleben ausgeschlossen. Als Frau von Schiller erhält sie wieder Zugang, was ihr viel bedeutet. Der Dichter hingegen zeigt, um zu beweisen, dass er republikanisch fühlt, gerne seine französische Urkunde vor.

Wieder daheim in Weimar aber, muss Schiller einsehen, dass sein körperlich schlechter Zustand ihm diese große Ortsveränderung verbietet. Charlotte möchte auch nicht weg. Immerhin reagiert Herzog Carl August auf die Nachrichten aus Berlin, er verdoppelt Schillers Bezüge. Im Winter 1804 befällt Schiller schweres Fieber, das nicht mehr weicht. Tapfer stemmt er sich gegen die Krankheit, begrüßt hoffnungsvoll den Frühling: »Jetzt kommt die Heiterkeit und der Lebensmut zurück.« Vor Besuchern verbirgt er seine Qualen, spricht fröhlich von weiteren großen Plänen. Klaren, starken Geistes bis zuletzt, sinkt der Dichter am 9. Mai 1805 in Bewusstlosigkeit. Noch einmal wacht er auf, um dann sanft zu entschlafen. Die Ärzte, die Schillers Leiche obduzieren, schütteln entsetzt die Köpfe. Sämtliche inneren Organe sind angegriffen, manche gar völlig zerstört. Des Dichters Kraft, so lange standgehalten zu haben, grenzt an ein Wunder.

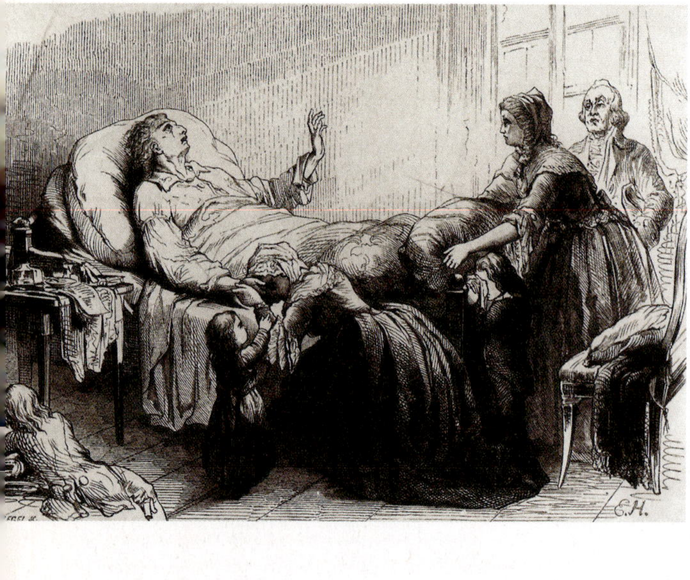

■ Schiller auf dem Sterbebette. Holzstich nach Ernst Hartmann

FRIEDRICH SCHILLER (GEADELT 1802)

LEBEN & WERK

Johann Christoph Friedrich Schiller wird 1759 in Marbach am Necker geboren. Der Sohn eines Militärarztes muss 1773 auf Befehl des Herzogs Karl Eugen in die militärische Karlsschule eintreten, wo er ab 1775 Medizin studiert. Gegen das Schulreglement liest er Shakespeare, Rousseau und Klopstock und beginnt zu schreiben: 1777 entstehen die ersten Szenen der *Räuber*. Den Stoff hat er von Friedrich Daniel Schubart, der zu dieser Zeit wegen seiner Freiheitsgedichte zehn Jahre Festungshaft auf dem Hohen Asperg absitzt. 1782 wird das Stück am Mannheimer Hof- und Nationaltheater uraufgeführt: mit überwältigendem Erfolg. Als der Landesherr seinem Untertan das »Komödienschreiben« verbietet, flieht Schiller aus der Garnison nach Mannheim und weiter nach Thüringen und Sachsen. Er lernt Wieland, Herder und Humboldt kennen, begegnet zum ersten Mal Goethe. 1788 schreibt er die *Geschichte des Abfalls der Niederlande* und erhält auf Goethes Vorschlag eine (unbezahlte) Geschichtsprofessur in Jena. 1790 heiratet er Charlotte von Lengefeld. Die Geschichte des *Dreißigjährigen Krieges* erscheint. Ein Jahr später erkrankt Schiller an einer Lungen- und Rippenfellentzündung, die nicht ausgeheilt werden kann. Im Sommer 1794 begründet ein Gespräch über die Urpflanze die Freundschaft zu Goethe. Die erste Ausgabe der Zeitschrift *Horen* (1795–1800) enthält Schillers politisch-philosophischen Traktat *Über die ästhetische Erziehung des Menschengeschlechts*, wenn man so will, das Manifest der »Weimarer Klassik«. 1797 ist das »Balladenjahr«, Goethe und Schiller dichten im Wettstreit, wie zuvor bei der Arbeit an den *Xenien*, den epigrammatisch-bissigen Kommentaren zum literarischen Leben; beides erscheint im jährlichen *Musenalmanach* (ebenfalls von Schiller herausgegeben). 1799 übersiedeln die Schillers (inzwischen sind drei der vier Kinder geboren) nach Weimar, wo sich Schiller täglich mit Goethe trifft. Die *Wallenstein*-Trilogie ist beendet, *Maria Stuart* entsteht, dann *Die Jungfrau von Orleans*. Mit Ausnahme des letzten werden alle Dramen am (von Goethe geleiteten) Weimarer Hoftheater uraufgeführt, damals einem Zentrum des Theatergeschehens in Deutschland. 1802 wird Schiller geadelt, 1804 sein *Wilhelm Tell* uraufgeführt. Zeigten die *Räuber* den gegen Adelswillkür anstürmenden Rebellen, so gründet Tells Tyrannenmord im Konsens von Adel und Bürgertum: mithin eine nationale Tat. Das zeigt die durch Napoleon veränderten politischen Verhältnisse und den Abstand der Klassik vom Sturm und Drang. Doch mit dem Schwur »ein einig Volk von Brüdern« bleibt der Bezug zu den Idealen der Französischen Revolution gewahrt. Ab 1804 an verschlechtert sich Schillers Gesundheit; im April 1805 findet ein letzter Auftritt im Theater, ein letztes Treffen mit Goethe statt. Schiller stirbt am 9. Mai 1805.

EMPFEHLUNGEN

Fünf Werke:

- *Die Räuber*
- *Maria Stuart*
- *Die Bürgschaft*. Ballade
- *Don Carlos*
- *Wilhelm Tell*

Lesenswert:

Friedrich Burschell: *Friedrich Schiller*, Reinbek 1995

Max Frisch: *Wilhelm Tell für die Schule*, Frankfurt/M. 1991

Rüdiger Safranski, *Friedrich Schiller oder die Erfindung des Deutschen Idealismus*, München 2006

Hörenswert:

Deutsche Balladen (von Goethe bis C. F. Meyer), gesprochen von Will Quadflieg und Günther Dockerill, Kiel 2000

Besuchenswert:

Das Schiller-Nationalmuseum und Deutsche Literaturarchiv in Marbach am Necker

Schillers Wohnhaus in Weimar

AUF DEN PUNKT GEBRACHT

Neben Goethe ist Friedrich Schiller die zweite große Jahrhundertgestalt in der deutschen Literatur, gemeinsam stehen sie für eine ganze Epoche. Das Feuer von Schillers Dramen und Balladen zündet bis heute, aus seiner Leidenschaft für die Freiheit formte er das Ideal einer besseren, gerechteren Welt.

Der Komet der Literatur

Jean Paul

1763–1825

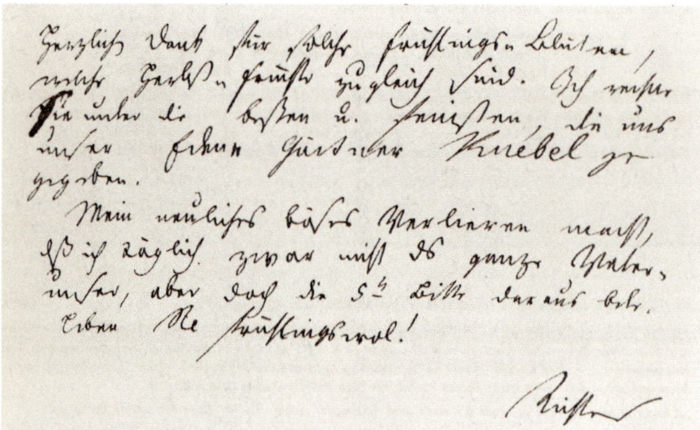

■ Brief an Henriette Knebel, eine Nichte des Dichters, vom 8. Mai 1809

■ Ein weißer Spitz, Aufnahme um 1865

Johann Wolfgang Goethe schmollte. Was für ein grässlicher Trubel um einen Schriftsteller! Ganz Weimar war aus dem Häuschen! Die Damen schnatterten wie Schulmädchen, gestandene Männer jubelten über den Besuch, in den Salons gab es nur ein Thema. Sogar Christoph Martin Wieland, ehrwürdiger Graukopf der deutschen Literatur, stürmte herbei, mit dem Buch in der Hand. Dieses müsse man lesen, den Autor unbedingt empfangen. Soso! Wie sprach man den Namen des Kerls denn nun richtig aus? Johann Paul Friedrich Richter hieß er eigentlich, nannte sich aber Jean Paul, angeblich aus Verehrung für Jean-Jacques Rousseau, wobei man ›Paul‹ wieder auf gut Deutsch sagen sollte. Eine anmaßende Grille, kapriziös! Und stimmte es wirklich, dass dieser andere Schreiberling Karl Philipp Moritz ausgerufen haben sollte: »Das ist noch über Goethe, das ist was ganz Neues!« Mühsam schluckte der Geheime Rat und Minister Goethe seinen Ärger hinunter. Man würde sich also den neuen Stern am literarischen Himmel mal ansehen, ihn souverän und gelassen daran erinnern, wie flüchtig der Ruhm sein konnte. Solche Moden kamen und gingen … Da hatte der große Goethe schon recht. Auch jene Euphorie um Jean Paul legte sich, sie hielt nur ein paar Jahre an, aber mit bislang unvergleichlicher Intensität. Der Autor wurde vergöttert wie heute ein Popstar, der Adel bis hin zur Königin Luise riss sich um ihn, die Gräfin Helmina von Chézy notierte verzückt nach einer Begegnung: »Wir alle waren beseligt. Auf seiner Stirn thronte Licht, auf seinen Lippen Anmut und Milde.« Erzeugt hatte Jean Paul diesen Überschwang der Gefühle mit seinem zweiten, 1795 erschienenen Roman *Hesperus oder 45 Hundsposttage*. Darin geht es um die reichlich verschlungene Lebensbeschreibung zweier Freunde, die im Streit um eine Frau zu Feinden werden, sich nach vielen Wirren wieder versöhnen und am Ende glücklich einander als leibliche Brüder in die Arme sinken. Entscheidend für den sensationellen Erfolg des Buches war jedoch keinesfalls die konventionelle Handlung, sondern der spezielle literarische Stil, in dem Jean Paul sie entwickelte. Ein leibhaftiger Hund überbringt dem Erzähler täglich neue Portionen der Geschichte: *Spitzius Hofmann heißet der Hund. Ein ganzes volles Proviantschiff, das die gelehrte Welt ausnaschen darf, habe ich vom Halse Hofmanns abgehoben: und es tun sich für den Leser, der das Gescheite so gern lieset wie das Dumme, freudige Aussichten auf ...*

■ Porträt Jean Pauls, 1822 von Carl Christian Vogel von Vogelsheim

Manchmal bleibt das Tier auch fort, und solcherart freie »Hundsposttage« nutzt der Verfasser zu vielerlei eigenen Gedanken und Reflexionen. Dabei brennt Jean Paul ein brillantes Feuerwerk der Ideen ab, in rasanten Assoziationsketten philosophiert und spekuliert er über das Wesen des Menschen, über Gott und die Welt. Kein Thema ist zu groß oder zu klein, fröhlich wechselt Erhabenes mit Albernem, gelehrte Zitate und Weisheiten durchziehen den Text, mit ungeheurem Wortwitz wird die ganze Epoche beleuchtet und kommentiert. Genau das traf das lesende Publikum mitten ins Gemüt: *Hesperus* war ein aktueller Gegenwartsroman, er spielte – wie fast das gesamte Werk Jean Pauls – im Hier und Jetzt, im Deutschland des späten 18. Jahrhunderts mit allen deutlich erkennbaren politischen, sozialen und ästhetischen Tendenzen jener Zeit. Die Erlebnisse und Empfindungen der beiden Helden spiegeln den Gefühlshaushalt einer erschütterten Gesellschaft, die aufgeregt das revolutionäre Pathos im nahen Frankreich verfolgte und dabei angstvoll das

JEAN PAUL FÜR ANFÄNGER

Eines der wenigen Bücher Jean Pauls, die noch heute jenseits teurer Werkausgaben erhältlich sind, ist *Dr. Katzenbergers Badereise*. In dieser längeren Erzählung wird die Geschichte eines ausgemachten Zynikers erzählt, den man als Vorläufer moderner Naturwissenschaftler betrachten kann. Man hasst diesen Katzenberger von der ersten Seite an und lacht doch laut über seine bissigen Kommentare. Das schmale Werk sprüht vor Humor und bietet den besten Einstieg in die Lektüre der großen Romane.

»Man hat ihn den Einzigen genannt. Ein treffliches Urteil. Sein Herz und seine Schriften waren ein und dasselbe.«
Heinrich Heine, 1836

■ Weimar 1803: Goethe (Mitte) mit den Brüdern Humboldt sowie Wieland, Niebuhr, Schleiermacher, Herder, Gauß, Wilhelm von Schlegel, Iffland, Schiller, Klinger, Tieck, Jean Paul, Pestalozzi et al. Kolorierter Druck nach dem 1884 entstandenen Gemälde von Otto Knille

Glück im gemütlich-kleinstaatlichen Winkel gefährdet sah. Was einem gebildeten Zeitgenossen damals im Kopf herumging und an irritierenden Emotionen durcheinanderschwamm – Jean Paul brachte diese Konfusion zum Ausdruck, mit einer starken Dosis Satire und zugleich viel humanistischer Sympathie für jede arme Seele. Die Leser lachten und weinten, erkannten ihre eigenen Verhältnisse wieder, verspürten Trost und griffen zum *Hesperus* wie nach einer Bibel; glaubhafte Zeugnisse belegen, dass sich Kranke noch auf dem Sterbebett aus dem Roman vorlesen ließen, Strafgefangene erbaten ein Exemplar für ihre Haft. Und der Autor wurde überschwemmt von Briefen tief bewegter, zumeist weiblicher Herzen, die ihm Liebe, Geld und Kinder schenken wollten.

»Ich hatte, nach Büchern herumspürend, in der Leihbibliothek unserer Stadt einen Roman des Jean Paul in die Hände bekommen. In demselben schien mir plötzlich alles tröstend und erfüllend entgegenzutreten, was ich bisher gewollt und gesucht oder unruhig und dunkel empfunden … Diese Herrlichkeit machte mich stutzen, dies schien mir das Wahre und Rechte!«

Gottfried Keller, 1854

Mit 32 Jahren war Jean Paul zu dieser Zeit schon kein junger Mann mehr. Lange und zäh hatte er seine Autorschaft vorbereitet. Als Sohn bettelarmer Eltern in der oberfränkischen Provinz geboren, musste der Heranwachsende durch eine harte Schule der Entbehrung. Nach dem Tod des Vaters litt die Familie oft Hunger, ein Bruder brachte sich gar aus Verzweiflung um. Früh suchte Johann Zuflucht in der Literatur, er las wie besessen, ein mitleidiger Pfarrer lieh ihm Bücher, die der Schüler sorgfältig exzerpierte. Zettelkästen mit tausenden von Notizen sollten Jean Paul sein Leben lang begleiten, sie lieferten den Fundus für die riesigen, enzyklopädischen Romane mit ihrer besonderen Technik des ständig abschweifenden Erzählens – was aussieht wie Zufall und Zerstreutheit, ist in Wahrheit genau geplant und vorsortiert. Nach einem

abgebrochenen Theologiestudium fristete der Bücherwurm über zehn Jahre eine kümmerliche Existenz als Privatlehrer und Haushofmeister, erste schriftstellerische Versuche blieben unbeachtet. Bis dann sein *Hesperus* (lateinisch für Abendstern) strahlend aufging, 6000 Zettel hatte der Autor dafür ausgewertet.

Das Spektakel um seine Person genoss Jean Paul wie einen Kindergeburtstag. Arglos liebte er jeden, der ihn liebte. Er verspach gleich mehreren achtbaren Damen die Ehe, hielt alles für Literatur und Fiktion. Jean Paul konnte, wollte nichts anderes. Nach weiteren großen Erfolgen mit *Das Leben des Quintus Fixlein* und *Siebenkäs* erlahmte das öffentliche Interesse recht bald, die Stimmung des Zeitalters hatte sich gedreht. Den Schriftsteller focht das

»Ein Schriftsteller wie Jean Paul ist mir noch nicht vorgekommen, unter allem, was ich seit jeher gelesen habe. Eine solche Verbindung von Witz, Phantasie und Empfindung möchte wohl ungefähr das in der Schriftsteller-Welt sein, was die große Konjunktion dort oben am Planeten-Himmel ist.«

Georg Christoph Lichtenberg, 1798

JEAN PAULS SCHILDERUNG ÜBER SEINE ERSTE BEGEGNUNG MIT GOETHE AM 17. JUNI 1796

Sein Haus frappiert, es ist das einzige in Weimar in italienischem Geschmack, mit solchen Treppen, ein Pantheon voll Bilder und Statuen, eine Kühle der Angst presset die Brust – endlich tritt der Gott her, kalt, einsilbig, ohne Akzent. Sagt Knebel z.B., die Franzosen ziehen in Rom ein. »Hm!« sagt der Gott. Seine Gestalt ist markig und feurig, sein Auge ein Licht (aber ohne eine angenehme Farbe). Aber endlich schürete ihn nicht bloss der Champagner, sondern die Gespräche über Kunst, Publikum usw. sofort an – man war bei Göthe!

»Nicht allen hat er gelebt! Aber eine Zeit wird kommen, da wird er allen geboren … Er aber steht geduldig an der Pforte des zwanzigsten Jahrhunderts und wartet lächelnd, bis sein schleichend Volk ihm nachkomme.«

Aus Ludwig Börnes »Denkrede«, 1825

wenig an, er zog sich in die Provinz zurück, heiratete schließlich doch eine der Verehrerinnen, wenngleich keine namhafte. »Mein Herz will die häusliche Stille meiner Eltern, die nur die Ehe giebt. Es will keine Heroine – denn ich bin kein Heros – sondern nur ein liebes treusorgendes Mädgen; denn ich kenne jetzt die Dornen an jenen Pracht- und Fackeldisteln, die man genialische Weiber nennt«. Und nur allzu bald musste seine Frau Karoline Mayer erkennen, worin die einzig wahre Leidenschaft ihres Gatten bestand: »Hätt' ich keine Bücher zu schreiben, ich wäre der beste Ehemann.« Im heimeligen Bayreuth ließ sich die Familie nieder. Zum Arbeitsplatz erkor sich Jean Paul ein Wirtshaus draußen vor der Stadt. Hier produzierte er unermüdlich, am Ende waren es 60 Bände, die zu Lebzeiten veröffentlicht wurden, das Gesamtwerk ist bis heute nicht vollständig ediert. Der letzte Roman hieß *Der Komet*, kaum jemand schaute noch hin.

■ Jean Paul schreibend im Garten. Kolorierte Photoreproduktion, um 1820, nach einer Zeichnung von Ernst Förster.
»Alles überhaupt in der Welt ist sehr närrisch, und ich habe oft Gedanken darüber, die zu nichts führen.« Jean Paul

Der Literaturgott Goethe übrigens plauderte inzwischen herzlich mit dem einstigen Konkurrenten, dessen große Zeit längst vorbei war. »Was hätte aus Jean Paul werden können …«, notierte Goethe, maliziös fügte er hinzu: »In England!« Diese Mode hatte man also auch überstanden …

ENGLISCHER HUMOR

Die englischen Satiriker Laurence Sterne, Tobias Smollett und der Ire Jonathan Swift zählen zu den großen, bewunderten Vorbildern Jean Pauls. Größten Einfluss auf Stil und Sprache hatte Sternes 1774 auf Deutsch erschienener Roman *Leben und Meinungen des Herrn Tristram Shandy*. Darin kommt der Held vor lauter Abschweifungen nie zum eigentlichen Thema, die Erzählung seiner Lebensgeschichte. Das witzige Buch war in ganz Europa eine Sensation, heute zählt man es zu den Meilensteinen in der Entwicklung des modernen Romans.

JEAN PAUL

LEBEN & WERK

Am 21. März 1763 wird Jean Paul als Johann Paul Friedrich Richter in Wunsiedel geboren, die Familie ist so drückend arm, dass sich ein Bruder 1789 das Leben nimmt. 1765 erhält der Vater eine Pfarrstelle, erst in Joditz, dann in Schwarzenbach, wo der junge Richter die Lateinschule besucht und sein ausgeklügeltes, lebenslang genutztes Zettel- und Registersystem entwickelt. Das Studium der Theologie bricht er nach einem halben Jahr wieder ab (1781): »Ich bin kein Theolog mehr; ich treibe keine einzige Wissenschaft ex professo, und alle nur insofern als sie mich ergötzten und in meine Schriftstellerei einschlagen; und selbst die Philosophie ist mir gleichgültig, seitdem ich an allem zweifele.« Er will schreiben, aber der Welt kein Programm aufdrücken. Das unterscheidet ihn vor allem von den »Weimarer Genies«, deren Verklärung der Klassik, des heiteren Griechentums, ihm seltsam kindlich erscheint – angesichts der »unergründlichen Tiefe der Menschheit«, womit er seine Zeit meint. Die Abgründe, über denen sie schwebt, hat er gesehen und durchlitten, später im *Siebenkäs*, Erstes Blumenstück: »Die Rede des toten Christus vom Weltgebäude herab: dass kein Gott sei« zu einem der bewegendsten deutschen Texte gemacht. Und auch notiert, wie er für sich aus dem kalten Zweifel herausfand: »Wenn einmal mein Herz so unglücklich und ausgestorben wäre, dass in ihm alle Gefühle, die das Dasein Gottes bejahen, zerstöret wären: so würd ich mich mit meinem Aufsatz [dem Blumenstück] erschüttern und – er würde mich heilen.« Schreiben also über dem Abgrund, Jean Paul ist der erste Moderne der deutschen Literatur. Uns liefern seine Erzähllabyrinthe ein vielschichtiges Bild dessen, was es hieß, um 1800 in der deutschen Provinz zu leben, zu denken, zu fühlen; damit auch einige Gründe dafür, warum sich die deutsche Geschichte so wenig gradlinig-vernünftig entwickelt hat. Wie der plötzliche Durchbruch (mit *Unsichtbare Loge*, 1793; *Hesperus*, 1795; *Siebenkäs*, 1796/97) zeigt, fühlten auch seine Zeitgenossen, dass es *ihre* Geschichten waren, die Jean Paul erzählte. Sie werden das Abgründige gespürt haben – und wollten es dann so genau doch nicht wissen, darum der nur kurze Erfolg; im Biedermeier wurde er ganz vergessen. So markieren die Reisen nach Weimar (1796) und Berlin (1800) Höhepunkte seiner Karriere. Bis 1804 lebt er in Berlin, heiratet Karoline Meyer, zieht sich 1804 wieder ins Fränkische, nach Bayreuth zurück, sein Studio ist die »Rollwenzeley«, das Gasthaus, dessen Bier er zum Schreiben braucht. Der letzte Roman bleibt Fragment, der Tod eines Sohnes wirft ihn aus der Bahn, 1823 erkrankt er am grauen Star, erblindet allmählich und stirbt am 14. November 1825 an Brustwassersucht.

AUF DEN PUNKT GEBRACHT

Jean Paul war einer der ersten deutschen Bestseller-Autoren und der witzigste dazu. Wie kein zweiter Autor fühlte er seiner Epoche den Puls. Heute teilt Jean Paul leider das Los vieler Klassiker: Man nickt respektvoll und liest ihn nicht. Die Wissenschaft bezeichnet seine Literatur zu Recht als Wegbereiter des modernen Romans.

EMPFEHLUNGEN

Fünf Werke:

- *Hesperus*
- *Siebenkäs*
- *Leben des Quintus Fixlein*
- *Titan*
- *Dr. Katzenbergers Badereise*

Lesenswert:

Ludwig Börne: »Denkrede auf Jean Paul«, in: ders., *Sämtl. Schriften*, Bd. 1, Düsseldorf 1964

Rolf Vollmann: *Das Tolle neben dem Schönen*, Nördlingen 1988

Günter de Bruyn: *Das Leben des Jean Paul Friedrich Richter*, Frankfurt/M. 1993

Wolfgang Hörner (Hg.): *Jean Paul und das Bier. Eine Dokumentation*, Hannover 2006

Hörenswert:

Jean Paul: *Das Leben des vergnügten Schulmeisterleins Maria Wutz*, gelesen von Markus Hoffmann, Berlin 2006

Besuchenswert:

Jean-Paul-Wanderweg von Hof nach Joditz, Hinweise und Plan: www.hof-im-web.de/suche/jeanpaulweg

Das Naturdenkmal Luisenburg-Felsenlabyrinth bei Wunsiedel: mit Jean-Paul- und Goetheplatz und Hardenberggrotte

»Was mir nicht Alles ist, ist mir Nichts«

Friedrich Hölderlin

1770–1843

■ Porträt Hölderlins, um 1792, Marbach, Schiller-Nationalmuseum. »Ach, einen solchen wie Hölderlin, der im labyrinthischen Suchen leidenschaftlich hingerissen ist, dem müssen wir irgendwo begegnen, wenn auch wir das Göttliche verfolgen mit so reinem Heroismus wie er. – Mir sind seine Sprüche wie Orakelsprüche, die er als Priester des Gottes im Wahnsinn ausruft, und gewiss ist alles Weltleben ihm gegenüber wahnsinnig, denn es begreift ihn nicht.«
Bettina Brentano, 1840

Auch ihm gebührt ein Denkmal: Der Tübinger Schreinermeister Ernst Zimmer nahm 1807 den geistig umnachteten Friedrich Hölderlin bei sich auf und sorgte für ihn bis zu dessen Tod. 36 Jahre lang saß der psychisch Kranke bei Familie Zimmer als »stiller Gast am Herd«, man begegnete ihm mit Respekt und Herzlichkeit. Hölderlin war damals keine prominente Größe, sein Werk kaum gedruckt. Doch der belesene Handwerker Zimmer verehrte den Dichter, verschlang dessen *Hyperion*, Hölderlins einzigen Roman, der 1797 erschien und dem Autor ein Honorar von 100 Gulden eintrug, viel mehr hat er sonst mit seiner Literatur nicht verdient.

Der Wahnsinn Hölderlins gibt bis heute Rätsel auf: Kliniker sprechen von Schizophrenie mit manisch-depressiven Schüben, Psychoanalytiker verweisen auf frühkindliche Störungen und das Trauma, das die unglückliche Beziehung zu Susette Gontard hinterließ, jener größten Liebe seines Lebens. Hartnäckig und unwiderlegbar hält sich die Interpretation, dass Hölderlin vor allem am inneren Zwiespalt zwischen Ideal und Wirklichkeit zerbrach. Er strebte nach dem Absoluten, überall, auf jedem Gebiet, sei es Politik, Gesellschaft oder Dichtung: »Was mir nicht Alles, und ewig Alles ist, ist mir Nichts.«

In ekstatischen Hymnen feierte er die Humanität, Schönheit und Freundschaft, träumte vom einig-freien Menschengeschlecht in friedvoller Harmonie. Die Liebe galt ihm als Himmelsmacht, höchstes geistiges Prinzip und zugleich strenge Prüfung. Manches einfache Mädchen floh vor solch Examen und ließ den göttlich Entflammten fassungslos zurück. Erst Susette Gontard erfüllte diese hochgespannten Erwartungen, verschmolz zur »Diotima« seiner Gedichte, einer religiös aufgeladenen, idealischen Frauengestalt. Ob das Paar je miteinander geschlafen hat, weiß kein Biograph mit Sicherheit zu sagen. Dem Ehemann Susettes, amusischer Bankier und Kaufmann, reichten Vermutungen und Gerüchte, die in den feinen Frankfurter Kreisen kursierten: »Entfernen Sie sich auf der Stelle!«, hieß es barsch und bodenständig. Zu so viel Realitätssinn gehörte auch die Tatsache, dass Susette, obgleich sie Hölderlins Anbetung genoss und heiß verliebt erwiderte, nicht die Kraft aufbrachte, mit ihrer sozialen Schicht zu brechen und einem bettelarmen, dichtenden Hauslehrer in ein bescheidenes Leben zu folgen. Auf diesen Posten, den klassischen Job mittelloser Intellektueller im 18. Jahrhundert, hatte es den entlaufenen Theologiestudenten verschlagen, sehr zum Kummer seiner inniglich geliebten, überfrommen Mutter, der er in verzweifelten Briefen klarzumachen versuchte, wie schlecht er bei aller Gottesfurcht zum Pfarrer taugte.

Zwei Ehemänner waren der guten Frau lange zuvor gestorben, tapfer tröstete sie der neunjährige Friedrich und litt selber unsäglich unter dem Verlust. Als Heranwachsender entdeckte Hölderlin die Dichtung Klopstocks, des großen christlichen Rhapsoden jener Epoche, der mit seinem gewaltigen *Messias* die Leser hinriss. Auch dem jungen Hölderlin stockte der Atem angesichts der schwungvollen ›freien Rhythmen‹ und altgriechischen Versmaße, instinktiv erkannte er das lyrische Potential für das Pathos eigener Gedankenflüge, deren metaphysische Höhe das Vorbild bald übertrumpfte. Gleichwohl fiel es schon den intellektuell bedeutendsten Zeitgenossen schwer, diesem wilden neuen Dichter zu folgen. Von heute aus gesehen, wirkt Hölderlins geistiges Umfeld sensationell prominent. Im Tübinger Stift schloss er Freundschaft mit den späteren Philosophie-Riesen Hegel und Schelling, verkehrte in Jena mit Schiller, der 1794 Hölderlins *Hyperion*-Fragment erstmals in Druck gab. Schillers dringender Rat, sich dichterich mehr praktischen Din-

DIOTIMAS TOD

Susette Gontard starb am 22. Juni 1802 an der Schwindsucht, im Alter von nur 33 Jahren. Kurz zuvor war Hölderlin unter mysteriösen Umständen aus Frankreich zurückgekehrt. Hatte er bereits in Bordeaux von Susettes Krankheit erfahren? Trug die Nachricht von ihrem Tod zu seinem Wahnsinn bei? Es bleibt ein Geheimnis, ein klares Wort war aus Hölderlin nicht mehr herauszubekommen. Aus den Jahren der Umnachtung wird kolportiert, wie der 71-Jährige, auf Susette angesprochen, in schwäbischem Heimatdialekt antwortete: »Närret ist se worde!«

»Was Hölderlin erleuchtete, kommt aus weiter Ferne; wir ersehen es an einigen Ausdrücken heiliger Ferne, die sich vielleicht erst spät und überraschend ihm eröffnete, dass er hier nur glauben brauchte, um zu dichten.«
Achim von Arnim, 1828

Wo aber Gefahr ist, wächst/
Das Rettende auch
aus der Hymne *Patmos*

■ Doppelbildnis Susette Gontard und Friedrich Hölderlin. Holzstich, um 1870, nach einer Zeichnung von Norbert Schrödl

■ Johanna Christina Hölderlin, die Mutter des Dichters. Porträt, um 1767. Marbach, Schiller-Nationalmuseum

gen zuzuwenden, entsprang wohl derselben Irritation, wie sie auch Goethe verspürte, als der Nachwuchs bei ihm vorsprach: Klug und ausgesprochen schön war dieser Jüngling, demütig und »mit Ängstlichkeit offen«, wie der Weimarer Literaturgott behaglich notierte. Aber wohin wollte diese stürmische Dichtung, die so ätherisch sehnsuchtsvoll klang und in ihren Bildern unfassbar blieb: *Ohnediß ist/Gewaltig immer und versuchet/Zu sterben eine Wüste voll/Von Gesichten, dass zu bleiben in unschuldiger Wahrheit ein Leiden ist.* Zu Goethes Skepsis trug auch Hölderlins Begeisterung für die Französische Revolution bei, die der feurige junge Mann als menschheitsbebenden Auftakt zu globaler Freiheit verstand, später stempelte er Napoleon zum elenden Tyrannen, erneut widersprach die Weltlage den idealistischen Vorstellungen des Dichters. Ebenso ernüchtert registrierte er die politischen Ereignisse in Griechenland, dem Arkadien seiner Poesie, wo die türkischen Besatzer grausame Willkür übten.

Vor tristen Wirklichkeiten flüchtete Hölderlin oft buchstäblich in die Natur, mehrere große Wanderschaften über hunderte von Kilometern sind bezeugt, bis ins ferne französische Bordeaux, wo eine weitere karge Hauslehrerstelle wartete. Lediglich einige Monate hielt es ihn dort, im Juni 1802 kehrte er zu Fuß in die schwäbische Heimat zurück. Zerzaust und blutend traf er in Stuttgart ein, geistig verwirrt – Bekannte schraken vor seinem Anblick zurück. Forscher wollen herausgefunden haben, dass sich Hölderlin auf einer Reise nach Griechenland wähnte und in den Schweizer Alpen ausgeraubt wurde.

Die wahnhaften Züge verstärkten sich, überforderten die arme Mutter, bei der Hölderlin zunächst Zuflucht fand. Zwei Jahre lebte er bei seinem Studienfreund Isaak von Sinclair in Homburg, schrieb ein letztes Mal wie besessen, dann kam der Zusammenbruch. Bei Schreinermeister Zimmer vollzog sich nun die zweite, verschattete *Hälfte des Lebens*, wie eines von Hölderlins schönsten Gedichten geradezu beziehungsreich heißt. Bisweilen dichtete er noch, wenn man ihn darum bat: Sprachlich schlichte Reime, in starre Formen gepresst, nur manchmal blitzen darin jene unverwechselbaren poetischen Funken auf, die seine Lyrik so einzigartig machen. Er unterzeichnete die Verse mit dem Phantasienamen »Scardanelli«. Friedrich Hölderlin wusste nicht mehr, wer er war.

ZANKAPFEL

Seit der Wiederentdeckung Hölderlins zu Beginn des 20. Jhs streiten sich die Gelehrten über sein Leben und Werk. Die vielen offenen Fragen reizen Biographen zu immer neuen Antworten, bis hin zur These, Hölderlin habe den Wahnsinn nur simuliert. Gleich drei historisch-kritische Ausgaben konkurrieren um die richtige Lesart der Dichtung.

FRIEDRICH HÖLDERLIN

LEBEN & WERK

Johann Christian Friedrich Hölderlin wird am 20. März 1770 in Lauffen am Neckar geboren. Der Sohn eines Klosterhofmeisters durchläuft die übliche, vom Landesherrn finanzierte Schulkarriere, an deren Ende ein theologisches Examen steht: Lateinschule in Nürtingen, niedere Klosterschule in Denkendorf (1784), höhere Klosterschule in Maulbronn (1786–1788), Studium am Tübinger Stift (1788–1793); auf Drängen der Mutter legt er 1793 sein Konsistorialexamen in Stuttgart ab. In Tübingen lernt er Hegel und Schelling kennen; gemeinsam feiert man den Ausbruch der Französischen Revolution (1789), gemeinsam werden die Grundgedanken des deutschen (philosophischen) Idealismus formuliert, die »ersten Systementwürfe«, die jeder der drei später auf seine Weise ausformulieren wird. Hölderlin kündet als Dichter und Seher vom »Göttlichen«, das ist Hölderlins Bild für das unentfremdete unzerrissene Leben. Im Revolutionsjahr lernt Hölderlin auch die Dichter Schubart und Gotthold Friedrich Stäudlin kennen, in dessen *Musenalmanach* 1792 die ersten Gedichte erscheinen. Ein weiterer »Jakobiner« ist Isaak von Sinclair; die lebenslange Freundschaft beginnt 1793. Im Dezember desselben Jahres tritt Hölderlin seine erste Hofmeisterstelle bei Charlotte von Kalb an. Mit seinem Zögling Fritz von Kalb geht er nach Jena, hört die Philosophievorlesungen Fichtes, trifft sich mit Schiller und Goethe, die mit Hölderlin wenig anfangen können. Er verlässt Jena 1795 sehr plötzlich. 1796 tritt er die Hofmeisterstelle bei der Frankfurter Bankiersfamilie Gontard an und verliebt sich in die Hausherrin Susette, seine »Diotima«. Als französische Truppen auf Frankfurt marschieren, reist er mit Susette und den Kindern nach Bad Driburg. 1797, im Erscheinungsjahr des Briefromans *Hyperion*, ist auch Hegel in Frankfurt. 1798 muss Hölderlin das Haus Gontard verlassen; er geht zu Sinclair nach Bad Homburg (bis 1800). Dichterisch beginnt hier das »Spätwerk«: Hölderlin zweifelt zunehmend an der Möglichkeit, das Göttlich-Utopische, das Ganze des Lebens überhaupt ergründen zu können. Er nimmt weitere Hofmeisterstellen an, doch verlaufen sie unglücklich. 1804 verschafft ihm Sinclair eine Bibliothekarsstelle in Bad Homburg. Doch 1805 findet in Stuttgart ein Hochverratsprozess gegen Sinclair statt; ein Gutachten, das Hölderlin Wahnsinn attestiert, verhindert, dass er ausgeliefert wird. Sinclair, inzwischen aus der Haft entlassen, lässt Hölderlin 1806 in die Autenriethsche Klinik (Tübingen) einweisen; 1807 wird seine Therapie als aussichtslos eingestellt, und er lebt bis zu seinem Tod am 7. Juni 1843 in Pflege beim Tischlermeister Zimmer in Tübingen. Nur mit dem Dichter Wilhelm Waiblinger hat er noch Umgang; 1826 geben Ludwig Uhland und Gustav Schwab eine erste Gedichtsammlung Hölderlins heraus.

AUF DEN PUNKT GEBRACHT

Der Ikarus der deutschen Literatur. Sonnenhoch, zur absoluten Wahrheit, zog es ihn in seiner Dichtung, tief fiel er selbst hinab in geistige Nacht: Hölderlins Sprache und Bilder aber leben von einer Kraft, die seither nicht mehr vergangen ist.

EMPFEHLUNGEN

Fünf Werke:
- *Hyperion oder der Eremit in Griechenland*
- *Der Tod des Empedokles*
- *Hälfte des Lebens.* Gedicht
- *Menschenbeifall.* Gedicht
- *Der Neckar.* Gedicht

Lesenswert:

Friedrich Hölderlin: *Werke und Briefe.* Die »Stuttgarter Ausgabe« für normale Leseansprüche; wer in den Schaffensprozess einsteigen möchte, sollte zur »Frankfurter Ausgabe« greifen.

Gunter Martens: *Friedrich Hölderlin*, Reinbek 2000

Beatrix Langner: *Hölderlin und Diotima. Eine Biographie*, Frankfurt/M. 2001

Peter Härtling: *Hölderlin. Roman*, München 1996

Hörenswert:

Wem sonst als dir – Hölderlin und Diotima. Liebesbriefe und Gedichte, gelesen von Doris Wolters und H.-Dieter Jendreyko, Eggingen 1999

Hanns Eisler: *Ernste Gesänge.* Mit Hölderlin-Kommentaren des Komponisten

Sehenswert:

Hälfte des Lebens – Hölderlin. Regie: Hermann Zschoche; mit Ulrich Mühe, Jenny Gröllmann. DDR 1985

Besuchenswert:

Das Kloster Maulbronn

Tübingen mit dem Stift und dem »Hölderlinturm« am Neckar

Der realistische Träumer

Novalis

1772–1801

■ Novalis. Zeitgen. Stich. »Novalis war groß, schlank, von edlen Verhältnissen. Er trug sein lichtbraunes Haar in herabfallenden Locken, sein braunes Auge war hell und glänzend, die Farbe seines Gesichtes, besonders der geistreichen Stirn, fast durchsichtig. Hand und Fuß waren etwas zu groß … seine Miene war stets heiter und wohlwollend.« Ludwig Tieck

Am Pfingstsonntag, den 1. Juni 1800, begaben sich zwei junge Männer auf Wanderschaft durchs sächsische Land. Der eine war noch Student, der andere Beamter, zuständig für die Salzbergwerke der Region. Die beiden marschierten nicht zum Vergnügen, sondern in staatlichem Auftrag, das Gebiet zwischen Leipzig, Zeitz und Borna mineralogisch zu erkunden. Sie sammelten Gesteinsproben, kartographierten Höhenzüge, vermaßen den Wuchs von Bäumen und sprachen mit Anwohnern über örtliche Besonderheiten, die auf mögliche Bodenschätze hinwiesen. Zwei Wochen später kehrten der Salinenassessor Georg Philipp Friedrich von Hardenberg und sein Begleiter mit reichlich Material und wertvollen Erkenntnissen zurück. Ihre Beobachtungen bildeten den Auftakt zur Erschließung der ergiebigsten Braunkohlevorkommen in ganz Deutschland.

Mit welchem Fleiß und Feuereifer der berühmteste Dichter und Begründer der Romantik seinem Brotberuf nachging, wissen heute nur noch Literaturhistoriker. Wie auch umgekehrt kaum einer seiner Vorgesetzten damals je erfuhr, dass sich hinter diesem gewissenhaften Hardenberg ein Schriftsteller verbarg. Dafür sorgte er selbst, mit einem Pseudonym, das ihn im Alltag schützte. Niemand in der kursächsischen Administration sollte in ihm einen unsicheren, weil dichtenden Kandidaten sehen. Inzwischen hat der seinerzeit taktische Künstlername den realen verdrängt: Alle Welt sagt »Novalis« und verspürt sogleich den zauberhaften Klang seiner Poesie: *Ihr schaut in einen Wirbel/Von Menschenschicksal hin/Und forscht und fragt vergebens/Nach dieses Rätsels Sinn.* Nach Novalis' frühem Tod bildete sich rasch die Legende vom schmachtenden Träumer. Das einzige erhaltene – und später kosmetisch geschönte – Bildnis zeigt einen hübschen,

DICHTERFREUNDE

Zu den bedeutendsten Vertretern der Frühromantik zählen Achim von Arnim (1781–1831) und Clemens Brentano (1778–1842). Aus ihrer produktiven Freundschaft entstand *Des Knaben Wunderhorn*, eines der populärsten Werke der Romantik. Darin sind alte deutsche Volkslieder, Kinderreime, Gedichte und Romanzen versammelt. Die Idee dazu entsprach dem romantischen Traum, in vergangenen Zeiten nach kulturellen Schätzen zu graben, um sie für die Gegenwart fruchtbar zu machen. Zwischen 1805 und 1808 erschienen drei Bände. Selbst der kritische Goethe spendete höchstes Lob.

■ Erzbergwerk in Freiberg in Sachsen, Kupferstich, 1820

mädchenhaft zarten Jüngling mit wallenden Locken, leuchtenden Kinderaugen und weichem Kussmund.

Genauso reizend stellt man sich den Helden aus seinem Roman *Heinrich von Ofterdingen* vor, wie er die Vision einer »blauen Blume« empfängt, die seither als stärkstes romantisches Symbol der menschlichen Sehnsucht und Glücksverheißung fortwährend blüht. Alles in diesem Buch ist Märchen, Lied und Legende, gute Menschen lassen ihr Herz sprechen, es wird gesungen, gelacht, geliebt, der Dichter verwandelt die Welt in einen poetischen Traum. Dabei war Novalis im Kreise der Romantiker-Kollegen der größte Realist, begeistert von praktischen Wissenschaften wie Chemie, Physik und Geologie, erfüllt vom Drang nach handfester Beschäftigung. Zwar formulierte er schon in seiner allerersten Publikation *Blüthenstaub*, einer Sammlung von Aphorismen, den für die Romantik zentralen Gedanken: »Nach Innen geht der geheimnisvolle Weg …« Um jedoch gleich hinzuzufügen: »Der zweite Schritt muss wirksamer Blick nach Außen, selbsttätige, gehaltne Beobachtung der Außenwelt sein«.

Erst die spätere Entwicklung hat die Romantik zum Inbegriff innerlicher Verzückung mit Ringelreihen im Mondenschein gemacht; Novalis sah in der romantischen Bewegung ein philosophisches Programm ganzheitlichen Lebens, in dem die getrennten Sphären von Seele und Welt zusammentreten und einander befruchten. Diese Synthese sollte mittels Philosophie und Dichtung gelingen, anhand einer »progressiven Universalpoesie«, wie sie Novalis' enger Freund und Gefährte Friedrich Schlegel theoretisch entwarf. Die Befreiung des Gefühls von moralischen Normen, die Entdeckung der Natur und ein neuer zwangloser Umgang der Geschlechter zählten ebenso dazu wie die Aufhebung der ständischen Klassengesellschaft. Novalis dachte überaus politisch, machte sich die Ideale – jedoch nicht die Gewalt – der Französischen Revolution zu eigen, sprach vom Ziel der »Weltfamilie« und propagierte einen »poetischen Staat«. Sein hohes soziales Emp-

»Die Welt muss romantisiert werden. So findet man den ursprünglichen Sinn wieder. Indem ich dem Gemeinen einen hohen Sinn, dem Gewöhnlichen ein geheimnisvolles Ansehn, dem Bekannten die Würde des Unbekannten, dem Endlichen einen unendlichen Schein gebe, so romantisiere ich es.« Novalis

»Hinterlassen hat er das wunderlichste und geheimnisvollste Werk, das die deutsche Geistesgeschichte kennt. Sein eigenes Schicksal hat Novalis wissend und gläubig erlebt, seiner Tragik bewusst und ihr doch überlegen, da eine schöpferische Frömmigkeit ihm erlaubte, den Tod gering zu achten.«

Hermann Hesse, 1924

■ Büste am Grab von Novalis in Weißenfels in Sachsen-Anhalt.

In dunkler Erde ruht der heilige Fremdling/Es nahm von sanftem Munde ihm die Klage der Gott/Da er in seiner Blüte hinsank/Eine blaue Blume/Fortlebt sein Lied im nächtlichen Haus der Schmerzen.

Georg Trakl, *An Novalis*

finden mochte auch der Tatsache geschuldet sein, dass er im Gegensatz zu den anderen aristokratischen Romantikerfreunden eigenes Geld verdienen musste. Novalis entstammte einem alten niedersächsischen Geschlecht von Landadligen, das bis ins 12. Jahrhundert zurückreichte. Von diesen Vorfahren übernahm der Dichter sein Pseudonym: Der gräfliche Hauptzweig der Familie in Nörten bei Göttingen gab sich den Beinamen »de novali« – die das Neuland bestellen. Im Laufe der Jahrhunderte verlor man jedoch die Besitztümer, die Hardenbergs wurden Beamte und Offiziere. Novalis' Vater arbeitete als Direktor der kursächsischen Salinen, der Sohn trat engagiert in seine Fußstapfen. Konsequent betrachtete er die Dichtung stets als »Nebenarbeit«, tagsüber tat er gewissenhaft Dienst, zunächst als Gerichtsjurist, dann nach einem weiteren Studium des Bergbaus in den mitteldeutschen Salz- und Silbergruben. Das stramme Arbeitspensum, das sich Novalis auferlegte, verstand er als körperliches wie mentales Training. Gesundheit war in der Familie Hardenberg ein Fremdwort. Von elf Geschwistern erlebte nur eins den dreißigsten Geburtstag. Auch Novalis kämpfte ständig mit Krankheiten, neigte zu Schwermut und Depression. Über den Tod seiner großen Liebe Sophie von Kühn kam er nie hinweg, das Mädchen starb mit 15 Jahren an der Schwindsucht. Fortan wollte er ihr ›nachsterben‹ – eine Tendenz, die sich dichterisch vor allem in den berühmten *Hymnen an die Nacht* ausdrückte. Diese nahezu selbstmörderische Elegie über die Seligkeit, im Grab endgültig zur Ruhe zu finden, hat maßgeblich die Vorstellung von der Romantik als nächtig-todessüchtiger Stimmung beigetragen; der strenge, lebenstüchtige Goethe befand kurz und bündig: »Klassisch ist das Gesunde, romantisch das Kranke.« Die *Hymnen* blieben das einzige längere Werk, das zu Novalis' Lebzeiten veröffentlicht wurde. Vom intellektuellen, philosophischen wie politischen Dichter wussten nur die nächsten Freunde. Die Brüder Schlegel, Achim von Arnim, vor allem Ludwig Tieck sorgten für die spätere Verbreitung und die mythische Aureole, die Novalis' Gestalt und Leben bald umgab. Im Frühjahr 1800 war die medizinische Diagnose nicht länger zu leugnen, Novalis litt an Lungentuberkulose, eine schmerzvolle Agonie begann. Gleichwohl bewarb er sich noch auf eine beruflich höhere Position. Der sächsische Kurfürst bewilligte die Stelle; am 20. Dezember, drei Monate vor seinem Ende am 25. März 1801, unterschrieb Novalis die Ernennungsurkunde auf dem Krankenbett. Er soll überglücklich gewesen sein.

NOVALIS

LEBEN & WERK

Georg Philipp Friedrich Freiherr von Hardenberg, der sich als Dichter Novalis nennt, wird am 22. Mai 1772 in Oberwiederstadt im Harz geboren; streng pietistisch erzogen, findet er im weltoffenen Haus eines Onkels eine Gegenwelt. 1786, der Vater wurde zum Salinendirektor ernannt, übersiedelt die Familie nach Weißenfels bei Jena. Novalis schreibt erste Gedichte. 1790 geht er zum Studium nach Jena, hört die Kantvorlesungen von Karl Leonhard Reinhard, Geschichte bei Schiller, mit dem er sich anfreundet. 1791 erscheint das erste Gedicht in Wielands *Teutschem Merkur*. Novalis wechselt nach Leipzig, studiert Rechte, Mathematik und Philosophie, begegnet Friedrich Schlegel. 1794 legt er in Wittenberg das juristische Staatsexamen ab, trifft Fichte (mit dessen Philosophie des Selbstbewusstseins er sich auseinandersetzt) und Friedrich Hölderlin, liest Goethes *Wilhelm Meister*. Erschüttert durch den frühen Tod seiner großen Liebe Sophie (1797) beschäftigt er sich mit der Mystik, beginnt gleichzeitig ein Studium an der Freiberger Bergakademie. Prägend sind Begegnungen mit dem Geologen Abraham Gottlob Werner, Friedrich Schelling, Goethe, Jean Paul, Caroline und August Wilhelm Schlegel. Letzterem schickt er »Bruchstücke des fortlaufenden Selbstgesprächs in mir«; unter dem Titel *Blüthenstaub* erscheinen sie in Schlegels Zeitschrift *Athenäum*: Fragmente, an denen sich Weltbild und Denkstruktur der Frühromantik gut erkennen lassen.

Ab 1799 ist er Salinenassessor in Weißenfels. Im gleichen Jahr beginnt die innige Freundschaft mit Ludwig Tieck, mit dem er Goethe und Herder in Weimar besucht. Beim Romantikertreffen in Jena, dem Höhepunkt der Frühromantik, trägt Novalis *Die Christenheit* oder *Europa* vor – seine Utopie eines geeinten Europa, in dem Aufklärung und religiöse Transzendenz wieder eins werden, das »neue Weltalter«. Ansonsten lebt er »ganz mit der Technik, viel unter der Erde«. Im Jahr 1800 – er plant seine Hochzeit mit Julie von Charpentier, mit der er sich 1798 verlobt hat, bewirbt er sich als Amtshauptmann, die *Hymnen an die Nacht* erscheinen im *Athenäum*, auch der erste Teil des Romans *Heinrich von Ofterdingen*, die romantische Antwort auf Goethes *Wilhelm Meister*, wird fertig – im Jahr 1800 erkrankt Novalis schwer und stirbt am 25. März 1801.

Posthum erscheinen die *Geistlichen Lieder*, *Heinrich von Ofterdingen* und die *Lehrlinge zu Sais*, ein Fragment über unser Verhältnis zur Natur. Man brauche, wie Dichter und Liebende, die Fähigkeit zur Hingabe, sie sei Schlüssel zur Natur und ihren Geheimnissen: »Wenn auch … ein bewusstloser Mechanismus allein zu herrschen scheint, so sieht doch das tiefer sehende Auge eine wunderbare Sympathie mit dem menschlichen Herzen.«

AUF DEN PUNKT GEBRACHT

Sein Name klingt so poetisch wie die Dichtung, die er schrieb. Und doch war Novalis ein brillanter Denker, dessen Träume einem ganz praktischen Ziel galten: der Errichtung einer besseren, gerechteren Welt.

EMPFEHLUNGEN

Fünf Werke:
- *Hymnen an die Nacht*
- *Geistliche Lieder*
- *Heinrich von Ofterdingen*
- *Die Lehrlinge zu Sais*
- *Die Christenheit oder Europa*

Lesenswert:

Hermann Hesse und Karl Idenberg (Hg.): *Novalis. Dokumente seines Lebens und Sterbens*, Frankfurt/M. 1988

Gerhard Schulz: *Novalis*, Reinbek 1998

Novalis: *Werke*. Hg. und kommentiert von Gerhard Schulz, München 2001

Penelope Fitzgerald: *Die blaue Blume* (biographischer Roman), Frankfurt/M. 2000

Hörenswert:

Gedichte der Romantik (Novalis, Eichendorff, Brentano, Uhland, Heine u.a.), gelesen von Günther Dockerill, Kiel 2000

Novalis: *Heinrich von Ofterdingen*, gelesen von Rainer Unglaub. 4 MCs

Besuchenswert:

Das so genannte Romantikerhaus in Jena (das ehemalige Wohnhaus des Philosophen J. G. Fichte) sowie das Novalis-Haus in Weißenfels

Der phantastische Realist
E.T.A. Hoffmann
1776–1822

»In keiner, als in dieser düsteren, verhängnisvollen Zeit, wo man seine Existenz von Tag zu Tag fristet und ihrer froh wird, hat mich das Schreiben so angesprochen – es ist, als schlösse ich mir ein wunderbares Reich auf, das, aus meinem Innern hervorgehend und sich gestaltend, mich dem Drange des Äußern entrückte.«
E.T.A. Hoffmann, 1809

Als ›Gespenster-Hoffmann‹ ist er ins kollektive kulturelle Gedächtnis eingegangen, als Schöpfer des Kriminalromans und Spezialist für unheimliche Geschichten voller Rätsel und Kuriosa. Leicht vergisst man dabei seine weiteren künstlerischen Begabungen: Er malte, zeichnete Karikaturen, entwarf Bühnenbilder fürs Theater. Zudem spielte er glänzend Klavier, komponierte Kammer- und Kirchenmusik, Orchesterwerke und die abendfüllende Oper *Undine*. Überhaupt sah sich Ernst Theodor Wilhelm Hoffmann lange Zeit in der Rolle eines Komponisten und Musikers, den dritten Vornamen änderte er und nannte sich Amadeus, aus Bewunderung für Mozart.

Die erste literarische Veröffentlichung kam spät, 1809, da ließ er den verstorbenen Komponisten Christoph Willibald Ritter von Gluck wiederauferstehen und durch das Berlin der Gegenwart spazieren. Schon hier spricht Hoffmann vom »Reich der Träume«, in dem alles möglich scheint und die absonderlichsten Dinge passieren. Im *Ritter Gluck* bleibt diese Phantasie noch friedlich, doch bald bevölkern furchterregende Wesen seine Erzählungen und Märchen, verbreiten eine oftmals albtraumhafte Atmosphäre. Hexen, böse Geister, Zauberer, es spukt in allen Ecken: Ein Türöffner verwandelt sich in eine gräuliche, lebendige Fratze, der Held im *Goldenen Topf* erwacht auf einem Regal, eingeschlossen in einer Flasche. Zum Horror gesellt sich der Humor, wenn Hoffmann Tiere erfindet und sie reden und denken können wie Menschen. Ein bebrillter Papagei kräht fröhlich: *Lebenslang der Ihrige, verehrungswürdiger Freund und Gönner!* Und der berühmte Kater Murr versteht sogar zu schreiben und erinnert jeden etwaig zweifelnden Leser daran, *dass er es mit einem Kater zu tun hat, der Geist, Verstand und scharfe Krallen hat.*

Mit solcherlei Phantastik erweiterte Hoffmann die zeitgenössische deutsche Literatur um ein völlig neues Genre, heute würde man seine Prosa als ›mystery thriller‹ bezeichnen. Ihre besondere Wirkung – mithin auch den großen Erfolg beim Publikum – erzielte der Autor, indem er den Geschich-

■ Umschlagmotiv einer Ausgabe des *Kater Murr* aus dem 19. Jahrhundert

ten einen äußerst realistischen Hintergrund gab. Die Handlung spielte nicht in verwunschenen Märchenzonen, sondern an klar erkennbaren Orten, auf Plätzen und Straßen; die Protagonisten streifen durch Berlin oder Dresden, sitzen in einschlägigen Cafés, bestaunen Museen und Theater – und urplötzlich regieren Gespenster das Geschehen! Hoffmann benutzte Stadtpläne, verwertete lokale Besonderheiten und Nachrichten, die Leser identifizierten ihre eigene Welt und gruselten sich umso mehr. Zwar träumte Hoffmann ebenso idealistisch wie seine Kollegen der romantischen Epoche vom »Leben in der Poesie, der sich der heilige Einklang aller Wesen als tiefstes Geheimnis der Natur offenbaret«, doch faszinierten ihn fast ausschließlich die Schatten- und Nachtseiten der menschlichen Existenz. Seine literarischen Dämonen sind keine ›aliens‹, sie entspringen seelischen Abgründen. Und darin kannte sich der Dichter bestens aus.

■ E.T.A. Hoffmann, Selbstkarikatur, Bamberg 1809

Von Kindesbeinen an war E.T.A. Hoffmann mit Rausch, Halluzination und Wahnsinn leidvoll vertraut. Der Vater, ein Säufer, verließ die Familie, Hoffmanns Mutter reagierte darauf mit pathologischer Hysterie. Durch die Wohnung eines wunderlichen Onkels, wo der Junge aufwuchs, hallten zudem die Schreie einer Irren, die im oberen Stockwerk hauste. Diese Eindrücke begleiteten Hoffmann sein Leben lang, sie prägten die Basis seiner Kunst und eines Daseins voll exzessiver Schwankungen. Früh griff er selbst zum Alkohol, wurde ein notorischer, später legendärer Trinker, der tagsüber als honoriger Rat am Berliner Kammergericht ge-

■ Hoffmann und seine Freunde in der Weinstube Lutter & Wegner in Berlin. Bleistiftzeichnung, 1937

■ Theodor Gottlieb von Hippel. Kupferstich, 1802

DER GUTE HIPPEL
Hoffmanns treuester Freund und Helfer: Der um ein Jahr ältere Theodor Gottlieb von Hippel machte eine steile Karriere im preußischen Justizwesen. Durch Erbschaft reich und unabhängig, verfügte er über Einfluss und Beziehungen. Unbeirrt glaubte Hippel an Hoffmanns künstlerisches Talent und rettete ihn immer wieder aus ärgster Not. Hippel setzte die entscheidenden Hebel in Bewegung, die den Dichter schließlich nach Berlin und in materielle Sicherheit brachten.

wissenhaft seine anspruchsvollen Pflichten erfüllte, abends in der Kneipe die Puppen tanzen ließ und nachts, bisweilen absichtsvoll im Delirium, meisterliche Werke schrieb. Dem voraus gingen zwanzig turbulente, wechselhafte Jahre. Einzig konstant blieben permanente Geldnot und der sehnliche Wunsch, die Kunst zum Beruf zu machen. Nach Schule und Jurastudium in der Geburtsstadt Königsberg verschlug es Hoffmann auf diverse Verwaltungsposten in Deutschland und Polen. Das Amt eines gutbestallten Warschauer Regierungsrats verlor er jedoch bald durch die Annexion Polens seitens Frankreichs. Es folgten Stationen in Bamberg, Leipzig und Dresden, wo Hoffmann sich als Kapellmeister, Theaterkomponist und Musikkritiker verdingte, nichts war von Dauer, lediglich private Gesangs- und Klavierstunden hielten ihn über Wasser. Ganz in seinen künstlerischen Vorstellungen befangen, registrierte Hoffmann auch kaum, was aktuell um ihn herum geschah. Während sich in Deutschland nach Napoleons Niederlage vor Moskau der nationale Freiheitswille massiv regte, andere Schriftsteller wie etwa der Altersgenosse Heinrich von Kleist feurige, patriotische Schriften verfassten, blieb Hoffmann stur bei Wein und Manuskript sitzen, Politik focht ihn nicht an. Erst der hohe Beamte sollte dafür einen Sinn entwickeln. 1816 hatten einflussreiche Freunde Hoffmann ans Berliner Justizministerium lanciert. Dort bekam er die Folgen des Wiener Kongresses zu spüren, die Preußen zum reaktionären Polizeistaat machten. Empört wandte sich Hoffmann gegen die willkürliche Verhaftungs- und Spitzelpolitik. Sein Einspruch gegen den Arrest des Turnvaters Jahn und dessen Verurteilung als Hochverräter brachte einen innenpolitischen Streit in Gang, der vom König höchstselbst zugunsten von Hoffmanns Intervention entschieden wurde. Dass er diesen Zwist jedoch auch literarisch ausschlachtete und seinen größten Widersacher, den preußischen Polizeidirektor Kamptz, in der Erzählung *Meister Floh* karikierte, hätte ihn womöglich noch die Karriere gekostet. Hoffmanns Tod – vermutlich starb er an den Spätwirkungen von Syphilis – unterband die juristischen Querelen. Am Ende sah er zumindest den persönlichen Lebenstraum verwirklicht: Er war ein berühmter Künstler, man verschlang seine Geschichten, die Verleger zahlten, was er verlangte. Die Berliner Gastronomie dankte ebenfalls. Wenn der Dichter zum Diner schritt, floss der Champagner in Strömen. Entsprechend dürftig fiel die Erbschaft aus: E.T.A. Hoffmann hinterließ nichts als Schulden.

E.T.A. HOFFMANN

LEBEN & WERK

Am 24. Januar 1776 in Königsberg in eine Juristenfamilie geboren, studiert auch Hoffmann Jura, zunächst (1792–1795) in Königsberg, dann in Glogau (bis 1798). Mit vorzüglichen Noten steht dem Referendar die Wahl des letzten Ausbildungsortes frei, sie fällt auf Berlin, wo er, von Musik- und Theaterleben abgelenkt, das dritte Examen erst 1800 ablegt. Als Gerichtsassessor wird er nach Posen versetzt, heiratet 1802 Maria Thekla Rorer-Trzynska. Ein kleinstädtischer Skandal um despektierliche Karikaturen höherer Beamter, als deren Urheber man den begabten Zeichner Hoffmann vermutete, führt zur Strafversetzung in noch tiefere Provinz. Sein ganzes Leben zeichnet Hoffmann nicht nur, sondern komponiert, gibt Musikunterricht (was zu einigen unglücklichen Liebesaffären führt), schreibt, mit öffentlichem Erfolg allerdings erst in den letzten Lebensjahren. 1806 verliert er den Posten als Regierungsrat in Warschau, weil er den Franzosen, die das damals preußische Polen besetzt haben, den Treueeid verweigert. Acht Jahre lang schlägt er sich als Musiklehrer, Kapellmeister (unter anderem in Bamberg), Komponist, Musikkritiker und Bühnenbildner durch; kehrt erst 1814 in den Staatsdienst zurück, wird 1816 Kammergerichtsrat in Berlin, wo er von 1819 an die »Immediat Commission zur Ermittlung hochverräterischer … Umtriebe« leitet, die gegen Burschen- und Turnerschaften vorgehen soll. Hoffmann, kein Rebell, doch gewissenhafter Jurist, setzt sich für sie ein. Der frühe Tod am 25. Juni 1822 verhindert disziplinarische Maßnahmen gegen ihn. »Des Vetters Eckfenster« (1822) zeigt als eine der ersten deutschen Erzählungen, wie sich Leben und Erfahrung in der Großstadt verändern, die Vereinsamung, an der auch der Autor litt.

WISSENSWERTES

Hoffmanns Mischa
1802 heiratete der Dichter die Polin Maria Michalina Thekla Rorer-Trzynska, eine einfache, gutherzige Frau, die ihn bis ans Lebensende begleiten sollte, er nannte sie Mischa. Klaglos ertrug sie Hoffmanns exzentrisches Naturell und das ständige Auf und Ab seiner Laufbahn. Die Tochter Cäzilia, geboren 1805, starb schon zwei Jahre später. Auch als Hoffmann sich in Bamberg in die 16-jährige Julia Marc verliebte und darüber fast den Verstand verlor, blieb Mischa an seiner Seite. Bei Hoffmanns Tod beliefen sich seine Schulden auf 2300 Reichsthaler. Mischa musste das Erbe ablehnen und floh vor den Gläubigern aus Berlin.

AUF DEN PUNKT GEBRACHT

E.T.A. Hoffmann ist einer der wenigen deutschen Schriftsteller des 19. Jahrhunderts, die es zu Weltgeltung brachten. Balzac, Dostojewski, Baudelaire und Edgar Allan Poe bewunderten ihn und ließen sich von seinem Werk inspirieren. Hoffmanns phantastischer Realismus legte die Spur zur modernen psychologischen Literatur.

EMPFEHLUNGEN

Fünf Werke:
- *Die Elixiere des Teufels*
- *Klein Zaches genannt Zinnober*
- *Die Serapionsbrüder*
- *Lebensansichten des Katers Murr*
- *Meister Floh*

Lesenswert:
Klaus Günzel: *E.T.A. Hoffmann. Leben und Werk*, Berlin 1976

Rüdiger Safranski: *E.T.A. Hoffmann. Das Leben eines skeptischen Phantasten*, Frankfurt/M. 2000

Dieter Hirschberg: *Tödliche Loge. E.T.A. Hoffmann unter Verdacht*, Berlin 2006 (Kriminalroman)

Hörenswert:
Die Serapionsbrüder, Hörspiel, eingerichtet von Klaus Buhlert, München 2006. 10 CDs

Hoffmanns Erzählungen, Oper von Jacques Offenbach (1881)

Besuchenswert:
In Bamberg: das E.T.A. Hoffmannhaus, der Ort seiner »Lehr- und Marterjahre« als Theaterkapellmeister (1808–1813)

In Berlin: »Lutter & Wegner« am Gendarmenmarkt (leider Neubau) und das Grabmal auf dem Friedhof »Jerusalem und Neue Kirche III«, Zossener Straße (Am Halleschen Tor)

Der Feuergeist
Heinrich von Kleist
1777–1811

EWALD CHRISTIAN VON KLEIST (1715–1759) Vorfahr von Heinrich, ebenfalls Dichter. Ewald v. Kleist dichtete Idyllen und Oden im empfindsamen Stil der Zeit. Persönlich von gewinnendem Wesen, pflegte er Freundschaft mit Gotthold Ephraim Lessing, der ihn als Major Tellheim in *Minna von Barnhelm* verewigte. Ewald starb im Siebenjährigen Krieg an den Folgen einer Verwundung nach der Schlacht von Kunersdorf.

Der letzte Schritt war gut geplant und vorbereitet. Nichts blieb dem Zufall überlassen, als Heinrich von Kleist seine Herzensfreundin Henriette Vogel und dann sich selbst erschoss, am frühen Abend des 21. November 1811, vor den Toren Berlins, an den Ufern des Kleinen Wannsees. Mehrere Abschiedsbriefe erreichten noch gleichen Tags ihre Empfänger, mit genauen Informationen zur Hinterlassenschaft und Kostenregelung für die Bestattung, bis hin zur Bitte, eine noch offene Barbiersrechnung zu begleichen und Kleists Hauswart Müller ein Souvenir zu vermachen. Alle Adressaten wurden reichlich getröstet, sie sollten sich nicht grämen über diesen Tod, er sei eine gemeinsame »große Entdeckungsreise« mit sicherem Ziel bei Gott.

An die geliebte Schwester Ulrike schrieb der Dichter: »Du hast an mir getan, ich sage nicht, was in Kräften einer Schwester, sondern in Kräften eines Menschen stand, um mich zu retten: die Wahrheit ist, dass mir auf Erden nicht zu helfen war …«

Zeit seines Erwachsenenlebens hatte Kleist die Vorstellung fasziniert, auf solche Art zu sterben – zu zweit, in ruhigem Einvernehmen –, und verschiedentlich Gefährten und Geliebte dazu aufgefordert. Man belächelte es als Koketterie, eine der vielen Überspanntheiten eines exzentrischen Temperaments, dessen abrupt wechselnde Gefühlslagen seine Umgebung oftmals enervierte. Der »nicht zu dämpfende Feuergeist«, wie ihn schon sein Hauslehrer nannte, konnte unter Freunden reizend sein, ein liebenswürdiger Jüngling, hochfliegend und mitreißend im Gespräch; in fremder Gesellschaft tat er sich schwer, verfiel bei Tisch plötzlich in Absencen, begann zu stottern und stammelte abgerissene Worte, Vers- und Dialogzeilen in das einsetzende, peinliche Schweigen hinein. Auch Kleists Familie, altehrwürdiger preußischer Offiziersadel, ging bald auf Distanz zu diesem wenig präsentablen Sohn, der nach sieben Jahren Ausbildung der standesgemäßen Militärkarriere entfloh, um beruflich niemals mehr Land zu sehen. Mit 21 wusste Kleist selbst nicht recht wohin, zog es ihn unbestimmt in die

■ Der Schauspieler Emil Jannings als Dorfrichter Adam in einer Filmszene aus *Der zerbrochene Krug* aus dem Jahr 1937

Welt des Geistes. Er interessierte sich für Mathematik, studierte Jura und Wirtschaft, las die philosophischen Schriften von Immanuel Kant und Jean-Jacques Rousseau, die ihn in eine tiefe Krise stürzten. Von Kant lernte Kleist, dass es keine ›reine‹ Wahrheit der Erkenntnis gibt, sie stets von subjektiver Wahrnehmung gesteuert sei. Rousseau zeigte ihm, wie der im Ursprung gute, natürliche Mensch alle Unschuld verliert, sobald ihn die Zwänge und Konventionen der Gesellschaft umfangen. Diese Verbindung von Kant und Rousseau ist in vielen Arbeiten Kleists erkennbar. Die Verschleierung der Wahrheit, Täuschung, Vorspiegelung falscher Tatsachen, Lüge und Verstellung bringen jeden aufrechten Menschen in Bedrängnis, der an das Gute, das Ideal harmonischen Miteinanders glaubt – und denkt, auch in einer schlechten Welt darauf beharren zu müssen. Doch darf er sich wirklich sicher sein, recht zu haben? Der Pferdehändler Michael Kohlhaas in der gleichnamigen Novelle bricht einen Privatkrieg vom Zaun, weil er auf objektiver Gerechtigkeit besteht, und wird dadurch selbst zum Verbrecher. Dorfrichter Adam verkörpert im *Zerbrochenen Krug* das ›Recht‹, ist aber der eigentliche Gauner, der die Gesetze nach Belieben beugt. Und im *Prinzen von Homburg* sieht sich der Held zum Tode verurteilt, weil er einen kurfürstlichen Befehl missachtete, genau deshalb jedoch die Schlacht gewann. In allen Stücken und Erzählungen schildert Kleist jene Zerrissenheit, die Sehnsucht nach absoluter Wahrheit und den Jammer darüber, dass sie sich in der bestehenden Realität nie durchzusetzen vermag.

■ Heinrich von Kleist in einer zeitgenössischen Darstellung

■ Abschiedsbrief Kleists an seine Schwester Ulrike vom 21. November 1811

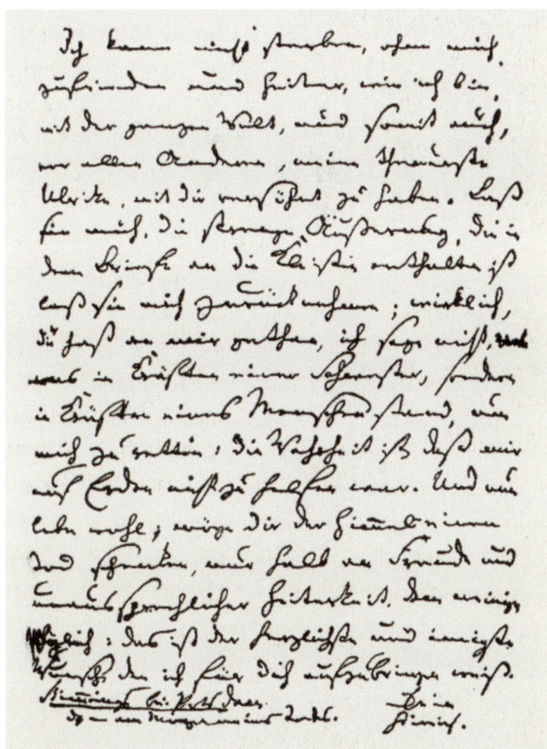

Noch heute verblüfft die unglaubliche Sicherheit, mit der Kleist seine Ideen in grandiose Literatur verwandelte. Es ist nicht überliefert, wie und wann er damit begann. Doch vom ersten erhaltenen Stück an präsentierte sich der Autodidakt als vollendeter Dichter. In acht Jahren schuf er ein Werk, das, abgesehen von der Lyrik, kaum Schwächen aufweist, vielmehr durch formale Präzision und gewaltige Sprachkraft in jeder Szene und Zeile besticht. Diese stilistische Könnerschaft und ein enormes dramati-

■ Wilhelmine von Zenge, die Verlobte Kleists, um 1800. Kleist hatte wenig Glück in der Liebe. Die Verbindung mit Wilhelmine zerbrach an Kleists sprunghaftem Naturell.

sches Talent erkannten zwar auch die prominenten Literaturgrößen der Zeit, doch thematisch blieb Kleist ihnen eher suspekt. Sein Bild vom Menschen im ewigen, letztlich tödlichen Zwiespalt kränkte die Auffassungen der klassischen wie der romantischen Epoche. Dazu kam die Wucht, mit der sich Kleist zwischen die Stühle setzte. Ungekannte Rasereien und Exzesse tobten in den Stücken – die Dramen *Penthesilea* oder *Die Herrmannsschlacht* arten in wahre Massaker aus. Dagegen wirkten Goethes *Faust* oder Schillers *Don Carlos* wie lahme Enten, die Weimarer Götter verhielten sich entsprechend skeptisch. Nur wenige deutsche Theater führten Kleists Stücke auf, er selbst hat nie eines auf der Bühne gesehen. Ausgerechnet Goethe verantwortete übrigens in seinem Amt als Theater-Intendant die missglückte Uraufführung von *Der zerbrochene Krug*, jenem Lustspiel, das auch Kleists große komödiantische Begabung beweist. Der zeitlose Humor des Stückes, seine witzig-tiefsinnigen Dialoge, die pfiffige Darstellung bürgerlicher Doppelmoral amüsieren das Publikum bis heute, die umwerfende Komik des Dorfrichters Adam hat die Jahrhunderte unbeschadet überdauert.

In der Literatur sah Kleist bald den »einzigen Lebensfunken im weiten Reich des Todes«. Fast ständig krank, geplagt von körperlichen Zusammenbrüchen und manisch-depressiven Anfällen, pendelte er zwischen Arbeitswut und völliger Erschöpfung. Immer drückten ihn Geldsorgen, ruhelos wanderte er von einem schlechtbezahlten, niederen Verwaltungsposten zum nächsten. In Berlin schließlich, wo Kleist eine der ersten täglich erscheinenden Zeitungen gründete, traf er Henriette Vogel, eine kapriziöse, verheiratete Dame der Gesellschaft, rasch freundeten sich beide an. Und ebenso bald redeten sie vom gemeinsamen Tod. Aus der Laune wurde Ernst. Etliche euphorische Briefe belegen, dass für Kleist ein langgehegter Traum endlich in Erfüllung ging. Am 20. November 1811 logierte das Paar in »Stimmings Krug« in Potsdam. Man beobachtete sie in ausgesprochen vergnügter Stimmung. Am folgenden Tag schoss Heinrich seinem »Jettchen« in die Brust, steckte sich die Pistole in den Mund und drückte ab.

KLEIST ALS NATIONALIST

Eines der größten Missverständnisse der Kleist-Rezeption. Weil der Dichter im Freiheitskampf gegen Napoleon patriotische Schriften und Gedichte verfasste, wurde er später zum Liebling aller Chauvinisten, die auch seine Dramatik demgemäß interpretierten. Ihnen galt im 19. Jahrhundert der *Prinz von Homburg* als »das schönste Werk deutscher Soldatendichtung« (Heinrich von Treitschke). So ging das munter weiter. Die 1920 gegründete Heinrich von Kleist-Gesellschaft war wesentlich von der »vaterländischen Gesinnung« des Dichters inspiriert. 1937 durfte ein HJ-Führer auf der Jahrestagung der Gesellschaft solchen Unsinn schnarren: »Du, Heinrich von Kleist, bist diesem Reich ein untadeliger Offizier gewesen. Darum ist dein Wort uns heute Befehl!«

HEINRICH VON KLEIST

LEBEN & WERK

Als Heinrich von Kleist am 18. Oktober 1777 in Frankfurt an der Oder zur Welt kommt, ist eigentlich alles klar. 16 Generäle, zwei Feldmarschälle entstammten dieser Familie. So tritt er 1792 – 15-jährig – ins Garderegiment Potsdam ein, nimmt 1793 am Rheinfeldzug gegen die französische Revolutionsarmee teil, kommt als Fähnrich zurück, wird 1797 Leutnant – und quittiert 1799 den Dienst. Drei Semester studiert er, verlobt sich 1800 mit Wilhelmine von Zenge, bereitet sich in Berlin auf den Staatsdienst vor. Und entscheidet sich erneut, gegen den Staatsdienst (und damit gegen die Heirat), gegen die Langeweile, für ein Leben nach dem eigenen Kopf. Er liest Kant – und findet sein Lebensthema: die Unbegreiflichkeit des menschlichen Handelns, den Kern aller seiner Stücke. Aus dem Stand wird er zum Dichter, schafft zwischen 1803 und 1809 neun Theaterstücke, acht Erzählungen, drei, wie man später sieht, wegweisende Essays. Schafft unvergessliche Figuren, die durch Fehlurteil oder Missverständnis zum Äußersten getrieben werden. Schafft mit einer ungeheuren Präzision wortgewaltige Texte, in denen kein Wort zu viel ist. Erbarmungslos, mit der Übersicht eines Feldherrn zieht der Autor die Schlingen zu, in denen seine Figuren sich verheddern. Den Lesern, der damaligen Theaterwelt war das zu viel. Allen voran Goethe, der die Aufführung des *Zerbrochenen Krugs* verhunzt, das *Käthchen von Heilbronn* in den Ofen wirft (das einzige Stück, das zu Kleists Lebzeiten überhaupt aufgeführt wurde). Der Dichterfürst wünscht geordnete Charaktere. Die Welt funktioniert anders, das hat Kleist, lebenslang von Geldsorgen geplagt, am eigenen Leib erlebt. Doch sollten wir uns nicht täuschen. Selbstmord, die zuvor geäußerte Todessehnsucht sind nicht *das* Thema dieses Lebens. Kleist war einsam, aber er und seine Figuren handeln nicht autistisch, sie suchen die Welt, die anderen, handeln stets im Spannungsfeld mit ihnen. Deren wie eigene Aktionen vereiteln, was der Einzelne sich vorstellt und hofft: ein Miteinander. Tragödien entwickeln sich situativ, im und durch das Aneinander-vorbei-Reden und -Leben. Wie in Kleists Leben, so bei seinen Figuren. Er will mit Schreiben Geld verdienen, das misslingt. Ein Zeitschriftenprojekt mit Adam Müller scheitert, ebenso das Projekt »Berliner Abendblätter« (ab 1810), das erste Blatt, das sich durch Anzeigen finanziert. Da greift die Zensur ein, die beliebten Polizeiberichte dürfen nicht mehr erscheinen. Das Blatt scheitert im März 1811. Seiner Geldsorgen überdrüssig, will Kleist zum Militär zurück, eine Eingabe an Kanzler Hardenberg bleibt liegen. Keine Bühne traut sich an seine Stücke. Erst der Selbstmord – 21. November 1811, zusammen mit der krebskranken Henriette Vogel – macht auf diesen Dichter aufmerksam.

AUF DEN PUNKT GEBRACHT

Kleists Dramen und Novellen erschüttern noch heute, seine Komödien entzücken auch das moderne Publikum. Wir zittern und lachen mit seinen Figuren, sie sprechen von uns.

EMPFEHLUNGEN

Fünf Werke:
- *Amphitryon*
- *Penthesilea*
- *Käthchen von Heilbronn*
- *Der zerbrochene Krug*
- *Die Marquise von O.*

Lesenswert:

Peter Staengle, *Heinrich von Kleist. Sein Leben*, Heilbronn 2006

Stephen Vizinczey, *Die zehn Gebote des Schriftstellers. Essays zur Weltliteratur* München 2004 (mit vorzüglichem Kleist-Essay)

Christa Wolf, *Kein Ort. Nirgends.* Erzählung, Hamburg 2006

Sämtliche Werke und Briefe, hg. von Helmut Sembdner, München 2001

Hörenswert:

Kleist. Ein Lebensmonolog aus den Briefen, von Hermann Beil, gelesen von Ulrich Matthes, München 2003, 2 CDs

Die Marquise von O., gelesen von Joachim Schönfeld, Berlin 2002, 2 CDs

Sehenswert:

Der zerbrochene Krug. Regie: Gustav Ucicky; mit Emil Jannings, Lina Carstens. D 1937

Penthesilea. Regie: Hans-Jürgen Syderberg; mit Edith Clever. BRD 1987

Besuchenswert:

Kleist-Museum, Frankfurt/Oder, im Gebäude der alten Garnisonschule

Die Grabstelle am Kleinen Wannsee, Berlin Zehlendorf

»Es war einmal …«
Die Brüder Grimm
Jacob 1785–1863/Wilhelm 1786–1859

»Die Grimmschen Märchen. Die edle Treue, mit welcher sie redigiert sind, mögen wir ruhig ins Ehrenbuch der Deutschen schreiben. Gerade die Literatur der Märchen und Volkssagen weist uns, mit oft erschreckenden Übereinstimmungen, mächtig auf ein Überdimensionales, auf den Begriff der Menschheit.«
Hermann Hesse, 1915

Die Literaturgeschichte verzeichnet etliche Geschwister, doch keine, die sich inniger liebten als diese: Jacob und Wilhelm Grimm hielten zusammen wie Pech und Schwefel, sie mochten ohneeinander nicht sein. Sie verfolgten dieselben Interessen und Ziele, teilten Wohnung, Einkommen und eine unerschöpfliche Leidenschaft für Sprache und Literatur. Früh waren sie sich darin einig, gemeinsam das Leben zu bestreiten, schon als Student bekräftigte Jacob den brüderlichen Bund: »Lieber Wilhelm, wir wollen uns einmal nie trennen, und gesetzt, man wollte einen anderswohin tun, so müsste der andere gleich aufsagen. Wir sind nun diese Gemeinschaft so gewohnt, dass mich schon das Vereinzeln zum Tode betrüben könnte.« So kam es, so ging es bis zum Ende, über 50 Jahre währte diese außergewöhnliche Verbindung zweier gelehrter Männer, deren weltliterarischer Rang und Ruhm sich schon im Namen mitteilt. Bis heute spricht man von ihnen meist nur im Doppel, als Brüder Grimm kennt sie jedes Kind.

■ Aschenputtel. Illustration, um 1825, von Ludwig Emil Grimm (1790–1863) zur kleinen Ausgabe der *Kinder- und Hausmärchen*

Um lediglich ein Lebensjahr getrennt, wuchsen die beiden in einer vielköpfigen, harmonischen Familie auf. Der Vater Philipp Wilhelm Grimm verband den Beruf als Anwalt mit dem Amt des fürstlichen Stadtschreibers im hessischen Hanau, legte somit bereits eine erste Spur für die spätere Laufbahn seiner Söhne, die zu den bedeutendsten Chronisten geschichtlich-literarischer Überlieferung aufstiegen.

Der plötzliche Tod des Vaters erschütterte 1796 die glückliche Kindheit, Mutter Dorothea hatte nun sechs hungrige Mäuler allein zu stopfen, die Ältesten Jacob und Wilhelm brachte sie bei fremden, wenn auch gutherzigen Leuten unter. Nie vergaßen die Brüder das harte Brot dieser Jugendjahre, und stets galt ihre Sorge der Familie, für die sie sich jeden

■ Wilhelm und Jacob Grimm. Zeichnung, 1843, von Ludwig Emil Grimm

»Man suchte nicht nur in der Vergangenheit einen Trost, auch die Hoffnung war natürlich, dass diese Richtung zu der Rückkehr einer anderen Zeit etwas beitragen könne.«
Wilhelm Grimm über die auch politische Motivation zu den *Kinder- und Hausmärchen*

Groschen vom Mund absparten. In Marburg begannen Jacob und Wilhelm das Studium der Jurisprudenz, die Bibliothek wurde zu ihrem Lieblingsort. Dort stöberten sie nach uralten Handschriften, entzifferten und kopierten altgermanische und mittelalterliche Texte – Schätze, die damals fast niemand beachtete; eine historische Sprach- und Quellenforschung, wie wir sie heute kennen, gab es noch nicht. Auch die Brüder ahnten wohl kaum, dass aus ihrem privaten Zeitvertreib jemals ein Beruf, gar ein neuer Zweig der Wissenschaft erwachsen sollte.

Der literarische Zeitgeist kam zu Hilfe. Die Romantik hatte die deutsche Vergangenheit entdeckt, suchte Zuflucht und eine neue Identität in alten Märchen und Sagen. Die Brüder Grimm fanden rasch Zugang zu den romantischen Dichterkreisen um Clemens Brentano, Achim von Arnim, Ludwig Tieck und begeisterten sich für deren aktuelles Projekt: *Des Knaben Wunderhorn* erschien ab 1805 in mehreren Bänden, etliche Beiträge stammten aus der schon erklecklichen Sammlung, die Jacob und Wilhelm nach und nach zusammentrugen. Es dauerte nur wenige Jahre, bis sie mit eigenen Büchern an die Öffentlichkeit traten: Jacob verfasste 1811 ein Werk über altdeutsche Gesänge, Wilhelm übersetzte altdäni-

Der erste Band der Märchen erschien 1812, der zweite folgte 1815. Der große Publikumserfolg setzte 1825 mit der *Kleinen Ausgabe* ein, die fünfzig Märchen sowie Illustrationen von Ludwig Emil Grimm enthielt, des jüngeren Bruders von Jacob und Wilhelm.

■ Dorothea Grimm, Ehefrau Wilhelm Grimms. Zeichnung, 1808, des Malers Ludwig Emil Grimm, des jüngeren Bruders

sche Heldenlieder und Balladen. Nach einigen beruflichen Wirren ging das Brüderpaar glücklich in der Kurfürstlichen Bibliothek zu Kassel in Stellung, von 1816 an blieb und wohnte man zusammen, warf das zunächst karge Gehalt in einen Topf und arbeitete wie entfesselt. Jacob erforschte vor allem die Sprache, Wilhelm zog es mehr zu den dichterischen Quellen, und ihm verdankt sich auch jener berühmte Tonfall ihres populärsten Werkes mit der magischen Formel: »Es war einmal …« Die *Kinder- und Hausmärchen* der Brüder Grimm machten zu deren Lebzeiten bereits Epoche, verbreiteten sich bald über die Grenzen, heute sind sie das meistübersetzte und wohl weltweit bekannteste deutsche Buch. Die insgesamt 158 Märchen, darunter unsterbliche Kinderklassiker wie *Hänsel und Gretel*, *Rumpelstilzchen* und *Aschenputtel*, entstammten zumeist dem Volksmund. Die Grimms baten ihre Bekannten, Ausschau nach solchen Märchen und Sagen zu halten, die Brüder fuhren selbst über die hessischen Dörfer und lauschten in Spinn- und Bauernstuben, dokumentierten die Geschichten, Wilhelm brachte sie in literarische Form. Die zweibändige Sammlung *Deutsche Sagen* festigte den Ruf der unermüdlichen und enorm produktiven Gelehrten, allmählich wurde die akademische Welt aufmerksam, die Universität Marburg verlieh den Brüdern die Ehrendoktorwürde, und folgerichtig berief man sie in Göttingen schließlich zu Professoren. Jacob hatte inzwischen mit seiner *Deutschen Grammatik* erneut wissenschaftliche Grundlagenforschung betrieben, Wilhelms Buch *Deutsche Heldensagen* schloss die nationale Lücke zur römischen und griechischen Antike, jetzt hörte das deutsche Publikum erstmals vom längst vergessenen *Hildebrandslied* und erfuhr durch die *Nibelungen*-Sage, welch gewaltige Helden die eigene kulturelle Tradition aufwies. In Göttingen traten die Brüder ihr Amt wieder nur zusammen an, und die familiäre Eintracht blieb auch ungetrübt, als Wilhelm sich vermählte. Die Ehefrau Dorothea, genannt Dortchen, heiratete den Schwager Jacob gewissermaßen mit, besorgte den Haushalt und gab der eingespielten Männerwirtschaft frischen Schwung, wozu bald mehrere Kinder beitrugen, die Jacob ebenso vergötterten wie den leiblichen Vater. Überhaupt waren die zwei keine staubtrockenen Bücherwürmer, sondern fröhliche Gesellen, die gerne wanderten, fremde Städte bereisten, zu Hause

»Tiefe und schöne Geschichten, in denen das wahre Herz des Volkes darin ist … Geschichten, denen allen ich nichts im Bereich der deutschen Dichtung, die Gedichte Goethes eingeschlossen, an die Seite zu stellen wüsste.«

Hugo von Hofmannsthal, 1914, zu den *Kinder- und Hausmärchen*

DAS DEUTSCHE WÖRTERBUCH

»Wir haben uns in eine große, weite Arbeit eingelassen, die uns auch äußerlich Halt und Stütze gewähren soll …«, schrieb Jacob Grimm 1838 nach der Vertreibung der Brüder aus Göttingen. Geplant war nichts weniger als die komplette Bestandsaufnahme des deutschen Wortschatzes nebst der geschichtlichen und etymologischen Entwicklung. Zudem sollten Belegstellen aus der gesamten deutschen Literatur eingearbeitet werden. Jacob bearbeitete die Buchstaben A, B, C und E, Wilhelm schloss noch kurz vor seinem Tod den Buchstaben D ab. Über achtzig Mitarbeiter lieferten ebenfalls Material; zu Lebzeiten der Grimms erschienen jedoch nur drei Bände. Die vollständige Edition erschien 1961: Mit ca. 400 000 Einträgen ist es das monumentalste Wörterbuch der Geschichte.

Als Jacob Grimm starb, saß er über dem Buchstaben F. Der letzte Eintrag von seiner Hand behandelt das Wort »Frucht«.

Gäste empfingen, viele bedeutende Schriftsteller und Künstler der Zeit kamen zu Besuch. Ein tiefer Schatten senkte sich über das Göttinger Glück, als die geliebte Schwester Lotte starb, was die Brüder nur schwer verschmerzten. Und ebenso jäh endete ihre berufliche Karriere durch eine Laune der Politik!
Die ereignisreichen Jahre um 1830 hatten dem Königtum Hannover eine Verfassung beschert, die den bürgerlichen Ständen mehr Rechte einräumte. Der neue Regent Ernst August II., Despot von altem Schlag, hob das Gesetz 1837 auf und forderte bedingungslose Anerkennung seiner Herrschaft. Landesweit regte sich Protest, am deutlichsten im Aufruf von sieben prominenten Göttinger Professoren, die Brüder Grimm gehörten dazu. Sie forderten den König auf, die Verfassung und somit auch die Unabhängigkeit der akademischen Lehre anzuerkennen. Ernst August machte mit diesen »Göttinger Sieben« kurzen Prozess, feuerte die Gelehrten mit einem Federstrich, alle mussten das Land verlassen. Jacob und Wilhelm nahmen es gelassen, packten ihre Bücher ein, beruhigten das ängstliche Dortchen und zogen sich nach Kassel zurück, mutig entschlossen, fortan als freie Schriftsteller zu reüssieren. Die Wohngemeinschaft blieb intakt und wichtigster Antrieb zu weiteren gemeinsamen

▪ Titelblatt vom Ersten Band des *Deutschen Wörterbuchs*, das 1852–1854 im Verlag von Salomon Hirzel in Leipzig erschien.

»Jacob Grimms *Deutsche Grammatik* ist ein kolossales Werk, ein gotischer Dom, worin alle germanischen Völker ihre Stimmen erheben, wie Riesenchöre, jedes in seinem Dialekte.«
Heinrich Heine, 1837

DIE BEGRÜNDER DER GERMANISTIK

Vor den Juristen Grimm – keiner von beiden hatte je Philologie studiert – beschäftigten sich nur wenige Gelehrte mit der historischen Entwicklung der deutschen Sprache. Vor allem Jacobs systematische Forschungen legten die Spur zu einer neuen Wissenschaft. Ebenso prägend war die quellen- und textkritische Methode, die Wilhelms zahlreiche Editionen mittelalterlicher Schriften auszeichnete und für eine künftige Mediävistik maßgeblich wurde. 1846 fand die erste nationale Germanistentagung in Frankfurt/Main statt. Die zweihundert Teilnehmer wählten Jacob Grimm einstimmig zu ihrem Vorsitzenden.

»Gott erhalte mir den lieben Bruder, der fest in mein eignes Dasein und Wesen verwachsen ist, sodass ich nicht wüsste, was aus mir werden sollte, wenn ich ihn verlöre …«
Jacob Grimm
in einem Brief, 1834

Taten, auch zur größten: dem *Deutschen Wörterbuch*, das sie vielleicht ohne jenen königlichen Willkürakt, in fester Anstellung mit vielen Pflichten, nie begonnen hätten. Schon das Konzept deutete auf ein gigantisches Unterfangen hin: »Es soll von Luther bis auf Goethe den unendlichen Reichtum unserer vaterländischen Sprache, den noch niemand übersehen und ermessen hat, in sich begreifen.« Sechzehn Jahre währte die Fertigstellung allein des ersten Bandes, die Gesamtedition beschäftigte Germanisten über den Tod der Brüder Grimm hinaus. Als Erster ging der Jüngere. Im Gegensatz zum robusten Jacob war Wilhelm häufig krank. Aus einem harmlos scheinenden Furunkel entwickelte sich eine Entzündung, der Wilhelm im Dezember 1859 erlag. Zu dieser Zeit genossen die Brüder größten Ruhm. Bereits drei Jahre nach ihrem Göttinger Rauswurf hatte sie der kunst- und wissenschaftsfreundliche preußische König Friedrich Wilhelm IV. an die Berliner Akademie der Wissenschaft berufen, damit sie die Arbeit am Wörterbuch zu besten Bedingungen fortsetzten. Aller materiellen Sorgen enthoben, vom Volk verehrt, in der Fachwelt hochgeachtet, führten die Brüder Grimm genau das schöne Leben, das sie sich immer erträumt hatten: gemeinsam lesen, forschen, schreiben. Der plötzliche Tod Wilhelms traf Jacob tief. In einer herzergreifenden öffentlichen Rede machte er aus seinem Kummer kein Hehl: »So oft aber ich nunmehr das Märchenbuch zur Hand nehme, rührt und bewegt es mich, denn auf allen Blättern steht vor mir sein Bild, und ich erkenne seine waltende Spur.« Jacob Grimm folgte dem Bruder bald, er starb 1863 an den Folgen eines Schlaganfalls.

■ Denkmal der Brüder Grimm in Kassel. Im Hintergrund das Torhaus, ehemaliger Wohnsitz der beiden

DIE BRÜDER GRIMM

LEBEN & WERK

Am 4. Januar 1785 bzw. am 24. Februar 1786 wurden Jacob und Wilhelm Grimm in Hanau geboren. 1791 zieht die Familie ins nahe Steinau an der Straße. Nach dem Tod des Vaters (1796) besuchen die Brüder die Schule in Kassel, studieren ab 1802 bzw. 1803 bei Friedrich Carl von Savigny, dem Begründer der historischen Rechtsschule, in Marburg; gehen nach Abschluss des Studiums zurück nach Kassel, wo auch Mutter und Geschwister inzwischen leben. Kassel wird 1807 Hauptstadt des (napoleonischen) Königreichs Westphalen (bis 1813), in dessen Verwaltung die Brüder arbeiten. Nach Wiederherstellung des Kurfürstentums Hessen reist Jacob Grimm als Legationssekretär nach Paris und zum Wiener Kongress; Wilhelm bleibt als Bibliothekar in Kassel. Angeleitet durch Savignys historisch-kritische Methode, angeregt durch die Mitarbeit an der romantischen Liedersammlung *Des Knaben Wunderhorn* (1805–1808) beginnen die Brüder die überlieferten Texte der »Dichtung des Volkes« zu sammeln, unterstützt durch ihre »Märchenbeiträger«, rund 50 meist junge Leute aus gebildeten Schichten. Es entsteht keine wörtliche Aufzeichnung, sondern jedes Märchen, jede Sage wird von den Brüdern stilistisch überarbeitet, teilweise auch – durch Eliminierung gewalttätiger Szenen und sexueller Anspielungen – für Kinder eingerichtet. Trotz ihres politischen Engagements für die nationale Einigung Deutschlands nennen sie ihre Sammlung nicht »deutsch«: Märchen, so sagen sie, »sind überall zuhause«. Für ihre Sammeltätigkeit, Kommentare und Forschungen werden sie mit der Ehrendoktorwürde der Universität Marburg ausgezeichnet; 1829 an die Universität Göttingen berufen. Weil sie zu den »Göttinger Sieben« gehören, die gegen den Verfassungsbruch des hannoverschen Königs protestieren, werden sie aus dem Staatsdienst entlassen, 1840 aber an die Preußische Akademie der Wissenschaften zu Berlin berufen, wo sie, unterbrochen von Reisen, bis zu ihrem Tod leben und arbeiten – vor allem an ihren historisch-kritischen Editionen alter Texte und, damit verbunden, am *Wörterbuch der deutschen Sprache* (ab 1838). Sie entdecken, erforschen und dokumentieren die Geschichte des Deutschen. Die Sprachforschung war ihnen nie Selbstzweck, sondern Ausdruck gesellschaftlicher Verantwortung. Diese sahen sie weniger im Licht der völkerübergreifenden Ideale »Freiheit, Gleichheit, Brüderlichkeit« – ihr politisches Denken basierte auf der romantischen Idee des »Volks-« und »Sprachgeistes«. Wilhelm Grimm, der Jüngere der beiden, starb am 16. Dezember 1859 in Berlin, sein Bruder am 20. September 1863 am gleichen Ort.

AUF DEN PUNKT GEBRACHT

Ihre literaturhistorische Bedeutung überragt den Ruf der lieben Märchenonkel. Beruflich wie privat unzertrennlich, schufen die Brüder Grimm den Grundstock, auf dem die gesamte moderne deutsche Sprach- und Literaturwissenschaft ruht. Und wenn sie nicht gestorben wären, dann schrieben und lehrten sie noch heute …

EMPFEHLUNGEN

Fünf Werke:

- *Kinder- und Hausmärchen*
- *Deutsche Sagen*
- *Altdeutsche Wälder*
- *Volkslieder*
- *Deutsches Wörterbuch*

Lesenswert:

Heinz Rölleke (Hg.): *Märchen der Brüder Grimm. Nach der zweiten, vermehrten und verbesserten Auflage von 1819*, 2 Bde., Reinbek 1993

Der digitale Grimm. Deutsches Wörterbuch von Jacob und Wilhelm Grimm, Frankfurt/M. 2004. 2 CDs mit Begleitbuch

Irma Hildebrandt: *Es waren ihrer Fünf. Die Brüder Grimm und ihre Familie*, Köln 1986

Heinz Rölleke: *Die Märchen der Brüder Grimm. Eine Einführung*, Stuttgart 2004

Hans Georg Schede: *Die Brüder Grimm*, München 2004

Klaus B. Kaindl (Hg.): *Die Brüder Grimm in Berlin*, Stuttgart 2005

Hörenswert:

Das Lumpengesindel. Absurde Märchen der Brüder Grimm, gelesen von Bernd Rauschenbach, Frankfurt/M. 2002

Edmund Jacoby (Hg.): *Das Hausbuch der Märchen*, gelesen von Christian Brückner, Hamburg – Hildesheim 2006. 2 CDs

Besuchenswert:

Der Märchenlandweg: *Wandern und Radwandern im Märchenland der Brüder Grimm* (Karte und Führer), Nordhausen 2002

Arm, aber frei und vergnügt

Joseph Freiherr von Eichendorff

1788–1857

■ Holzschnitt-Illustration, 1850, von Ludwig Richter zu dem Gedicht *Wem Gott will rechte Gunst erweisen …*

Wenn es um ihn geht, fällt nie ein böses Wort. Joseph Freiherr von Eichendorff galt als stiller, bescheidener Mensch, von gütigem Wesen, freundlich zu jedermann. Sein Sohn Hermann schrieb sieben Jahre nach dem Tod des Vaters: »Schmerz, Kummer, Verdruss trug er stets verschlossen in seinem Innern, nach außen allen in der gleichen Stimmung, mit gewohnter Milde und herzgewinnender Heiterkeit begegnend.« Solche Männer mochte auch die preußische Administration gut leiden, man gab ihm den schön klingenden Titel eines Regierungsrats, bezahlte äußerst mager und schubste ihn nach Belieben herum, von einem unbedeutenden Verwaltungsposten zum anderen. Jahrzehntelang musste er sich in den verschiedensten Ministerien mit bürokratischem Kleinkram herumschlagen, bisweilen unter schwachem Protest, der nichts änderte. Wussten die Beamten eigentlich, dass ihr Kollege ein Dichter war, dessen Verse ganz Deutschland kannte? Vermutlich nicht, denn er sprach kaum von sich und seiner Literatur. In tausenden deutscher Gesangsvereine erklangen die Lieder *Wem Gott will rechte Gunst erweisen* oder *In einem kühlen Grunde*, doch auf den Notenblättern renommierter Komponisten von Robert Schumann bis Johannes Brahms fehlte meist der Verfasser, der den Text geschrieben hatte. Eichendorffs Werk wurde berühmt und zum nationalen Kulturgut, er selbst sank in Vergessenheit. »Weißt Du, dass der Mensch noch lebt? Wohnt hier im Cadetten-Korps …«, schrieb Otto von Bismarck, der spätere Reichskanzler, 1851 in einem Brief verblüfft an seine Braut – nach einer Begegnung mit dem Schriftsteller in Berlin, wo der 63-jährige Pensionär zurückgezogen lebte und sich nur noch literarhistorischen Studien widmete. Neue Gedichte schrieb er lediglich für sich, die alten gehörten auch

GANZ SO LIEB WAR ER NUN DOCH NICHT

Im Gegensatz zur stillen Demut seiner Gedichte war Eichendorff als junger Mann ziemlich wild. Mit dem Bruder Wilhelm machte der Student in Halle und Heidelberg die Kneipen unsicher, Zeitgenossen erzählen von einem aufbrausenden Temperament. Aus seiner Soldatenzeit wird sogar von zwei Duellen berichtet, die jedoch glimpflich ausgingen. Erst wachsende Religiosität, vor allem aber die Liebe zu Luise verwandelten Eichendorff in jenen sanften Menschen, der er als Poet immer war.

seiner Ansicht nach der Vergangenheit an, eine Gesamtausgabe lag bald zwanzig Jahre zurück, Geld hat Eichendorff zu keiner Zeit damit verdient.

Geboren 1788 auf dem Familiensitz Schloss Lubowitz, wuchs Seppel, wie ihn die Eltern zärtlich nannten, in begüterten, ja fürstlichen Verhältnissen auf. Die Eichendorffs entstammten einem alten brandenburgischen Adelsgeschlecht, das es im Verlauf der Jahrhunderte nach Oberschlesien verschlug. Dank ausgedehnter Ländereien zählte man zu den reichsten Familien, doch Eichendorffs Vater, ein herzensguter, geselliger Mann, erwies sich als schlechter Wirtschafter. Nach und nach ging das Vermögen verloren, am Ende sogar das Schloss, das 1823 zwangsversteigert werden musste. Bis dahin hatte der junge Joseph die glücklichste Kindheit verlebt, in prächtiger Natur gesungen, musiziert und mit den Hasen gespielt. Dort auch, »im Garten von Lubowitz«, erinnerte sich der Dichter im Alter, habe ihn die Muse geküsst, an einem träumerischen Abend, »das Fenster stand offen, es ging die ganze Nacht ein Singen durch den Garten: ein Lied, das ich nimmer vergesse«. Natur, Musik, Traum und unbeschwerte Jugendzeit bilden denn auch die konstanten Motive in Eichendorffs Poesie, unablässig hat er sie variiert, verfeinert und dabei diesen spezifischen, individuellen Klang ausgeprägt, an dem sich jedes Gedicht sogleich erkennen lässt: *Es war, als hätt der Himmel/Die Erde still geküsst,/Dass sie im Blütenschimmer/Von ihm nur träumen müsst.* Diese Verse aus der berühmten *Mondnacht* leben ganz vom Geist der Romantik, sie erschienen 1837, als die Epoche längst vorbei und ihr Formenschatz verbraucht war. Eichendorff wuchs in der Blütezeit der Romantik auf, lernte in Heidelberg, wo er zeitweise Jura studierte, ihre Helden Clemens Brentano und Achim von Arnim noch persönlich kennen. Die ersten eigenen lyrischen Versuche entstanden, und Friedrich Schlegel, ebenfalls Großmeister der Ära, spendete höchstes romantisches Lob mit seiner Frage, »ob denn diese Gedichte noch Kunst seien oder schon wieder Natur?« Viele spätere Kritiker haben sich ähnlich darüber gewundert, wie natürlich und dauerhaft der Zauber der Eichendorffschen Dichtung wirkte, trotz der immergleichen Bilder von rauschenden Wäldern, fröhlichen Wandergesellen und klagenden Posthörnern aus der Ferne. Es mag daran liegen, dass Eichendorffs poe-

»Die vielleicht lauterste Stimme der deutschen Poesiegeschichte ist auch nach wie vor eine der unvermindert gehörtesten, und umgekehrt ist es auch heute noch bestimmt kein Fehler, sagen wir, vierzig Gedichte Eichendorffs auswendig aufsagen zu können.«
Eckhard Henscheid, 1994

■ Joseph von Eichendorff. Zeichnung, 1832, von Franz Kugler

■ Illustration des Volksliedes *In einem kühlen Grunde.* Gemälde, 1900, von Eduard von Gebhardt

tische Welt mit der Realität, der sie entspringt, rein gar nichts zu tun hat, sondern nur als Utopie und Ort der Sehnsucht existiert. Die »kranke Wirklichkeit« sah anders aus, Eichendorff bekam sie hart zu spüren. Der familiäre Ruin verhinderte das friedliche, vorgezeichnete Dasein als dichtender Gutsherr, die Jobsuche gestaltete sich schwierig für einen plötzlich mittellosen Landadligen. Und dann war noch Krieg! Eichendorff zog mit den preußischen Heeren in die Schlachten gegen das Schreckgespenst Napoleon. Nach dessen endgültiger Niederlage bei Waterloo 1815 reiste der Leutnant zum Wiener Kongress, wo man tanzte, verhandelte und um gute Posten kungelte, für Eichendorff fiel keiner ab. In Breslau fand sich eine erste kleine Stelle als Referendar, abends schrieb er Strophen, die zu Klassikern wurden wie *O Täler weit, o Höhen*, tagsüber warteten Aktenberge, unter denen man ihn begrub. Von diesem freudlosen, jahrzehntelangen Beamtentum, den einschneidenden politischen wie sozialen Entwicklungen jener Zeit findet sich kaum ein Hinweis im gesamten Werk, auch persönliche Mitteilungen sind nicht erhalten, mehrmals hat Eichendorff Briefe und autobiographische Zeugnisse verbrannt. Notgedrungen arrangierte er sich mit der beruflichen Situation, wobei ihm ein starker religiöser Glaube und der familiäre Rückhalt halfen. Die glückliche Verbindung mit Ehefrau Luise ist vielfach belegt, eine tiefe Frömmigkeit mit täglichem Kirchgang durchzieht fast sein ganzes Leben. »Arm, aber frei und vergnügt« heißt es im – wenig bekannten – Roman *Viel Lärmen um nichts* über eine Figur, die man als glaubhaftes, zart stilisiertes Selbstporträt identifizieren kann. Von einem Jüngling ist hier die Rede und von der Vergangenheit, wie so oft bei Eichendorff, in einem der letzten Gedichte steht die Zeile: *Mein Gott, Dir sag' ich Dank, dass du die Jugend mir bis über alle Wipfel ins Morgenrot getaucht.* Die Erinnerung daran hat sich der Dichter bis ins Alter bewahrt, anscheinend sogar äußerlich, vertraut man den Worten von Theodor Storm, der 1854, ebenso überrascht wie Bismarck, in Berlin über den vergessenen Freiherrn stolperte und entzückt nach Hause berichtete: »In seinen stillen, blauen Augen liegt noch die ganze Romantik seiner wunderbar poetischen Welt.«

AUS DEM LEBEN EINES TAUGENICHTS
Die bekannteste Novelle Eichendorffs, erschienen 1826, gilt als Inbegriff seines romantischen Stils. Ein armer Müllerssohn zieht hinaus in die Welt. Mit Gottvertrauen, einem liebenswerten Wesen und seiner Geige bezaubert er die Menschen, darunter auch eine adlige, deshalb leider unerreichbare Dame. Die sich nach vielen Abenteuern als einfaches Landmädchen entpuppt und so den »Taugenichts« nun lieben kann.

JOSEPH FREIHERR VON EICHENDORFF

LEBEN & WERK

Joseph Carl Benedikt Freiherr von Eichendorff wird am 10. März 1788 auf Schloss Lubowitz in Schlesien geboren, besucht das Gymnasium in Breslau, zusammen mit dem Bruder Wilhelm, mit dem er 1805 in Halle auch das Studium (Rechts- und Geisteswissenschaften) beginnt; bis 1813 sind die beiden unzertrennlich. Auch gereist wird gemeinsam – zu Fuß, nach Hamburg, Lüneburg, in den Harz (1805), über Linz und Regensburg nach Heidelberg, wo sie das Studium 1807 fortsetzen. Eichendorff lernt Achim von Arnim, auch Brentano kennen. Unter dem Namen Florens (nach einer Figur von Tieck) schreibt er die ersten Gedichte und findet seinen unverwechselbaren Ton. Weitere Reisen führen nach Berlin (hier lernt er Heinrich von Kleist kennen), nach Straßburg, Paris und Wien, wo er das Jurastudium 1810 abschließt. 1809 verlobt er sich mit Luise von Larisch, die er 1815 heiratet. 1811, das Jahr der Referendarprüfung, ist auch eines der Freundschaft mit Dorothea und Friedrich Schlegel. 1815 nimmt er, im Stab des preußischen Reformers Gneisenau, an den Befreiungskriegen teil. Von 1821 an arbeitet Eichendorff als Regierungsrat (Schule, Kultur) zunächst in Breslau, dann in Danzig, Königsberg, von 1832 bis 1844 in Berlin. 1826 erscheint sein Roman *Aus dem Leben eines Taugenichts*, zusammen mit *Das Marmorbild* und 48 Gedichten. Erst die künstlerisch-literarische Tätigkeit befähige, so Eichendorff, den Beamten, den er als Ideenträger des Staates versteht, zur Erfüllung seiner Aufgabe. Mit seiner Lyrik, zu der auch angriffslustige politische Lieder gehören, begleitet er Aufstieg und Verfall der konservativen Reformideen. Als sich das preußische Beamtentum vom Revolutionsjahr 1830 an immer mehr verhärtet, quittiert er den Dienst, und der Lyriker verstummt. Diese Erfahrungen verarbeitet er in *Ahnung und Gegenwart* sowie im satirischen Drama *Krieg den Philistern*. 1846/47 lebt er in Wien, lernt die Schumanns, Grillparzer und Stifter kennen. 1855 stirbt seine Frau, am 26. November 1857 Eichendorff selbst. Eichendorff hat die Auflösung der alten Ordnung, der Harmonie von Mensch und Natur, einzig als Zerstörung gesehen, die durch bürgerliche Habgier und Philistertum noch beschleunigt wird. Doch Eichendorffs Welt ist stilisiert; Mondschein, Waldesrauschen und Hörnerklang sind Bilder, real waren sie nie. Und ebendarum steht, wie Theodor W. Adorno schrieb, seine »entfesselte Romantik … an der Schwelle zur Moderne«. Was ihn allerdings nicht davor schützte, nationalistisch in Beschlag genommen zu werden. So schrieb, in schauriger Verkennung, NS-Reichsjugendführer Baldur von Schirach 1943: »Der Wälder sind viele im weiten Deutschen Reich, aber es gibt nur einen deutschen Wald, den des Joseph von Eichendorff.«

AUF DEN PUNKT GEBRACHT

Wenn der Untergang des Adels als herrschende Klasse auch rückhaltlos zu begrüßen ist – dem guten Freiherrn von Eichendorff hätte man die Privilegien samt Schloss doch gegönnt. Aber wäre dann solch magische Poesie entstanden?

EMPFEHLUNGEN

Fünf Werke:

- *Aus dem Leben eines Taugenichts*
- *Ahnung und Gegenwart.* Roman
- *Mondnacht*
- *Wem Gott will rechte Gunst erweisen*
- *O Täler weit, o Höhen, o lichter grüner Wald*

Lesenswert:

Joseph von Eichendorff: *Novellen und Gedichte.* Ausgewählt und eingeleitet von Hermann Hesse, Frankfurt/M. 1995

Aus der Heimat hinter den Blitzen rot. Gedichte von Joseph Eichendorff. Ein Lesebuch von Eckhard Henscheid, München 1999

Hermann Korte: *Joseph von Eichendorff*, Reinbek 2000

Theodor W. Adorno: »Zum Gedächtnis Eichendorffs«, in: *Noten zur Literatur*, Frankfurt/M. 1958

Reinhold Brinkmann: *Schumann und Eichendorff. Studien zum Liederkreis op. 95*, München 1997

Hörenswert:

Joseph Freiherr von Eichendorff: *Aus dem Leben eines Taugenichts*, gelesen von Hannelore Elsner, 2006

Robert Schumann: *Liederkreis*, op. 95

Spötter auf Weltniveau

Heinrich Heine

1797–1856

»Er selbst sieht aber auch wie die Lebenslust und, mit seinem breiten Nacken, wie die Lebenskraft aus. Machte mir einen sehr angenehmen Eindruck, denn mir ist der Leichtsinn nur da zuwider, wo er die Ausübung dessen, was man soll, hindert.«
Franz Grillparzer, 1836

»Ach! Ich kann nicht mehr schreiben, ich kann nicht, denn wir haben keine Zensur. Wie soll ein Mensch ohne Zensur schreiben, der immer unter Zensur gelebt hat? Aller Stil wird aufhören, die ganze Grammatik, die guten Sitten!« In dieser Mitteilung an seine Freundin Fanny Lewald aus dem Jahr 1848 hat Heinrich Heine ein Miniaturporträt der eigenen Dichterpersönlichkeit mitgeliefert: Er war ein unverbesserlicher Ironiker. Sogar in seinen lyrischen Eskapaden, den verträumten Phantasmagorien und pastellfarbenen Landschaftsschilderungen musste und muss der Heine-Leser irgendwann auf die ironische Brechung gefasst sein. Seine sensible Poesie nannte er »Gemütskehricht«, alles Pathos lehnte er ab, und schon allein die Rhetorik seiner politischen Freunde im Exil ließ ihn an deren Programmatik zweifeln. Heinrich Heine hatte ein drittes Ohr für falsche Töne. In zweiter Linie war er ein Kämpfer. Wenn der Dichter jemanden kennenlernte, legte er sich gleich mit ihm an, wenn er schrieb, rieb er sich an stilistischen Konventionen, an modischer Thematik, an der staatlichen Zensur. Mit dieser hatte er sich in der Tat ein Leben lang herumzuschlagen, ihre Aufhebung im Jahre 1848 währte nur kurz. Wie etliche andere der kritischen Zeitgenossen versuchte Heine, die Zensur zu unterlaufen. Aber sein Temperament ging immer wieder mit ihm durch, und dann forderte er die Prüfinstanzen in den Behörden offen heraus; den längsten und ärgsten Zweikampf lieferte er sich mit der preußischen Bürokratie. Es ging dabei um Königstreue, zu der er sich nicht verpflichten wollte, aber auch um Gottesfurcht, die er selten teilen mochte, er war ein Freigeist und konnte nicht heucheln. Trotz der inständigen Bitten seines Verlegers Julius Campe um Mäßigung schoss er immer wieder scharf. Er brachte es bis zum Berufsverbot in Preußen, ja sogar zum Haftbefehl, der ihn schließlich ganz aus Deutschland verbannte.

■ »Heine und die Reaktion«. Titelblatt der Zeitschrift »Jugend«, München 1906

Heinrich Heine blieb stets ein Außenseiter. Als deutscher Jude, der sich taufen ließ und dennoch keine Aufnahme in die Elite mit entsprechendem Anspruch auf einen Posten fand; als politischer Streiter für bürgerliche Freiheiten und die deutsche, sogar europäische Einigung; als Dichter, der den Mut fand, lyrisch und laut »ich« zu sagen, und zugleich danach strebte, die eigene Lebensgeschichte mit der Zeitgeschichte zu verschränken. So passte Heine schlecht in die Restauration des Jahrzehnte zwischen Beginn und Mitte des 19. Jahrhunderts. Zwar litt er selbst unter seiner ungemütlichen Stellung im Abseits – gar zu gern wäre er ein deutscher Professor oder wenigstens Chefredakteur geworden –, aber unverdrossen machte er aus der Not des Verachteten die Tugend des scharfen Beobachters.

■ Schmucktitel zu Band 3 von *Deutschland. Ein Wintermärchen*, Wien, Leipzig, Prag 1884

Die deutsche Heimat trug er dennoch im Herzen und hat sich als »Hofdichter der Nordsee«, als Autor der *Reisebilder* und als visionärer Kritiker in *Deutschland. Ein Wintermärchen* vielfach um sie verdient gemacht. Doch die politischen »deutschen Zustände« hießen Polizeistaat, Despotie und Zensur. Dagegen wand-

HEINE UND DIE POLITIK

Seine politische oder ideologische Standortbestimmung fällt schwer, Heine passt in keine Schublade. Die Republikaner waren zunächst seine Leute, dann aber wieder doch nicht, weil sie zu formalistisch und phantasielos handelten. Zu den Kommunisten fühlte er sich ebenso hingezogen, ihre weltverbessernden Ideen hielt er indes für verstiegen. Am meisten gefielen ihm die Ansichten des französischen Sozialreformers Henri de Saint-Simon. Vor allem überzeugte Heine dessen strikte Diesseitigkeit, mithin der Versuch, die Menschen für ein lebensfrohes Programm zu gewinnen, das Genuss und Glück schon auf Erden vorsah.

■ Das Ehepaar Heine. Ölgemälde, 1851, vermutlich von Ernst Benedikt Kietz

»Den höchsten Begriff vom Lyriker hat mir Heinrich Heine gegeben. Ich suche umsonst in allen Reichen der Jahrtausende nach einer gleich süßen und leidenschaftlichen Musik. Er besaß jene göttliche Bosheit, ohne die ich mir das Vollkommene nicht zu denken vermag.«

Friedrich Nietzsche, *Ecce Homo*, 1888

te er sich mit aller literarischen Kraft. An Selbstvertrauen fehlte es ihm nicht. Er wusste, dass er in die Literaturgeschichte eingehen würde, und die Position des *enfant terrible* gefiel ihm gut.

Auch in der eigenen Familie hatte Heine zu kämpfen. Vater und Großvater waren Kaufleute, und die Angehörigen in seiner Geburtsstadt Düsseldorf erwarteten von ›Harry‹ dieselbe Laufbahn. Vor allem die energische Mutter sah ihn in der Rolle eines tüchtigen Geschäftsmanns, aber »da bald darauf eine große Handelskrisis entstand und viele unserer Freunde und auch mein Vater sein Vermögen verlor, da platzte die merkantilische Seifenblase, und meine Mutter musste nun wohl eine andere Laufbahn für mich träumen. Sie meinte jetzt, ich müsste durchaus Jurisprudenz studieren.« Genau das tat er, hörte jedoch lieber Vorlesungen des großen Philosophen Hegel, vernachlässigte die juristischen Paragraphen, und – schlimmer noch – er begann zu dichten! Zu Recht befürchtete die Mutter, dass ihm diese Unart eine Karriere im Staatsdienst vermasseln würde. Seine bald bekannten Verse

MATHILDE

Wie Goethe hatte Heine eine starke erotische Neigung zu Mädchen aus dem Volk. Die Pariser Schuhverkäuferin Eugenie Crescence Mirat, die er 1834 kennenlernte und Mathilde nannte, wurde seine größte Liebe. Er nahm sie zu sich, versuchte sie zu ›bilden‹ und ihr ein wenig von seiner Arbeit zu vermitteln. Wie viel sie begriff, weiß niemand, dass ihre Interessen in andere Richtungen gingen, ist gewiss. Heine heiratete Mathilde nach sieben Jahren wilder Ehe, um die Geliebte versorgt zu wissen. Beide haben einander gequält und sogar geschlagen, was Heine freimütig bekannte, Liebe war es dennoch. Während einer Deutschlandreise, die er ohne Mathilde antreten musste, verging er fast vor Eifersucht.

und Lieder besaßen jenen maliziösen Witz, der in den vornehmen Berliner Intellektuellenkreisen, etwa im Salon der Rahel von Varnhagen, viel Zustimmung und Amüsement hervorriefen. Aber ein solcher Spötter in einem preußischen Amt? Trotz juristischer Promotion, die Heine schließlich schaffte, trotz Taufe ließ man ihn überall abblitzen, das antisemitische Ressentiment begleitete den Dichter lebenslang.

Wie sollte er nun Geld verdienen? Harry schaute nach Frankreich! Dort entwickelte sich gerade ein Literaturmarkt, gelang es erstmals großen Romanciers wie Balzac oder Victor Hugo, mit dem Verkauf ihrer Bücher gutes Geld zu verdienen. Noch bildeten ›freie‹ Schriftsteller die Ausnahme, und Heine fröstelte angesichts der Vorstellung. Reichte sein Talent, die Existenz zu sichern? Zunächst sprang die Familie ein. Der Zusammenhalt war eng, ungeachtet aller Differenzen unterstützte einer den anderen. Zwar hatte Vater Heine tatsächlich bankrott gemacht, aber es gab glücklicherweise einen betuchten Onkel, den in Hamburg ansässigen Bankier Salomon Heine, der seinen Neffen – zähneknirschend, denn die Literatur bedeutete ihm nichts – lebenslang alimentierte. Einigermaßen frohgemut zog der Dichter also 1831 nach Paris, der, wie es damals hieß und auch Heine so erschien, schönsten und interessantesten Metropole der Welt. Nachdem ihm sogar die Verhaftung drohte – wegen Majestätsbeleidigung – und aus dem freiwilligen ein notwendiges Exil geworden war, konnte er froh sein, die Koffer rechtzeitig gepackt zu haben.

Heinrich Heine hat sich an vielen literarischen Genres versucht, fast immer mit Erfolg: In der Lyrik gehört er zu den ganz Großen, sein *Buch der Lieder* zählt zu den erfolgreichsten Gedichtbänden der Welt, Heine ist einer der meistübersetzten deutschen Dichter. Außerdem wurde er als Schöpfer einer neuen Gattung berühmt: Heine erfand das *Feuilleton,* französisch für das ›Blättchen‹, einen schwebend leichten, essayistischen Text, der sein Sujet geistreich umspielt und darstellt, dabei stets den persönlichen Blickwinkel kenntlich macht. Mit Heine gewann der Journalismus literarische Farbe und Qualität. Sein pointierter Stil, den man rasch mit dem Verfasser identifizierte, überraschte und entzückte kritische Köpfe wie die Schriftsteller-Kollegin und Freundin George Sand, den Weggenossen Ludwig Börne, den politischen Freund Karl Marx

■ Julius Campe (1792–1867) sollte bis zu Heines Tod sein Verleger bleiben. Er brachte im Oktober 1827 den Lyrikband *Buch der Lieder* heraus, der Heines Ruhm begründete und bis heute populär ist.

■ Titelseite von Heines *Buch der Lieder,* Hamburg 1827

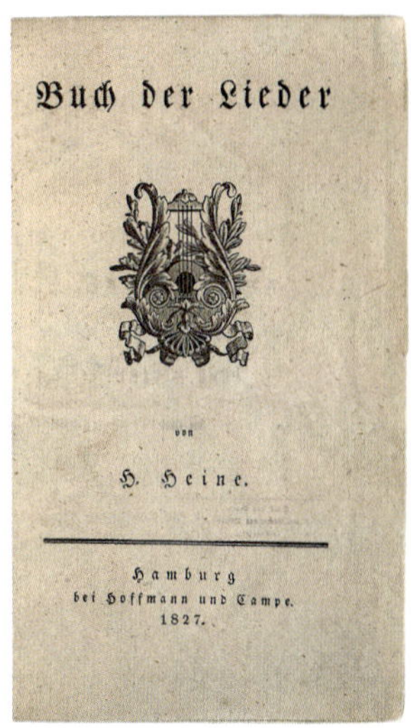

■ Heine-Denkmal im Volkspark Berlin, Weinbergsweg

und auch Verleger Julius Campe. Dagegen fühlten sich konservative Geister oftmals verlacht und bloßgestellt. Der einflussreiche französische Unterrichtsminister Victor Cousin zählte zu den Düpierten, in Preußen, Österreich und Bayern schäumten die Zensoren. Selbst der alte Goethe witterte in Heines so originellen wie spöttischen Versen ungehörige Aufsässigkeit und empfing 1824 den aufstrebenden Dichter mit dezidierter Kühle. Auch Onkel Salomon war wenig begeistert. Nach dessen Ableben verlangten die Söhne, dass ihr Cousin Heinrich sich verpflichtete, in seinen Schriften kein einziges Wort mehr über die Familie zu verlieren. Andernfalls würden die Pensionszahlungen eingestellt.

Freunde und Kollegen rühmten Heines heiteres Naturell, seine Lebensfreude, die sich mit der brennenden Neugier auf alles Geistige bestens vertrug. Körperlich ging es ihm zunehmend schlecht. Kaum vierzigjährig erkrankte er am Rückenmark, einem mysteriösen Leiden, das sein Augenlicht beeinträchtigte und zu Lähmungserscheinungen führte. Die Krankheit verschlimmerte sich, fesselte ihn am Ende vollständig ans Bett. Die letzten acht Jahre verbrachte Heine in seiner legendären »Matratzengruft«, wo er, klaren Sinnes bis zum Schluss, unermüdlich arbeitete, Texte diktierte und die Gesamtausgabe seiner Werke vorbereitete. Heines Wirkung in Europa war zu dieser Zeit bereits beträchtlich, er hielt brieflichen Kontakt mit vielen Größen der Epoche. Am 17. Februar 1856 starb Heinrich Heine im Alter von 58 Jahren und wurde auf dem Pariser Friedhof Montmartre bestattet. Unter den Trauernden war kein Priester. So hatte es der Dichter angeordnet.

»Dies war nur ein Vorspiel, dort wo man Bücher verbrennt, verbrennt man auch am Ende Menschen.«
aus *Almansor*, 1823

HEINRICH HEINE

LEBEN & WERK

Am 13. Dezember 1797 wird Heinrich (ursprünglich Harry) Heine in Düsseldorf geboren und geht dort bis 1814 zur Schule. Obwohl er »lieber Gedichte schreibt als Rechnungen«, absolviert er in Hamburg bei seinem Onkel Salomon Heine eine Kaufmannslehre, gründet 1818 ein Kommissionsgeschäft, falliert 1819. Der Onkel bewilligt ein Jurastudium. In Bonn 1818 hört er Poetik bei August Wilhelm Schlegel. Obwohl dieser »mit meinen Poesien sehr zufrieden« war, folgt 1820, in *Die Romantik*, eine erste Abrechnung, zugleich eine erste Wegbestimmung. 1821, Heine studiert nun in Berlin, wird er endgültig zum Dichter. Konsequent zerstören seine Texte den Erwartungshorizont der Leser, der geprägt ist vom Harmonie-Ideal der Klassik und rückwärtsgewandter Romantik. Hinter seiner Spottlust steckt »bitterer Grimm über eine nüchterne, unempfängliche Gegenwart«; Heines Gedichte, so der Dichterfreund Immermann, seien »Volkslieder der neueren Gesellschaft«. Bekannt im literarischen Leben der Restaurationszeit wird Heine auch wegen seiner journalistischen Arbeiten: mit *Briefe aus Berlin* (ab 1822) oder *Polenreise* (1823) porträtiert er Geist und Ungeist seiner Zeit. Prägend werden die philosophischen Vorlesungen Hegels, aber er schließt das Jurastudium ab (1825) und promoviert in Göttingen. Reisen unterbrechen Studienfron und demütigende Stellensuche; die *Harzreise* (1826) wird zur berühmtesten Wanderung in der deutschen Literatur. 1825 zeigt ein Besuch beim alternden Goethe das definitive Ende einer Kunst, die »als eine unabhängige zweite Welt« geschaffen und begriffen wurde. Diese Werke seien schön, doch auch so »unfruchtbar« wie »schöne Statuen«: Sie bringen »nicht die Tat hervor«. Dahinter steckt Hegels Geschichtsbegriff – »Fortschritt im Bewusstsein der Freiheit« –, den Heine Jahre vor Marx vom Kopf auf die Füße stellt. Wenn Bewusstsein nicht Kunst oder Idee bleiben soll, muss Freiheit praktisch-sinnlich erlebbar werden. Taten folgten nicht aus Parolen, sondern nur aus dem Bewusstsein der (Un-)Freiheit. In Poesie und Prosa entfacht Heine die »Gewalt des fortschreitenden Nachdenkens«. Politisch ist seine Dichtung nicht durch ihren Auftrag, sondern durch ihr Verfahren, die Auflösung verfestigter Geschichtsbilder, gesellschaftlicher Konventionen und Erfahrungsklischees. 1831, ein Jahr nach der Julirevolution in Frankreich, zieht er nach Paris. 1844 erscheinen *Deutschland ein Wintermärchen* und *Neue Gedichte*, trotz Zensur und Beschlagnahme mit enormen Auflagen. 1841 heiratet er »Mathilde« (Eugenie Crescence Mirat). Er gehört zum Kreis um Marx, doch er erlebt die Revolutionen von 1848/49 weitaus skeptischer als »die Doktoren der Revolution«. Die Idee der »ehernen Notwendigkeit« des Fortschritts zum Sozialismus lehnt er ab; das könne nur in Gewalt und Gleichmacherei umschlagen. Am 17. Februar 1856 erliegt er seiner Krankheit.

AUF DEN PUNKT GEBRACHT

Seine Gedichte sah er auf dem Niveau eines Goethe, und tatsächlich hat das 19. Jahrhundert keinen Lyriker von vergleichbarem Einfluss hervorgebracht. Als Vater des modernen Feuilletons zollen ihm Journalisten in ganz Europa noch heute Respekt.

EMPFEHLUNGEN

Fünf Werke:

- *Buch der Lieder*
- *Die romantische Schule*
- *Deutschland. Ein Wintermärchen*
- *Atta Troll*
- *Die Harzreise*

Lesenswert:

Dolf Oehler: *Pariser Bilder I. Antibourgeoise Ästhetik bei Baudelaire, Daumier und Heine*, Frankfurt/M. 1979

Joseph A. Kruse (Hg.): *Heinrich Heine. Leben und Werk in Daten und Bildern*, Frankfurt/M. 1983

Lew Kopelew: *Ein Dichter kam vom Rhein. Heinrich Heines Leben und Leiden*, München 1986

Fritz J. Raddatz: *Taubenherz und Geierschnabel. Heinrich Heine. Eine Biographie*, München 1999

Hörenswert:

Deutschland, ein Wintermärchen. Katharina Thalbach liest Heinrich Heine, Hamburg 2001. 2 CDs

Unzählige Komponisten haben Heine-Gedichte vertont, darunter Schubert, Schumann, Mendelssohn, Meyerbeer, Liszt, Brahms und Wagner. Bis 1914 sind 2500 Vertonungen nachgewiesen, 222 allein für das Gedicht *Du bist wie eine Blume.*

Besuchenswert:

Heinrich Heines Grab auf dem Pariser Friedhof von Montmartre

Friede den Hütten! Krieg den Palästen!

Georg Büchner

1813–1837

»Die Unruhe, die Büchner stiftete, ist von überraschender Gegenwärtigkeit. Über fünf Geschlechter hinweg springt sie einem entgegen, sie ist da, anwesend hier im Saal.« Heinrich Böll, Rede zur Verleihung des Büchnerpreises 1967

Der Gesuchte war blond, schlank, von kräftiger Statur und frischer Gesichtsfarbe, 6 Schuh, 9 Zoll groß, nach »neuem hessischen Maaß«, zählte 21 Jahre und hatte »sich der gerichtlichen Untersuchung seiner indicierten Theilnahme an staatsverrätherischen Handlungen durch die Entfernung aus dem Vaterlande entzogen«. Alle Behörden des In- und Auslandes wurden aufgefordert, den Flüchtling festzunehmen und »wohlverwahrt« dem Großherzoglichen Hessischen Hofgericht der Provinz Oberhessen zu überstellen. Diesen seinen Steckbrief las der Medizinstudent Georg Büchner im Juni 1835 in Straßburg, wo er sich bislang einigermaßen sicher wähnte. Doch wie würde die französische Fremdenpolizei nun reagieren? Ihn verhaften, nach Deutschland ausliefern? Im heimischen Darmstadt ängstigten sich die Eltern, allen voran der Vater, ein angesehener Medizinalrat, den die politischen Ansichten des Sohnes gehörig grausten. Obwohl in gutbürgerlichen Verhältnissen aufgewachsen, regte sich in Büchner früh der Protest gegen ein staatlich-repressives System, das die Privilegien von Adel und Klerus schützte und jegliche öffentliche Kritik unter Strafe stellte. Nach den Freiheitskriegen gegen Napoleon und dem Wiener Kongress von 1815 hatte sich in Deutschland der »Deutsche Bund« etabliert, eine Vereinigung von bald 40 Einzelstaaten. Zentrales Organ war der Bundestag in Frankfurt am Main, unter dem Vorsitz des österreichischen Staatskanzlers Fürst von Metternich. Dieser betrieb eine rücksichtslose Politik der Restauration, das heißt einer Wiederherstellung der alten monarchischen Ordnung. Presse- und Meinungsfreiheit wurden unterdrückt, das Polizei- und Spitzelwesen blühte. Nach

■ Hinrichtungsszene mit Gérard Depardieu als Danton in dem gleichnamigen Historienfilm aus dem Jahr 1982

dem so genannten Hambacher Fest von 1832, als Studenten demokratische Reformen forderten, gingen die Behörden verstärkt gegen Widerständler vor, empört und eindeutig bezog der junge Büchner Stellung: »Wenn in unserer Zeit etwas helfen soll, so ist es Gewalt. Wir wissen, was wir von unseren Fürsten zu erwarten haben«, schrieb er in einem Brief nach Hause. Allein solche privaten Zeilen hätten für Anklage und Gefängnis ausgereicht. Aber mit jener illegal gedruckten Flugschrift, die unter dem harmlos klingenden Titel *Der Hessische Landbote* im Herbst 1834 kursierte, setzte Georg Büchner gar sein Leben aufs Spiel. Denn dieser Text bedeutete blanken Hochverrat, war Aufruf zu Rebellion und Klassenkampf. Schon die Überschrift machte Ton und Richtung deutlich: »Friede den Hütten! Krieg den Palästen!« Und dann geht es Schlag auf Schlag, gegen die Willkür der Herrschenden, ihre Verschwendungssucht und dreisten Rechtsbeugungen, gegen die Ohnmacht der Landtage, die als pseudodemokratische Einrichtungen letztlich nur dazu beitrugen, die Macht der Fürsten zu sichern. Eindrucksvolle Bilder veranschaulichen

■ Georg Büchner. Porträtzeichnung, um 1835, von Büchners Straßburger Freund Alexis Muston

EINE FAMILIE VON SCHRIFTSTELLERN

Georg Büchner hatte fünf Geschwister, vier davon machten ebenfalls als Schriftsteller von sich reden. Der ältere Bruder Wilhelm Ludwig Büchner (1816–1892), Fabrikant und Landtagsabgeordneter, veröffentlichte politische Schriften, Ludwig Büchner (1824–1899) wurde ein bekannter Philosoph. Alexander Büchner (1827–1904) war Professor für Literaturgeschichte, und die Schwester Louise Büchner (1821–1877) trat als Frauenrechtlerin und Schriftstellerin hervor. Sie alle schätzten die Dichtung ihres Bruders Georg, aber ahnten nicht, dass er allein für die Ewigkeit geschrieben hatte.

»Ich war wie vom Donner gerührt, und es kommt mir jämmerlich vor, etwas so Schwaches darüber zu sagen. Ich wüsste nicht, was mich in meinem Leben, das an Eindrücken nicht arm war, je so getroffen hätte.«

Elias Canetti zu *Woyzeck*, Rede zur Verleihung des Büchnerpreises 1972

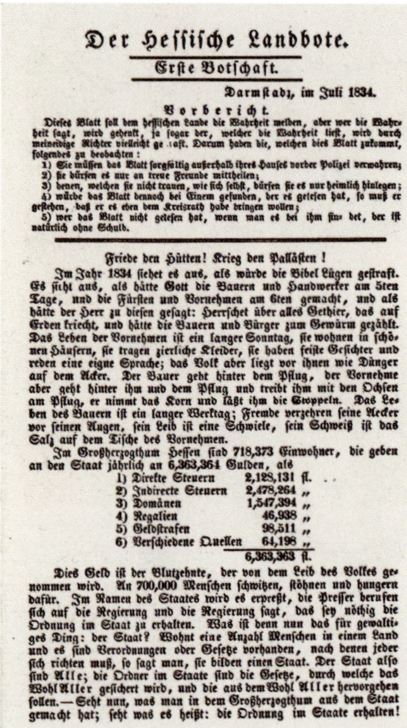

Der Hessische Landbote.

Erste Botschaft.

Darmstadt, im Juli 1834.

Vorbericht.

Dieses Blatt soll dem hessischen Lande die Wahrheit melden, aber wer die Wahrheit sagt, wird gehenkt, ja sogar der, welcher die Wahrheit liest, wird durch meineidige Richter vielleicht ge ıaft. Darum haben die, welchen dies Blatt zukommt, folgendes zu beobachten:

1) Sie müssen das Blatt sorgfältig außerhalb ihres Hauses vorder Polizei verwahren;
2) sie dürfen es nur an treue Freunde mittheilen;
3) denen, welchen sie nicht trauen, wie sich selbst, dürfen sie es nur heimlich hinlegen;
4) würde das Blatt dennoch bei Einem gefunden, der es gelesen hat, so muß er gestehen, daß er es eben dem Kreisrath habe bringen wollen;
5) wer das Blatt nicht gelesen hat, wenn man es bei ihm fin- det, der ist natürlich ohne Schuld.

Friede den Hütten! Krieg den Pallästen!

Im Jahr 1834 siehet es aus, als würde die Bibel Lügen gestraft. Es sieht aus, als hätte Gott die Bauern und Handwerker am 5ten Tage, und die Fürsten und Vornehmen am 6ten gemacht, und als hätte der Herr zu diesen gesagt: Herrschet über alles Gethier, das auf Erden kriecht, und hätte die Bauern und Bürger zum Gewürm gezählt. Das Leben der Vornehmen ist ein langer Sonntag, sie wohnen in schönen Häusern, sie tragen zierliche Kleider, sie haben feiste Gesichter und reden eine eigne Sprache; das Volk aber liegt vor ihnen wie Dünger auf dem Acker. Der Bauer geht hinter dem Pflug, der Vornehme aber geht hinter ihm und dem Pflug und treibt ihm mit den Ochsen am Pflug, er nimmt das Korn und läßt ihm die Stoppeln. Das Leben des Bauern ist ein langer Werktag; Fremde verzehren seine Aecker vor seinen Augen, sein Leib ist eine Schwiele, sein Schweiß ist das Salz auf dem Tische des Vornehmen.

Im Großherzogthum Hessen sind 718,373 Einwohner, die geben an den Staat jährlich an 6,363,364 Gulden, als

1) Direkte Steuern	2,128,131	fl.
2) Indirecte Steuern	2,478,264	„
3) Domänen	1,547,394	„
4) Regalien	46,938	„
5) Geldstrafen	98,511	„
6) Verschiedene Quellen	64,198	„
	6,363,363	fl.

Dies Geld ist der Blutzehnte, der von dem Leib des Volkes genommen wird. An 700,000 Menschen schwitzen, stöhnen und hungern dafür. Im Namen des Staates wird es erpreßt, die Presser berufen sich auf die Regierung und die Regierung sagt, das sey nöthig die Ordnung im Staat zu erhalten. Was ist denn nun das für gewaltiges Ding: der Staat? Wohnt eine Anzahl Menschen in einem Land und es sind Verordnungen oder Gesetze vorhanden, nach denen jeder sich richten muß, so sagt man, sie bilden einen Staat. Der Staat also sind Alle; die Ordner im Staate sind die Gesetze, durch welche das Wohl Aller gesichert wird, und die aus dem Wohl Aller hervorgehen sollen. — Seht nun, was man in dem Großherzogthum aus dem Staat gemacht hat; seht was es heißt: die Ordnung im Staate erhalten!

■ Erste Seite des »Hessischen Landboten« – *Erste Botschaft.* Heute gilt der *Hessische Landbote* zugleich als bedeutende vor-marxistische Streitschrift wie blitzender Auftakt zu Büchners literarischem Werk.

das Elend der unteren Schichten: »Das Leben der Bauern ist ein langer Werktag; Fremde verzehren seine Äcker vor seinen Augen, sein Leib ist eine Schwiele, sein Schweiß ist das Salz auf dem Tische des Reichen.« Büchners sozialer Furor unterschied sich jedoch wesentlich von den politischen Bestrebungen anderer kritischer Geister der Zeit. Den studentischen Burschenschaften, die »Freiheit!« riefen, jedoch einen Nationalismus monarchistischer Prägung meinten, stand Büchner ebenso fern wie den intellektuellen Liberalen, denen er vorwarf, in ihren endlosen parlamentarischen Debatten das einfache Volk zu vergessen. Entsprechend isoliert, erzielten Büchner und sein Häuflein Mitstreiter kaum Wirkung, überhaupt gelangten nur wenige Exemplare des wilden Traktats an die Öffentlichkeit, die meisten wurden abgefangen oder von braven Bürgern pflichtschuldigst zur Polizei gebracht. Durch Denunziation kam man dem anonymen Verfasser bald auf die Spur, eine Weile spielte Büchner mit den Häschern Katz und Maus, die besorgte Familie schließlich drängte ihn zur Flucht.

Es mag zunächst verblüffen, dass der zornige junge Mann in Straßburg jegliches politische Engagement einstellte. Doch Büchners Bewusstsein hatte sich schon in den Monaten zuvor tiefgreifend gewandelt. Er, der noch in Gießen und Darmstadt gleich zwei »Gesellschaften für Menschenrechte« ins Leben rief, verlor zusehends den Glauben an Reformen und die Idee gesellschaftlichen Fortschritts, in einem Brief an seine Verlobte Minna heißt es: »Ich

■ Klaus Kinski in einer seiner Paraderollen als Woyzeck in dem gleichnamigen Film von Werner Herzog von 1979

»Der *Woyzeck* Georg Büchners … eine ungeheure Sache … ein Schauspiel ohnegleichen, wie dieser Mensch in seiner Stalljacke im Weltall steht, malgré lui, im unendlichen Bezug der Sterne. Das ist Theater, so könnte Theater sein.«
Rainer Maria Rilke
in einem Brief, 1915

studierte die Geschichte der Revolution. Ich fühle mich wie zernichtet unter dem grässlichen Fatalismus der Geschichte. Ich finde in der Menschennatur eine entsetzliche Gleichheit, in den menschlichen Verhältnissen eine unabwendbare Gewalt, allen und keinem verliehen.« Und mit jener »Gleichheit« meinte Büchner die Konstanten zerstörerischer Triebe und Leidenschaften, die von einer gewaltigen inneren Macht gesteuert scheinen: »Was ist das, was in uns lügt, mordet, stiehlt?« Diese Frage, zugleich das Ergebnis einer schweren persönlichen Krise, macht Büchner zum Dichter, sie bildet das Zentrum seines literarischen Werks. Im ersten Stück, *Dantons Tod,* zeichnet er den Helden der Französischen Revolution als desillusionierten Zweifler, der die Erkenntnis, dass die Revolution ihre Kinder frisst, so gleichmütig akzeptiert wie schließlich die eigene Exekution. Eine alles umfassende fatalistische Welt- und Menschensicht prägt *Woyzeck*, das Dramenfragment, mit dem Büchner Jahrzehnte vor dem Naturalismus zeigt, was die »unabwendbare Gewalt« sozialer Deklassierung anrichten kann. Der kleine Soldat und arme Kerl Franz Woyzeck wird herumgeschubst, gedemütigt, zum medizinischen Versuchskaninchen degradiert. Er selbst leidet unter seinen Instinkten, »es kommt einem nur so die Natur«, ruft er hilflos, am Ende ersticht er im Wahn die geliebte Freundin Marie, die sich einem machohaften Tambourmajor hingegeben hatte. Menschen als Triebwesen, dazu eingezwängt ins Korsett gesellschaftlicher Normen und Kontrollen – so anatomisch kalt hatte noch kein Dichter auf den *homo sapiens* geblickt, geschweige denn ihn auf diese Weise gestaltet. Ebenfalls unerhört waren Sprache und Form des Stückes,

■ Der Wiener Kongress: Nach dem Sturz Napoleons verhandelten die europäischen Mächte 1814–1815 in Wien über eine Neuordnung Europas, die vor allem eine Wiederherstellung der Verhältnisse vor der Französischen Revolution sein sollte.

»Das Gefühl, dass, was geschaffen sei, Leben habe, sei das einzige Kriterium in Kunstsachen. Übrigens begegnet es uns nur selten; in Shakespeare finden wir es, und in den Volksliedern tönt es einem ganz, in Goethe manchmal entgegen; alles übrige kann man getrost ins Feuer werfen.«

Aus der Erzählung *Lenz*

■ Wilhelmine »Minna« Jaeglé. Porträtzeichnung, um 1830. Marburg, Georg Büchner Gesellschaft.
1832 verlobte sich Büchner mit der drei Jahre älteren Minna. Sie blieb die einzige Frau in seinem Leben und ihm über den Tod hinaus treu ergeben. Minna Jaeglé heiratete nie, bewahrte in zahlreichen Briefen Büchners Andenken und starb 1880 im Alter von siebzig Jahren.

erst 1913 gelangt *Woyzeck* auf eine öffentliche Bühne. In nur drei Jahren Schaffenszeit geht Büchner einem Thema auf den Grund, das ganze zukünftige Epochen beschäftigt: der Riss zwischen Natur und Zivilisation, Gut und Böse – eine Wunde, die weder Religion noch gesellschaftliche Moral je wieder schlossen. Auch mit der ebenfalls unvollendeten Erzählung *Lenz* nimmt Büchner Erkenntnisse vorweg, für die seine Epoche noch überhaupt keine Begriffe hatte; heute gilt der Text als Muster psychologisch-realistischer Prosa, die erst das ausgehende 20. Jahrhundert in ihrer literarischen Bedeutung zu würdigen wusste. In der authentischen Titelfigur des Sturm-und-Drang-Dichters Jakob Michael Reinhold Lenz (1751–1792) sah Büchner einen Wesensverwandten, der in seinen Theaterstücken ebenfalls kraftvoll für die Menschenrechte und gegen gesellschaftliche Vorurteile kämpfte. Die Novelle birgt zugleich auch Büchners eigenes künstlerisches Credo: »Ich verlange in allem – Leben, Möglichkeit des Daseins, und dann ist's gut; wir haben dann nicht zu fragen, ob es schön oder hässlich ist.« So bildete sich sein Traum vom philosophischen Arzt, der als Dichter und Wissenschaftler dem ›Leben‹ nachspürt und es in konkreten Formen ausdrückt. Entsprechend fleißig arbeitete Büchner in Straßburg an seiner medizinischen Dissertation, hielt wissenschaftliche Vorträge, bald winkte eine Dozentenstelle in Zürich. Die französischen Behörden gewährten ihm einen Pass, überglücklich reiste Büchner im Herbst 1836 in die Schweiz. Mit Feuereifer stürzte er sich ins akademische Leben, nebenbei schrieb er den *Woyzeck*. Die letzten Briefen erzählten heiter von zahlreichen Plänen – und einer leichten Erkältung. Es war Typhus. Daran starb Georg Büchner binnen zweier Wochen im Alter von nicht einmal 24 Jahren.

BÜCHNERPREIS

Der bedeutendste und mit 40 000 Euro hochdotierte deutsche Literaturpreis. Gestiftet 1923 zunächst nur für Künstler, die aus Büchners hessischer Heimat stammen, wird die Auszeichnung seit 1951 von der Akademie für Sprache und Dichtung in Darmstadt allgemein an deutschsprachige Autoren vergeben. Der Preis krönt in der Regel ein Lebenswerk, und so beschäftigen sich alljährlich gewichtige Schriftsteller in ihren Dankesreden mit Georg Büchner und seinem Werk. Diese Reden sind mittlerweile ein eigenes, spannendes Kapitel der Büchner-Forschung, sie zeigen: An ihm kommt keiner vorbei.

GEORG BÜCHNER

LEBEN & WERK

Georg Büchner, am 17. Oktober 1813 im hessischen Goddelau geboren, wurde nur 23 Jahre alt, und hat doch ein Werk hinterlassen, das Weltliteratur wurde. Sein Thema sind die Menschen – nicht wie sie sein sollen, sondern so, wie sie tatsächlich sind: mit allen ihren Abgründen und Grenzen, mit Trieben und Träumen, Wahnvorstellungen, Sehnsüchten, Enttäuschungen und Zerrissenheiten. Büchner beobachtet, seziert den Alltag der Menschen, setzt neu zusammen, was er findet. Das hat er, der Arztsohn, gelernt: 1831 schreibt er sich in Straßburg zum Medizinstudium ein; wechselt 1833 nach Gießen (hessische Staatsbürger dürfen nur zwei Jahre im Ausland studieren). In Straßburg erlebt er die Nachwehen der Julirevolution von 1830, auch die exilierten Führer des polnischen Aufstands, in Butzbach bei Gießen dann die Gruppe um den revolutionären Pfarrer Ludwig Weidig, mit dem zusammen er die Flugschrift *Der Hessische Landbote* (1834) herausgibt. Da stehen harte Zahlen neben Texten im Erzähl- und Prophetenstil der Bibel, packende Agitation gegen Willkür der Obrigkeit, Abgabenlast, Verschwendungssucht. »Das Volk schleppt den Karren, darauf die Fürsten und Liberalen ihre Affenkomödie spielen.« Nicht durch Poetikvorlesungen oder in literarisch-philosophischen Debatten findet Büchner seinen Stil, sondern aus der Perspektive eines naturwissenschaftlichen Materialismus – und aus dem Gefühl, dass die Verhältnisse zu groß sind, als dass die Menschen wirklich etwas ausrichten könnten. »Zernichtet unter dem grässlichen Fatalismus der Geschichte« fühlt er sich. Das prägt das Revolutionsdrama *Dantons Tod* (1835), kein (schillersches) Ideendrama, sondern ein Bilderbogen, der in Montage, Collage, im raschen Wechsel der Perspektiven – mit hochmodernen Mitteln also – zeigt, was die Verhältnisse und Ideen mit und aus den Menschen machen, und diese mit jenen. Die Veröffentlichung durch Gutzkow sollte auch seine notwendig gewordene Flucht aus Hessen finanzieren. Er muss rascher fliehen, mit Geld von der Mutter erreicht er Straßburg, übersetzt zwei Dramen Hugos, beginnt die Novelle *Lenz* über die psychischen Leiden dieses Schriftstellers; das Lustspiel *Leonce und Lena*, eine Travestie »romantischer« Stücke. 1836 beendet er sein Studium, promoviert in Zürich und wird dort Privatgelehrter. Gleichzeitig entsteht *Woyzeck*, nach Gerichtsakten und Gutachten eines realen Falles; ein aufwühlendes Drama der Verlorenheit des Lebens, in dem sich das Unbewusste nicht nur als das »romantisch Dunkle« im Menschen, sondern als materielle Triebkraft zeigt. »Was ist das, das in uns hurt, lügt, stiehlt und mordet?« Kein Wunder, dass Alban Berg dieses Stück für seine expressionistische Oper (1921) wählt. Am 19. Februar 1937 stirbt Büchner an Typhus. Seine Fragen bleiben drängend bis heute.

AUF DEN PUNKT GEBRACHT

Vom erfolglosen politischen Rebellen zum modernen Pädagogen: Heute lernen Millionen Schüler mit Büchners *Woyzeck* und seiner gewaltigen, überzeitlichen Sprache, was uns im Inneren antreibt, das Herz zerreißt und welch fatale Rolle die Gesellschaft dabei spielen kann.

EMPFEHLUNGEN

Fünf Werke:
- *Der Hessische Landbote*
- *Dantons Tod*
- *Leonce und Lena*
- *Woyzeck*
- *Lenz*

Lesenswert:

Georg Büchner. Revolutionär – Dichter – Wissenschaftler. Katalog, Basel/Frankfurt/M. 1987

Hans Mayer: *Georg Büchner und seine Zeit*, Frankfurt/M. 1992

Jan-Christoph Hauschild: *Georg Büchner*, Reinbek 2004

Hörenswert:

Wozzeck, Oper von Alban Berg

Briefe und Szenen von Georg Büchner, gelesen von Helmut Griem, Bergisch Gladbach 2005

Georg Büchner: *Lenz*, gelesen von Sven Görtz, Merenberg 2006

Sehenswert:

Woyzeck. Regie: Werner Herzog; mit Klaus Kinski, Eva Mattes, Wolfgang Reidmann. BRD 1979

Besuchenswert:

Das Büchner-Haus in Riedstadt-Goddelau

Büchners Grab auf dem Germaniahügel (Zürichberg) in Zürich

Der Dichter vom Deich

Theodor Storm

1817–1887

■ Theodor Storm, um 1864/65

»Storms äußere Erscheinung hat etwas von einer Märchengestalt an sich, der kleine etwas gebeugte Mann mit dem langen, schlohweißen Bart und den milden hellblauen Augen, der in seinem Beamtenrock so still und unauffällig umherging. So sah man ihn Tag für Tag durch die winkligen Gassen der kleinen Stadt gehen.« Als junges Mädchen, im Jahr 1888, dem Todesjahr Storms, lernte die Schriftstellerin Franziska von Reventlow den Dichter in seiner norddeutschen Heimatstadt Husum kennen, und ihre Erinnerung, die sie 1897 veröffentlichte, enthält viel von dem beschaulichen Bild, das auch heute noch unsere Vorstellung von Theodor Storm prägt: ein ehrbarer Greis mit Rauschebart, gediegen gekleidet, ganz der brave Bürger, fernab jedweden exzentrischen Künstlertums. Er selbst hat oftmals betont, wie gut sich bürgerliche Pflichterfüllung mit poetischer Phantasie vertrug, ja mehr noch, wie sehr der öffentliche, solide Status eine unerlässliche Grundlage seines literarischen Schaffens bilde. Neben der stets gewissenhaft ausgeübten Tätigkeit als Amtsrichter kultivierte der Dichter zudem ein ausgesprochen biederes, kleinstädtisches Idyll zwischen Familie und Gesangsverein, so mancher Gast blickte verdattert auf die Häkeldeckchen und die adrett herausgeputzte Kinderschar während der stets pünktlich abgehaltenen Teestunde, die Hausvater Storm sorgfältig zelebrierte. Solch privater »Provinzialsimpelei«, wie sie der Freund Theodor Fontane bespöttelte, entsprachen zahlreiche sentimentale Gedichte voller Naturlust und Gläserklang, jeder Husumer Sangesbruder wusste sie auch nach dem zehnten Grog noch auswendig herzulallen: *Der Nebel steigt, es fällt das Laub;/Schenk ein den Wein, den holden!/Wir wollen uns den grauen Tag/Vergolden, ja vergolden!* Vor allem Storms Lyrik war bereits zu seinen Lebzeiten der Inbegriff von Heimatliebe und gefühlvoller, reinlich gereimter Kunst, die allein äußerlich die ästhetische Doktrin ihres Verfassers spiegelte, dass es auch in der Literatur ordentlich und anständig zugehen müsse. In der Tat hat Theodor Storm viel geleistet, um als Spießer zu gel-

»Mein richterlicher und poetischer Beruf sind meistens in gutem Einvernehmen gewesen, ja ich habe sogar oft als eine Erfrischung empfunden, aus der Welt der Phantasie in die praktische des reinen Verstandes einzukehren und umgekehrt.« Theodor Storm

ten, und bis heute hält sich die Legende vom Dichter fürs Poesiealbum deutscher Gemütlichkeit und Küstenromantik, der nach Feierabend froh bei den Seinen am Ofen hockt und wehmütig das Meer besingt.

Dabei sind Storms Wesen und Werk gleichermaßen trügerisch. Schon das Klischee vom trauten Heim stimmt nicht recht. »Ich bin eine stark sinnliche, leidenschaftliche Natur«, vertraute er im Alter einer Verwandten an, nach dem Tod der Ehefrau Constanze, die ihm zwar sieben Kinder schenkte, doch im Grunde nur eine gute Freundin blieb. Storm liebte Constanze aufrichtig, aber er begehrte sie nicht. Stattdessen zog es ihn beständig zu Kindfrauen hin, als Student verknallte er sich gar in eine Zehnjährige. Gerade frisch vermählt, überraschte ihn prompt die »erschütternde Leidenschaft« zu Dorothea Jensen, der ebenfalls blutjungen Tochter eines Husumer Senators. Die Liaison war untragbar, Storm ließ die Geliebte fallen, um sie zwanzig Jahre später doch noch zu heiraten, wobei er allerdings enttäuscht konstatierte, dass die gealterte Dorothea ihn kaum mehr reizte. Etliche seiner Novellen erzählen vom Verzicht auf erotische Erfüllung zugunsten bürgerlicher Normen, sichtbar triumphiert die Sittlichkeit, unter ihrer Oberfläche hausen Schmerzen, die nie vergehen. In Storms gesamtem Werk schwingt die Trauer über verfehltes Leben mit, eine Sehnsucht nach wahrem Glück, das sich unter den herrschenden gesellschaftlichen Bedingungen nicht einstellen darf. Vor offener Kritik an diesen Verhältnissen scheute der Bürger Storm ängstlich zurück, weil er das Chaos fürchtete; der Künstler indes spürte, dass die vermeintliche Ordnung hohl, brüchig und letztlich nicht zu halten war. Nach außen hin verteidigte er zäh seine soziale Schicht, und das mit einer politischen Renitenz, die wenig zum Bild des Biedermannes passt. Storms Heimat Schleswig-Holstein gehörte um die Mitte des 19. Jahrhunderts noch zur dänischen Monarchie. Engagiert schloss sich der junge Anwalt der Freiheitsbewegung an, er

IMMENSEE

Die erfolgreichste Novelle Theodor Storms, 1850 erstmals erschienen und dann in dreißig Auflagen bereits zu seinen Lebzeiten. In der Rückschau erzählt ein alter einsamer Mann, wie er auf dem Landgut Immensee mit seiner Kinderfreundin Elisabeth eine glückliche Jugend verbrachte. Beide schwören sich ewige Liebe, aber als der Erzähler nach dem Studium zurückkehrt, stößt er auf den einstigen Schulfreund Erich, der nun um Elisabeth konkurriert. Auf Drängen ihrer Mutter heiratet sie Erich, er wird sie nie wiedersehen. Mit seiner lyrischen Sprache, üppigen Naturschilderungen und dem sanften Zagen der Protagonisten verkörpert *Immensee* einen Prototyp biedermeierlicher Prosa: Es seufzt das Herz, wenn die Vernunft obsiegt, aber dagegen ist nichts zu machen.

■ Theodor Storm nach dem Tode Constanzes mit seinen Kindern, 1866

■ Geburtshaus Theodor Storms am Markt in Husum. Zeitgenössische Zeichnung

EINE FROMME LÜGE
1887 diagnostizierte man bei dem Dichter unheilbaren Magenkrebs. Storm war so deprimiert, dass er nicht mehr arbeiten mochte. Die Familie ersann eine List: Mithilfe seines Bruders Emil, der Arzt war, täuschte man eine neuerliche Untersuchung vor. Der Befund – kein Krebs! Storm glaubte es sofort, wurde wieder fröhlich und schrieb mit frischem Elan. Ein Jahr später starb er an seiner Krankheit.

verlor seine Zulassung und musste Husum verlassen. In Potsdam lernte Storm den preußischen Obrigkeitsstaat kennen und ein arrogantes Junkertum hassen, das auf seinen Privilegien beharrte und nach feudalistischem Prinzip regierte. Die kriegerische Annexion Schleswig-Holsteins durch Preußen brachte Storm zwar zurück in Amt und Würden, dennoch sah er sein Ideal vom mündigen Citoyen so verletzt, dass er bis zum Lebensende jedem Adeligen den Respekt versagte. Zu einem Empfang beim Herzog von Weimar erschien der hochbetagte und inzwischen landesweit gefeierte Dichter trotzig im Schlapphut anstelle des vorgeschriebenen Zylinders, die Aufforderung, eine Hymne auf Reichskanzler Otto von Bismarck zu schreiben, lehnte er empört ab. Auch die Geistlichkeit hatte an Storm keine Freude, er hielt den Klerus für genauso korrupt wie die Aristokratie und wies die Familie testamentarisch an, ihn ohne Pastor und christliche Worte zu bestatten.

Es war Thomas Mann, der 1930 diese Risse in der Fassade von Storms »Bürgerwonne und Goldschnittgemüt« erstmals erkannte und auf die starke Antipathie gegen alles Religiöse aufmerksam machte. In diese Skepsis fügte sich nach Thomas Mann bestens die Neigung zu heidnischen Spuk- und Sagengestalten, die durch viele Novellen als Ausweis irrationaler Mächte geistern. Nicht zufällig trägt so das Meer mit seiner Gewalt und Unbezähmbarkeit bei Storm immer dämonische Züge, selbst wenn es still plätschert, liegt darin nur die Ruhe vor dem Sturm.

Mit 63 Jahren ging Theodor Storm vorzeitig in Pension, um sich ganz der Dichtung zu widmen. Jetzt schrieb er die düstersten Sachen, zuletzt den *Schimmelreiter*, jene dramatische Erzählung vom herzensguten Deichgrafen Hauke Haien, der eine undichte Stelle im Deich übersieht und grausam bestraft wird. In tosendem Orkan bricht der Deich, Weib und Kind ertrinken jämmerlich, und Hauke Haien wirft sich verzweifelt in die Flut, um die Gewalten zu besänftigen. Fortan sieht man ihn in Sturmnächten als Gespenst auf seinem Schimmel über die Deiche galoppieren. Versäume niemals deine Pflicht! lautet die konservative Moral der Geschichte. Aber diese Botschaft steckt ebenfalls darin: Es gibt Kräfte, gegen die auch der eifrigste Beamte keine Chance hat. Theodor Storm hat das ganz genau gewusst.

THEODOR STORM

LEBEN & WERK

Hans Theodor Woldsen Storm wird am 14. September 1817 in Husum geboren, besucht dort Schule und Gelehrtenschule. 1835 wechselt er ans Katharineum in Lübeck. Hier lernt der Vielleser, die (damals) moderne Literatur kennen: Goethes *Faust*, Eichendorff, Heine. Die ersten Gedichte entstehen. Er hätte gerne Medizin studiert, auf Wunsch des Vaters, der Rechtsanwalt ist, geht er 1837 zum Jurastudium nach Kiel, wechselt 1838 nach Berlin, das Examen allerdings macht er 1842 in Kiel. Hier beginnt die Freundschaft mit dem Philologen Tycho und dem Historiker Theodor Mommsen. 1843 eröffnet er eine eigene Kanzlei in Husum. 1846 heiratet er Constanze Esmarch; eine Verbindung, die nicht glücklich ist, aus der aber sieben Kinder hervorgehen. 1850 erscheint *Immensee*, seine erste und zu Lebzeiten erfolgreichste Novelle. Im schleswig-holsteinischen Befreiungskampf (1848–1850) ergreift er Partei gegen die Dänen, verliert darum 1852 seine Zulassung. So beginnt das »preußische Exil« und ebenso der Briefwechsel mit Mörike; in Berlin lernt er Fontane, Eichendorff und Paul von Heyse kennen; ist Mitglied des Literaturklubs »Tunnel über der Spree«. In dichter Folge erscheinen Novellen- und Gedichtbände. 1856–1864 ist er preußischer Kreisrichter in Heiligenstadt, seine erste auskömmliche Stellung. 1864, bei Ausbruch des Deutsch-Dänischen Kriegs, setzt die Husumer Bevölkerung den dänischen Landvogt ab und wählt Storm, der annimmt. 1865 stirbt Constanze; 1866 heiratet er seine Jugendliebe Dorothea Jensen, mit der er noch eine Tochter haben wird. 1867, Schleswig und Holstein sind nun preußische Provinzen, wird Storm Amtsrichter. Preußischer Verwaltungschef ist Graf Reventlow, der Vater der Schriftstellerin Franziska von Reventlow, die den weißbärtigen Storm als »Märchengestalt« in Husum umhergehen sah. 1870 erscheint das *Hausbuch aus deutschen Dichtern seit Claudius*, ein »poetisches Glaubensbekenntniß« vor allem durch die unkonventionelle Auswahl. Nach 1872 reist er viel, besucht Freunde. Noch einmal beginnt eine intensive Schaffensphase. 1880 lässt sich Storm pensionieren und zieht nach Hademarschen aufs Land. 14 Novellenbände erscheinen noch, Gedichte entstehen fast keine mehr, obwohl er selbst seine Lyrik stets als den bedeutenderen Teil seines Werks betrachtet hat. »Der letzte Lyriker bin ich«, sagt er beim Tod des Dichterkollegen Emanuel Geibel, dessen Gefühlsbombast er allerdings nicht schätzte. Storm hat die Selbstbeschränkung der von ihm gewählten stets einfachen Formen, Bilder und Motive so weit getrieben, dass ihm als nächster Schritt eigentlich nur die Abstraktion, der Weg zum »reinen Gedicht« geblieben wäre. Als letzte seiner 58 Novellen kann der seit 1886 an Magenkrebs leidende Storm noch den *Schimmelreiter* beenden – am 4. Juli 1888 stirbt er.

AUF DEN PUNKT GEBRACHT

Das Bild vom nett dichtenden Opa Storm dominiert immer noch die Vorstellung seines Millionenpublikums. Man lese und schaue genauer – diese Literatur spricht von Zerrissenheit, Angst und Wahnsinn, die in jeder heilen Welt unter den Teppich gekehrt werden.

EMPFEHLUNGEN

Fünf Werke:

- *Der kleine Häwelmann*
- *Immensee*
- *Pole Poppenspäler*
- *Ein Doppelgänger*
- *Der Schimmelreiter*

Lesenswert:

Hartmut Vinçon: *Theodor Storm*, Reinbek 2004

Paul Barz: *Theodor Storm. Wanderer gegen Zeit und Welt*, Berlin 2004

Hörenswert:

Theodor Storm – Die Box, Vier Novellen (*Schimmelreiter*, *Immensee* u.a.), gelesen von Wolfgang Büttner u.a., Schwäbisch Hall 2006. 8 CDs

Sehenswert:

Am grauen Strand, am grauen Meer. Regie: Klaus Gendries; mit Angelica Domröse, Fred Düren, Martin Seiffert, DDR 1980, nach der Novelle *Hans und Heinz Kirch* von Theodor Storm

Besuchenswert:

Das Storm-Haus in Husum, mit Storms Bibliothek: »Weil vor dem Schreiben stets das Lesen kommt.«

In Potsdam erinnern eine Tafel am Amtgericht und das »Stormstübchen« an den Dichter und Richter Storm.

Kleiner Mann, ganz groß

Gottfried Keller

1819–1890

»Ich war erstaunt, in Keller einen auffallend unbehülflichen und spröd erscheinenden Menschen kennen zu lernen, dessen erste Bekanntschaft jedem sofort das Gefühl der Angst um sein Fortkommen erweckte. ... Glücklicherweise wusste man ihn mit der Zeit endlich im Staatsdienst unterzubringen, wo er als redlicher Mensch und tüchtiger Kopf jedenfalls gute Dienste leistete.« Richard Wagner in »Mein Leben«, 1867

■ Gottfried Keller, 1887

Er verliebte sich oft in hochgewachsene, stattliche Frauen und hatte bei keiner eine Chance. Mit kaum 1,50 m Körpergröße, einem massigen Leib auf kurzen, schwächlichen Beinen bot Gottfried Keller ein erotisch eher dürftiges Bild. Als er sich dennoch ein einziges Mal verlobte, kam es zur Katastrophe. Die Angebetete, zwanzig Jahre jünger als ihr Verehrer und überaus zart besaitet, musste in der Zeitung lesen, dass der Bräutigam allzu gerne trank und dann leicht in Zorn geriet. Halb Zürich wusste von den Wirtshausprügeleien, die Keller regelmäßig vom Zaun brach. Furchtlos drang der Zwerg auf seine verblüfften Gegner ein, nicht selten endete der Streit mit üblen Verletzungen. Benahm sich so ein ehrenwerter Mann? fragte, wohl zu Recht, der Winterthurer »Landbote« im Sommer 1865. Die Antwort von Kellers labiler Braut fiel drastisch aus: Sie nahm sich aus Scham das Leben.

Gottfried Keller war damals 46 Jahre alt und in der Tat ein honoriges Mitglied der Zürcher Gesellschaft. Er bekleidete den Posten des Ersten Staatsschreibers, eines der höchsten und bestbezahlten Ämter des Kantons. In diese hohe Stellung hatte ihn die Schweizer Bundesversammlung gewählt, zum Dank und als Auszeichnung für sein öffentliches Engagement in politisch schwieriger Zeit. Die Schweizer suchten noch nach ihrer idealen Staatsform, man stritt über das Verhältnis föderaler und nationaler Zuständigkeiten, zudem drohte ein Krieg mit Frankreich, das vertragswidrig das damalige Herzogtum Savoyen beanspruchte. Als Publizist und Verfasser patriotischer Lieder warb Keller für einen einheitlichen Bundesstaat mit klar zugeteilten Kompetenzen der Kantone, er kämpfte für den Ausgleich mit Frankreich, der schließlich auch friedlich zustande kam. Seine Artikel und liberaldemokratische Vaterlandsliebe machten den Autor in der ganzen Schweiz bekannt, die Arbeit in der Zürcher Staatskanzlei verrichtete er gewissenhaft, fleißig und mit viel politischem Geschick, zum fünfzigsten Geburtstag verlieh ihm die Universität den Ehrendoktor, die Stadt organisierte ein rauschendes Fest. Und diskret drückte man während seiner gesamten Amtszeit beide Augen zu, wenn der prominente Staatsschreiber morgens gelegentlich verkatert und ramponiert ins Büro trat.

Den Durchbruch zum weithin, über die Schweizer Grenzen hinaus berühmten Schriftsteller erlebte Gottfried Keller erst nach seinem Beamtendasein. Bis dahin galt und hielt er sich selbst für eine verkrachte Existenz, der nichts glücken wollte. Aufgewachsen in gutbürgerlichen Verhältnissen, die durch den frühen Tod des Vaters stetig ärmlicher wurden, flog er wegen eines dummen Streiches von der Schule, was ihm nach Schweizer Recht jede Möglichkeit einer soliden Ausbildung verbaute. Jahrelang klebte er zu Hause fest, träumte, versuchte sich als Maler und schrieb ohne klare Richtung. Ein Studium an der Münchener Kunstakademie, das sich seine verzweifelte Mutter vom Munde absparte, scheiterte auch an Kellers dunklem Drang zum Zechen und Raufen. Er verlor sich in der Schwabinger Bohème, machte Schulden, kehrte als Versager nach Zürich zurück, um weiterhin der Mutter auf der Tasche zu liegen. Hoffnungslos schrieb er in einem Brief: »Preise der Tor sich glücklich, der nie den inneren Wert der Kunst empfunden hat; denn in seliger Trägheit fließen seine Tage dahin, während der an-

■ Schreibunterlage Gottfried Kellers während der Arbeit an seinem Roman *Der grüne Heinrich* von 1854. Mehrfach notiert ist der Name Betty, gemeint ist Betty Tendering, Vorbild der Dortchen Schönfund im *Grünen Heinrich*.

DER GRÜNE HEINRICH

Gottfried Keller war Anfang zwanzig, als er beschloss, einen »kleinen traurigen Roman« zu schreiben. Allein die erste Fassung hatte knapp 1200 Seiten, über zwölf Jahre arbeitete Keller am Manuskript. Das Buch erzählt die tragische Geschichte des jungen Heinrich Lee, der es zum Künstler bringen will, aber schmählich scheitert. Auch bei den Frauen hat er kein Glück, zudem stirbt seine abgöttisch geliebte Mutter, worüber der Sohn sich buchstäblich zu Tode grämt. Man kann den Roman als leidvolle Autobiographie Kellers lesen und wundert sich zugleich über den zauberhaft poetischen, makellosen Stil, in dem der Autor den eigenen Kummer entfaltet. Im Alter hat Gottfried Keller das Buch umgeschrieben, mit einem versöhnlichen *happy end*. Heute gilt *Der grüne Heinrich* als einer der bedeutendsten, neue Maßstäbe setzenden Bildungsromane des 19. Jahrhunderts.

»Das einzige, was mir Angst macht, ist die Furcht, ein gemeines, untätiges und verdorbenes Subjekt zu werden, und ich muss mich ungeheuer anstrengen, bei dem immerwährenden Peche dies zu verhüten …«

Keller in einem Brief an seinen Freund Johann Salomon Hegi, 10. April 1841

■ Skizzen von Gottfried Keller

POETISCHER REALISMUS
Literarhistorische Bezeichnung für die Epoche zwischen Romantik und Naturalismus von ca. 1830 bis 1880. Zu den wichtigsten Vertretern zählen neben Gottfried Keller Conrad Ferdinand Meyer und Jeremias Gotthelf sowie Theodor Storm, Adalbert Stifter und Wilhelm Raabe. Ihr Stil ist geprägt von einer weltoffenen, objektiven Sicht auf die Wirklichkeit und der ironischgütigen Schilderung von Mensch und Natur. Die bevorzugte Form ist die Novelle, ein Begriff des heute vergessenen Dichters Otto Ludwig.

dere, das Licht im Auge, seine Ruhe zerfetzt, rastlos sein Ideal verfolgt, das Leben verscherzt, sich durchringt, um – am Ziele zu Grunde zu gehen.« Doch Keller ging nicht unter, zu Hilfe kamen Staat und Politik. Mit Verve mischte sich Keller in die Debatten um Revolution und Freiheit ein, die in den 1840er Jahren das westliche Europa in Atem hielten. Erste Gedichte erschienen, zu tagespolitischen Ereignissen, in kraftvoller, bildreicher Sprache, die auf einen begabten Verfasser hindeuten. Keller schloss Freundschaften mit Politikern, die Regierung verschaffte ihm ein Stipendium: In Heidelberg und Berlin sollte er seine schriftstellerischen Fähigkeiten weiter ausbilden. Unversehens schuf sich die Schweiz auf diese Weise ihren eigenen Nationaldichter, denn in Deutschland gelang es Keller wirklich, Form und Stil zu entwickeln, einen zarten, literarisch unverwechselbaren Ton zu finden, der später unter dem Begriff des »poetischen Realismus« Epoche machte. So entstanden *Die Leute von Seldwyla,* ein Kranz heiter-beschaulicher Parabeln über das Menschenwesen im Allgemeinen und den Schweizer im Besonderen, bis heute stehen diese Geschichten symbolisch für Kellers Kunst und die bauernschlaue Identität der Eidgenossen. Weitaus düsterer ging es im Roman *Der grüne Heinrich* zu, dem Haupt- und Meisterwerk, das vom Schicksal eines jungen Künstlers erzählt und Kellers ganzes eigenes Unglück in Liebe und Beruf enthält. Denn stets litt er unter schwankenden Stimmungen und der Angst, zeitlebens ein armer Schlucker zu bleiben. Auch im mütterlichen Haushalt wurde literarischer Erfolg nur in harten Schweizer Franken abgerechnet, da diese spärlich flossen, war das Urteil über die Literatur des Sohnes prompt gefällt.

Das Staatsamt empfand Keller selbst als Rettung, jetzt festigte er sich, und in den folgenden fünfzehn Jahren, in denen er kaum etwas schrieb, reiften in ihm die Kraft und Konzentration, sein Talent vollends zu entfalten und schließlich zu einem der bedeutsamsten und einflussreichsten Erzähler des 19. Jahrhunderts aufzusteigen. Fast hätte ihm sein manisches Temperament allerdings noch die politische Karriere verhagelt. Am 22. September 1861 besuchte er eine Veranstaltung, auf der Ferdinand Lassalle sprach. Dessen Worte brachten Keller dermaßen in Rage, dass er völlig ausrastete und mit einem Stuhl auf den Gründervater der deutschen Sozialdemokratie losging. Zum Glück fiel man dem schwerbetrunkenen Angreifer in den Arm. Am nächsten Morgen holte ihn ein befreundeter Regierungsrat um zehn Uhr aus dem Bett. Es war der erste Arbeitstag des neuen Staatsschreibers. Nur dieses einzige Mal kam Gottfried Keller verspätet zum Dienst.

GOTTFRIED KELLER

LEBEN & WERK

Am 19. Juli 1819 wird Gottfried Keller in Zürich geboren. Seine Familie kam vom Land, aufgewachsen ist Keller jedoch im kleinbürgerlich-städtischen Milieu. Sein Vater, ein Drechsler, stirbt 1824. Die Mutter heiratet den Werkstattleiter, überwirft sich mit ihm und erreicht 1834 die Scheidung. Im selben Jahr fliegt Keller, als Opfer einer Schülerintrige, von der Schule. Gegen den Rat der Familie will er Kunstmaler werden, nimmt zunächst Unterricht in Glattfelden, geht 1840 nach München, arbeitet dort im Kreis von Freunden. Geblieben sind seine Studienbücher und »Heroische Landschaft«, ein zwar beachtetes, aber unverkäufliches Gemälde. So kehrt er 1842 erfolglos nach Zürich zurück, gibt schließlich das Malen auf, wendet sich dem Schreiben zu und betätigt sich politisch. Schreibend und durch Teilnahme am »Freischarenzug« engagiert er sich im Konflikt zwischen Konservativen und Liberalen (auf deren Seite), sucht im Streit um Savoyen den Ausgleich mit Frankreich, verfasst politische Lyrik (1846 als Buch veröffentlicht). Das liberale Zürich wird zum Zufluchtsort für »Zensurflüchtlinge« wie Freiligrath, Herwegh oder Hoffmann von Fallersleben, der Kellers Talent erkennt und die Publikation fördert. Der Erfolg seiner Lyrik verschafft ihm ein Stipendium der Regierung, mit dem er 1848–1850 in Heidelberg, danach bis 1855 in Berlin Geschichte, Philosophie und Literatur studiert. In Heidelberg hört er die Vorlesungen des Religionskritikers Ludwig Feuerbach, die ihn stark beeindrucken. In dieser Zeit entstehen die erste Fassung des *Grünen Heinrich* (1854/55) und zahlreiche Novellen, 1856 (1873/74 erweitert) erscheint der Sammelband *Die Leute von Seldwyla*. Mit der Rückkehr zu Mutter und Schwester nach Zürich beginnt eine unproduktive Phase, die erst 1862 endet, als er in das Amt des Staatsschreibers in Zürich gewählt wird. Intensiv aber pflegt er alte und neue Freundschaften, mit Paul Heyse, Jacob Burckhardt, Gottfried Semper, Richard Wagner, mit dem er sich »merkwürdig gut« versteht, Arnold Böcklin, Conrad Ferdinand Meyer und anderen, steht in Briefwechsel mit Theodor Storm oder Berthold Auerbach. Dieser vor allem macht Keller auch außerhalb der Schweiz bekannt; dort allerdings gilt er meist als Patriot und Liederdichter. Ab 1876 widmet sich Keller ausschließlich dem Schreiben. Nach *Romeo und Julia auf dem Dorfe* (1876) und den *Züricher Novellen* (1878, darin *Das Fähnlein der sieben Aufrechten*) überarbeitet er den *Grünen Heinrich*, die Fassung mit einem neuen Schluss erscheint 1879/80. Auf das *Sinngedicht* (1882) folgt 1886 der zweite Roman: *Martin Salander*. 1888 stirbt die Schwester. Anfang 1890 erkrankt Gottfried Keller schwer; er stirbt am 15. Juli 1890 in Zürich.

AUF DEN PUNKT GEBRACHT

Zu kurz geraten, lange zu kurz gekommen – für Psychoanalytiker bietet Gottfried Kellers Biographie allerhand Stoff. Sein Werk jedoch zeigt den großen Mann und Dichter.

EMPFEHLUNGEN

Fünf Werke:
- *Der grüne Heinrich*
- *Die Leute von Seldwyla*
- *Sieben Legenden*
- *Züricher Novellen*
- *Martin Salander*

Lesenswert:

Adolf Muschg: *Gottfried Keller*, Frankfurt/M. 1980

Bruno Weber: *Gottfried Keller. Landschaftsmalerei*, Zürich 1990

W.G. Sebald: *Logis in einem Landhaus. Über Gottfried Keller, Johann Peter Hebel, Robert Walser und andere*, München 1998

Hörenswert:

Gottfried Keller. Die Box, Erzählungen, gelesen von Fritz Stavenhagen u.a., Schwäbisch Hall 2005. 8 CDs

Sehenswert:

Der grüne Heinrich. Regie: Thomas Koerfer; mit Thibault de Montalembert, Florence Darel, Assumpta Serna. F/CH/D 1994

Besuchenswert:

Der »Dichterweg« von Glattfelden nach Rheinsfelden in der Schweiz

Das Gottfried-Keller-Zentrum in Glattfelden, Schweiz, mit Ausstellung, Lesestube und Begegnungszentrum

Ein Mann von sechzig Jahren
Theodor Fontane
1819–1898

▪ Diese Aufnahme Theodor Fontanes entstand 1879 in Berlin im Photostudio Loescher und Petsch. »Natürlich darf eine Literatur nicht auf dem Geschmack ganz, ganz alter Herren aufgebaut werden. Aber so nebenher geht es.«
Theodor Fontane

In der zweiten Hälfte des 19. Jahrhunderts stand der europäische Roman in voller Blüte. Charles Dickens und William Thackeray, Honoré de Balzac, Victor Hugo, Gustave Flaubert und Émile Zola, Leo Tolstoi, Iwan Turgenjew und Fjodor M. Dostojewski – vor allem englische, französische und russische Erzähler dominierten die Gattung und zeichneten mit gewaltigen Büchern ein umfassendes Bild von Epoche, Staat und Gesellschaft. Auch Deutschland hatte damals Romanciers, doch zu einem epischen Werk von vergleichbar weltliterarischem Rang brachte es nur ein einziger: Theodor Fontane. Als sein Romandebüt erschien, war er bereits ein reifer Mann, aber jetzt, mit sechzig, wurde dieser ältere Herr so richtig jung.

»Ich fange erst an. Nichts liegt hinter mir, alles vor mir, ein Glück und ein Pech zugleich«, schrieb er 1879 an den Verleger Wilhelm Hertz, voller Pläne und in starker Untertreibung der eigenen Vergangenheit. Denn hinter ihm lag allerhand, ein stattliches, vielbändiges Œuvre mit Lyrik, zeitgeschichtlicher Essayistik und Journalismus, vor allem jedoch Jahrzehnte turbulenter biographisch-beruflicher *Irrungen und Wirrungen*, wie einer der bekanntesten Romane später heißen sollte. »Ein Apotheker, der anstatt von einer Apotheke von der Dichtkunst leben will, ist so ziemlich das Tollste, was es gibt«, urteilte Fontane, als das Wagnis schon geglückt war, lange Zeit hatte es nicht danach ausgesehen.

Geboren im beschaulichen Neuruppin, nahe bei Berlin in der Mark Brandenburg, erfuhr Fontane früh von den Bedrückungen eines künstlerischen Temperaments, sieht es sich in den seidentapezierten Wänden bürgerlicher Wohlanständigkeit gefangen. Der Vater betrieb eine Apotheke, doch unter der äußerlichen Gediegenheit köchelten literarische Wünsche, die von einer streng auf Etikette achtenden Ehefrau energisch unterdrückt wurden. Eine weitere Leidenschaft des Seniors, das Glücksspiel, brachte die arrivierte Bürgerlichkeit mehrfach aus der Fassung, und missmutig schaute Fontanes Mutter auch auf

den Gatten, wenn er gemeinsam mit dem Sprössling dichtete, ihn sokratische Weisheiten lehrte und viel lieber phantastische Geschichten erzählte, als mit erhobenem Zeigefinger vom Ernst des Lebens zu reden. Zärtlichst hat der alte Fontane des munter-leichtfertigen Vaters gedacht, dessen träumerischer Mut zum Risiko den Sohn ebenso entscheidend prägte wie das mütterliche Streben nach Sicherheit und Konvention. In solcher Spannung zwischen Bruch und Bewahrung lebte Fontane von Jugend an, sie sollte ihn bis in die Politik, die Literatur und sogar noch in die eigene Ehe hinein verfolgen. Emilie, die er 1850 heiratete, wollte vom Dichtertum ihres Mannes nichts wissen und war selbst auf dem Höhepunkt seines Ruhms fest überzeugt, dass es nichts Rechtes damit sei. Hätte sie einen Apotheker eher respektiert?

■ Zeitgenössische Aufnahme der Adler-Apotheke in Swinemünde, die Fontanes Vater erwarb.

»Ich habe das Leben immer genommen, wie ich's fand, und mich ihm unterworfen. Das heißt: nach außen hin; in meinem Gemüte nicht.«
Theodor Fontane

DAS IST EIN WEITES FELD

... seufzt Effi Briests Vater stets, wenn er keine Lust mehr hat, komplizierte Dinge zu diskutieren. Der Spruch ist zum Synonym für Fontanes souveränen ironischen Altersstil geworden, der manchmal allzu versöhnlich wirkt. Doch diese oft kritisierte Ironie ist ganz schön hinterhältig, denn ihr eleganter Pinselschwung, mit dem sie die Risse der bürgerlichen Fassaden übertüncht, lässt diese bei genauerer Betrachtung nur umso deutlicher hervortreten.

»Ohne Vermögen, ohne Familienanhang, ohne Schulung und Wissen, ohne robuste Gesundheit bin ich ins Leben getreten, mit nichts ausgerüstet als einem poetischen Talent und einer schlechtsitzenden Hose.«
Theodor Fontane

Zunächst trat Fontane in die Fußstapfen des Vaters, durchlief eine Ausbildung, mischte Tinkturen und Salben hinter etlichen Ladentheken, um prompt davonzueilen, als erste Gedichte und kleinere Erzählungen auf Anerkennung stießen. Im renommierten Berliner Literatenclub »Tunnel über der Spree« knüpfte er Kontakte, hoffte auf Protektion. Dafür musste er allerdings seine politisch radikalen Ansichten gut verbergen, denn zu dieser Zeit stand Fontane im deutschen Freiheitskampf gegen ein oppressives Staats- und Adelswesen klar auf der Seite der Revolution. Während also die soignierten »Tunnel«-Herren, im Hauptberuf zumeist höhere Beamte, im Club ihre Zigarren rauchten und gegen die Demokratie wetterten, schlich sich Fontane auf die Berliner Barrikaden vom März 1848, ängstlich darum bemüht, dass ihn niemand sah. Viele selbstquälerische Briefe und Aufzeichnungen belegen die tiefe innere Zerrissenheit eines Dreißigjährigen, den die politischen Verhältnisse erbitterten und zugleich spüren ließen, dass er zum Rebellen kaum taugte.

Ein permanent schlechtes Gewissen peinigte Fontane auch die folgenden Jahre, als er in staatlichen Pressestellen zur Propaganda für die preußische Regierung genötigt wurde. Die Tätigkeit nebst einigermaßen gesichertem Einkommen verdankte er den konservativen »Tunnel«-Freunden, Fontane hatte eigens darum gebeten und litt nicht wenig unter dieser Kapitulation. Erleichterung versprach ein längerer Aufenthalt in seinem Sehnsuchtsland Großbritannien, wohin sein Amt ihn schickte, um einflussreiche

▪ Hanna Schygulla als Effi Briest in dem gleichnamigen Film von Rainer Werner Fassbinder aus dem Jahr 1974

Presseorgane für Preußens Politik zu gewinnen. Kurzfristig lebte Fontane auf, er liebte die englische Literatur, schätzte Land und Leute. Seine glänzenden Reportagen wurden von deutschen Blättern gern gedruckt, zeigten den geborenen Journalisten. Der geforderten politischen Diplomatie, die auf nichts anderes als glatte Bestechung hinauslief, unterwarf sich Fontane dagegen so unwillig, dass Berlin ihn bald davon entband; ein Vorgesetzter notierte die zutreffende Charakteristik: »Bei einem anständigen, fast romantisch ritterlichen Wesen wird er zu leicht verletzt, wenn er auf die gewöhnliche Lebenspfiffigkeit stößt.« Nach der deprimierenden Rückkehr aus London stellte ein Regierungswechsel Fontane erneut vor die Entscheidung, noch tiefer das Knie zu beugen oder sein Heil woanders zu suchen. Er zögerte, taktierte, zu Hause setzte ihn Emilie unter Druck. Einen halbwegs ehrenvollen Rückzug aus dem politischen Wirrwarr lieferte das Angebot einer Korrespondentenstelle der christlichen »Kreuzzeitung«, Fontane nahm an, »nicht leichten Herzens«, wie er betonte, aber doch in der Gewissheit, künftig nur noch von der Kraft seiner Feder abhängig zu sein. Immerhin häuften sich die literarischen Erfolge. Seine historischen, herrlich poetisch-schmissigen Balladen erschienen, Essays und Reiseschilderungen, die in den vierbändigen, rasch populären *Wanderungen durch die Mark Brandenburg* gipfelten. Die Kriege von 1864 und 1870 sahen ihn als durchaus kritischen Berichterstatter, mit fünfzig war Fontane etablierter Journalist, Kritiker und Dichter. Der honorige Posten

■ Fontane während seines ersten Aufenthalts in England. Zeichnung, 1844, von J. W. Burford

»Mir ist die Freiheit Nachtigall, den andern Leuten das Gehalt.« Theodor Fontane

BISMARCK

Zu Fontanes Ruf als politischer Opportunist und Wendehals hat seine Bewunderung für Otto von Bismarck maßgeblich beigetragen. Der Dichter begrüßte die deutsche Einigung und übersah gnädig die rücksichtslose Innenpolitik des »Eisernen Kanzlers«. Als Bismarck im Juli 1898 starb, schrieb Fontane, zwei Monate vor seinem eigenen Tod, das Gedicht *Wo Bismarck liegen soll*. Die Familie Bismarcks ließ diese Verse in das Grabmausoleum einmeißeln.

»Mir persönlich sei das Bekenntnis erlaubt, dass kein Schriftsteller der Vergangenheit oder Gegenwart mir die Sympathie und Dankbarkeit, dies unmittelbare und instinktmäßige Entzücken, diese unmittelbare Erheiterung, Erwärmung, Befriedigung erweckt, die ich bei jedem Vers, jeder Briefzeile, jedem Dialogfetzchen von ihm empfinde.«
Thomas Mann, 1910

»Er war, in Skepsis wie in Festigkeit, der wahre Romancier, zu seinen Tagen der einzige seines Ranges.«
Heinrich Mann, 1948

eines Ersten Sekretärs der Berliner Akademie der Künste, den man Fontane 1876 antrug, schien alle materiellen Sorgen zu beenden, der Titel des Geheimrats winkte, Emilie jubelte – einen Monat lang. Dann kündigte Fontane, auf seinem Schreibtisch lag das Manuskript des ersten Romans, *Vor dem Sturm*, Emilie schlug die Hände vors Gesicht und verzieh ihm nie diesen letzten, endgültigen Schritt, mit dem sich der Schriftsteller von allem Zwang befreite.

Zwei Jahrzehnte lagen noch vor Fontane, zweiundzwanzig Jahre, in denen er wie entfesselt sein Dutzend Meisterwerke schrieb, Romane und Erzählungen, von *Schach von Wuthenow* über *Unterm Birnbaum* bis zu *Effi Briest* und *Der Stechlin*, die ihn zum literarischen Repräsentanten der Epoche und zum Klassiker machen sollten. Autobiographisches hielt Fontane aus dieser Prosa strikt heraus, doch der lebenslange Zwiespalt der Gefühle, das verzweifelte Hin und Her zwischen Arrangement und persönlicher Auflehnung finden sich in fast allen Stoffen und Personen. Furchtlos wie nie zuvor erzählte er von Moral und Sittenkodex, thematisierte Ehebruch, falsch verstandene Ehre und gesellschaftliche Heuchelei. »Mich ekelt, was ich getan«, sagt die arme Effi Briest nach dem Seitensprung, der ihren Liebhaber das Leben kostet und ihre bürgerliche Existenz vernichtet, »aber was mich noch mehr ekelt, das ist eure Tugend.« In der Lyrik gestaltete Fontane vorrangig die Vergangenheit, in der Prosa die reine Gegenwart. Und der oftmals wütende Protest, der aus den Reihen von Militär, Adel und Kirche ertönte, bewies ihm, dass er stets die wunden Punkte berührte. Nichts kennzeichnet Mentalität und Zustand der deutschen Gründerzeit besser als jenes Adelsgemälde im Roman *Die Poggenpuhls*, ein Bildnis, das regelmäßig herunterkracht, weil die Nägel im morschen Mauerwerk nicht halten. »Meine ganze Produktion ist Psychographie und Kritik, Dunkelschöpfung im Lichte zurechtgerückt …«, schrieb er in einem Brief. Der Tod kam plötzlich und schmerzlos. Nach einem heiteren Abendessen traf ihn am 20. September 1898 der Schlag. Theodor Fontane starb als glücklicher Mann.

■ Fontane-Denkmal in Neuruppin. Skulptur, 1907, von Max Wiese

THEODOR FONTANE

LEBEN & WERK

Henri Théodore Fontane wird am 30. Dezember 1819 in Neuruppin als Sohn eines Apothekers geboren; die Eltern sind französischstämmige Hugenotten. Obwohl seine Interessen der Literatur gelten, absolviert Fontane eine Apothekerlehre. Erste Gedichte erscheinen ab 1839 im Berliner »Figaro«. Bis zu seiner Approbation 1847 arbeitet er in Magdeburg, Leipzig, Dresden und zuletzt in Berlin. Als »Lafontaine« wird er in den literarischen Sonntagszirkel aufgenommen, der sich den scherzhaften Namen »Tunnel über der Spree« gegeben hatte. Dort trägt er 1844 die Ballade *Towerbrand* vor; die Lesung macht »Sensation« und »entschied über meine zukünftige Richtung«, wie er später an Theodor Storm schreibt. Dagegen kamen Fontanes Gedichte mit sozialen und politischen Themen im Sonntagsklub offenbar nicht so gut an. Er nimmt 1848 in Berlin an den Straßenkämpfen der Märzrevolution teil, verliert 1849 seine Stelle am Bethanienkrankenhaus und versucht sein Glück als freier Autor. 1850 heiratet er Emilie Rouanet-Kummer, die beiden haben sieben Kinder, von denen drei sehr früh sterben. Es sollte bis in die 1870er Jahre dauern, bis die Familie von seinen literarischen Einkünften gesichert leben kann. Bis 1859 gehört er der Presseabteilung des preußischen Innenministeriums an, wird 1852 und 1855–1859 nach London delegiert. Als aufmerksamer Beobachter berichtet er aus der Metropole der sich industrialisierenden Welt; es entstehen die ersten seiner vielen Theaterkritiken. Mit seinen Balladen orientiert er sich an englischen Vorbildern (vor allem an Sir Walter Scott, dem er mit einem 1871 erschienenen Aufsatz ein Denkmal setzt) und an deren Stoffen und Landschaften. Von seiner Reise durch die mittelenglischen Industriegebiete nach Schottland berichtet er in *Jenseit des Tweed* (1860). Er ist der erste deutsche Autor, der sich bis in seine Lyrik hinein mit den neuen Erfahrungen der technisch-industriellen Welt auseinandersetzt. 1862–1882 erscheinen seine *Wanderungen durch die Mark Brandenburg* als Feuilletons in der »Kreuzzeitung« und als Buchausgaben. 1864, 1866 und 1870 schreibt er als Kriegsberichterstatter und gerät in französische Gefangenschaft (*Kriegsgefangen*, 1871). 1870 wird er zum Theaterkritiker der »Vossischen Zeitung« in Berlin. Erst 1878, mit *Vor dem Sturm*, beginnt seine Karriere als Romanautor. Er ist es, der, so Heinrich Mann, den Roman als »das gültige und bleibende Dokument der Gesellschaft eines Zeitalters« etabliert. Den »ersten wirklichen Erfolg, den ich mit einem Roman habe«, erlebt er mit *Effie Briest*: Bereits im Erscheinungsjahr 1895 hat der Roman fünf Auflagen. 1898 bearbeitet Fontane die mittlerweile fünfte (vermehrte) Auflage der *Gedichte;* schon von schwerer Krankheit bedroht, kann er noch das Spätwerk *Der Stechlin* vollenden. Am 20. September 1898 stirbt er in Berlin.

AUF DEN PUNKT GEBRACHT

Der einzige deutsche Romancier des 19. Jahrhunderts, der es mit Tolstoi und Co. aufnehmen konnte. Seine Romane erzählen mehr und besser von Wesen und Form der Epoche als jedes Geschichtsbuch.

EMPFEHLUNGEN

Fünf Werke:

- *Wanderungen durch die Mark Brandenburg*
- *Vor dem Sturm*
- *Unterm Birnbaum*
- *Effi Briest*
- *Der Stechlin*

Lesenswert:

Theodor Fontane: *Von Zwanzig bis Dreißig*, München 1973

Leichte Wolke sei mein Wagen. Die schönsten Gedichte von Theodor Fontane. Hg. von Gottfried Erler, Berlin 1997

Theodor Fontane: *Gedichte in einem Band*, Frankfurt/M. 1998

Edda Ziegler und Gotthart Erler: *Theodor Fontane. Lebensraum und Phantasiewelt*, Berlin 1996

Helmuth Nürnberger: *Theodor Fontane*, Reinbek 2002

Hörenswert:

Herr von Ribbeck auf Ribbeck im Havelland. Wanderungen, Erzählungen, Bekenntnisse, gesprochen von Wolfgang Huber, Tetenhusen 1997

Sehenswert:

Effi Briest. Regie: Rainer Werner Fassbinder; mit Hanna Schygulla, Wolfgang Schenck. BRD 1974

Besuchenswert:

Fontanes Geburtshaus in Neuruppin, überhaupt »Wanderungen durch die Mark Brandenburg«, geführt von Fontanes gleichnamigen Reisebeschreibungen

»Man ist ja von Natur kein Engel«

Wilhelm Busch

1832–1908

■ Wilhelm Busch, um 1898
»Wilhelm Busch, insbesondere der Schriftsteller Busch, ist einer der größten Meister stilistischer Treffsicherheit. Ich denke – außer vielleicht Lichtenberg – hat es keinen Ebenbürtigen in deutscher Sprache gegeben.«
Albert Einstein, 1954

Heute, in unserer politisch korrekten Zeit, hätte er als Karikaturist und Dichter wohl einen schweren Stand: Reihenweise bringt Wilhelm Busch in Bild und Wort kleine Kinder um, Tiere haben nichts zu lachen, auch Frauen kommen bei ihm überaus schlecht weg. Die bösen Buben Max und Moritz lässt er zu Schrot zermahlen, der kleine Eispeter findet ein ähnliches Ende: *Jaja! In diesem Topf von Stein/Da machte man den Peter ein.* Ein armer Maulwurf wird erschlagen und roh geschmäht: *Da liegt der schwarze Bösewicht/Und wühlte gern und kann doch nicht;/ Denn hinderlich, wie überall,/Ist hier der eigne Todesfall.* Frauen müssen es sich gefallen lassen, fast ausschließlich als Mannweiber und zänkische Gattinnen zu figurieren, die ihren Gemahl unterdrücken. Tanzt eine mal aus der Reihe und greift unzüchtig zur Flasche, wie die fromme Helene, geht sie petroleumübergossen in Flammen auf: *Und hilflos und mit Angstgewimmer/Verkohlt dies fromme Frauenzimmer.* Aus solch grausamem Humor hat ein harmoniebedürftiges 20. Jahrhundert vor allem jene niedlich-drolligen Sentenzen gefiltert, die seit Generationen deutsche Poesiealben zieren und jedem Spießer die beruhigende Gewissheit vermitteln, dass Lyrik doch was Nettes ist: *Es ist ein Brauch von alters her/Wer Sorgen hat, hat auch Likör.* Zu dieser Vorstellung passt auch das Bild von Buschs äußerer Gestalt: Ein behäbiger alter Rauschebart in ordentlichem Anzug, gemütlich dreinblickend, immer einen guten Stumpen zwischen den Fingern. Der Eindruck täuscht gewaltig, denn dahinter verbirgt sich der schärfste Satiriker der Epoche, dem nichts ferner lag, als biederen Bürgern gefallen zu wollen. Er sah nur so aus …

Wilhelm Buschs künstlerische Karriere verlief schleppend, und fast wäre sie gescheitert. Aufgewachsen auf dem niedersächsischen Land, unter sieben Geschwistern, interessierte er sich schon früh für Malerei, erste Zeichnungen und Karikaturen des Schülers zeigten ein beachtliches Talent. Ein kunstsinniger Onkel, der den Jungen mehrere Jahre in Obhut nahm, wies ihm den Weg zur Dichtung. Vater Busch, ehrgeiziger Kaufmann, wünschte sich allerdings einen Ingenieur zum Sohn und schickte ihn stracks aufs Polytechnikum in Hannover. Nach einigen trostlosen Semestern Maschinenbau und viel heimischem Zank erwirkte der Jüngling schließlich doch das ersehnte Kunststudium. Der erste Versuch an der Düsseldorfer Kunstakademie schlug fehl, ein zweiter in Antwerpen nicht minder. Sein bereits flotter Pinselstrich sperrte sich gegen die starren, klassizistischen Lehrmethoden, ihn zog es dahin, wo es noch keine Vorbilder gab. Enttäuschende, brotlose Jahre folgten, immer wieder musste Wilhelm Busch zu Hause unterkriechen, der Vater trommelte ungeduldig mit den Fingern. Auch der letzte Anlauf an der Münchener Königlichen Akademie der Künste missriet, zunehmend verbummelte Busch, nun ganz verkrachte Existenz, im Schwabinger Nacht- und Bohèmeleben, bis ihm der schiere Zufall aus der Misere half. Eines Abends landete am selben Kneipentisch Caspar Braun, Verleger der satirischen Zeitschrift »Die Fliegenden Blätter«, erspähte einige Zeichnungen des 26-Jährigen und bot dem besäuselten Busch umgehend die Mitarbeit an. Ab 1859 erschienen wöchentlich Illustrationen, bald wurden daraus Geschichten mit kleinen Texten – ein neues Genre war geboren! Sechs Jahre trainierte Busch in den »Fliegenden Blättern«, verfeinerte seine Zeichentechnik und entwickelte dazu jene originelle, extrem verknappte Form von Vers und Reim, die bald zum Erkennungs- und Markenzeichen wurde.

■ Die Verdichtung zeitlichen Geschehens in einem Bild, die Busch hier mit dem Einblick ins Haus der Witwe Bolte praktiziert, sollte wenig später zur Grammatik des Comics werden.

DER VATER DES CARTOONS

Im Gepäck vieler Auswanderer fanden Wilhelm Buschs Bildergeschichten auch den Weg über den großen Teich. Im Jahr 1897 standen Max und Moritz Pate für die »Katzenjammer-Kids«, die der deutsche Journalist Rudolph Dirks für das *New York Journal* zeichnete. Die Leser reagierten begeistert auf die zwei kleinen Helden Hans und Fritz, andere Zeitungen zogen nach und druckten eigene Comicstrips. So kam der Cartoon in die Welt und ist seither nicht mehr wegzudenken.

»Wer etwas erfahren will vom Geist des deutschen Bürgertums in der Bismarckzeit, der kann es in den Busch-Alben besser als in manchen gesellschaftswissenschaftlichen Traktaten.« Golo Mann, *Deutsche Geschichte des 19. und 20. Jahrhunderts*

■ Selbstbildnis, 1894

In Perfektion erklang dieser ›Busch-Ton‹ erstmals in *Max und Moritz*, einer längeren Bildergeschichte, von der sich der Autor zunächst nicht viel versprach. Verleger Braun dagegen witterte sofort den Kassenschlager, veröffentlichte das Manuskript als Buch und machte mit zahllosen Auflagen über Jahrzehnte prächtig Gewinn. Busch hatte für 1000 Gulden sämtliche Rechte abgetreten, an seinem ersten Klassiker verdiente er hinfort keinen Pfennig mehr. Auch das blieb typisch für Wilhelm Busch: An Geschäften war ihm kaum gelegen, noch weniger an der rasch einsetzenden Popularität, vor der er beständig floh. Das Streben nach Reichtum und Ruhm rechnete er zu den Grundübeln, die eine menschliche Seele ähnlich verderben wie Neid, Heuchelei und Selbstgefälligkeit. Überall in der bürgerlichen Gesellschaft erblickte Busch diese Wesenszüge und stellte sie in seinen Geschichten bloß, bisweilen so scharf, dass der Staatsanwalt auf den Plan trat. Busch verabscheute jegliches Spießertum, wandte sich auch wiederholt gegen die Macht der Kirche, die er abgrundtief hasste. In der Satire *Der Hl. Antonius* ließ er ein Schwein zum Himmel auffahren – *Es kommt so manches Schaf hinein/Warum nicht auch ein braves Schwein?* –, Buschs Verleger musste sich vor Gericht verantworten. Dass solch aufklärerischer Humor bei den Lesern anders ankam als gemeint, sie tüchtig lachten und die Kritik links liegen ließen, gehört zum großen Missverständnis der Rezeption. Der Erfolg beim Publikum riss nicht ab, in jedem deutschen Haushalt standen seine Werke. Wilhelm Busch wurde zum meistgelesenen Volksautor und wollte es nie sein. Zum 70. Geburtstag gratulierte sogar Seine Majestät der Kaiser.

Man ist ja von Natur kein Engel,/Vielmehr ein Welt- und Menschenskind,/Und rundherum ist ein Gedrängel Von solchen, die dasselbe sind.
Wilhelm Busch

Man hat den Dichter als Misanthropen und Frauenfeind beschrieben, er selbst nannte sich einen »Absonderling«, der mit den Jahren die Menschen immer stärker mied. Die Ehe hielt er nur für ein bürgerliches Trauerspiel. Von allem öffentlichen Trubel abgeschottet, lebte der Hochberühmte zuletzt in der Provinz, gemeinsam mit seiner Schwester Fanny und einem ihrer drei Söhne, die er als zärtlicher Onkel mit aufgezogen hatte. Im kleinen Dorf Mechtersheim, nahe dem Harz, sahen die Bewohner den stets gut gekleideten, älteren Herren beim täglichen Spaziergang, die meisten wussten nicht, wer er war. Das freute Wilhelm Busch ungemein.

SEIN EINZIGES LASTER

Wilhelm Busch rauchte, wo er ging und stand. Selten sah man ihn ohne Zigarre, Pfeife oder Zigaretten, täglich 40–50 Selbstgedrehte waren das normale Pensum. Zweimal starb er fast an Nikotinvergiftung; den Tabak aufzugeben kam ihm gar nicht erst in den Sinn. Heiter verknüpfte er das Laster dichterisch mit seiner Distanz zu Frauen: *Er kennt kein weibliches Verbot,/Drum raucht und dampft er wie ein Schlot.*

WILHELM BUSCH

LEBEN & WERK

Am 15. April 1832 wird Wilhelm Busch in Wiedensahl bei Hannover geboren und geht dort zur Dorfschule. Als ein Bruder zur Welt kommt, reicht der Platz nicht, und der Neunjährige wird zu einem Onkel nach Ebergötzen bei Göttingen gegeben, der dem Jungen Privatunterricht gibt und ihn zum systematischen Zeichnen anleitet. 1847 besteht Busch die Aufnahmeprüfung an der Polytechnischen Schule zu Hannover; auf Wunsch des Vaters soll er Maschinenbau studieren. 1851 bricht er das Studium ab und beginnt in Düsseldorf ein Kunststudium. Der nüchtern-akademische Betrieb enttäuscht ihn, der nächste Studienort ist Antwerpen, wo er die niederländische Malerei des 17. Jahrhunderts für sich entdeckt. 1853, schwer an Typhus erkrankt, kehrt er ins Elternhaus zurück. 1854 wechselt er nach München, an die Akademie der Bildenden Künste. Und von 1859 an liefert er Zeichnungen und Gedichte für die satirische Zeitschrift *Die Fliegenden Blätter*, bleibt bis 1871 auch Mitarbeiter des *Münchner Bilderbogens*. 1865, Busch ist nach Wiedensahl zurückgekehrt, erscheint die erste Bildergeschichte: *Max und Moritz*. Busch hat die Verserzählung als »eine Art kleiner Kinder-Epopöe« ausgegeben, und die Erwachsenen haben ihm geglaubt. Dabei werden die anarchischen Bosheiten der Jungen als aggressive, satirisch überzogene Reaktionen auf das triste Reglement der Älteren gezeigt. Bis 1884, mit stets unverwechselbar spitzer Feder, zeichnet und dichtet er seine Bildergeschichten: *Hans Huckebein* (1867), *Der Heilige Antonius* (1870), *Die fromme Helene* (1874), *Balduin Bählamm* (1883) sind einige davon; zuletzt entsteht *Meister Klecksel*. 1868–1872 lebt Busch in Frankfurt am Main bei seinem Bruder Otto, der ihn mit dem Werk des Philosophen Arthur Schopenhauer bekannt macht. 1872 kehrt er nach Wiedensahl zurück. Er lebt zunächst bei Schwester und Schwager im Pfarrhaus. Ein erster Gedichtband entsteht: *Kritik des Herzens* (1874). Mit ihren Schlusspointen entlarven auch seine Gedichte die bürgerliche Moral- und Tugendlehre; doch fehlt ihrer metrischen Einfachheit der raffinierte Gegenpol des Zeichenstifts. 1878, nach des Schwagers Tod, zieht er mit seiner Schwester ins Wiedensahler Pfarrwitwenhaus und übernimmt die Vaterrolle für seine drei Neffen. Hier entstehen die letzten Bildergeschichten, zahlreiche Ölgemälde und, 1868, die Autobiographie *Was mich betrifft*. 1898 folgt Busch der Schwester ins Pfarrhaus seines Neffen Otto Nöldecke nach Mechtshausen im Harz. Dort schreibt er die Gedichte, die 1904 in der Sammlung *Zu guter Letzt* erscheinen, und *Eduards Traum*, eine vollkommene Groteske: Zum Punkt geschrumpft, reist der Pantoffelheld Eduard durch die Welt und erlaubt seinem Autor, seiner misanthropischen Weltsicht noch einmal, mit schon surrealistisch-absurden Mitteln, Ausdruck zu geben. Am 9. Januar 1908 stirbt Busch.

AUF DEN PUNKT GEBRACHT

Für ewig gehört Wilhelm Buschs Werk zum Hausschatz deutschen Humors. Die sprachliche Präzision seiner Verse wirkte stilbildend für moderne Satiriker von Erich Kästner bis Robert Gernhardt. Und man kann die Reime so schön behalten.

EMPFEHLUNGEN

Fünf Werke:
- *Max und Moritz*
- *Hans Huckebein*
- *Die fromme Helene*
- *Fipps der Affe*
- *Maler Klecksel*

Lesenswert:

Wilhelm Busch: *Eduards Traum, Der Schmetterling und Autobiographisches*, Zürich 1990

Da grunzte das Schwein, die Englein sangen. Wilhelm Buch ausgewählt von Robert Gernhardt, Frankfurt/M. 2007

Joseph Kraus: *Wilhelm Busch*, Reinbek 1994

Amei-Angelika Müller (Hg.): *Durch seinen Garten freudevoll … Durchs Gartenjahr mit Wilhelm Busch*, München 1993

Struwwelpeter und Consorten. Bilderbögen und Bildergeschichten, Hildesheim 2003

Hörenswert:

Max und Moritz und andere Lieblingswerke, gelesen von Otto Sander und Götz Alsmann, Bochum 2006

Ein Dreifach-Tusch für Wilhelm Busch. Von Robert Gernhardt, Frankfurt/M. 2006

Besuchenswert:

Lebensstationen: Geburtshaus und altes Pfarrhaus in Wiedensahl; die Wilhelm-Busch-Mühle in Ebergötzen; Gedenkstätte und Grab in Mechtshausen

Wilhelm-Busch-Museum Hannover (Deutsches Museum für Karikatur und kritische Graphik)

Der Abenteurer aus Sachsen

Karl May

1842–1912

»Ich höre, dass Karl May der Öffentlichkeit so lange als guter Schriftsteller galt, bis irgendwelche Missetaten aus seiner Jugend bekannt wurden. Angenommen aber, er hat sie begangen, so beweist mir das nichts gegen ihn – vielleicht sogar manches für ihn. Jetzt vermute ich in ihm erst recht einen Dichter.«
Heinrich Mann

Generationen sind mit seinen Büchern aufgewachsen, verehrten ihn als Helden ihrer Jugend und hielten ihm oft ein Leben lang die Treue. Lange bevor es Fernsehen, Gameboys und Computerspiele, Comics, Pippi Langstrumpf und Harry Potter gab, beherrschte Karl May die Kinderzimmer rund um die Welt. Hunderte von Millionen kleiner und großer Indianer verschlangen die Abenteuer von Old Shatterhand und Winnetou, dem edlen Apatschenhäuptling, ritten mit ihnen über amerikanische Savannen, verfolgten arglistige Komantschen, auf der Suche nach dem *Schatz im Silbersee*; oder tauschten im nächsten Roman das Trapperhemd gegen einen arabischen Burnus, um mit Kara ben Nemsi und seinem treuen Gefährten Hadschi Halef Omar *Durchs wilde Kurdistan* zu streifen oder im *Land der Skipetaren* allerlei Händel auszufechten. In mehr als siebzig Bänden kämpfen, leiden und siegen Karl Mays Helden und entwickelten sich dabei zu mythischen Gestalten und geläufigen Namen, selbst die Waffen – Winnetous silberbeschlagene Büchse und Shatterhands Henrystutzen – wurden zur Legende. Ungeachtet der vielfach geäußerten Kritik an Wert und Rang der künstlerischen Leistung bezeugten tiefste Geister, von Hermann Hesse bis Ernst Bloch, dem Schriftsteller Karl May ihren Respekt – und dachten wohl an jene traumverlorene Zeit, als sie ihren ersten Tomahawk bastelten und von Bäumen nach feindlichen Rothäuten spähten.

■ Karl May als Old Shatterhand, um 1896

Solche jugendlichen Freuden kannte der Autor, der sie schuf, nicht im Ansatz. Karl Mays Kindheit verlief schrecklich. 1842 hineingeboren in eine bitterarme sächsische Familie, erblindete der Säugling infolge von Unterernährung, neun seiner dreizehn Geschwister starben nacheinander weg. Die Eltern waren Weber und erste Opfer der Globalisierung, denen die billigeren englischen, industriell gefertigten Tuche buchstäblich die Butter vom Brot nahmen. Zwar rettete eine Operation dem vierjährigen Karl die Sehkraft, aber der Vater versoff in der Kneipe die letzten Groschen, während sich

die verzweifelte Mutter ihre Finger wund webte und die Kinder hungrig die wenigen Fettaugen in der Wassersuppe zählten. In der Schule lernte Karl ordentlich und schnell. Mit 18 schaffte es der Jüngling auf ein Lehrerseminar, allerdings sank die Hoffnung auf sozialen Aufstieg, als er erstmals beim Klauen erwischt wurde. Nächstens war es eine Uhr, die sich der frischgebackene Fabrikschullehrer ›auslieh‹ und dafür prompt sechs Wochen Gefängnisluft schnupperte. Jäh endete so die pädagogische Karriere, und eine kriminelle begann, an der Psychoanalytiker nach wie vor herumrätseln. Was fuhr nur in den Mann, dass er, kaum entlassen, einen Coup nach dem anderen landete? Sich erfundene Identitäten zulegte, teure Pelze ergaunerte, Pferde stahl und verhökerte, mit wehendem Rock vor den Gendarmen übers offene Feld floh? Die nüchterne Bilanz: Viermal wurde Karl May eingebuchtet, insgesamt saß er über acht Jahre hinter Gittern.

■ Old Shatterhand (Lex Barker) nimmt Abschied von Winnetou (Pierre Brice). Szene aus Harald Reinls Film *Winnetou III* von 1965

In milder Rückschau hat der Schriftsteller dieses trübe Kapitel zur Rache des Enterbten stilisiert, doch weisen die absurden Hochstapeleien auf einen Charakterzug, der vielleicht schon in der Seele des blinden Kindes eine frühe Form gewann: Die Welt als Reich der Phantasie zu erleben und bis ins Detail farbenprächtig zu gestalten. Anders erklärt sich kaum die Dreistigkeit, mit der Karl May in seiner Glanzzeit ungerührt behauptete, 40 Sprachen zu beherrschen, aller Herren Länder bereist und jedes beschriebene Abenteuer eigens bestanden zu haben: »Die Gestalten, welche ich bringe (Halef Omar, Winnetou, Old Firehand …) haben gelebt oder leben noch und waren meine Freunde …«, ließ er 1894 einen zweifelnden Professor wissen. Nichts davon stimmte, aber der Romancier glaubte sich selbst aufs Wort. Zwanzig Jahre waren seit der Haftzeit vergangen, erste Geschichten – sächsische Heimat-

DER WAHRE DICHTER?

Mit wachsendem Ruhm mochte Karl May nicht nur als Jugend- und Abenteuerschriftsteller gelten. Mit Büchern wie *Und Friede auf Erden* und *Ich* entwickelte er christlich-philosophische Gedanken zur Erlösung der Menschheit – viele *Winnetou*-Leser waren irritiert. Heute trennt die Forschung die populären Reiseromane klar vom dichterischen Spätwerk, in dessen Mittelpunkt die vier machtvollen Bände von *Im Reiche des silbernen Löwen* stehen. An der verwirrenden Geschichte scheiden sich jedoch die Geister: Während die einen gähnen, sprechen andere vom Auftakt der literarischen Moderne.

■ Umschlagmotiv der *Winnetou*-Erstausgabe

schmonzetten – hatten ihren Weg noch aus dem Gefängnis in die Öffentlichkeit gefunden. Nach der Entlassung schrieb Karl May triviale Fortsetzungsromane am Fließband, über 10 000 Seiten. Den Heftchen folgten Erzählungen, von Sachsen schwang sich des Autors überwältigende Phantasie mühelos in den Orient, nach Afrika, Asien und Amerika. Jetzt traf er diese seine »Freunde«, wurde zu Shatterhand und Kara ben Nemsi, den superstarken und guten Helden, die bei allem Hauen und Stechen jede Gelegenheit nutzten, den Heiden die christliche Botschaft zu verkünden. Dabei ging jener humane Impetus durchaus mit dem imperialistischen Zeitgeist der Epoche zusammen. Auch Deutschland träumte vom »Platz an der Sonne«, wie Kaiser Wilhelm II. die gewaltsame Kolonisierung Afrikas und Asiens ummäntelte. Doch obgleich Karl May in seiner Einstellung nicht frei war von den Gesten weißen Herrenmenschentums, so blieb er ein Missionar der Nächstenliebe, der den Henrystutzen erst einsetzte, wenn die Bibel wenig fruchtete. Spannung, Aktion, die Exotik fremder Länder und Kontinente – diese Mischung machte Karl May zum Millionär und beliebtesten deutschen Schriftsteller.

Der Weberbub von einst saß mittlerweile im Wildwestkostüm in seiner »Villa Shatterhand«, erhielt pro Monat 5000 Briefe, Politiker und Fürsten kamen zum Tee. Unermüdlich vermischte er weiter Literatur und Wirklichkeit, doch die gigantische Popularität weckte zwangsläufig das öffentliche Interesse an Vita und Vergangenheit des Weltberühmten. Rasch traten Widersprüchlichkeiten ans Licht, nun stürzte sich die Presse auf den Autor und deckte eine Lüge nach der anderen auf. Zwar blieb das Publikum ihm treu, feierte ihn, wo er ging und stand, doch permanente Angriffe, Enthüllungskampagnen sowie endlose Gerichtsprozesse rüttelten gehörig am Selbstwertgefühl. Literarisch floh Karl May in immer entlegenere, philosophisch-religiöse Regionen, Winnetou hatte er eh schon beerdigt, gar als Christ, der sich sterbend das *Ave Maria* vorsingen lässt: »Scharlih, ich glaube an den Heiland!« lauteten die finalen Häuptlingsworte, ganz Deutschland heulte wie ein Schlosshund. Karl Mays letzte Jahre waren ähnlich traurig, krank vor Kummer erlag er am 30. März 1912 einem Herzanfall, einen Monat nach seinem 70. Geburtstag.

KARL MAY IM SOZIALISMUS

Wie erfolglos es blieb, Karl May öffentlich zu schmähen, zeigt das Beispiel DDR. Im sozialistischen Deutschland war der Autor von Staats wegen verpönt, man nannte ihn einen Imperialisten, gar Faschisten. Obwohl sich laut Umfragen 99 Prozent der DDR-Bürger nach seinen Büchern sehnten, wurde Karl May nicht gedruckt. Nach heftigen kulturpolitischen Debatten knickte die Staatsführung schließlich ein, 1982 erschien *Winnetou*. Ein Jahr später schon berichtete die (Ost-) *Berliner Zeitung* von einem neuen Trend: Immer mehr junge Eltern tauften ihre Neugeborenen nach dem Apatschenhäuptling, »Winnetou« wurde ein beliebter männlicher Vorname.

KARL MAY

LEBEN & WERK

Am 25. Februar 1842 in ärmste Verhältnisse geboren, aus Vitaminmangel zeitweise erblindet, lernt Karl May früh das Träumen, das vom Mangel ablenkt. Aber von beweglichem Geist, bekommt er eine Chance, kann Schule und Lehrerseminar besuchen, vermasselt die Chance durch Diebstähle. Wegen Gaunereien und Betrug sitzt er bis 1874 wiederholt ein, wieder herrscht Mangel (an Bewegung). Er beginnt zu schreiben. Mit der Industrialisierung wächst die Leserschaft, Zeitungen suchen Stoffe, May liefert sie in Erzählungen. Arbeitet auch als Redakteur, kann sich schon 1878 als freier Autor niederlassen. Unterhaltungsblättern wie *Der deutsche Hausschatz* reißen sich um seine Geschichten. Den Durchbruch bringt Friedrich Ernst Fehsenfeld, der 1892 anbietet, die Erzählungen in Buchform zu verlegen: *Karl Mays gesammelte Reiseerzählungen* erscheinen. Als gemachter Mann kann May 1895 die »Villa Shatterhand« beziehen. Er wird angefeindet, es kommt zu Prozessen; es geht um viel Geld, diesmal wird er betrogen. Und ihm verschwimmen Fiktion und Wirklichkeit, er träumt sich in seine erfundenen Helden hinein. Jetzt erst unternimmt er Reisen – als Tourist, erlebt verstört, wie wenig der »Orient« seinen Träumen entspricht. Seine Themen ändern sich, er wendet sich dem Pazifismus zu, befreundet sich mit Bertha von Suttner, und die letzten Romane geraten zu Welterlösungsepen. »Empor ins Reich der Edelmenschen« heißt einer seiner letzten Vorträge; am 30. März 1912 stirbt er.

WISSENSWERTES

Kolportageroman

Eine gute Presse hat er nicht, der Kolportageroman, obwohl gerade Zeitungsverlage zu seiner Verbreitung beitrugen. Die Wortgeschichte hilft weiter: *porter à col* heißt am Hals tragen; es geht um den Vertrieb von preiswert Gedrucktem vom Bauchladen aus, durch Hausierer von Tür zu Tür. Auf billigem Papier, bogenweise geheftet, vertrieben sie seit dem 18. Jh. Erbauliches, Schauerliches, Abenteuerliches, Magisches, auch Praktisches und Rezepte; Nachrichten, Kriegsberichte allerdings waren von der Zensur verboten. Die Arbeit der Kolporteure, die ja die Massen erreichten, war streng reglementiert, damit das Volk nicht auf dumme Gedanken kam. Entsprechend gering die Bewunderung für Kolporteure und ihre Produkte auch unter Gebildeten. Das Lesevolk aber wollte unterhalten sein, und so boomten die »Heftchen« im 19. Jh. Konkurrenz bekam der Kolportagehandel durch die Illustrierten und Wochenblätter, er lockte, Leserinnen vor allem, durch kleine Werbegeschenke. Auf die Kunden zielend liefern die Kolportageromane, wovon die Menschen träumen: Liebe, Rache, Erfolg, Sieg des Guten.

AUF DEN PUNKT GEBRACHT

Mit ungeheurer Vorstellungs- und Gestaltungskraft brachte es der sächsische Phantast zu Weltruhm, dem er schließlich selbst zum Opfer fiel. Dennoch bleiben Karl Mays literarische Jagdgründe wahrhaft ewig, jedes Kind, das Cowboy und Indianer spielt, trägt sie im Herzen.

EMPFEHLUNGEN

Fünf Werke:

- *Durch die Wüste*
- *Winnetou I-III*
- *Der Schatz im Silbersee*
- *Am Rio de la Plata*
- *Im Reich des Silbernen Löwen*

Lesenswert:

Harald Eggebrecht (Hg.): *Karl May, Der sächsische Phantast*, Frankfurt/M. 1987

Frederik Hetman: *»Old Shatterhand, das bin ich«. Die Lebensgeschichte des Karl May*, Weinheim 2000

Bernhard Kosciuszko (Hg.): *Das große Karl-May-Figurenlexikon*, Berlin 2000

Florian Kann: *Der Fall Karl May. Juristisches Gutachten über die Machenschaften des sächsischen Schriftstellers K.M. und seiner Helden …*, Frankfurt/M. 1999

Arno Schmidt: *Sitara oder der Weg dorthin*, Frankfurt/M. 1998

Hörenswert:

Ein Schuss, ein Schrei – das meiste von Karl May. Eine Revue, vorgetragen von Roger Willemsen, Zürich 2005

Besuchenswert:

Das Geburtshaus, ein Weberhaus in Hohenstein-Ernstthal, in der Umgebung die Karl-May-Höhle, in der er sich vor der Polizei versteckt haben soll. Die Karl-May-Geburtsstadt hat einen entsprechenden *Stadtplan* herausgegeben

Karl-May-Museum in Radebeul bei Dresden, mit »Villa Shatterhand« und »Villa Bärenfett«

Seelendoktor der Moderne
Arthur Schnitzler
1862–1931

■ Arthur Schnitzler, zeitgenössische Aufnahme

Weihnachten 1900. Pünktlich zum Fest beschenkt die Wiener »Neue Freie Presse« ihre Leser mit einer literarischen Gabe der besonderen Art. In der Ausgabe vom 25. Dezember erscheint der Monolog eines jämmerlichen Würstchens. Es heißt Leutnant Gustl und erzählt von den Ereignissen einer einzigen Nacht. Am Abend sitzt Gustl im Theater, äugelt nach Frauen, hegt lüsterne Gedanken – und freut sich auf ein Duell, das am nächsten Tag stattfinden soll. Mit einem frechen Sozialisten, der in Gustls Gegenwart das Militär beleidigt hat! Dem wird er es geben! Doch dann gerät der Leutnant im Foyer an den Bäckermeister Habetswallner, aus einer harmlosen Rempelei entbrennt ein Streit, der bärenstarke Mann packt Gustl und seinen Degen, hält ihn eisern fest, sagt »Dummer Bub!« zu ihm. Alles geht blitzschnell, aber was, wenn jemand die Szene beobachtet hat? Oder Habetswallner später im Kaffeehaus herumtratscht, wo er immer Karten spielt und auch Gustl oft verkehrt? Ihm schwinden die Sinne. Seine Offiziersehre ist hin, er selbst damit erledigt, von einem einfachen Bäcker darf er keine Satisfaktion verlangen, da bleibt nur eins: Gustl muss sich erschießen! Nun taumelt der Leutnant durch die Nacht, er greint und zetert, hadert mit dem Schicksal und zeigt, wie erbärmlich es hinter der feschen militärischen Fassade aussieht. Durch Gustls Augen blickt das Wiener Publikum in

»Ich meine, ich habe Sie gemieden aus einer Art von Doppelgängerscheu … Ihr Determinismus wie Ihre Skepsis, Ihr Ergriffensein von den Wahrheiten des Unbewussten, von der Triebnatur des Menschen, Ihre Zersetzung der kulturell-konventionellen Sicherheiten, das Haften Ihrer Gedanken an der Polarität von Leben und Sterben, das alles berührte mich mit einer unheimlichen Vertrautheit …«
Sigmund Freud in einem Brief an Schnitzler vom 14. Mai 1922

SCHNITZLER UND DER ANTISEMITISMUS
Es erging ihm wie so vielen jüdischen Künstlern jener Zeit: Obwohl völlig desinteressiert an Religion und Ritus, wurde Schnitzler von rassistischen Kritikern zum verachtenswerten Juden gemacht, antisemitische Ressentiments begleiteten ihn sein Leben lang. Auch Erfolg und Ruhm halfen nichts. Bezeichnend ist eine Szene, die ein Freund Schnitzlers bei der Premiere des Einakters *Lebende Stunden* im Jahr 1902 beobachtet und dem Dichter zuträgt: »Auf der Galerie applaudierten zwei rasend; wie ich nicht komme, riefen sie: Warum kommt der arrogante Jud nicht?« Ab 1920 verschärften sich die Angriffe, nationalistische Zeitungen schmähten Schnitzler offen als »Schweineliterat« und »Vergifter des Volkes«.

einen Abgrund von Feigheit, Arroganz und Infamie. Und mehr noch! Dreißig Seiten Text genügen, um ganz Österreich vorzuführen, seine Mentalität von Schmäh und Schmu, den alle Schichten durchdringenden Standesdünkel und jenes penetrant protzige Gehabe des Militärs, das sich als stolze Säule und Seele der k.u.k. Monarchie versteht, nicht von ungefähr präsentiert sich Kaiser Franz Joseph der Öffentlichkeit stets in Uniform. Der Autor zerfetzt dieses schmucke Kleid in voller Absicht, denn nichts erschien ihm zeitlebens lächerlicher als diese Armee, in der er selbst dienen musste. 1882 war der Medizinstudent Arthur Schnitzler ins Wiener Garnisonsspital Nr. 1 eingerückt, bereits in jener »gewissen frondierenden Grundstimmung«, wie er seine Haltung gegenüber allen Autoritäten und Konventionen beschrieb. Schon in frühester Jugend entwickelte Schnitzler einen betont skeptischen Blick auf die österreichische Welt, roch er unter der glänzenden Schale den verfaulten Kern einer Gesellschaft und Moral, die sich zwischen ihren Verlogenheiten wienerisch gemütlich einrichtete, Adel und Militär vergötterte und darin den ewigen Fortbestand der Verhältnisse gesichert wähnte. Alle Widersprüchlichkeiten unter den Teppich zu kehren und nach außen hin dezent die Form zu wahren, hatte der junge Schnitzler in der eigenen Familie bis zum Überdruss erlebt. Als angesehener Professor der Medizin zählte der Vater Johann Schnitzler zur gesellschaftlichen Elite, die Mutter, gänzlich dem gebieterischen Gatten unterworfen, achtete auf Etikette und einen gehobenen Lebensstil, zu dem repräsentative Einladungen ebenso gehörten wie private Hauslehrer für die Kinder. In solch gepflegt wattiertem Ambiente ließen sich die sozialen Umbrüche, die ab Mitte des 19. Jahrhunderts durch die Industrialisierung auch in Österreich wirkten, getrost ignorieren; selbst Kunst und Literatur, die man in der Familie schätzte, störten kaum die Ruhe, noch herrschte braves Biedermeier. Dass ausgerechnet der Spross des vornehmen Hauses Schnitzler diese Zahnlosigkeit beenden sollte, trug später nicht wenig zu den öffentlichen Skandalen bei, die seine Theaterstücke eines nach dem anderen entfachten. Denn der junge approbierte

■ Einband zu Schnitzlers *Lieutenant Gustl*, erschienen 1901 bei S. Fischer in Berlin. Das Militär reagierte prompt: Am 26. April 1901 wurde Schnitzlers Offiziersrang aberkannt. Der »Ehrenrat für Landwehr-Officiere und Cadetten in Wien« schrieb als Begründung: »Der Beschuldigte, Oberarzt Dr. Arthur Schnitzler im Verhältnis der Evidenz des k.k. Landwehr-Infanterie-Regiments Klagenfurt No. 4 hat die Standesehre dadurch verletzt, dass er, dem Offiziersstande angehörig, eine Novelle verfasste und in einem Weltblatte veröffentlichte, durch deren Inhalt die Ehre und das Ansehen der österreichisch-ungarischen Armee geschädigt und herabgesetzt wurde.«

Arzt und Autor, der über die Befindlichkeiten seiner Gesellschaftsklasse bestens Bescheid wusste, setzte das Messer genau da an, wo es wehtat. Bereits ein erstes Drama traf den zentralen Nerv: In *Das Märchen* brachte Schnitzler 1893 ein ›gefallenes‹ Mädchen auf die Bühne, das der regierenden Doppelmoral von bürgerlicher Wohlanständigkeit und erotischen Eskapaden zum Opfer fiel, das Stück wurde nach zwei Aufführungen abgesetzt, die Zeitungen attestierten dem Autor eine »furchtbare sittliche Verwahrlosung«. Gut zehn Jahre lang hatte Schnitzler zuvor geschwankt, daran gezweifelt, ob er wirklich zum Künstler berufen war. Folgsam trat er zunächst in die Fußstapfen des Vaters, arbeitete als dessen Assistent an der Poliklinik und eröffnete schließlich eine Privatpraxis. Doch gerade diese Tätigkeit bahnte den Weg zur Literatur. Besonders die Analysen seelischer Krankheiten lieferten dem jungen Doktor prächtigen Stoff. Man hat oft bemerkt, dass Schnitzlers beste Stücke kühlen Diagnosen gleichen, die den in-

■ Das Photo aus dem Atelier d'Ora von 1910 zeigt Arthur Schnitzler mit seiner Frau Olga und den Kindern Lili und Heinrich.

ARTHUR UND ADELE

Schnitzler war ein Statistiker der Liebe. Sorgfältig verzeichnete er jeden einzelnen Beischlaf in seinem Tagebuch. So trieb er es etwa mit der Geliebten Jeannette Heeger 326 Mal in elf Monaten, eine Zahl, die den gewaltigen sexuellen Appetit des Dichters belegt. Schnitzler sammelte Frauen wie Briefmarken. In der exzentrischen Schauspielerin Adele Sandrock fand er eine gleichwertige Partnerin. Sie spielte die Hauptrolle in *Das Märchen*, eine leidenschaftliche Affäre begann. Dass Adele ihm ebenso wenig treu war wie er ihr, machte den Macho Schnitzler rasend, diese starke Frau demonstrierte, was Emanzipation bedeutet. 1903 heiratete der Dichter die sanfte Olga Gussmann, auch um sich selbst zu maßregeln. Es ging nicht lange gut, Schnitzler blieb sexbesessen: »Das Liebste wäre mir ein Harem, und weiter will ich nicht gestört werden.« Nach ständigen Krisen zerbrach die Ehe 1921 endgültig.

Aus dem Tagebuch: »Wenn ich eine Reihe von Tagen keusch war, 6–9 sind so das Maximum, so bin ich einfach ein Thier.«

neren Konflikt der handelnden Personen aber nie isoliert betrachten, sondern immer im größeren Zusammenhang mit den bestehenden sozialen Verhältnissen. Schnitzler sezierte die Gesellschaft und benutzte dafür ein Skalpell, das kein Autor vor ihm sicherer handhabte: die Sexualität. Während ein gewisser Dr. Sigmund Freud quasi in der Nachbarschaft, nur einige Straßen entfernt, an einer epochalen Theorie zur menschlichen Triebstruktur bastelte, brachte Schnitzler schon die entsprechenden Szenen zu Papier. Von Beginn an schwelen in seinem Werk libidinöse Energien, wissen Individuen nicht wohin mit ihrer unterdrückten, verdrängten Sexualität. Schnitzler wusste es selbst nicht. Er war ein ausgemachter Erotomane, hastete von einem Bett zum nächsten und litt mitunter arg unter dieser »impertinenten Sinnlichkeit«, weil er über jedem Beischlaf das gesellschaftliche Fallbeil sah, das auf die jeweilig verführte Frau herabzusausen drohte. Als Künstler verwandelte er den Zwiespalt in geniale, skandalöse Sequenzen von patriarchalisch achselzuckender Herrschaft. Sein berüchtigter *Reigen* dreht sich rein um Sex und die unterschiedlichen sozialen Konstellationen, die jeden Geschlechtsakt begleiten, vermitteln zugleich ein Bild der Wirklichkeit, das nur einen einzigen Schluss erlaubt: Österreich ist unheilbar krank und fühlt sich dennoch ganz passabel! Dieser Tanz auf dem Vulkan zu Wiener Melange und Palatschinken machte Arthur Schnitzler rasch über die Landesgrenzen hinaus berühmt, seine Psychologie der feinen Kreise überzog die naturalistische Bühnenkunst der Zeit mit morbider Eleganz. Geradezu masochistisch genoss ein großbürgerliches Publikum mit Schnitzlers gutangezogenen Gestalten die eigene Demontage: Man protestierte, schäumte – und ging trotzdem begeistert hin! 1911 wurde *Das weite Land* an neun Theatern gleichzeitig uraufgeführt, 1914 war Schnitzler der meistgespielte Dramatiker Europas.

Im Ersten Weltkrieg blieb der Autor, der sich sonst aus aller Politik heraushielt, bei seiner strikt antimilitaristischen Gesinnung: »Man sagt, er ist den schönen Heldentod gestorben. Warum sagt man nie, er hat eine herrliche Heldenverstümmelung erlitten?« Mit dem Untergang der k.u.k. Monarchie, den Schnitzler konsequent begrüßte, verlor er jedoch auch sein Lebensthema; der Verfall Österreichs war nunmehr komplett, und der einstmals härteste Kritiker des Landes galt

»Schnitzler siegte gerade mit seiner Gabe, nichts anderes zu gestalten als seine Herzenssache. Von öffentlichen Dingen hielt er nichts, ihn berührten nur die mehr als öffentlichen, die allgegenwärtigen: Liebe und Tod. Seine immer gültigen Gebilde aus Liebe und Tod, seiner Trauer um das Glück, während es noch dauert, bleiben richtig und können schwerlich verfallen, mit so leichter Hand auch alles gemacht scheint.«
Heinrich Mann, 1947,
Ein Zeitalter wird besichtigt

■ Marie Reinhard, die Geliebte Arthur Schnitzlers in den Jahren 1894–1899

■ Ausrufung der Republik Deutsch-Österreich vor dem Wiener Parlament am 12. November 1918

bald nur noch als Dichterklassiker einer versunkenen Welt. Erneut hohe Wellen schlug 1921 die Premiere des *Reigen* an den Berliner Kammerspielen, man verklagte das Theater samt Ensemble; Schnitzler untersagte daraufhin jegliche weitere Aufführungen. In den 1920er Jahren verschwanden Schnitzlers Stücke mehr und mehr aus dem Repertoire, »unerfreulicher Contostand« notierte der einst wohlhabende Schriftsteller zu Weihnachten 1926. Der Selbstmord seiner geliebten, blutjungen Tochter Lili erschütterte Schnitzler tief, er alterte rapide, die letzten Photographien vor dem Tod im Oktober 1931 zeigen einen deprimierten Greis. Lili hatte mit 18 einen italienischen Offizier geheiratet und sich im Jahr darauf umgebracht. War das vermaledeite Militär mit schuld daran?

Ein Vierteljahrhundert zuvor ließ Schnitzler seinen Leutnant Gustl am Leben. Denn nach jenen Stunden voller Verzweiflung und Selbstmitleid erfährt Gustl im Morgengrauen, dass Bäckermeister Habetswallner der Schlag getroffen hat. Der Leutnant jubelt. Nun braucht er gar nicht zum Revolver greifen! Urplötzlich strahlt die Welt in neuem alten Glanz, Gustl strafft sich, ordnet die derangierte Uniform. Jetzt kann das Duell kommen: »Wart' nur, mein Lieber … Ich bin grad gut aufgelegt! Dich hau' ich zu Krenfleisch!« Der Mann ist wieder obenauf, Gott sei Dank, *tu felix Austria*!

»Ja, – die Pausen zwischen der einen und der anderen. Die sind ja auch nicht uninteressant. Wenn man Zeit hat, und in der Laune ist, baut man Fabriken, erobert Länder, schreibt Symphonien, wird Millionär … aber glaube mir, das ist doch alles nur Nebensache. Die Hauptsache – seid ihr! – ihr! – ihr! …«

Aus *Das weite Land*

ARTHUR SCHNITZLER

LEBEN UND WERK

Es war eine merkwürdige Welt, in die Arthur Schnitzler, der Sohn eines jüdischen Arztes, am 15. Mai 1862 hineingeboren wird, »Kakanien« (R. Musil) mit seiner Vielvölkerhauptstadt Wien – eine, wie man denken sollte, für uns mit dem Untergang der Habsburgermonarchie sehr entlegene Welt. Aber sie war zugleich ein Laboratorium der Moderne, zwar hängen geblieben in der Belle Epoque mit auftrumpfendem Makartschwulst und Ringstraßenpracht; zugleich aber Brutstätte des literarischen Impressionismus, des Jugendstils, der Wiener Secession, der skeptischen Kritik an Ornament und Sprache, getrieben vom Zweifel, sich überhaupt verständigen, irgendwie irgendwo halten zu können. 1900, ein magisches Datum: da entsteht Freuds *Traumdeutung*, gründet Karl Kraus die *Fackel*, malt Klimt den *Kuss*, baut Otto Wagner die Wiener Stadtbahn – und Schnitzler veröffentlicht den *Reigen* (1897) und *Leutnant Gustl* (1900). Knapp vierzig Jahre hat er schon in Wien gelebt, Medizin studiert, seinen Militärdienst am Garnisonsspital absolviert, promoviert und Freud getroffen (1885), ist Assistenzarzt gewesen (ab 1886), hat eine Privatpraxis eröffnet (1893), nicht nur die »gute« Wiener Gesellschaft kennengelernt, ab 1890 mit dem Kreis des »Jungen Wien« in der Nachfolge Nietzsches die geniale Individualität verteidigt, den Wiener Antisemitismus (man lese *Der Weg ins Freie* (1908) und *Professor Bernhardi* (1912)) und die Reaktion der Wiener Gesellschaft erlebt: Unehrenhaft verliert der Autor des schonungslosen Psychogramms *Leutnant Gustl* den Offiziersrang (1901). So kennt er seine Wiener, veröffentlicht den *Reigen* nur als Privatdruck (1903), doch der Skandal bleibt nicht aus. 1920, anlässlich der Berliner Aufführung, schreitet die Zensur ein, Schnitzler verbietet weitere Inszenierungen. Das Publikum, »absolut nicht reif« (Georg Simmel), wittert Pornographie, wo es Schnitzler um das »Verlockende … von schweren Schatten überdeckte« geht – um das, was die Gesellschaft ebenso zusammenhält wie im Innersten bedroht, um Menschen mit ihren Bindungswünschen und diese konterkarierenden Ängsten. Alle Texte Schnitzlers leben aus diesem Widerspruch. Darum sind sie um »1900« aktuell, aber nicht unbedingt und immer gefragt. Die Stücke des bis 1920 meistgespielten, mit dem Burgtheaterring (1926) ausgezeichneten Autors verschwinden von den Bühnen, er zieht sich zurück und stirbt sehr isoliert am 21. Oktober 1931. Seine Texte bleiben herausfordernd. Kurz vor Schnitzlers Tod hält Joseph Roth »das Bemerkenswerte« fest: »dass er repräsentativ für eine Epoche, ein Land, eine Monarchie war und ist … dass seine Sprache der dichterische Reiz der Melancholie auszeichnet und nicht der blanke nackte Schimmer der Tatsachenhäufung und nicht das Rufzeichenpathos politischer Anklagen.«

AUF DEN PUNKT GEBRACHT

So viel Sex ist selten. Im Leben wurde Arthur Schnitzler von seinen Trieben gejagt, im Werk verwandelte er sie in subtile Psychologie und Zeitkritik. Dramatisch ebenso brillant wie als Erzähler, ist Schnitzler der Gründerübervater der österreichischen Moderne.

EMPFEHLUNGEN

Fünf Werke:

- *Der Weg ins Freie*
- *Leutnant Gustl*
- *Das weite Land*
- *Professor Bernhardi*
- *Fräulein Else*

Lesenswert:

Peter Gay, *Das Zeitalter des Dr. Schnitzler*, Frankfurt/M. 2002

Allan Janik, Stephen Toulmin, *Wittgensteins Wien*, München 1989

Gisela von Wysocki, *Peter Altenberg. Bilder und Geschichten des befreiten Lebens*, Hamburg 1994

Hörenswert:

Die Traumnovelle, gelesen von Christian Brückner, Berlin 2006, 3 CDs

Fräulein Else, gelesen von Senta Berger, Köln 2005, 2 CDs

Sehenswert:

Liebelei. Regie: Max Ophüls; mit Paul Hörbiger, Magda Schneider, Gustaf Gründgens. D 1933

Eyes wide shut. Regie: Stanley Kubrick; mit Nicole Kidman, Tom Cruise. GB 1999

Der Gewaltige
Gerhart Hauptmann
1862–1946

»Man sollte endlich damit aufhören, die Kunst der Klassiker durch einen solchen Ausdruck zur Reicheleutekunst zu degradieren. Volk und Kunst gehören zusammen, wie Boden, Baum, Frucht und Gärtner.«
Gerhart Hauptmann

■ Gerhart Hauptmann, 1942

»Damals sah ich ihn jeden Tag, sah ihn immer an, hing an seinen Lippen, seinen Gebärden, und in mir hieß es: ›Das ist er!‹ Ich war in erzählerischer Not …« Bozen, Herbst 1923. Zwei deutsche Schriftsteller treffen einander zufällig im Italien-Urlaub. Der Ältere hat den Literaturnobelpreis schon, der Jüngere wird ihn auch bekommen. Thomas Mann schreibt zu dieser Zeit an seinem Roman *Der Zauberberg*, für das letzte Drittel sucht er noch nach einer starken Figur. Gerhart Hauptmann ist Anfang sechzig, der unangefochtene Superstar der deutschen Literatur und eine überaus beeindruckende Erscheinung. Großgewachsen und schlank, mit hoher Stirn und prachtvollem, weißem Haarschopf, gleicht er physiognomisch dem alten Goethe, und mit dem Olympier verbindet ihn auch der Rang eines lebenden Klassikers. Hauptmanns Stücke werden weltweit gespielt, die Weimarer Republik feiert ihn als geistigen Repräsentanten, Staatsoberhäupter empfangen den Dichter. Gesellschaftlich genießt er den Ruf eines majestätischen Partylöwen, die Klatschpresse berichtet von rauschhaften Champagnerfesten. In Bozen erfährt Thomas Mann am eigenen Leib, warum die Italiener den prominenten Gast nach ihrem Vulkan »il poeta Etna« nennen. Jedes Diner endet im Gelage, mehrfach trinkt Hauptmann den Kollegen unter den Tisch, nebenher gibt er Autogramme und flirtet mit den Kellnerinnen.

Aus diesen Beobachtungen formt Thomas Mann eine grandiose Gestalt für seinen Roman: Mynheer Peeperkorn, ein holländisches Kraftpaket, das dem *Zauberberg* den nötigen finalen Schwung verleiht. Leider ist er todkrank und deshalb impotent. Als der Roman 1924 erscheint, wird das Vorbild schnell identifiziert, die literarischen Kreise feixen, König Hauptmann is not amused …

Man spottet seither gern über seine Altersschrullen und verliert dabei leicht die humane Größe von Wesen und Werk des Schriftstellers aus dem Blick. Im persönlichen Umgang war Gerhart Hauptmann eine Seele von Mensch, herzlich, unprätentiös und bodenständig. Das vielzitierte Wort vom ›Dichter des Volkes‹ stimmt doppelt: Er machte sich im Theater zum Fürspre-

cher der kleinen Leute und sozial Deklassierten, zeigte ihr Elend, aber auch Güte, Witz und schlichtes Gottvertrauen. Bühnenfiguren wie Mutter Wolfen, Rose Bernd oder Fuhrmann Henschel wurden zu Volkshelden, mit ihnen wuchsen Wirkung und Ruhm des Autors weit über die Literatur hinaus, obgleich er selbst immer darauf beharrte, lediglich ein Künstler zu sein, der die Wahrheit sagen muss.

■ Szenenphoto aus einer Aufführung von Hauptmanns *Vor Sonnenaufgang* in Düsseldorf am 24. April 1954 mit Max Ekhart, Richard Münch, Gisela von Collande, Maria Alex

Gerhart Hauptmann entstammt einer zunächst wohlhabenden, später verarmten Familie, der Vater besaß ein Hotel in Schlesien. Schon als Kind, vor dem Ruin, unterhält der Sohn das Gesinde mit erfundenen Geschichten, sie sprudeln förmlich aus ihm heraus, die Dienstmädchen, Kutscher und Köchinnen lauschen hingerissen. Die Schule schafft er nur mit Mühe, jahrelang tastet der Jüngling nach künstlerischer Berufung, er will Maler werden, dann Bildhauer, fährt deshalb nach Italien, träumt sich in die Rolle eines Michelangelo hinein. Über Wochen meißelt Hauptmann an einer mannshohen Statue, bis sie vor seinen Augen zusammenkracht, verzagt reist er heim. Inzwischen geht es ihm zumindest finanziell

JENSEITS VON GUT UND BÖSE

Widersprüchlich bleibt Hauptmanns Haltung zum Nationalsozialismus. »Meine Epoche beginnt 1870 und endigt mit dem Reichstagsbrand«, sagt er im Juli 1933 einem Vertrauten. Er nimmt die Ehrungen der Nazis an, hisst die Hakenkreuzflagge an seinem fürstlichen Domizil in Agnetendorf und lässt sich doch nicht vereinnahmen, zum Groll von Propagandaminister Goebbels. Wie selbstverständlich unterstützt Hauptmann jüdische Freunde und gibt Werke in Druck, die anderen Autoren sofortiges Schreibverbot eingetragen hätten. Dass manche Schriften nicht erscheinen, entschuldigen die offiziellen Stellen mit Papierknappheit. Hauptmanns Popularität hält weiter an. Im Juni 1942 strömen tausende von Berlinern nachmittags in die Philharmonie zur letzten öffentlichen Lesung, abends regnen die Bomben vom Himmel.

»Wenn ich das Wort Idealismus höre, so habe ich die Vorstellung von dilettantischen Künstlern, die an Krücken gehen und borgen. Wenn ich das Wort Realismus höre, so denke ich an eine grasende Kuh. Spricht jemand von Naturalismus, so sehe ich Emile Zola vor mir mit einer dunkelblauen großen Brille.«
Gerhart Hauptmann

■ Die Weber. Plakat, um 1897, von Emil Orlik

außerordentlich gut, denn er hat das Herz einer reichen Frau erobert. Wie zwei seiner Brüder heiratet auch der 23-jährige Hauptmann eine Tochter des Wollgroßhändlers Berthold Thienemann. Die stattliche Mitgift enthebt den Bräutigam aller materiellen Sorgen, und die tatkräftige, kunstbeflissene Gattin Marie sorgt für den Umzug in die Nähe von Berlin. Hier erlebt Hauptmann die scharfen sozialen Gegensätze der Gründerzeit. Noch probiert er – unter dem Eindruck seiner italienischen Reise – an klassischen Stoffen herum, schreibt Gedichte und ein antikes Drama. Doch rasch kommt er in Kontakt mit der neuen, revolutionären Richtung des Naturalismus. Die Parolen lauten: reale Gegenwart, kein biederschöngeistiges Geraune mehr, die menschliche Natur darstellen, wie sie ist, knallhart, in Armut, Krankheit und Laster.

So spricht der unwiderstehliche Mynheer Peeperkorn im *Zauberberg*, so sprach zu später Stunde auch Gerhart Hauptmann: »Nein, meine Herrschaften – nicht so, nicht so, dass ich etwa – weit gefehlt wäre es zu denken, dass ich – erledigt, meine Herrschaften – vollkommen erledigt – ich weiß uns einig in all dem – und so denn: zur Sache …«

Hauptmann beherrscht diesen Stil im Nu. Er verfasst das erste deutsche, naturalistische Drama der Epoche, schickt es an den renommierten Kritiker Theodor Fontane, der die Hände überm Kopf zusammenschlägt, es dennoch der »Freien Bühne Berlin« empfiehlt. Am 20. Oktober 1889 wird *Vor Sonnenaufgang* im Lessing-Theater uraufgeführt, in geschlossener Gesellschaft – so umgeht man die Zensur. Unerhörte Szenen von Verwahrlosung und

Alkoholismus spielen sich auf der Bühne ab, die Zuschauer rennen geschockt davon. Das bürgerliche Feuilleton nennt Hauptmann einen »Schnapsbudenrhapsoden« und den »unsittlichsten Schriftsteller des Jahrhunderts«, dessen Erfolg allerdings bald nicht einmal durch staatliche Gewalt zu bremsen ist. Ein Hammerstück folgt dem andern, es hagelt Verbote und polizeiliche Verfügungen, ein regelrechter Kulturkampf bricht los, der schließlich sogar das Parlament erreicht. Am 21. Februar 1895 diskutiert das Preußische Abgeordnetenhaus *Die Weber*, kreuzen Konservative und Sozialdemokraten erbittert die Klingen. Zuvor hatte Kaiser Wilhelm II. nach der Premiere im Berliner »Deutschen Theater« seine Loge gekündigt und erklärt, er werde das Haus nicht wieder betreten. Das Drama behandelt den 1844 blutig niedergeschlagenen Aufstand schlesischer Weber, die im Zuge der Industrialisierung Arbeit und Brot verloren. In drastischen Bildern führt Hauptmann die Verelendung der Menschen vor, lässt sie in schlesischem Dialekt sprechen und stammeln, noch heute bleibt da kein Auge trocken. Das Stück geht um den ganzen Erdball, die internationale Arbeiterbewegung hat ihr Fanal, mit vierzig Jahren ist Gerhart Hauptmann der berühmteste deutsche Schriftsteller seiner Zeit. Er selbst will keineswegs ein Rebell sein, distanziert sich von jeder Ideologie, auch der naturalistischen Dogmatik. Ihn interessiert allein die künstlerisch wahrhafte Darstellung von Humanität. Nach der Verleihung des Literaturnobelpreises 1912 jubelt selbst die konservative Kritik, grummelnd rächt sich sein Feind Wilhelm II., indem er den Dichter mit dem Preußischen Roter-Adler-Orden Vierter Klasse auszeichnet, der niedrigsten Stufe. Hauptmann ficht solche Häme mittlerweile nicht mehr an; längst hat er sich aufs Land in die schlesische Heimat zurückgezogen, wo er einen eigenen Kosmos bildet und gelassen-sicher ein gigantisches Werk entfaltet. Die turbulenten Scheidungs- und Liebesaffären, die ihn zeitlebens begleiten, stören kaum seine unglaubliche Produktivität. Während des Ersten Weltkriegs, den er patrio-

»Gerhart Hauptmann sah bekanntlich wie Goethe aus, was ihn an sich schon zu einer interessanten Figur in unseren Augen machte. Aber seiner eigentlichen Faszination wurde ich erst später, durch Mynheer Peeperkorn hindurch, gewahr. Die Figur aus dem *Zauberberg* gibt die Essenz, das Geheimnis der Hauptmannschen Persönlichkeit: das zugleich Elementare und Unzulängliche dieser Dichternatur, den Charme, die Tragik der maskenhaft-pseudobedeutenden Physiognomie.«

Klaus Mann in *Der Wendepunkt*, 1948

■ Margarete Melzer und Emil Jannings in Hauptmanns *Fuhrmann Henschel* in Berlin, um 1930

GEWALTIG AKTIV

Hauptmanns literarisches Werk ist kaum zu überblicken. Er veröffentlichte mehr als fünfzig Dramen, hinzu kommen zwanzig Romane, Erzählungs- und Lyrikbände. Eine erste Gesamtausgabe erschien 1942 in siebzehn Bänden, der damalige Verleger Peter Suhrkamp schätzte den Umfang weiterer Arbeiten auf »noch einmal etwa siebzehn Bände, ohne die Tagebücher und Briefe«. Diese Edition beschäftigt bis heute einen Stab von Germanisten, ein Ende ist nicht abzusehen.

tisch begrüßt, beginnt Hauptmanns ›klassische‹ Phase, wendet er sich vom sozialen Drama zur mythisch-religiösen Tragödie. In den 1920er Jahren räumt ihn der Expressionismus zwar literarisch beiseite, sein öffentliches Ansehen erreicht dagegen solche Höhen, dass man ihn sogar zum Reichspräsidenten vorschlägt, was er geschmeichelt ablehnt. Nach der Machtübernahme der Nationalsozialisten bleibt Hauptmann achselzuckend in Deutschland, als Dichterfürst sieht er sich über allen Wassern schweben. Die Rote Armee, die 1945 Schlesien erobert, stellt den Autor der *Weber* sofort unter Schutz, ein sowjetischer Offizier küsst ihm ergriffen die Hand. Dennoch ereilt den Greis das Schicksal der Vertreibung, am 6. Juni 1946 stirbt Gerhart Hauptmann mitten im Aufbruch.

»Für mich war und ist er die größte Dichtergestalt des Jahrhunderts.«
Carl Zuckmayer

Am selben Tag feiert im fernen kalifornischen Exil Thomas Mann Geburtstag. Jene dunklen *Zauberberg*-Wolken von einst waren übrigens schnell verflogen. Thomas Mann hatte sich entschuldigt, mit einem ellenlangen Brief. Im Berliner Luxushotel Adlon kam es zur Versöhnung, in wenigen, huldvollen Worten: »Lieber Freund – nicht so – in unseres Vaters Haus sind viele Wohnungen …« So soll der Gewaltige gesprochen haben. Dann wurde Champagner aufgefahren, die nächsten Tage lag Thomas Mann krank im Bett.

■ Gerhart Hauptmann mit seiner zweiten Frau Margarete Marschalk

GERHART HAUPTMANN

LEBEN & WERK

Gerhart Hauptmann wurde 1862 im nordschlesischen Obersalzbrunn geboren, tut sich schwer mit der Schule, weiß auch danach nicht, was anfangen. Lehre auf einem Gut, Bildhauerklasse in Breslau, Studium in Jena und Berlin, Bildhauerei in Rom sind einige Stationen – seit 1882/83 finanziert von seiner Verlobten und späteren Frau Marie Thienemann. Die Hochzeitsreise (1884) bringt das Paar nach Hiddensee, wohin Hauptmann später häufig zurückkehrt, ein Haus erwirbt, 1946 auch seine letzte Ruhestätte findet. Das Paar zieht nach Erkner; im nahen Friedrichshagen, im Dichterkreis um Wilhelm Bölsche, die Brüder Hart und Bruno Wille, findet Hauptmann, der noch mit antiken Formen und Stoffen experimentiert (wie auch in seiner Spätphase wieder), seinen Stil. Die Stoffe liefern Kaiserreich und Industrialisierung. »Ich stamme aus einer Bergmannsgegend, habe mich gerne als Bergmann betrachtet. … Meine Aufgabe war das Zutagefördern.« In dichter Folge entstehen Dramen, Komödien und Erzählungen, den Durchbruch schafft *Vor Sonnenaufgang* (1889). Schon dieses Stück zeigt, dass er die Regeln des Naturalismus – ungeschönte Darstellung des Lebens kleiner Leute, bis in die Sprache protokollarisch exakte Wiedergabe der Wirklichkeit, Aufbrechen von Vers und Rhythmus – meisterhaft anwendet, den doktrinären Rahmen des Naturalismus aber, seine Wissenschaftsgläubigkeit, Milieutheorie sprengt. Das Leben bleibt, auch wenn gesellschaftliche und biologische Triebkräfte erkannt sind, unergründlich; »Lösungen« gibt es keine. Insofern hat Hauptmann nicht nur die bürgerlich-konservativen Kreise des Kaiserreichs schockiert (weil er den Untergrund der »guten« Gesellschaft ans Licht zerrt), sondern auch seine linkssozialistischen Bewunderer: weil alle seine Helden eher Opfer als Täter sind. Ob Sozial- oder Liebesdrama: Die Konflikte sind übermächtig und laufen eher auf Selbstmord hinaus denn auf autonome Tat, gar Klassenkampf. Insofern üben Stücke wie *Hanneles Himmelfahrt* keinen Verrat an dem, was mit *Der Biberpelz* oder *Die Weber* (alle 1893) zur Sprache kommt, obwohl Franz Mehring den Autor als »letzten Gefangenen der mythologischen Phrase« beschimpft hat. Das Leben, schreibt Hauptmann, »als Traum gesehen heißt, das Leben richtiger sehen als es sehen in Wirklichkeit.« Hauptmann bleibt Künstler, ›Seher‹, kann zum nobelpreisgeehrten (1912) Dichterfürsten der Weimarer Republik werden, deren Ausrufung er, von seiner anfänglichen Kriegseuphorie rasch geheilt, 1918 begrüßt. Der Hochgeehrte, unermüdlich Reisende, Vortragende und Schreibende nimmt die Machtübernahme der Nationalsozialisten kommentarlos hin, lässt sich zum 80. Geburtstag von diesen ehren, erlebt mit seiner zweiten Frau Margarethe die Zerstörung Dresdens und stirbt im Juni 1946, kurz vor seiner Ausweisung aus dem nun polnischen Agnetendorf.

AUF DEN PUNKT GEBRACHT

Er war kein Denker, kein Intellektueller, selbst als Dichterkönig in Pomp und Würde blieb er ein Mann des Volkes. Dem Naturalismus gab er Kraft und Stimme, seine frühen Stücke sind noch immer eine Wucht.

EMPFEHLUNGEN

Fünf Werke:
- *Vor Sonnenaufgang*
- *Bahnwärter Thiel*
- *Die Weber*
- *Rose Bernd*
- *Der Biberpelz*

Lesenswert:
Wolfgang Leppmann: *Gerhart Hauptmann. Eine Biographie*, Frankfurt/M. 1996

Edition Text & Kritik, *Gerhart Hauptmann*, München 1999

Lothar Tank: *Gerhart Hauptmann*, Reinbek 2006

Hörenswert:
Gerhart Hauptmann: *Bahnwärter Thiel*, gelesen von Mario Adorf, Berlin 2004, 2 CDs

Krysztof Penderecki: *Die schwarze Maske. Oper in einem Akt nach Gerhart Hauptmann*. Mainz 1986

Sehenswert:
Atlantis. Regie: August Blom; mit Olaf Føns, Ida Orloff, Hauptmanns Geliebte. DK 1913 (nach dem Roman von Gerhart Hauptmann)

Die Ratten. Regie: Robert Siodmak; mit Maria Schell, Curd Jürgens, Gustav Knuth. BRD 1955 (nach dem Roman von Gerhart Hauptmann)

Besuchenswert:
Gerhart-Hauptmann-Museen gibt es in Erkner bei Berlin, in Kloster auf Hiddensee, in Agnetendorf und in Schreiberhau; sie werden im deutsch-polnischen Verbund betrieben.

Der überzeugte Europäer

Heinrich Mann

1871–1950

»Eine solch wunderbare Fülle, eine solche Sättigung mit Leben, das sich ganz in Sprache ergießt, ist wohl bislang im Deutschen nicht dagewesen.«
Rainer Maria Rilke

»Wann immer die Deutschen einen Krieg verlieren, drucken sie meinen *Untertan*.«
Heinrich Mann in einem Brief an Ludwig Marcuse, nach 1945

»Bald verlor sich der Weg im Gestrüpp. Von einem Steinblock zum anderen mussten wir eine leidliche Verbindung finden. Am besten versetzte man sich in die Gewohnheiten der Ziegen, die hier sonst verkehrten.« Frankreich, im September 1940. Einer der prominentesten deutschen Schriftsteller muss vor den Nationalsozialisten fliehen. Auf der schwarzen Liste der Besatzer steht Heinrich Mann ganz oben. Die gefährliche Flucht, zu Fuß, bei Nacht und Nebel über die Pyrenäen, bedeutet eine Zumutung für den 69-Jährigen, seine junge, energische zweite Frau Nelly stützt ihn, schleift den Ehemann förmlich durch die Berge bis ins neutrale Portugal, in Lissabon wartet das rettende Schiff nach Amerika.

Mit Heinrich Mann entkommen auch die Kollegen Franz Werfel und Lion Feuchtwanger, doch während diese fast nahtlos ihren Erfolg in den USA fortsetzen, findet seine Literatur keinen Anklang beim amerikanischen Publikum. Niemand kennt den Autor des *Untertan*, nur die ganz Gebildeten wissen, dass er die Romanvorlage zum Film *Der blaue Engel* schrieb, mit dem Marlene Dietrichs internationale Karriere begann. Und das jüngst erschienene Hauptwerk, die beiden Romane *Die Jugend und Vollendung des Königs Henri Quatre*, spielt allzu weit entfernt, im Europa des 16. Jahrhunderts, für das sich die Neue Welt kaum interessiert. Heinrich Mann zieht in diesem Buch die Summe seiner politischen Überzeugungen, gestaltet im Bild des Lebens vom ›guten König‹ Heinrich IV. die Vision einer humanistisch-toleranten Gesellschaft mit ihren Gefährdungen durch Macht und Willkür. Die Parallelen zur aktuellen Situation in Hitler-Deutschland sind ebenso deutlich präsent, wie er auch in den meisten seiner Bücher eine direkte Verbindung zum jeweiligen Zeitgeschehen knüpft. Nach einer frühen Phase, die den jungen Autor noch als lebensverachtenden Dandy und Verfasser ästhetizistisch-schwülstiger Prosa des Fin de Siècle zeigt, entwickelt sich Heinrich Mann unter dem Einfluss französischer Sozialtheorien und Literatur, vor allem der Romane von

■ Heinrich Mann, 1930

■ Marlene Dietrich als Lola in Josef von Sternbergs Film *Der blaue Engel* von 1930 nach Heinrich Manns Roman *Professor Unrat*

Balzac, Flaubert und Émile Zola und deren gewaltigen öffentlichen Wirkung, zum entschiedenen literarischen Kritiker realer Gegenwart, mit 25 bekennt er: »Es ist notwendig, soziale Zeitromane zu schreiben. Die deutsche Gesellschaft kennt sich selbst nicht. Sie zerfällt in Schichten, die einander unbekannt sind, und die führende Klasse verschwimmt hinter Wolken.«

Wesen und Rituale der bürgerlichen deutschen Oberschicht sind Heinrich Mann auf natürliche Weise vertraut, er wächst damit auf. Die Manns zählen um 1870 zu den vornehmsten Lübecker Familien, der Vater, Senator Mann, leitet ein prosperierendes Handelshaus. Man lebt auf großem Fuße, denkt politisch konservativ, begrüßt selbstverständlich das entstehende Deutsche Reich. Zwanzig Jahre später ist die Familienpracht vorbei; nach dem Tod des Vaters zerfällt die Firma, Heinrichs jüngerer Bruder Thomas wird diesen Vorgang in seinem Roman *Buddenbrooks* weltliterarisch verewigen.

Beide Brüder zieht es zur Literatur, auf ganz verschiedenen Wegen, mit unterschiedlichstem Temperament und Ziel, im Ersten Weltkrieg verschärfen sich die Gegensätze. Schon davor hat Heinrich Mann den deutschen Militarismus und imperialen Machtwillen kritisiert, im Roman *Der Untertan* zeichnet er den Prototyp der »öffentlichen Seele unter Wilhelm II.«. Das Buch erscheint in Fortsetzungen im Frühjahr 1914, im August stellt die Redaktion einer Münchener Zeitschrift den Abdruck ein. Während Bruder Thomas euphorisch in den Tenor allgemeiner Kriegsbegeisterung einstimmt, beschwört Heinrich Mann den Geist europäischer Tradition, sieht er klarsichtig die Jahrhundertkatastrophe und ihre Konsequenzen voraus. Nach dem deutschen Zusammenbruch 1918 verkauft sich der *Untertan* zu hunderttausenden, Heinrich Mann fühlt keinerlei

UN HOMME DE FEMMES

Heinrich Mann war ein ausgesprochener Erotiker, liebte üppig-sinnliche Frauen. Die Ehe mit seiner zweiten Frau Nelly Kröger, Amüsierdame im Berliner Barbetrieb und 27 Jahre jünger als er, lieferte viel Stoff für Klatsch und Skandal. In den USA schockierte die vulgäre, dabei hysterisch-depressive Nelly die ganze Umgebung, dem distinguierten Bruder Thomas flatterten die Nerven, wenn er sie nur sah. Heinrich aber liebte seine Nelly inniglich, nach ihrem Selbstmord 1944 verlor er die letzte Lebensfreude.

HEINRICH UND THOMAS
Ihre Bruderschaft schrieb Literaturgeschichte: Sie waren Rivalen von Anfang an, wetteiferten um Erfolg, bekämpften sich öffentlich und sprachen zur Zeit des Ersten Weltkriegs kein Wort miteinander. Erst nach Thomas Manns demokratischer Läuterung fanden sie wieder zueinander. Der Nobelpreis für den ›kleinen‹ Bruder überraschte die literarische Welt, viele hatten die Auszeichnung für Heinrich Mann erwartet. Im Exil unterstützte der reiche Thomas den Verarmten so diskret wie möglich, um ihn nicht zu demütigen. Respekt und brüderliche Freundschaft bestimmten ihre letzten gemeinsamen Jahre, seinen *Henri Quatre* versah Heinrich mit dieser Widmung an Thomas: »Dem Einzigen, der mir nahe ist.«

Genugtuung, bleibt kritisch, auch wenn sein literarischer Stern in der neuen Weimarer Republik nun strahlend aufgeht. Zäh betreibt er weiterhin »intellektuelle Politik«, so nennt er sein unermüdliches Engagement, das ihn zur europaweit bekannten und vielfach geehrten Größe macht. Heinrich Mann korrespondiert mit Staatsmännern, kämpft für die junge Demokratie, setzt sich für den Völkerbund und Ausgleich mit Frankreich ein – und erkennt, vergeblich warnend, in Hitler und Konsorten frühzeitig den kommenden Terror. In den Wochen nach der Machtübernahme entgeht er der ersten Verhaftungswelle nur knapp, am 15. Februar 1933, am Tag, an dem man ihn aus der Akademie der Künste ausschließt, besteigt er abends den Zug nach Paris. Heinrich Mann wird Deutschland nie wiedersehen. Im französischen Exil entfaltet er noch einmal alle publizistische Kraft im Kampf gegen die Nazis. Die Flucht nach Amerika rettet ihm zwar das Leben, führt aber in Armut, Einsamkeit und Vergessen. Kurzfristig beschäftigten ihn die MGM-Studios in Hollywood als Scriptwriter, eine Arbeitsbeschaffungsmaßnahme, die man etlichen emigrierten deutschen Schriftstellern zubilligt, allerdings ohne ernste Absicht. Ein Zettel an der Tür seines Büros sagt ihm unverblümt, er brauche nicht mehr wiederzukommen. Literarisch verstummt Heinrich Mann fast völlig, es glückt ihm nur noch wenig. In seinen Memoiren, die erst nach dem Zweiten Weltkrieg erscheinen, umschreibt er den geistig-kulturellen, nie verwundenen Bruch, den er schon in jenem Moment verspürte, als er den europäischen Kontinent verließ: »Der Blick auf Lissabon zeigte mir den Hafen. Er wird der letzte gewesen sein, wenn Europa zurückbleibt. Er erschien mir unbegreiflich schön. Eine verlorene Geliebte ist nicht schöner. Alles was mir gegeben war, hatte ich an Europa erlebt, Lust und Schmerz eines seiner Zeitalter, das meines war …« Eine letzte Anerkennung erfährt Heinrich Mann durch die DDR. Die sozialistische Regierung beruft ihn zum Präsidenten der neuen Akademie der Künste in Ostberlin. Der Tod verhindert die Rückkehr, am 12. März 1950 stirbt Heinrich Mann im Schlaf an einer Gehirnblutung. Soll man dieses Ende gnädig nennen? Sein altes Europa hätte er jedenfalls nicht wiedererkannt.

■ Heinrich und Thomas Mann, um 1927

HEINRICH MANN

LEBEN & WERK

Schon als Schüler beginnt der am 27. März 1871 in Lübeck geborene Heinrich Mann zu schreiben, dokumentiert Reiseeindrücke aus St. Petersburg in einem Tagebuch; verfasst ab 1885 literarische Skizzen, Novellen und Gedichte; findet im Schreiben das Mittel, seinen damals schon gesellschaftskritischen Reflexionen Ausdruck zu geben. Nach vorzeitigem Schulabgang beginnt er den Eltern zuliebe eine Buchhändlerlehre in Dresden, die er ebenso abbricht wie ein Volontariat im S. Fischer Verlag, Berlin. Von 1893 an – der Vater, der testamentarisch verfügt hatte, die »Vormünder« möchten den »Neigungen meines ältesten Sohnes zu einer so genannten literarischen Tätigkeit entgegenwirken«, ist 1891 gestorben – lebt er als freier Schriftsteller, in München, Berlin, häufig in Italien. Die ersten Romane – *Im Schlaraffenland, Die Göttinnen, Jagd nach Liebe* – sind Spiegel des Fin de Siècle. Mit *Professor Unrat* (1905) und *Der Untertan. Geschichte der öffentlichen Seele unter Wilhelm II.* (ab 1912) werden der Blick, damit auch die Waffen schärfer. Der Ausbruch des Ersten Weltkriegs löst die öffentliche Kontroverse mit dem jüngeren Bruder Thomas aus, der die »machtgeschützte Innerlichkeit« gegen den »Zivilisationsliteraten« verteidigt – gemeint sind Heinrich und dessen Ideal des eingreifenden Schriftstellers, das dieser am Vorbild von Zola entwickelt. Wenn er bis heute im Schatten seines jüngeren Bruders steht, dann liegt das eher an den Lesern als am schriftstellerischen Können; Heinrichs dezidierte Parteilichkeit steht einer unbefangenen Rezeption bis heute im Weg. Dabei ist, um nur eines seiner vielen Werke nach 1918 zu nennen, *Jugend und Vollendung des Königs Henri IV* (1935–1938) einer der bedeutendsten deutschen historischen Romane, zugleich der Exilroman par excellence. Der Essayband *Geist und Tat*, die Erinnerungen *Ein Zeitalter wird besichtigt* zeigen einen Beobachter, dem Politik nie Zweck, sondern Mittel zur Einrichtung eines guten Lebens ist. Der kompromisslose Verteidiger der Weimarer Republik, nie Parteilinker, stets Weltbürger, muss 1933 fliehen. Im Pariser Exil engagiert er sich für die Volksfront gegen den Faschismus, muss 1940 weiter fliehen, landet in den USA, kommt dort aber nie wirklich an und ist auf die Unterstützung von Freunden und seinem Bruder angewiesen. 1950 wird ihm die Präsidentschaft der neu gegründeten Deutschen Akademie der Künste in Ostberlin angeboten. Kurz vor der geplanten Überfahrt, am 12. März, stirbt er in Santa Monica. Wolfgang Staudtes Verfilmung des *Untertan* (DDR 1951) wird in der BRD verboten, darf erst 1957, um zwölf Minuten gekürzt, gezeigt werden. So schwierig war die Rückkehr des ausgebürgerten Exilanten.

AUF DEN PUNKT GEBRACHT

Der Autor als Gesellschaftskritiker – Heinrich Mann hat diese Rolle als Erster in Deutschland geprägt und im Geiste europäischer Kultur mit Substanz und Würde gefüllt. An seine Analyse deutschen Wesens sollte man immer denken, wenn Obrigkeiten unsere Fügsamkeit einfordern.

EMPFEHLUNGEN

Fünf Werke:

- *Die Göttinnen*
- *Professor Unrat*
- *Der Untertan*
- *Die Jugend und Vollendung des Königs Henri Quatre.* 2 Bde.
- *Der Atem*

Lesenswert:

Heinrich Mann: *Ein Zeitalter wird besichtigt. Memoiren*, Frankfurt/M. 1988

Klaus Flügge, *Heinrich Mann. Eine Biographie*, Reinbek 2006

Willi Jasper: *Die Jagd nach Liebe. Heinrich Mann und die Frauen*, Frankfurt/M. 2007

Hanjo Kesting: *Heinrich Mann und Thomas Mann. Ein deutscher Bruderzwist*. Aus den Quellen dokumentiert, Göttingen 2003

Hörenswert:

Heinrich Mann: *Der Untertan*, gelesen von Dieter Mann, Berlin 2005, 7 CDs

Sehenswert:

Der blaue Engel. Regie: Josef von Sternberg; mit Emil Jannings, Marlene Dietrich, Hans Albers. D 1930, nach dem Roman *Professor Unrat* von Heinrich Mann

Der Untertan. Regie: Wolfgang Staudte; mit Werner Peters, Paul Esser, Renate Fischer. DDR 1951, nach dem Roman von Heinrich Mann

Die Manns. Ein Jahrhundertroman. Regie: Heinrich Breloer; mit Armin Mueller-Stahl, Monica Bleibtreu u.a. D 2001

Frühgereift und zart und traurig

Hugo von Hofmannsthal

1874–1929

■ Praterausflug: Hugo von Hofmannsthal (links stehend), Arthur Schnitzler (stehend), Richard Beer-Hofmann, Felix Salten mit »süßen Madeln«, um 1894

»Bedeutendes Talent, ein 17-jähriger Junge, Loris (von Hofmannsthal). Wissen, Klarheit und, wie es scheint, auch echte Künstlerschaft, es ist unerhört in dem Alter.« Was Arthur Schnitzler im Herbst 1890 seinem Tagebuch anvertraut, verblüfft nicht nur ihn. Ungläubig schaut die literarische Öffentlichkeit Wiens auf jenen Gymnasiasten, der unter dem Pseudonym »Loris« zauberhafte Gedichte veröffentlicht, von einer geistigen Reife und formalen Präzision, wie sie eigentlich nur gestandenen Dichtern gelingen kann. Zu seinem ersten Treffen mit Wiener Literaten im berühmten Café Griensteidl begleitet ihn der Vater, weil der Minderjährige noch kein Lokal alleine besuchen darf. Die Einladung zu einem Dichterabend schlägt er aus – anderntags droht eine Klassenarbeit, für die er pauken muss. Überhaupt ist er ein fleißiger Schüler und braver Sohn, höflich und nett, er macht den Eltern viel Freude, wenngleich der Papa recht argwöhnisch auf die literarischen Bestrebungen des Juniors blickt. Der Bankdirektor Hofmannsthal weiß zu rechnen, und die Aussichten auf eine erfolgreiche Karriere in der Literatur stehen selbst im kunstdurchtränkten Wien nicht gut. Die Familie pflegt einen gehobenen Lebensstil, bewohnt ein herrschaftliches Palais im feinsten Bezirk. Die Sommer verbringt der junge Hofmannsthal auf dem Land, wo er unbeschwert herumtollt wie jeder Teenager, radfährt und schwimmt, liebe Grüße an die Verwandten sendet, mit den blonden Töchtern eines Seifensieders aus Graz schäkert, beim Nachtmahl einen tauben Leutnant der k.u.k Armee veräppelt – und wie nebenbei eine Vielzahl von Gedichten hinwirft, die in die Weltliteratur eingehen: *Es läuft der Frühlingswind /Durch kahle Alleen,/Seltsame Dinge sind/In seinem Wehn.* Ebenso mühelos formt Hofmannsthal dramatisch-lyrische Dialoge und Szenen, ein erstes Stück erscheint 1891, zwei Jahre später entfesselt der Einakter *Der Tor und der Tod* kultische Begeisterung und macht Hofmannsthal zum Helden seiner Generation. Es ist

»Der Dichter ist es, der in sich die Elemente der Zeit verknüpft. In ihm oder nirgends ist Gegenwart.«
Hugo v. Hofmannsthal, 1906

ein melancholisches Stück über Jugend, Liebe, Altwerden und Sterben, über die verzweifelte Suche nach dem wahren, erfüllten Leben. Gibt es das überhaupt? ›Leben‹ – das ist ein Stichwort der Epoche. In ihm konzentriert sich eine nervöse Seelenspannung aus Seinsverdruss und vitaler Sehnsucht nach großen Gefühlen. Mit der Philosophie Friedrich Nietzsches verehrt man lustvoll das einfache, starke Leben und bezweifelt gleichzeitig seinen Sinn, weil es sich anscheinend immer woanders abspielt. Der Langeweile bürgerlicher Existenz begegnet die Kunst mit morbiden Energien: Krankheit, Verfall und Tod werden ästhetisch. Ein resigniertes »Wozu?« durchzieht die Dichtung jener Zeit, Hofmannsthals Verse beschwören diese Stimmung, in Wien beginnt die Moderne, matt und elegant: *Also spielen wir Theater/Spielen unsre eigenen Stücke,/Frühgereift und zart und traurig,/Die Komödie unserer Seele.*

DER BRIEF DES LORD CHANDOS

Man nennt ihn die Gründungsakte der modernen Literatur: jenen fiktiven Brief, den Philip Lord Chandos an den Philosophen und Naturwissenschaftler Francis Bacon schreibt. Darin erklärt der Lord, warum er literarisch nichts mehr zustande bringt. Er findet keine Sprache mehr, die Worte zerfallen ihm »im Munde wie modrige Pilze«. Hofmannsthal bezeichnet in dem 1902 entstandenen Text eine erkenntnistheoretische Krise, die ab der Jahrhundertwende in Dichtung wie Philosophie um sich greift: Wunderschön beschreibt der Lord, wie die Welt immer unübersichtlicher wird und sich mit herkömmlicher Sprache kaum mehr fassen lässt.

»Sein Leben war Symbol, edles Symbol eines verschwindenden Österreichs, eines verschwindenden Theaters –, Symbol im Vakuum, doch nicht des Vakuums.«
Hermann Broch

Mit 19 Jahren ist Hofmannsthal ein im ganzen deutschen Sprachraum bekannter Autor, sein Talent trägt ihn wie auf Händen, und die Mutter schaut darauf, dass die Krawatte perfekt sitzt. Überhaupt wirkt die Décadence an der Donau nur im Geiste verwegen, Photographien der Epoche zeigen die Wiener Schriftsteller als vornehme, tadellos gekleidete Gentlemen. Hofmannsthal kultiviert diesen korrekten Habitus seit frühester Jugend und bekämpft damit die inneren Gefährdungen von Melancholie und Depression, denen er sich oft hilflos ausgeliefert fühlt. Die permanente Rede vom literarischen Wunderkind wird immer mehr zur Belastung, er selbst ist sich seiner Gaben längst nicht sicher.

Trotz einer stetig fließenden Produktion studiert er Jura, wechselt nach dem Abschluss mit Erlaubnis des Vaters zur romanischen Philologie und Kunstgeschichte, eine akademische Laufbahn zeichnet sich ab. Die erfolgreiche Habilitation bringt die Entscheidung: Jetzt, durch eine ordentliche Aus-

■ Hugo von Hofmannsthal, undatierte Aufnahme

HOFMANNSTHAL UND STEFAN GEORGE

Eine böse Geschichte. Im Winter 1891 lernen sich beide in Wien kennen. Der um sechs Jahre ältere George wirbt um Hofmannsthals Freundschaft, will mit ihm zusammen die Welt lyrisch aus den Angeln heben. Hofmannsthal ist geschmeichelt, ängstigt sich aber bald vor Georges diktatorischem Wesen und nimmt Reißaus. Das kann George nicht dulden, er droht mit Duell, der Vater Hofmannsthals greift rettend ein. Ein quälendes Hin und Her beginnt, 1906 kommt es zum endgültigen Bruch. Der rachsüchtige George lässt an Hofmannsthal fortan kein gutes Haar.

bildung gesellschaftlich legitimiert, wagt Hofmannsthal den Schritt, vom Dichten zu leben, die Eltern geben ihren Segen.

Inzwischen hat er sich von der überspannten Nervenkunst des Fin de Siècle gelöst, der Drang nach Form und Strenge führt ihn zu klassisch-antiken Stoffen. Hofmannsthal bearbeitet Dramen von Sophokles, verwandelt sie in moderne Stücke, aus ferner Mythologie entsteht packende Gegenwart. Ein mittelalterliches Mysterienspiel entstaubt er zur glänzenden Allegorie über die Vergänglichkeit irdischen Strebens; bis heute fasziniert der *Jedermann* in alljährlich aufgeführten, festlichen Inszenierungen ein Millionenpublikum. Noch größere Popularität erfährt Hofmannsthal als Librettist des Komponisten Richard Strauss: In der Operette *Der Rosenkavalier* mengt der Dichter tiefen künstlerischen Ernst in eine göttliche Komödie, Text und Musik machen international Furore und Hofmannsthal zum berühmtesten Schriftsteller Österreichs. Der Nimbus des lebenden Klassikers, der ihn bald umweht, entspricht seinen Vorstellungen distinguierten Dichtertums, das er durch umfangreiche poetologische Aufsätze und Vorträge untermauert. Den Intellektuellen gilt er als Inbegriff humanistisch-europäischer Kultur, die Dienstmädchen trällern in den Wiener Gassen Melodien aus dem *Rosenkavalier*. Zunehmend allergisch reagiert er, wenn man ihn auf seine jugendlichen Triumphe anspricht. Von diesem Image des Frühvollendeten kommt er niemals wirklich los. Nach dem Ersten Weltkrieg und dem Zusammenbruch der k.u.k. Monarchie, der den überzeugten Österreicher Hofmannsthal tief erschüttert, wird er zum Symbol der Erinnerung an die gute alte Zeit. Und fast scheint es, als ob er mit ihr stirbt. Am 15. Juli 1929 erliegt Hugo von Hofmannsthal im Alter von nur 55 Jahren einem Schlaganfall. Die Nachricht sorgt in halb Europa für Schlagzeilen. Wien trägt den Dichter wie einen König zu Grabe.

»Die Erscheinung des jungen Hofmannsthal ist und bleibt denkwürdig als eines der großen Wunder früher Vollendung. Sein plötzliches Beginnen und zugleich schon Vollendetsein war ein Phänomen, wie es sich innerhalb einer Generation kaum ein zweites Mal ereignet.« Stefan Zweig

■ Gertrud von Hofmannsthal nach der Trauerfeier für ihren verstorbenen Mann.

HUGO VON HOFMANNSTHAL

LEBEN & WERK

Hugo Laurenz August Hofmann, Edler von Hofmannsthal kommt 1874 in Wien zur Welt: in der letzten Phase der habsburgischen k.u.k Monarchie. 1890, noch Gymnasiast, veröffentlicht er unter dem Pseudonym Loris erste Gedichte, mit denen er bei Arthur Schnitzler, Felix Salten, Richard Beer-Hofmann und anderen Literaten der Wiener Moderne für Aufsehen sorgt. 1891 lernt er Stefan George kennen, in dessen *Blättern für die Kunst* seine Gedichte erscheinen. 1892–1895 studiert er Jura, absolviert seinen Militärdienst. Die ersten lyrischen Dramen entstehen; auch in *PAN*, der Zeitschrift des Jugendstils, erscheinen Hofmannsthals Texte. 1895–1898 studiert er Romanistik und promoviert. In Berlin kommt *Die Frau im Fenster* als erstes von Hofmannsthals Stücken auf eine Theaterbühne. In München lernt er 1900 den Komponisten Richard Strauss kennen: der Beginn einer fruchtbaren Zusammenarbeit (*Elektra*, 1909; *Ariadne auf Naxos*, 1912; *Frau ohne Schatten*, 1919). Eng verknüpft ist sein Theaterschaffen auch mit Max Reinhardt, dem Regisseur der Leipziger Uraufführung des *Rosenkavalier* (1911). Dass sich Hofmannsthal zunehmend von der Lyrik ab-, dem Theater, Ballett und der Oper sowie dem Schreiben von Essays und Reden zuwendet, führt erst zur Entfremdung und 1906 schließlich zum Bruch mit Stefan George, der Kunst und Dichtertum »gegen das unvornehme geschrei des tages« schützen will. Hofmannsthal kann sich eine derartige Distanz zur Gesellschaft nicht leisten; die Familie hat ihr Vermögen verloren, er muss vom Schreiben leben. 1901 heiratet er Gertrud Schlesinger; das Paar zieht nach Rodaun bei Wien, drei Kinder werden geboren. Der Gegensatz von Kunst und Leben wird Hofmannsthal nicht nur als Schriftsteller, sondern grundsätzlich suspekt. »Die Worte zerfielen mir im Munde wie modrige Pilze«, heißt es 1902 in *Brief des Lord Chandos*, dem ersten Dokument, das dem Zweifel der Moderne, dem Zweifel an Sprache, Kunst und Erfahrung wiederum sprachlich-künstlerisch Ausdruck gibt. Die Einheit von Ich, Sprache und Welt kann er im unbefangenen, aus dem gewohnten Leben entwickelten Sprechen und Schreiben nicht mehr finden. Dies ist jedoch keine Absage an Dichtung und Kunst: Die Suche nach einem anderen Sprechen, der Versuch »mit dem Herzen zu denken«, prägt Hofmannsthals Werk ebenso wie der Gegensatz von Sprechen und Verstummen (etwa in *Der Schwierige*, 1921). Wichtig für sein Werk sind auf Reisen geknüpfte Beziehungen zu Schriftstellern, Politikern, Wissenschaftlern aus ganz Europa; rund 9500 Briefe hat er hinterlassen, die, wie seine Essays und Reden, Auskunft geben über seine Sicht der Zeit. 1929, zwei Tage nach dem Selbstmord seines Sohnes Franz, erliegt Hofmannsthal einem Schlaganfall.

AUF DEN PUNKT GEBRACHT

Wunderkinder gibt es immer wieder, selten werden große Künstler daraus. Hugo von Hofmannsthal war einer, zäh hat er sich zur würdevollen Autorität gedichtet. Doch die Nachwelt entschied nicht in seinem Sinne: Die frühe Lyrik strahlt noch immer, die Werke der Reife sind nahezu vergessen.

EMPFEHLUNGEN

Fünf Werke:
- *Der Tor und der Tod*
- *Jedermann*
- *Ein Brief*
- *Das Märchen der 672. Nacht*
- *Ballade des äußeren Lebens*

Lesenswert:

Deutsche Erzähler. Ausgewählt und eingeleitet von Hugo von Hofmannsthal, 1912

Hugo von Hofmannsthal: *Der Brief des Lord Chandos. Erfundene Gespräche und Briefe*, Frankfurt/M. 2002

Werner Volke: *Hugo von Hofmannsthal*, Reinbek 1987

Frank Schirrmacher: *Fünf Dichter, ein Jahrhundert* (Über George, Hofmannsthal, Rilke, Trakl, Benn), Frankfurt–Leipzig 1999

Hörenswert:

Paula Wessely spricht Hofmannsthal und Schnitzler, Berlin 2004

Der Schwierige, Komödie mit O.W. Fischer, Susi Nicoletti, Peter Weck u.a., München 2002, 2 CDs

Besuchenswert:

Wien und das Österreichische Theatermuseum in Rodaun (23. Bezirk); das Hofmannsthal-Schlössl, Wohnhaus der Familie bis 1938

Eine Freiluftaufführung des modernen Mysterienspiels *Jedermann* bei den Salzburger Festspielen, vor der Kulisse des Doms. Mit Richard Strauss und Max Reinhardt war Hofmannsthal an deren Gründung 1917 beteiligt.

Der Repräsentant Thomas Mann *1875–1955*

»Thomas Mann ist einer der Seltenen, die wir vorbehaltlos bewundern können. In seinem Werk gibt es kein Versagen, sowenig wie in seinem Leben. Thomas Mann steht glaubwürdig immer auf der Seite des Geistes, er ist Humanist im vollsten Sinne des Wortes.« André Gide, 1937

Seine Familie nannte ihn den »Zauberer«, die kleinsten der sechs Kinder jauchzten, wenn er an Fasching in diesem Kostüm auftrat. Die älteren, Erika, Klaus und Golo, verstanden bereits die Anspielung auf den jüngsten Roman *Der Zauberberg*, an dem der Vater schrieb. Aber konnte es überhaupt einen schöneren Kosenamen für den Schriftsteller geben? Respekt, Faszination, auch ein wenig Furcht mischten sich darin – vor einer Kunst, die tatsächlich magisch schien: Alles glückte, wurde ein Erfolg, oft zum Triumph – und das ein ganzes Leben lang. Mit 25 Jahren war Thomas Mann ein Senkrechtstarter, mit 50 eine nationale Institution, mit 75 eine geistige Weltmacht, vor der sich Staatsmänner verbeugten. Er selbst senkte lediglich noch das Haupt, als ihn Papst Pius XII. im April 1953 zur Privat-Audienz bat, »das rührendste und stärkste Erlebnis« heißt es im Tagebuch. Und ein Jahr später, zum achtzigsten Geburtstag, brach ein solcher Gratulationssturm los, dass der Jubilar befriedigt bilanzieren durfte: »Selten oder nie ist ein Mensch so gefeiert worden.«

■ Thomas Mann in seinem Arbeitszimmer in Pacific Palisades, Kalifornien, 1947

Nur für eine kurze, frühe Zeit hatte es nicht danach ausgesehen. Nach sorgloser Kindheit in einem vornehmen Lübecker Patrizierhaushalt, warf der frühe Tod des Vaters, eines angesehenen Kaufmanns und Senators der Hansestadt, den 15-Jährigen in eine zunächst schwankende Zukunft. Das familieneigene Handelsunternehmen wurde aufgelöst, denn das väterliche Testament ließ keinen Zweifel daran, dass Senator Mann seine Söhne Heinrich und Thomas für gänzlich ungeeignet erachtete, eine Firma zu leiten. Beide litten in der Schule, verabscheuten den Gedanken an einen bürgerlichen Beruf. Sie strebten zur Literatur, 1894 debütierte Thomas Mann mit einer Erzählung, der um vier Jahre ältere Heinrich veröffentlichte seinen ersten Roman. Noch lag die erbitterte Konkurrenz zwischen den Brüdern in weiter Ferne. Die Zinsen aus dem vererbten Vermögen befreiten sie vom Zwang des Geldverdienens und ermöglichten ein fröhliches Bohème-Leben in München, wohin die Manns samt Mutter Julia inzwischen umgezogen waren. Hier vollendete Thomas nun selbst einen Roman, *Buddenbrooks*, die Geschichte vom Verfall einer Familie, ein verblüffend ausgereiftes Meisterwerk, das 1901 erschien und seinen jungen Verfasser mit einem Schlag etablierte. Dabei entsprach das Buch keineswegs der intellektuellen Mode der Zeit, es bot weder Naturalismus noch dekadent-ästhetizistisches Fin de Siècle, dem sich Bruder Heinrich damals ergab. *Buddenbrooks* spielte in norddeutscher Vergangenheit, erzählte von gediegenem Lübecker Großbürgertum, gelassen, ruhig, in detaillierter Ausführlichkeit.

■ Armin Mueller-Stahl als Thomas Mann in Heinrich Breloers TV-Dreiteiler *Die Manns* aus dem Jahr 2001

DIE MANNS

»Was für eine sonderbare Familie sind wir! Man wird später Bücher über uns – nicht nur über einzelne von uns schreiben«, wusste Klaus Mann bereits 1936, und er sollte recht damit behalten. Die biographische Literatur über Thomas Manns Familie wächst stetig und reicht heute bis ins Glied der Enkel und Schwiegereltern. Zur Weihnachtszeit 2001 bescherte das deutsche Fernsehen dem Publikum ein besonders festliches Geschenk: An drei Abenden wurden *Die Manns* gesendet, eine opulente Doku-Fiction von über fünf Stunden Länge. Die Einschaltquoten waren phantastisch, Millionen Zuschauer verfolgten begeistert die Geschichte der – neben dem Richard Wagner-Clan – wohl berühmtesten Familie der deutschen Kulturgeschichte.

»Die Kunst ist das schönste, strengste, heiterste und frömmste Symbol alles unvernünftig menschlichen Strebens nach dem Guten, nach Wahrheit und Vollendung.« Thomas Mann

»Was sich uns im Werk Thomas Manns bietet, ist bürgerliches Deutschland, seine tiefgreifend erfasste innere Problematik. Er ist ein extremer Typus jener Schriftsteller, deren Größe darin besteht, dass sie ›Spiegel der Welt‹ sind.«
Georg Lukács, 1953

Literarisch war bereits alles versammelt, was Thomas Manns Stil so einzigartig, so unverwechselbar machte und die Leserschaft bis heute spaltet: Verehrer schätzen, Verächter hassen seine langen, endlos wirkenden Sätze, die schwebende Ironie, das breit gestreute Bildungsgut, den souveränen, stets kontrollierten Gestus des Erzählers und jene spezifische Methode, den Figuren und Charakteren besondere Erkennungsmerkmale zuzuweisen, die immer wiederkehren und einen roten Faden bilden. Diese Technik des ›Leitmotivs‹ hatte sich Thomas Mann bei Richard Wagner abgeschaut, dessen Musik er innig liebte.

Ebenfalls richtungsweisend war die Philosophie von Friedrich Nietzsche und Arthur Schopenhauer, durch *Buddenbrooks* weht Schopenhauers Todesmetaphysik, das Oberhaupt der Familie, auch ein Senator, stirbt förmlich daran. Solcherart reich an Tiefsinn, Humor und deutscher Seele, hin- und hergerissen zwischen Tatkraft und Melancholie, zierte Thomas Manns Erstling bald jeden bürgerlichen Bücherschrank, *Buddenbrooks* wurde zum Lieblingsbuch der Nation. »Es war der Ruhm. Während die preisenden Pressestimmen, selbst in ausländischen Blättern sich mehrten, begannen die Auflagen einander zu jagen. Meine Post schwoll an, Geld strömte herzu, mein Bild lief durch die illustrierten Blätter ...« Erfolg und öffentliche Anerkennung bedeuteten Thomas Mann unendlich viel. Kritik ertrug er denkbar schlecht, reagierte hochempfindlich auf jedes mäkelige Wort. Früh formte sich bei Thomas Mann die selbstbewusste Vorstellung, über das Dasein eines bloßen Schriftstellers hinauszuwachsen. Von seiner Umwelt forderte er Respekt und nahm jede Ablehnung stets persönlich. In der 1905 erschienenen Erzählung *Schwere Stunde*, gab er in der Maske Friedrich Schillers die Parole aus, die sein Leben maßgeblich bestimmte: »Größe! Außerordentlichkeit! Welteroberung und Unsterblichkeit des Namens! Was galt alles Glück der ewig Unbekannten gegen dies Ziel?« Zur großen Persönlichkeit gehörte auch die passende Ehefrau, Thomas Mann suchte und fand sie im Palais des steinreichen Professors Alfred Pringsheim, eine der prunkvollsten Adressen der Münchener High Society. Das verwöhnte

■ Katia Mann (1883–1980) mit den Kindern Klaus und Erika

■ Thomas Mann mit seiner Tochter Erika, 1947 in London

Töchterlein Katia fand den Galan eigentlich zu spießig und reichlich altherrenhaft angezogen für seine Jahre. Tatsächlich hatte Thomas Mann die bunten Westen der Schwabinger Künstlerszene längst mit korrekter Kleidung vertauscht, um fortan den Habitus distinguierter Bürgerlichkeit an den Tag zu legen, Katias Eltern sahen's mit Behagen. Auch *Buddenbrooks* gefiel, noch mehr beeindruckten die 18 Auflagen, die inzwischen zu Buche standen, man riet der störrischen Tochter zum Jawort. Die Hochzeit katapultierte den Bräutigam an die Spitzen der Gesellschaft, eine stattliche Mitgift ermöglichte jenen gehobenen Lebensstandard, den Thomas Mann nie wieder aufgab und wie selbstverständlich für sich beanspruchte. Katia wurde zum guten, energischen Geist des Thomas-Mann-Imperiums, sie organisierte den Alltag, der den Gatten überforderte, hielt ihm den Rücken frei, sodass er ungestört arbeiten konnte. Jeden Morgen, pünktlich um 9 Uhr, schritt der Zauberer in sein Kabinett. Dann hatte Ruhe im Haus zu herrschen, Kinder wie Dienstboten schlichen auf Zehenspitzen. Der jüngste Sohn Michael hat das tägliche väterliche Programm beschrieben: »Vormittags bis 12 am Romanwerk, nach Tisch las er in seinem Lehnstuhl bei einer Zigarre. Nach dem Tee schrieb oder diktierte er Briefe. Abends dann wieder Lektüre. Eine Abweichung von dieser Tagesordnung war undenkbar.« Dieses zähe li-

»Man kann sich auf den Kopf stellen und alles Mögliche veranstalten, aber das Werk Thomas Manns bleibt die bedeutendste Leistung deutscher Sprache in diesem Jahrhundert.«
Thomas-Mann-Biograph Klaus Harpprecht, 1995

EIN STRENGES GLÜCK

Thomas Manns große literarische Lebensleistung ist auch die Geschichte eines bitteren Verzichts. Worin er bestand, erfuhr die Welt erst zwanzig Jahre nach seinem Tod, als die Tagebücher veröffentlicht wurden: Thomas Mann war (auch) homosexuell. Bei seiner Hochzeit versprach er Katia ein »strenges Glück«, sie ahnte damals kaum, was ihr blühte. Das Tagebuch verrät die Schmerzen einer unerfüllten Sexualität. Mehrfach heiß verliebt in schöne junge Männer, versagte sich der Schriftsteller die erotische Erfüllung, sie passte nicht ins Lebensbild. Umso mehr deuten im Werk die vielen hübschen Jünglinge auf eine Leidenschaft, die Thomas Mann bis ins hohe Alter unterdrückte. Nur so versteht man den tiefen Seufzer des 78-Jährigen im September 1953: »War nicht das *ganze* Leben peinlich? Es gab wohl selten ein solches Durcheinander von Glanz und Qual.«

terarische Berufsbeamtentum wurde ebenfalls zum – oft bespöttelten – Markenzeichen, aber so entstand das riesige Werk mit sieben großen Romanen, über 40 Erzählungen und hunderten von literaturkritischen, geistesgeschichtlichen und politischen Essays.

Thomas Mann schrieb langsam, wenige Seiten täglich, doch was seinen Schreibtisch je verließ, war makellos und brillant formuliert. Zwölf Jahre dauerte die Arbeit am zweiten Meisterroman *Der Zauberberg*, sechzehn Jahre erforderte die Tetralogie *Joseph und seine Brüder*.

Nur einmal vertat er sich, als ihn im Ersten Weltkrieg der nationale Furor erfasste. Ein flammender pazifistischer Appell des Bruders Heinrich lieferte den Anlass für eigene *Betrachtungen eines Unpolitischen*, einen verdrucksten, erzkonservativen 600-Seiten-Traktat, der seinem Titel leider alle Ehre machte. Politik interessierte Thomas Mann nicht, er deutete sie ›geistig‹ mithilfe seines Dreigestirns Wagner-Schopenhauer-Nietzsche und begriff kaum Struk-

■ Thomas Mann (Armin Mueller-Stahl) begegnet auf Sylt einem schönen Knaben (Ludwig Blochberger). Szene aus Heinrich Breloers TV-Dreiteiler *Die Manns*

■ Thomas Mann (1. Reihe rechts am Gang) bei der Verleihung des Literaturnobelpreises in Stockholm 1929

turen und Mechanismen des politischen Geschäfts. In der Weimarer Republik begrüßte und verteidigte er, geläutert, zwar wacker die Demokratie, doch vom obrigkeitshörigen Kult der großen Männer kam Thomas Mann im Grunde niemals los. Den Staatspräsidenten Friedrich Ebert feierte er als gütigen Vater, dem das Volk demütig zu danken habe; später im Exil wurde US-Präsident Roosevelt zu einer ähnlichen Lichtgestalt, wobei keine geringe Rolle spielte, dass beide Staatenlenker dem Schriftsteller präsidiale Reverenz erwiesen, Roosevelt ihn gar ins Weiße Haus zum Dinner lud.

Der Zauberberg, 1924 publiziert, sicherte endgültig Thomas Manns Weltrang als Romancier, der Nobelpreis 1929 krönte ihn zum König der deutschen Literatur. Nun durfte sich das »gewisse fürstliche Talent zum Repräsentieren« voll entfalten, das Thomas Mann seinem Wesen zuschrieb, umso herber empfand er den jähen Umschlag aller Lebensverhältnisse, der mit der Emigration einherging.

»Wo ich bin, ist deutsche Kultur.«
Thomas Mann in einem der ersten Interviews im amerikanischen Exil

Bereits einen Monat nach der Machtübernahme der Nationalsozialisten blies die völkische Presse zum Angriff auf den ›demokratischen‹ Dichter. Zufällig befand er sich gerade im Ausland. Die politisch hellsichtigeren Kinder Erika und Klaus, inzwischen selbst bekannte Autoren, beschworen den Vater, nicht zurückzukehren. In der Schweiz wartete er ab, hoffte darauf, dass der Spuk verflog. Die Rolle des Flüchtlings und Davongejagten beleidigte seinen enormen Sinn für äußere Würde, er fürchtete den sozialen Abstieg. Erst 1936 vollzog er, wiederum auf beharrliches Drängen seiner Ältesten, den öffentlichen Bruch mit Hitlers Regime – die Nachricht machte weltweit Schlagzeilen.

Wenige der vertriebenen deutschen Schriftsteller, etwa Stefan Zweig, Lion Feuchtwanger oder Erich Maria Remarque, teilten mit Thomas Mann auch im Exil das Privileg materieller Sorglosigkeit. Er blieb, in den sarkastischen Worten Hermann Kestens,

■ Thomas Mann mit dem Ehrenbürgerbrief seiner Geburtsstadt Lübeck im Audienzsaal des Rathauses am 20. Mai 1955, neben ihm seine Frau Katia

»Nun ist der große Thomas tot, er schwebte ja seit Jahrzehnten als großer alter Erzengel über uns allen, die wir zum größten Teil Putten und Amoretten geblieben sind.«
Gottfried Benn, im August 1955 zum Tode von Thomas Mann in einem Brief

der »notorische Villenbesitzer« mit Hang zu Komfort und Luxus. Aber auch literarisch hielt er oberstes Niveau, schloss das Epochenwerk der *Joseph*-Tetralogie ab, zauberte zwischendurch mit *Lotte in Weimar* eine herrliche Hommage an das lebenslange Vorbild Johann Wolfgang von Goethe, um schließlich den düsteren *Doktor Faustus* zu schreiben, ein weiteres Jahrhundertbuch. Politisch wurde Thomas Mann zum prominentesten Repräsentanten der Emigration, ihre wichtigste Stimme, die im Rundfunk sogar bis nach Nazi-Deutschland ausstrahlte.

Seine letzten Jahre verbrachte Thomas Mann wieder in der Schweiz. Auf triumphalen Reisen durch West- und Ostdeutschland säumten tausende Menschen den Weg, »immer Wagenzug mit Motor-Polizei voran …«, verzeichnet das Tagebuch. Es regnete Ehrungen und Auszeichnungen. Den Höhepunkt bildeten die Feiern zum achtzigsten Geburtstag. Zwei Monate später, am 12. August 1955, starb Thomas Mann an einer Thrombose, friedlich im Schlaf. Mit ihm ging eine Epoche zu Ende. *Ich glaubte … ich glaubte … es käme nichts mehr*, stammelt der kleine Hanno in *Buddenbrooks*, als er dabei ertappt wird, wie er im Familienstammbuch einen dicken Schlussstrich unter seinen Namen zieht. Thomas Mann dachte genauso. Dass ihm ein ähnlich Großer nachfolgte, schien ausgeschlossen. Auch dieses Ziel war erreicht.

THOMAS MANN

LEBEN & WERK

Thomas Mann wurde am 6. Juni 1875 als zweiter Sohn des Kaufmanns und Senators Johann Heinrich Mann und dessen Frau Julia da Silva-Bruhns geboren. 1891 stirbt der Vater, Mutter und Geschwister ziehen nach München, Thomas folgt 1894, ohne die Schule zu beenden, und arbeitet – auf Wunsch des Vormunds – kurz bei einer Feuerversicherung. Volljährig geworden, erhält er die Zinsen an seinem Vermögensanteil, was ihm das Leben eines freien Schriftstellers ermöglicht. Eine erste Novelle, »Gefallen«, erscheint; zusammen mit Bruder Heinrich arbeitet er für die konservative Zeitschrift *Das zwanzigste Jahrhundert. Blätter für deutsche Art und Wohlfahrt*; eine Episode, die beide Brüder später herunterspielen. Der Durchbruch gelingt 1903, mit der einbändigen (zweiten) Ausgabe der *Buddenbrooks*. In den folgenden fünf Jahrzehnten verfasst er sieben Romane, über 30 Novellen, ein Theaterstück, Essays und Reden, die Tagebücher. Er ist ein (welt)berühmter wohlhabender Autor, der schreibend Leben und Werk verschränkt: Kunst als literarisiertes Leben. So zeigen sich Autor und Werk janusköpfig wie die Jahrhundertwende selbst, am 19. Jahrhundert orientiert, ironisch distanziert dem 20. Jahrhundert gegenüber, in dem das gefestigte bürgerliche Leben seine Fundamente verliert. Den Konventionen seiner Zeit gehorchend, heiratet er 1905 trotz homoerotischer Neigungen die aus einer wohlhabenden Familie stammende Katia Pringsheim (1883–1980), mit der er sechs Kinder hat. Von der 1914 geäußerten Kriegsbegeisterung, der Verteidigung »machtgeschützter Innerlichkeit«, die zu einem mehrjährigen Bruch mit seinem Bruder Heinrich führt, distanziert er sich 1922. Zeitlebens aber spaltet sein Werk, führt immer wieder zu öffentlichen Kontroversen – um die Rolle von Kunst und Künstler ebenso wie um die Frage, was Nation und Deutschland sei; letztere erhält mit der Republikrede (1922), seiner Absage an NS-Deutschland und der Verteidigung des Exils (1936), den BBC-Reden *Deutsches Volk!*, der Erklärung *Warum ich nicht nach Deutschland zurückgehe* (1945) immer neue Nahrung. Thema seines Gesamtwerks ist der Verfall, aber anders als bei Döblin oder Musil zeigen sich dessen Zeichen in Manns Werken nicht an der Oberfläche, die dem Gesellschaftsroman à la Fontane verpflichtet bleibt, sondern bleiben in der perspektivischen Erzählstruktur verborgen. Nicht die Montage, sondern leitmotivische Verknüpfung soll das auseinanderstrebende Ganze zusammenhalten: als Kunst gewordenes Leben. Nach Deutschland kommt er nur besuchsweise zurück, ab 1952 lebt er in der Schweiz. Am 12. August 1955 stirbt er an den Folgen einer Arteriosklerose; sein Grab liegt auf dem Friedhof von Kilchberg bei Zürich

AUF DEN PUNKT GEBRACHT

Populär und erfolgreich waren viele, an Thomas Manns Ruhm indes reichte keiner heran. Leben wie Werk verstand er als Pflichterfüllung und Leistung, die einen Schriftsteller erst zum großen Mann macht. So wurde er der Goethe des 20. Jahrhunderts.

EMPFEHLUNGEN

Fünf Werke:
- *Buddenbrooks*
- *Der Tod in Venedig*
- *Der Zauberberg*
- *Joseph und seine Brüder*. 4 Bde.
- *Doktor Faustus*

Lesenswert:

Thomas Mann: *Betrachtungen eines Unpolitischen*, Frankfurt/M. 1983

Ders.: *Bekenntnisse des Hochstaplers Felix Krull. Der Memoiren erster Teil*, Frankfurt/M. 1999

Heinrich Breloer und Horst Königstein: *Die Manns. Ein Jahrhundertroman*, Frankfurt/M. 2003

Sybil Schönfeldt: *»Feine Leute kommen zu spät« oder bei den Manns zu Tisch*, Zürich–Hamburg 2004

Klaus Schröter: *Thomas Mann*, Reinbek 2005

Helmut Koopmann: *Thomas Mann – Heinrich Mann. Die ungleichen Brüder*, München 2005

Hörenswert:

»Aus meinem Leben«, Thomas Mann spricht über seinen Roman Buddenbrooks, Lübeck 2000 (Aufnahme von 1932)

Thomas Mann: *Bekenntnisse des Hochstaplers Felix Krull*, gelesen vom Autor, München 2003, 4 CDs

Sehenswert:

Tod in Venedig. Regie: Luchino Visconti; mit Dirk Bogarde, Romolo Valli, Mark Burns. I 1971

Engel im Jackett

Rainer Maria Rilke

1875–1926

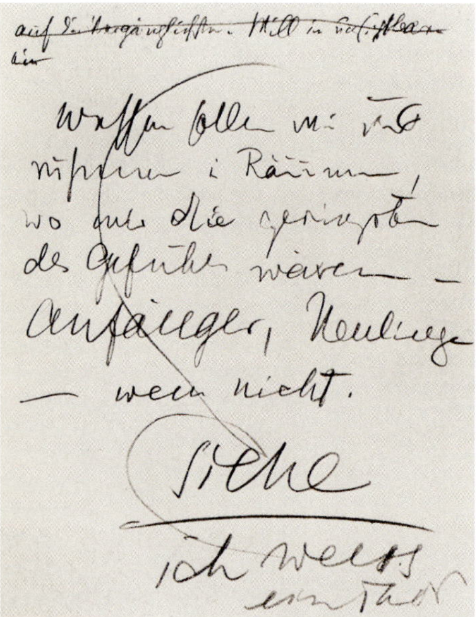

■ Entwurf Rilkes zu einer Elegie. Muzot, Februar 1922

Manche Verse kamen ihm wie Eingebungen, beim Spaziergang am Meer etwa diese: *Wer, wenn ich schriee, hörte mich denn aus der Engel/Ordnungen? und gesetzt selbst, es nähme/einer mich plötzlich ans Herz: ich verginge von seinem/stärkeren Dasein.*

Eine geheimnisvolle Stimme, so erinnert sich Rainer Maria Rilke später, habe ihm jene Zeilen zugerufen, in anscheinend perfekter Beherrschung deutscher Grammatik – das doppelte ›e‹ im Konjunktiv von »schreien« ist bis heute lyrisch einzigartig. Noch am selben Abend schreibt der Dichter die erste seiner *Duineser Elegien,* benannt nach dem Schloss Duino an der italienischen Adriaküste, wo Rilke den Winter 1911/12 verbringt. Der herrschaftliche Palast gehört der Fürstin Marie von Thurn und Taxis, einer mütterlichen Freundin und Verehrerin, die zehn Jahre darauf, als Rilke ein zweites Hauptwerk, die *Sonette an Orpheus,* abschließt und ihr vorträgt, im Tagebuch notiert: »Und während er las, wundervoll las, wie nur er zu lesen weiß, fühlte ich immer stärker das Pochen meines Herzens, fühlte ich mein Gesicht von Tränen überströmt.« Diese Lesung findet in Rilkes letztem Domizil statt, dem Schlossturm Muzot im Schweizer Kanton Wallis, den ihm ein weiterer reicher Gönner zur Verfügung stellte. Bis dahin hat der Dichter an über fünfzig Orten logiert, zunächst in ärmlichen Hotelzimmern und Mansarden, rasch jedoch und dann konstant auf den Adelssitzen europäischer Prinzessinnen und Baronessen, die ihn förmlich anbeten, unterstützen und für alles sorgen, was seine sensible Natur benötigt: schöne Umgebung, eine gepflegte Atmosphäre, feinste Anzüge, vor allem aber die Ruhe und Sicherheit, sich ganz der Kunst hingeben zu können.

»Rilke litt, wie alle, die nahe der Chaosgrenze wohnen, an einem Gefühl dauernden Bedrohtseins, war überaus reizbar und seiner Gesundheit nicht sicher; er musste seine Kunst behandeln wie eine kostbare Geige, die durch schlechtes Wetter leicht verstimmt wird.«
Hans Carossa, 1933

Dafür hat Rilke lange gekämpft, unermüdlich geschrieben und publiziert. Schon in frühester Jugend will er Dichter werden und nur das, nie denkt er ernsthaft an einen anderen Beruf. Als Schüler verteilt Rilke handgeschriebene Gedichte an Passanten in seiner Heimatstadt Prag, selbstbewusst deklamiert er die Verse vor den ratlosen Kameraden einer Kadettenanstalt, in die ihn der Vater, ein Offizier, zwingt, um einen Mann aus ihm zu machen. Bald entflieht Rilke solchem Regiment, ebenso einer kapriziösen Mutter, die ihn, im Gegensatz zum Vater, wie ein Mädchen behandelt und erzieht.

Nach einigen lustlos absolvierten Universitätsjahren taucht der Jüngling in München buchstäblich unter, jetzt beginnt Rilke das Leben, von dem er träumt. Es ist die Zeit des Fin de Siècle, eine literarisch hochnervöse Periode, die um die Jahrhundertwende eine Vielzahl neuer ästhetischer Stile erzeugt. Die Künste mischen, beeinflussen sich, in Malerei, Musik und Dichtung entsteht ›die Moderne‹: Aus Frankreich wehen Impressionismus und Symbolismus heran, die Namen Baudelaire, Mallarmé und Maeterlinck machen die Runde, in Wien ertönen ungewohnte lyrische Klänge des blutjungen Hugo von Hofmannsthal, aus Berlin raunt die strenge, gebieterische Stimme von Stefan George, sie spricht viel von Seele, Ahnung und dunklen Mächten. In dieser neuromantischen Stimmung fühlt sich Rilke sogleich zu Hause, er dichtet wie besessen. Mit etlichen Gedichtbänden voller schwelgerischer Gefühlslyrik schafft er sich ein erstes begeistertes, vorwiegend weibliches Publikum, aus dem über die Jahre eine verschworene Fan-Gemeinde wird. Heute schüttelt man verwundert den Kopf über den bisweilen gräulichen Kitsch dieser frühen Phase, in der die Reime noch gewaltig holpern: *So wie ein gelbes Eichhorn huscht/das Licht hin im Reflexe,/und violetter Schatten tuscht/ins weiße Kleid ihr Kleckse.* Der Sprung ins Meisterfach gelingt Rilke durch einen radikalen Wechsel von Ort und Perspektive. In Paris findet er Kontakt zu dem weltberühmten Bildhauer Auguste Rodin, der ihn lehrt, die Welt gänzlich anders zu begreifen. Der alte Künstler lenkt Rilkes Blick auf die äußeren Dinge, auf Gegenstände des alltäglichen Lebens, auf Bauwerke, Möbel, Spielzeug und auch auf Tiere. Sie alle bergen ein Geheimnis, dem es auf die Spur zu kommen gelte. Stundenlang beobachtet Rilke einen Panther im Pariser Zoo, danach schreibt er im Hotel ein vollkommenes Gedicht, eines der schönsten des Jahrhunderts: *Sein Blick ist vom Vorübergehn der Stäbe/so müd geworden, dass er nichts mehr hält./Ihm ist, als ob es tausend Stäbe gäbe/und hinter tausend Stäben keine Welt.* Das ist die erste Strophe von *Der Panther* und Auftakt zu Rilkes so genannten Dinggedichten, die 1907 erscheinen und seinen Durchbruch bedeuten. Jetzt setzen Ruhm und eine nahezu kultische Verehrung

»Dieser große Lyriker hat nichts getan, als dass er das deutsche Gedicht zum erstenmal vollkommen gemacht hat; er war kein Gipfel dieser Zeit, er war eine der Erhöhungen, auf welchem das Schicksal des Geistes über Zeiten wegschreitet. … Er gehört zu den Jahrhundertzusammenhängen der deutschen Dichtung, nicht zu denen des Tages.«
Robert Musil zur Rilke-Feier in Berlin, 1927

■ Rilke an der Eingangstür zum Château de Muzot im Herbst 1923

■ Rilke und Lou Andreas-Salomé im »Fahnensattlerhaus« in Wolfratshausen, 1897

ein, die sich während des Ersten Weltkriegs sogar ins nationale Pathos integrieren lässt: Das poetisch überhöhte Schlachtgedicht *Die Weise von Liebe und Tod des Cornets Christoph Rilke,* einem tapferen Fahnenträger, steckt im Marschgepäck von zehntausenden deutscher Soldaten. Rilke selbst ist vom Kriegsdienst freigestellt und bald in die komfortablen Schutzräume europäischer Aristokratinnen entrückt, die sich beim feierlichen Klang seiner Poesie darüber hinwegträumen, dass die Welt draußen im Chaos versinkt. Krieg, Revolution und soziale Härten spielen bei Rilke keinerlei Rolle, seit den *Duineser Elegien* lebt er in einem eigenen lyrischen Kosmos, dem er zeitenthobene, mythisch-mystische Weisheiten über Liebe, Tod, Gott und das menschliche Dasein an sich ablauscht – ein dichtender »Engel im Jackett«, wie ihn die Schriftstellerin Claire Goll spöttisch beschreibt. Nicht wenige Kollegen rümpfen ähnlich die Nase, beispielsweise Gottfried Benn, der als schwer schuftender Arzt für Rilkes mondän abgeschottete Dichterexistenz nur Verachtung übrig hat: »Schließlich reimt sich alles, und es findet sich immer noch ein grässliches Schloss, von dem aus man die Armen bedichtet.« Solcherlei Kritik hält sich bis heute, und am Rilke der späten Jahre scheiden sich viele Geister. In seinen letzten Werken raunt es zunehmend weihevoll, virtuose Sprachmusik ertönt aus einem mysteriösen, selbstentworfenen »Weltinnenraum«, den Heerscharen von Germanisten immer wieder neu zu entschlüsseln suchen. Verblüffend bleiben das formale Niveau und eine Schaffenskraft höchster Konzentration – in nur zwei Wochen schreibt Rilke die 55 meisterlichen *Sonette an Orpheus.* Da ist der Dichter bereits körperlich schlecht beieinander, lange erkennen die Ärzte nicht, dass er an Leukämie leidet. Daran stirbt Rainer Maria Rilke mit 51 Jahren, am 29. Dezember 1926. Für sein Grab hat er diese Inschrift bestimmt: *Rose, oh reiner Widerspruch, Lust/Niemandes Schlaf zu sein unter soviel/Lidern.* Fehlt hier ein ›e‹? Sollte es nicht eher *unter soviel Liedern* heißen? Im Wortklang ist beides enthalten. Die Wissenschaft grübelt noch: Mehr als zwei Dutzend Interpretationen haben sich allein damit ausführlich beschäftigt.

CHERCHEZ LA FEMME! Zeitlebens suchte Rilke die Nähe zu Frauen. Mit 21 wird er der Geliebte der Schriftstellerin Lou Andreas-Salomé. Die Liaison hält mehrere Jahre, die Freundschaft bis zum Tod. 1901 heiratet Rilke die Bildhauerin Clara Westhoff, mit ihr hat er eine Tochter. Schon bald lässt er beide sitzen, um fortan einer stattlichen Reihe aristokratischer Damen den Kopf zu verdrehen. Das gelingt ihm sogar bei der berühmten Schauspielerin Eleonora Duse.

RAINER MARIA RILKE

LEBEN & WERK

Rainer Maria Rilke wird 4. Dezember 1875 in Prag geboren; die konfliktreiche Ehe der Eltern prägt seine Kindheit. Wurde er von der Mutter jahrelang als Mädchen erzogen, schickt der Vater den 10-Jährigen nach der Scheidung in eine Militärschule, in der Rilke mehrfach zusammenbricht. Bereits hier beginnt er zu schreiben. Ab 1895 studiert er in Prag Kunst- und Literaturgeschichte, wechselt 1896 nach München, lernt dort die Schriftstellerin Lou Andreas-Salomé (1861–1937) kennen, eine Freundin von Nietzsche und spätere Schülerin und Vertraute Freuds, der er 1897 nach Berlin folgt. Er reist nach Italien, lernt den Maler Heinrich Vogeler kennen und besucht zum ersten Mal die Künstlerkolonie Worpswede. 1899 fährt er mit der älteren Freundin Lou (und deren Ehemann) durch Russland, lernt Leo Tolstoi kennen. Diese intensive Zeit geht ein in den Gedichtband *Mir zur Feier* und in die Prosa-Dichtung *Weise vom Leben und Tod des Cornets Christoph Rilke* (1899). Ein Jahr später fährt er mit seiner Geliebten allein wieder nach Russland. Nach der Rückkehr zerbricht die Beziehung zu Andreas-Salomé, die tiefe Freundschaft der beiden aber wird ein Leben lang halten. In Worpswede lernt Rilke die Bildhauerin Clara Westhoff kennen, die er 1901 heiratet. Schon nach wenigen Monaten jedoch verlässt er Frau, Kind und Worpswede und lebt in den folgenden Jahren überwiegend in Paris. Er will »sehen lernen«; in der fruchtbaren Auseinandersetzung mit dem Bildhauer Auguste Rodin, dem er eine Monographie widmet (1903) und dessen Sekretär er wird (1905/06), findet er von der mystischen Subjektivität der ersten Schaffensperiode zur Objektivität der »Dinggedichte«. Das Kunstwerk sieht er nicht mehr als Ausdruck der subjektiven (»genialischen«) Produktivität, sondern es ist, losgelöst davon, durch und durch Form, nur es selbst. Zugleich prägt ihn die überwältigende Wirklichkeit der Metropole Paris; die Entfremdungen des Großstadtlebens schlagen sich nieder in den *Aufzeichnungen des Malte Laurids Brigge*. 1910 veröffentlicht, begründet dieses als fingiertes Tagebuch verfasste »Prosagedicht« Rilkes internationalen Ruhm. Er reist wieder (Nordafrika, Spanien), lebt länger auf Schloss Duino bei Triest als Gast der Fürstin Maria von Thurn und Taxis. Der Erste Weltkrieg, den er zunächst begeistert begrüßt, führt zu einem seelischen Zusammenbruch, von dem er sich nur langsam erholt. 1922 vollendet er die *Duineser Elegien* und die *Sonette an Orpheus*. Der international gefeierte Dichter bleibt unstet, genießt aber seine gesellschaftlichen Erfolge. 1924 erkrankt er an Leukämie und stirbt am 29. Dezember 1926 im Sanatorium Val-Mont. In seinen letzten Werken hat er eine umfassende, durch Reisen, Lektüre und Übersetzertätigkeit gesättigte Welterfahrung mit der Selbstdeutung des Dichters verbunden.

AUF DEN PUNKT GEBRACHT

Eine singuläre Erscheinung in der Literatur des 20. Jahrhunderts. Als historisch letztes Exemplar reinen, vergeistigten Dichtertums steht Rainer Maria Rilke einsam da. Man mag noch so viel über seinen Adelsfimmel spotten – Rilkes Lyrik ist unvergänglich.

EMPFEHLUNGEN

Fünf Werke:

- *Das Stunden-Buch*
- *Die Weise von Liebe und Tod des Cornets Christoph Rilke*
- *Die Aufzeichnungen des Malte Laurids Brigge*
- *Duineser Elegien*
- *Sonette an Orpheus*

Lesenswert:

Rainer Maria Rilke, Lou Andreas Salomé. *Briefwechsel*, hg. von Ernst Pfeiffer, Frankfurt/M. 1975

Auguste Rodin, Rainer Maria Rilke: *Augenblicke der Leidenschaft. Zeichnungen und Texte*, Frankfurt/M. 2000

Hans Egon Holthusen: *Rainer Maria Rilke*, Reinbek 1996

Lou Andreas Salomé: *Russland mit Rainer. Tagebuch einer Reise.* Hg. von S. Michaud und D. Pfeiffer, Marbach 1999

Hörenswert:

Angelica Fleer, Richard Schönherz: *Rilke Projekt 2. In meinem wilden Herzen*, gesprochen von Veronica Ferres, Karlheinz Böhm, Christiane Hörbiger, 2002

Sven Görtz: *Hörportrait Rainer Maria Rilke*, Merenberg 2006

Besuchenswert:

Der Jardin du Luxembourg in Paris mit dem durch Rilke berühmten Karussell

Die Künstlerkolonie Worpswede bei Bremen

»Ich war ein Suchender und bin es noch«

Hermann Hesse

1877–1962

»Das erste und brennendste meiner Probleme war nie der Staat, die Gesellschaft oder die Kirche, sondern der einzelne Mensch, die Persönlichkeit, das einmalige, nicht normierte Individuum.«
Hermann Hesse, 1957

Das kleine Postamt von Montagnola bebte. Noch nie hatte es eine solche Flut an Briefen, Karten und Päckchen erlebt wie in diesen Tagen im Dezember 1946, die Tessiner Beamten waren fassungslos – und stolz. Denn natürlich kannten sie den Adressaten, jenen älteren deutschen *scrittore*, der eher ein Maler und Gärtner zu sein schien als ein Schriftsteller. Seit Jahren wohnte er still und bescheiden in der Casa Rossa, einem Haus, das ihm ein reicher Gönner auf Lebenszeit zur Verfügung gestellt hatte. Man sah ihn im Weinberg werkeln oder vor einer Staffelei in der Landschaft sitzen, auf einfachste Weise gekleidet, mit Strohhut auf dem Kopf. Aber jetzt war alles anders, der Gärtner frischgebackener Nobelpreisträger für Literatur, man schaute auch auf Montagnola, und mit einem extra angeschafften Handwagen überbrachte ein strahlender Postbote die Gratulationen aus der ganzen Welt.

Der Gefeierte seufzte angesichts dieser Ehrungen. Hermann Hesse wich der Öffentlichkeit aus, wo er konnte; zeitlebens mied er große Städte, auch das Reisen, selbst der Nobelpreis-Verleihung in Stockholm entging er durch Krankheit – sie kam ihm gerade recht. Diese Scheu war keine Schrulle, sondern entsprang einem Prinzip radikaler Innerlichkeit, in dem sich Leben und Arbeit untrennbar miteinander verwoben. Ruhm zählte dabei nicht. Obwohl Hermann Hesse bereits im Alter von dreizehn Jahren beschloss, »entweder ein Dichter oder gar nichts« zu werden, hielt er Abstand zu den damaligen deutschen literarischen Zentren wie München oder Berlin, wo sich ein junger Mann einen Namen machen konnte. Er wuchs in der schwäbischen Provinz auf, lebte am Bodensee, in Bern und Basel, bis er Anfang der 1930er Jahre im Tessin eine endgültige Heimstatt fand, die er bis zu seinem Tod kaum verließ. »Ich schreibe nicht sehr viel und nur aus persönlichstem Bedürfnis«, ließ er 1903 einen verblüfften Samuel Fischer wissen, immerhin den bedeutendsten deutschen Verleger jener Zeit, der auf den noch völlig unbekannten Autor nur durch Zufall gestoßen war. Ein Jahr darauf erschien im S. Fischer Verlag mit *Peter Camenzind* die erste größere Erzählung und zugleich ein literarisches Credo, das Hesses Leben und Schrei-

■ Hermann Hesse in Montagnola, um 1952

ben in Zukunft prägen sollte: »... Er will nicht den Weg Vieler, sondern eigensinnig nur seinen eigenen Weg gehen, er will nicht mitlaufen und sich anpassen, sondern in seiner eigenen Seele Natur und Welt spiegeln und in neuen Bildern erleben ...«, schrieb der Verfasser Jahrzehnte später über seinen Helden, er sprach über keinen anderen als sich selbst. Auch alle weiteren berühmten Romangestalten, ob Demian, Siddhartha oder Harry Haller aus dem *Steppenwolf*, tragen die Wesenszüge ihres Erfinders, sie teilen seine Ansichten, Ängste, Hoffnungen und vor allem die Hartnäckigkeit, mit der sie ihre Persönlichkeit ergründen, im *Demian* heißt es: »Ich war ein Suchender und bin es noch.« Diesem Credo folgend, schrieb Hermann Hesse keine Romane und Erzählungen im herkömmlichen Sinn, die Handlung spielt stets nur eine untergeordnete Rolle. Es geht vielmehr um existenzielle Situationen, um Stimmungen und Gefühle, wie der Mensch sie in verschiedenen, zumeist krisenhaften Phasen empfindet. Hesses Protagonisten sind niemals souveräne Gestalter ihres Daseins, sie leiden unter den Normen von Staat und Gesellschaft, stehen beständig unter dem Druck, Erwartungen zu erfüllen, die ihrem Streben nach Individualität und Identität widersprechen. Wie lebt man richtig? Diese Frage steht zwischen allen Zeilen, und der Dichter gibt stets diese Antwort: Sei ehrlich zu dir selbst, höre auf dein Herz, werde der, der du bist! In einer klaren, einfachen Sprache entwirft Hermann Hesse ein Programm der Selbstverwirklichung. *Peter Camenzind* machte den Autor über Nacht bekannt, in den folgenden Jahren schuf er sich mit seinen »Seelenbiographien«, den Novellen, Märchen und hunderten von Gedichten ein stetig wachsendes, auch rasch internationales Publikum. Unter Schriftstellern war Hermann Hesse umstritten. Der kühle Denker Gottfried Benn sah in ihm einen »durchschnittlichen Entwicklungs-, Ehe- und Innerlichkeitsromancier – eine typisch deutsche Sache«. Thomas Mann hingegen schätzte das hohe humanistische Ethos, das Hermann Hesse in Person und Werk verkörperte; aus dem distinguierten Patrizier und dem Gärtner von Montagnola wurden beste Freunde.

Mit ihren lyrischen Naturschilderungen wirken Hesses frühe Texte wie zeitenthobene Idyllen aus dem Geist der Romantik, spätestens *Der*

■ Englische Ausgabe des *Steppenwolf*

»Ich habe die Bücher mit großem Staunen und immer mehr Neugierde gelesen. Dieser Hermann Hesse ist nicht nur eine romantische Idee der Amerikaner, sondern ganz gewiss ein vernünftiger, überprüfbarer großer Schriftsteller.« Peter Handke

■ Unterschrift des Dichters

■ Die kanadisch-amerikanische Rockband »Steppenwolf«. Ihre Anti-Drogen-Ballade *The Pusher* und der legendäre Hit *Born To Be Wild* (Sommer 1968) wurden für den Soundtrack des Kultfilms *Easy Rider* verwendet.

Steppenwolf von 1927 bewies, dass der sanfte Poet die Weltlage nicht nur kannte, sondern ihr auch die Zähne zeigen konnte. Etliche treue Leser rannten erschrocken davon angesichts des zerrütteten Charakters Harry Haller, der wölfisch durch die Städte schnürt und in vielerlei Exzessen sein Unbehagen am herrschenden Zeitgeist ausdrückt. Eine schneidende Zivilisationskritik dominiert den Roman. Die Attacke gilt einer verspießerten bürgerlichen Gesellschaft, die den Schock des Ersten Weltkrieges durch oberflächliche Vergnügungen kompensiert, jedem Modetrend nachläuft und nicht bemerkt, dass der rasende technische Fortschritt alle menschlichen Werte zermalmt; »Hochjagd auf Automobile« lautet eine bezeichnende Überschrift im Kabinett des Magischen Theaters, in dem Harry sein wahres Ich erkennt. Am Ende steht ein durchaus konservatives Bekenntnis zu Kultur und Bildung, zur großen Tradition von Goethe und Mozart. Viele überlasen diesen Schluss, insbesondere die amerikanischen Hippies, die nahezu 50 Jahre später den *Steppenwolf* als Rausch- und Drogenbuch entdeckten und einen weltweiten Hesse-Boom auslösten. Ab Mitte der 1960er Jahre wurden seine Bücher millionenfach verkauft, bis heute ist er einer der meistübersetzten deutschen Autoren mit einer Gesamtauflage von mehr als 100 Millionen Exemplaren. Diesen Sensationserfolg erlebte Hermann Hesse nicht mehr, er wäre wohl auch eher bestürzt darüber gewesen. Er hatte mit dem 1943 erschienenen *Glasperlenspiel* sein Lebenswerk gekrönt und auf dem Höhepunkt der nationalsozialistischen Barbarei noch einmal einen breitangelegten Protest gegen Inhumanität, Willkür und die Vergewaltigung des Individuums formuliert. Fortan suchte er Ruhe, was der Nobelpreis jedoch endgültig verhinderte. In seinen beiden letzten Jahrzehnten wurde Hermann Hesse zum Briefkasten-Onkel der gesamten Welt. Aus aller Herren Länder strömten Zuschriften herbei, tausende von Lesern schilderten ihre Sorgen, baten um Hilfe und Rat. Allein 35000 dieser Briefe bewahrte Hermann Hesse auf, fast alle hatte er beantwortet, der Handwagen der Poststelle von Montagnola blieb unentbehrlich.

SIDDHARTHA

Ein wesentlicher spiritueller Gehalt von Hermann Hesses Werk gründet auf fernöstlicher Philosophie und Weisheit. 1922 erschien *Siddhartha. Eine indische Dichtung*. Darin durchläuft der junge Brahmanensohn Siddhartha verschiedene Stationen der Selbstfindung, die sich in der Harmonie von Geist, Sinnlichkeit und Natur vollendet.

HERMANN HESSE

LEBEN UND WERK

Hermann Hesse gilt als »Autor der Krise«. Den Einflüssen von Erziehung und Bildung, von gesellschaftlichen und politischen Ereignissen geht er nach, indem er den subjektiven Gegenbewegungen nachspürt. Diese Selbsterforschung ist nicht ganz freiwillig: Er, am 2. Juli 1877 in Calw geboren, entstammt einer protestantischen Missionarsfamilie. Mit dem Pietismus seiner Vorfahren kann er sich nie identifizieren, die von ihnen vermittelte Erfahrung fremder Kulturen aber nimmt er auf. Lateinschule, evangelisch-theologisches Seminar im Kloster Maulbronn: Schulzwang bringt den Jungen in eine große Krise; die Eltern stecken ihn in eine Heilanstalt in Stetten (1892), erschütternde Briefe schreibt der Junge von dort. Er macht gleichwohl das »Einjährige« Abitur, beginnt eine Buchhändlerlehre, doch »immer wenn ich das ›Du sollst‹ hörte, so wendete sich alles in mir um, und ich wurde verstockt«. Aber »es war mein Glück, dass im Hause meines Vaters die gewaltige großväterliche Bibliothek stand.« So hat er bis 1897 nicht nur »eine gewaltige Menge Papier mit ersten Dichterversuchen vollgeschrieben«, sondern auch »die halbe Weltliteratur« gelesen. 1899 bis 1903 arbeitet er als Buchhändler und Antiquar in Basel. Nach dem Erfolg der zivilisationskritischen Erzählung *Peter Camenzind* (1904) kann er sich als freier Schriftsteller etablieren. Er heiratet Maria Bernoulli, die beiden ziehen nach Gaienhofen am Bodensee, bekommen drei Söhne. Die Jugendkrisen werden zum Stoff von *Unterm Rad* (1906). Als feinfühliger Kritiker und Essayist, als Mitherausgeber der liberalen Zeitschrift *März* (1907–1912) verfolgt er unermüdlich das Leben seiner Zeit, nicht nur das literarische; er hinterlässt 3000 Rezensionen. Weltkrieg, die Tätigkeit in der Deutschen Gefangenenfürsorge Bern (1914–1919), Ehekrise und ausbrechende Schizophrenie seiner Frau, wüste Reaktionen auf seinen antichauvinistischen Artikel *O Freunde, nicht diese Töne* (1915) stürzen Hesse in eine zweite tiefe Krise. Er beginnt in C. G. Jungs Klinik eine Psychoanalyse, die ihren Niederschlag findet in *Demian* (1919). Sein Glaube an sein Dichtertum ist entwurzelt, von diesem Wendepunkt an wird das Gelten-Lassen zum Motto, das Werden und nicht das Sein. Und was als Therapie beginnt, wird zur Leidenschaft: das Malen, über 3000 Aquarelle entstehen bis zu seinem Tod am 9. August 1962. Die meisten im Tessin, wo er seit 1919 zurückgezogen in Montagnola lebt, 1924–1927 mit Ruth Wenger, seiner zweiten Ehefrau, ab 1931 mit seiner dritten Frau Ninon. Briefwechsel – allein 35 000 an ihn gerichtete Briefe hat er aufbewahrt – und weltweite Rezeption zeigen, wie sehr Leser im unruhigen 20. Jahrhundert nach einem Wegweiser suchen – humane Selbsterforschung hat Hesse zu einem der verlässlichsten Wegweiser werden lassen.

AUF DEN PUNKT GEBRACHT

»Das gibt mir was«, sagen viele Fans vage, und jeder meint etwas anderes. Selbsterfahrung, Naturseligkeit, Drogen, Schulprobleme – Hermann Hesse taugt für jeden Zweck. Seinem konsequenten Kampf für das Recht auf Individualität gebührt nach wie vor Respekt.

EMPFEHLUNGEN

Fünf Werke:
- *Peter Camenzind*
- *Demian*
- *Siddhartha*
- *Der Steppenwolf*
- *Das Glasperlenspiel*

Lesenswert:

Kindheit und Jugend vor 1900. Herman Hesse in Briefen und Lebenszeugnissen, ausgewählt und eingeleitet von Ninon Hesse, Frankfurt/M. 1973

Hermann Hesse, Thomas Mann: *Briefwechsel*, hg. von Anni Carlsson und Volker Michels, Frankfurt/M. 2003

Bernhard Zeller: *Hermann Hesse*, Reinbek 2005

Hugo Ball: *Hermann Hesse. Sein Leben und sein Werk*, Göttingen 2006

Hörenswert:

Hermann Hesse, gelesen von Helmut Griem, Peter Lühr, Gert Westphal, Hamburg 2002

Hermann Hesse: *Ein Dichter oder gar nichts. Kurzgefasster Lebenslauf*, gelesen von Gert Westphal, München 2005

Hermann Hesse Hörwerke, z.B.: *Über das Glück*, gelesen von Hermann Hesse und Gert Westphal, Frankfurt/M. 2006

Besuchenswert:

Die Hermann-Hesse-Museen in Calw im Schwarzwald, in Gaienhofen am Bodensee und in Montagnola im Tessin

Dichter ran ans Leben
Alfred Döblin
1878–1957

■ Günter Lamprecht als Franz Biberkopf und Brigitte Mira als Frau Bast sowie Barbara Valentin als die tote Ida. Szenenphoto aus Reiner Werner Fassbinders Verfilmung *Berlin Alexanderplatz. Ein Film in 13 Teilen und einem Epilog* von 1980

»Da schlendert nun ein älterer Herr, Zigarette im Mund, Hände in den Manteltaschen, trägt eine scharfe Brille, hat ein glattes lebendiges Gesicht. Es ist Alfred Döblin, der in Paris ebenso spaziert wie einst in Berlin.« Mit Ironie und guter Laune beschreibt er sich selbst, in einer 1939 veröffentlichten autobiographischen Skizze, wenige Monate vor Kriegsausbruch. Der 61-Jährige ahnt nicht, dass es ihn aus dem französischen Exil bald noch weiter weg verschlagen wird, nach Amerika, wo er vom berühmten Autor zu einem Nobody absinken wird. Jetzt ist Alfred Döblin noch in vollem Schwung. Seine Romane erscheinen in halb Europa, Frankreich hat den vertriebenen jüdischen Schriftsteller in allen Ehren aufgenommen, ihm 1936 die Staatsbürgerschaft verliehen und sogar ein Amt in einem Ministerium verschafft. Ganz Paris kennt den Verfasser von *Berlin Alexanderplatz*, seinem spektakulären Bestseller von 1929, der allein in Deutschland 50000-mal verkauft, und mit berühmten Stars jener Zeit verfilmt wurde. Dieser Erfolg kommt gerade recht, um Döblins materielle Existenz nach dem Verlust von Hab und Gut halbwegs abzusichern. Persönlich macht er sich wenig aus Ruhm und Prominenz, die Kollegen vermerken es mit Erstaunen. Fünf umfangreiche Romane hat Döblin bereits vorgelegt, mehrere Erzählungsbände, die leider nur Kritiker beeindrucken, am Publikumsgeschmack aber zielsicher vorbeigehen. Zu avantgardistisch, zu kühn und oft auch zu verworren ist Döblins Prosa in ihrem geistigen Gehalt und formalen Anspruch. Alles probiert er aus: Marx, Nietzsche und Schopenhauer, taoistische Religion und indische Mystik. Energisch sucht Döblin nach Wahrheit und Erkenntnis, ob er verstanden wird, kümmert ihn nicht. Ebenso rücksichtslos experimentiert er mit neuen Schreibweisen. Döblin will Realismus, aber kein realistischer Erzähler vom alten Schlage sein, der gemütlich sein Garn spinnt. Angeregt von den ästhetischen Strömungen wie Futurismus, Dadaismus und Surrealismus, die sich seit der Jahrhundertwende immer stärker ausbreiten, wirft sich der junge Döblin zielstrebig in die Debatten über eine moderne, zeitgemäße Kunst. Besonders faszinierend findet er die jüngste Gattung, den Film. Das Gewimmel auf der Leinwand, die permanente Bewegung, die Gleichzeitigkeit der Abläufe, die Technik der Bildmontage – könnte, sollte, müsste man nicht genauso schreiben, um »dichter heran an das Leben« zu gelangen? Schon 1913 fordert Döblin in einem poetologischen »Berliner Programm« den »Kinostil« und »neue, strenge, kaltblütige Methoden« in der Literatur. Schluss mit dem »Erzählerschlendrian« und den braven Es-war-einmal-Geschichten! Keine Charaktere mehr wie im traditionellen Roman, der Figuren porträtiert, als handele es sich dabei um lebendige Menschen! Dem Leser nichts vorschwindeln, sondern sagen, wie die Welt wirklich aussieht. »Dichten ist nicht Nägelkauen und Zahnstochern, sondern eine öffentliche Angelegenheit.« In diesem Sinn engagiert Döblin sich nach dem Ersten Weltkrieg auch als politischer Publizist, schreibt aktuelle Pamphlete und Glossen. Er begeistert sich für die russische Oktoberrevolution, propagiert eine deutsche Räterepublik nach sowjetischem Vorbild und verwünscht den Kapitalismus.

ZU UNRECHT VERGESSEN – NOVEMBER 1918
Döblins eigentliches Hauptwerk, entstanden 1937–43, ist der vierbändige Roman *November 1918*. Auf nahezu 2000 Seiten werden die politischen Wirren in Deutschland nach dem Ersten Weltkrieg geschildert. Durch die Sicht mehrerer Hauptfiguren – eine davon ist die 1919 ermordete Sozialistin Rosa Luxemburg – entsteht ein vielschichtiges Bild der Epoche.

Noch dichter dran am Leben arbeitet Alfred Döblin in seiner Arztpraxis im Berliner Osten, Frankfurter Allee 340, unweit vom Alexanderplatz.

Hauptsächlich Kassenpatienten kommen zu dem ausgebildeten Psychiater, einfache Leute, die ihm ihre alltäglichen Sorgen und Krisen erzählen. Draußen braust die Metropole, blitzt hell die Reklame der Roaring Twenties, drinnen auf Döblins Couch liegen die Opfer, entwurzelte Verlierer des Krieges, der Inflation und Arbeitslosigkeit. Was der Doktor tagsüber an Schicksalen erfährt, verwandelt der Autor nachts in die »Geschichte vom Franz Biberkopf«, dem Transportarbeiter und Ex-Sträfling, der seine Freundin erschlug und nach verbüßter Haft wieder Fuß zu fassen versucht. Dazu postiert ihn Döblin direkt an den Alexanderplatz: *Die Invalidenstraße wälzt sich linksherum ab. Es geht nach dem Stettiner Bahnhof, wo die Züge von der Ostsee ankommen: Sie sind ja so berußt – ja hier staubts. – Guten Tag, auf Wiedersehen. – Hat der Herr was zu tragen, 50 Pfennig. – Sie haben sich aber gut erholt. – Ach, die braune Farbe vergeht bald. – Woher die Leute das viele Geld zu verreisen haben. … Von Süden kommt die Rosenthaler*

■ Alfred Döblin, 1949

■ Döblin in seiner Berliner Praxis im Bezirk Prenzlauer Berg

Straße auf den Platz. Drüben gibt Aschinger den Leuten zu essen und Bier zu trinken. Konzert. Großbäckerei.

Das ist die Melodie von Döblins Großstadt, ein hektisches Stimmengewirr, das Franz Biberkopf völlig überfordert. Berlin wird zum eigentlichen Helden des Romans, treibt den fassungslosen Franz vor sich her, in neuerliche Kriminalität, stößt ihn am Ende sogar unter ein Auto, wobei er einen Arm verliert: *Ramponiert steht er zuletzt wieder am Berlin Alexanderplatz, das Leben hat ihn mächtig angefasst.* So steht es auf dem Schutzumschlag der Erstausgabe, die Döblin über Nacht bekannt macht. Man spricht zu Recht vom ersten deutschen Großstadtroman, bis heute hat ihn kein anderer übertroffen. Mit *Berlin Alexanderplatz* schreibt Döblin Weltliteratur, ein einziges Mal, den Erfolg kann er nicht wiederholen. Die Nazis werfen den Roman 1933 auf den Scheiterhaufen. Als Frankreich im Juni 1940 kapituliert, entkommt Döblin nach halsbrecherischer Flucht in die USA. Seine Bücher finden keinen Verleger mehr. Ein kurzer Zeitvertrag bei den MGM-Studios in Hollywood wird nicht verlängert, bald lebt der Erfinder des »Kinostils« von 18 Dollar wöchentlicher Arbeitslosenunterstützung, schließlich halten ihn nur noch private Spenden über Wasser.

In der Uniform eines französischen Oberst kehrt Döblin 1945 nach Deutschland zurück, er arbeitet für die Zensurbehörde und teilt jene deprimierende Erfahrung vieler Emigranten: Man begegnet ihm mit Misstrauen und Ablehnung. Zwar werden nun seine Werke der Exiljahre veröffentlicht, doch kaum jemand nimmt sie und die zahlreichen neuen Schriften zur Kenntnis. Lediglich *Berlin Alexanderplatz* bleibt im Gedächtnis. Verbittert übersiedelt der inzwischen schwerkranke Autor erneut nach Frankreich, an den deutschen Bundespräsidenten Theodor Heuss, einen treuen Freund, schreibt er: »Ich bin in diesem Lande, in dem ich und meine Eltern geboren sind, überflüssig.« 1957 stirbt Alfred Döblin in Paris. Ein Jahr zuvor ist sein letzter großer Roman *Hamlet oder Die lange Nacht nimmt ein Ende* erschienen, allerdings nur in der DDR.

DÖBLINS TEMPERAMENT

Dass Alfred Döblin ein Außenseiter blieb, lag nicht nur am bunten Durcheinander seiner literarischen Ideen. Erschwerend kam sein hitziges Naturell hinzu. In Essays, Reden und Briefen herrscht ein extrem rauflustiger Ton. Wer nicht in seinem Sinne dachte und dichtete, wurde offen geschmäht. In den USA lebte Döblin in unmittelbarer Nachbarschaft mit Thomas Mann, Lion Feuchtwanger und Franz Werfel. Döblin verachtete und verprellte sie allesamt.

ALFRED DÖBLIN

LEBEN UND WERK

»Er sprang aus jeder Schublade, in die man ihn stecken wollte« (F. C. Delius), und doch hat man ihn auf *Berlin Alexanderplatz* festgenagelt. Alfred Döblin wird am 10. August 1878 als eines von fünf Kindern des jüdischen Schneidermeisters Max Döblin und seiner Frau Sophie (geb. Freudenheim) in Stettin geboren. Als Döblin zehn Jahre alt ist, verlässt der Vater die Familie. Die mittellos gewordene Mutter zieht mit den Kindern nach Berlin. Darum verspätet, erst im September 1900, macht er sein Abitur, beginnt ein Studium der Medizin und Philosophie an der Universität Berlin; 1905 promoviert er in Freiburg. Arbeitet dann in der Psychiatrie, lässt sich 1911 als Kassenarzt nieder (in der Nähe des Alexanderplatzes) und praktiziert bis 1933 in Berlin. 1912 heiratet er die jüdische Medizinstudentin Erna Reiss (1888–1957), vier Kinder hat das Paar. Neben seiner Tätigkeit als Psychiater ist er Mitgründer der expressionistischen Zeitschrift *Der Sturm* (1910), und er wird in den nächsten zwölf Jahren schreiben: *Die Drei Sprünge des Wang-lun* (1915), *Wadzeks Kampf mit der Dampfturbine* (1918), der mit Chaplins *Modern Times* verglichen wurde, *Wallenstein* (1920), einen Kriegsroman aus dem 17. Jahrhundert, den utopischen Roman *Berge, Meere und Giganten* (1924), schließlich *Berlin Alexanderplatz* (1929), daneben, unter dem Pseudonym Linke Poot, politische Glossen und Essays. Ein ungeheures Tempo, der Großstadt angemessen, ihren Ungleichzeitigkeiten, Multiperspektiven, dem Neben- und Gegeneinander unterschiedlichster Lebensentwürfe und Verhinderungsstrukturen. Das verlangt neue Erzählweisen, die Montage, die erlebte Rede, den Schwenk, der Sachen und sachlichen Verhältnissen ihrerseits Subjektcharakter gibt. Das Steinmeer der Stadt, sagt er 1930, ist »der Mutterboden aller meiner Gedanken«. Wo es um die Berliner Geschichte des Franz Biberkopf ging, nehmen ihm die Leser das ab, über China, Grönland, den Amazonas, über Geschichte oder Zukunft wollten sie wohl anderes hören. Dass das Ferne dem Eigenen so ähnlich ist, ist frustrierend. 1933 muss er vor den Nazis fliehen, 1936 wird er französischer Staatsbürger, 1940 muss er weiter fliehen, diesmal in die USA, wo er jedoch nicht Fuß fassen kann. In der Isolation konvertiert er zum Katholizismus, 1945 kehrt er nach Frankreich, 1946 nach Deutschland zurück. Aber er kommt nicht wirklich an. Sein vielschichtiges Werk ist einfach unbrauchbar für die, die im Nachkrieg klare Linien suchen, aber »wohlarrondierte Meinungen« will er nie »exekutieren«. Günter Grass ist einer der wenigen, die hier anknüpfen. Isoliert zieht sich Döblin 1953 nach Paris zurück, wo er, gesundheitlich schwer angeschlagen, am 26. Juni 1957 stirbt.

AUF DEN PUNKT GEBRACHT

Ein Autor von unerbittlichem, manchmal überspanntem Geist. *Berlin Alexanderplatz* bleibt sein Vermächtnis, einer der besten und schillerndsten Großstadtromane der Weltliteratur.

EMPFEHLUNGEN

Fünf Werke:

- *Die drei Sprünge des Wang-lun*
- *Wallenstein*
- *Berlin Alexanderplatz*
- *November 1918*. 3 Bde.
- *Hamlet oder die lange Nacht nimmt ein Ende*

Lesenswert:

Alfred Döblin: *Berge, Meere und Giganten*, München 1980

Alfred Döblin: *Wallenstein*, München 1983

Klaus Schröter: *Alfred Döblin*, Reinbek 1999

Marcel Reich-Ranicki: *Sieben Wegbereiter. Schriftsteller des 20. Jahrhunderts*, München 2004

Ernest Prodolliet: *Das Abenteuer Kino. Der Film im Schaffen von Hugo von Hofmannsthal, Thomas Mann und Alfred Döblin*, Fribourg 1991

Hörenswert:

Berlin Alexanderplatz. Die Geschichte des Franz Biberkopf, gelesen von Ben Becker, Düsseldorf 2003, 3 CDs

Da stehste staunend vis-à-vis. Döblins Berliner Feuilletons und Glossen, vorgetragen von Dieter Mann, Düsseldorf 2001

Sehenswert:

Berlin Alexanderplatz. Regie: Piel Jutzi; mit Heinrich George, Maria Bard, Bernhard Minetti. D 1931

Berlin Alexanderplatz. Regie: Rainer Werner Fassbinder; mit Günter Lamprecht, Karin Baal. BRD 1980

Dichten als Denken
Robert Musil
1880–1942

■ Robert Musil, um 1940, zwei Jahre vor seinem Tod. Ludwig Marcuse sagte über den *Mann ohne Eigenschaften:* »Musils Buch ist für mich eins der männlichsten, eins der geistigsten, eins der revolutionärsten Bücher, die je geschrieben worden sind.«

Am Ende seines Lebens litt er bitterste Not. Weder Honorare noch Tantiemen trafen mehr ein, allein Almosen hielten ihn und seine Frau über Wasser. Kleine Beträge, 50–100 Franken hie und da, von Freunden und Gönnern, mal ein Stipendium von einem Komitee für Emigranten, das allzu rasch auslief. Bettelbriefe verließen fast täglich die zwei kargen Zimmerchen im schweizerischen Exil, wo er einsam und verlassen saß. Die literarische Welt schwieg, sein 60. Geburtstag verstrich, ohne dass irgendeine Zeitung Notiz davon nahm.

Zehn Jahre zuvor war die Begeisterung groß, ja überschwänglich gewesen, als sein Buch erschien, der erste Band des gewaltigen, 1000-Seiten-Romans *Der Mann ohne Eigenschaften*, an dem er bis zuletzt verbissen arbeitete, ohne Hoffnung schließlich, das Werk je zu vollenden. Was hatte es geholfen, dass ein Weltberühmter wie der Nobelpreisträger Thomas Mann öffentlich dazu aufrief, ihn zu unterstützen, und das Buch eine der größten Leistungen der Literatur nannte: »Lest es. Es ist wunderbar witzig.« Das Publikum hörte nicht hin, gerade mal 1800 Exemplare wurden verkauft. Und jetzt, in Zeiten des Krieges und allgemein wirrer Verhältnisse, wollten die Verleger von einer Fortsetzung nichts wissen. Am 15. April 1942 starb der österreichische Schriftsteller Robert Musil in Genf an einem Gehirnschlag. Die Nachricht von seinem Tod war der deutschen Presse lediglich zwei Zeilen wert.

Dagegen hatte alles so vielversprechend begonnen, damals, kurz nach der Jahrhundertwende. Schon der erste schmale Roman *Die Verwirrungen des Zöglings Törleß* riss die Kritiker 1906 hin und machte den jungen Autor über Nacht bekannt. In diesem Buch verarbeitete Musil seine Erfahrungen in einem Militär-Internat zu einem atmosphärisch bedrückenden Text über Gewalt, Gehorsam und Demütigung. Ihm selbst schmeckte der harte Drill gar nicht so schlecht. Zeitlebens blieb Musil ein Sportsmann, der mit Hanteln trainierte und vorzüglich schwamm; Frauen machten große Augen, wenn er im Wiener Freibad seine Runden drehte. Dabei barg der muskulöse Körper einen überaus scharfen Verstand mit extrem ausgebildetem Erkenntnisdrang, was sich schlecht vertrug mit Kaserne und Kommando. Zum Kummer seiner großbürgerlichen Eltern brach Musil die Offizierslaufbahn ab; er floh in die Welt des Geistes, wurde zwar noch Ingenieur für Maschinenbau, studierte dann aber Philosophie, Mathematik und Physik, um sich als Schriftsteller mit dem nötigen theoretischen Rüstzeug zu versehen. Die Verbindung von intellektueller Spekulation mit präziser Wissenschaft faszinierte Musil und prägte seine Vorstellung von Literatur: »Stil ist für mich die exakte Herausarbeitung eines Gedankens.« Schon der *Törleß* unterschied sich von der damaligen Belletristik durch eine ungewöhnliche Genauigkeit, mit der Musil die inneren Regungen des Helden, vor allem die damals tabuisierten Pubertätsprobleme, erfasste, sie mit der äußeren Handlung

DER MANN OHNE EIGENSCHAFTEN
Viele Leser scheuen vor Musils Riesenroman zurück, weil es heißt, darin werde mehr gedacht als gedichtet. Das stimmt nicht! Im ersten Teil gibt es eine klare Handlung: In den feinen Kreisen der Wiener Gesellschaft stößt der Held Ulrich zu einem Komitee, das zur Feier des anstehenden Thronjubiläums von Kaiser Franz Joseph I. eine große nationale Aktion startet, um den Geist der k.u.k. Monarchie neu zu beleben. Ein Streit der Ideen bricht los, zahlreiche Vertreter aus Adel, Militär und Wirtschaft stiften eine groteske Verwirrung, die sich mit jedem Treffen steigert. Musil schildert diese Szenen mit unnachahmlicher Komik und schiebt etliche erotische Verwicklungen dazwischen. So entsteht ein skurriles Sittenbild einer blasierten Gesellschaft, die nicht weiß, dass ihr Stündlein längst geschlagen hat.

»Wir haben nicht zuviel Verstand und zu wenig Seele. Wir haben zu wenig Verstand in den Fragen der Seele. Wir plärren für das Gefühl und gegen den Intellekt und vergessen, dass Gefühl ohne diesen eine Sache so dick wie ein Mops ist.« Robert Musil

■ Szenenphoto aus dem Film *Der junge Törless* von Volker Schlöndorff aus dem Jahr 1965

»Man muss die Öffentlichkeit aufrufen und sie ermahnen, dass sie sich nicht durch Teilnahmslosigkeit schuldig mache an der Verkümmerung eines dichterischen Unternehmens, dessen Außerordentlichkeit, dessen einschneidende Bedeutung für die Entwicklung, Erhöhung, Vergeistigung des deutschen Romans außer Frage steht.«

Thomas Mann, Aufruf zur Gründung der Robert-Musil-Gesellschaft, 1934

verknüpfte und beides zu einem differenzierten Seelenbild zusammenfügte. Solche Kunst erforderte Zeit – für das nächste Buch mit zwei kürzeren Novellen brauchte Musil bereits mehrere Jahre. Dann kam der Erste Weltkrieg, und während der Schriftsteller als Oberleutnant an der italienischen Front seinen Dienst korrekt ableistete, formte sich ein Plan, wie diese Katastrophe literarisch zu fassen sei: Keine politisch-soziale Anklage, kein schreiendes Menschheitsdrama, vielmehr die umfassende, dabei glasklare Analyse der gesellschaftlichen Verhältnisse und ihrer psychologischen Bedingungen, die zum Untergang der k.u.k. Monarchie und eines ganzen Zeitalters geführt hatten. Der Titel des Romans enthielt den Kern von Musils These: *Es ist eine Welt von Eigenschaften ohne Mann entstanden, von Erlebnissen ohne den, der sie erlebt.* Was heißt das? Dass irgendetwas nicht mehr stimmt, die Ordnung der Dinge durcheinandergeraten ist, der Mensch nicht länger die Wirklichkeit beherrscht, sondern vielmehr von ihr gesteuert wird, ohne die Ursachen dafür zu erkennen. Im vermeintlich bestens geregelten österreichisch-ungarischen Kaiserreich des Jahres 1913 verliert die Hauptfigur Ulrich zusehends die Orientierung. Er fühlt, wie der Boden unter seinen Füßen schwankt, frühere Gewissheiten und Werte sich auflösen.

»*Kein Ding, kein Ich, keine Form, kein Grundsatz sind sicher, alles ist in einer unsichtbaren, aber niemals ruhenden Wandlung begriffen, im Unfesten liegt mehr von der Zukunft als im Festen, und die Gegenwart ist nichts als eine Hypothese, über die man noch nicht hinausgekommen ist.*« So lauten nach Musil die seelischen Voraussetzungen für die große Krise, die das Individuum befällt und schließlich auch Staat und Gesellschaft in völlige Ratlosigkeit stößt.

Um diese Verworrenheit des Zeitalters im Roman adäquat darzustellen, entwickelte Musil eine besondere »essayistische« Schreibweise, das heißt, der Erzähler versucht, den geschilderten Situationen immer neue Facetten und Perspektiven abzugewinnen, er unterbricht beständig die Handlung, spekuliert, denkt nach – und findet dabei kein Ende. Dem Autor ging es ähnlich. Musil schrieb zwar leicht und schnell, ließ aber kaum einen Satz stehen, wollte alles noch exakter, noch prägnanter ausdrücken, manche Passagen arbeitete er bis zu zwanzig Mal um. Die Entwürfe und Varianten vom *Mann ohne Eigen-*

■ Robert Musil als Militärschüler, 1892. Klagenfurt, Robert-Musil-Literaturmuseum

■ Szenenphoto aus *Der junge Törless*

schaften, die erst Jahrzehnte nach Musils Tod veröffentlicht wurden, beliefen sich auf nahezu 6000 Seiten; es grenzte an ein Wunder, dass ein Teil des Werkes überhaupt im Druck erschien. Das Ergebnis war dennoch atemberaubend: ein herrlich satirisches Psychogramm einer Epoche, getragen von einem eleganten, blit-

DIE VERWIRRUNGEN DES ZÖGLINGS TÖRLESS

Musils erster Roman spielt in einem militärischen Internat. Zwei Kadetten ertappen einen Kameraden beim Diebstahl und machen ihn zum Spielball ihrer sadistischen Triebe. Der junge Törleß wird in die Quälerei eingeweiht, und mit einer Mischung aus Faszination und Ekel sieht er dem Treiben zu, ohne einzugreifen. Törleß ›lernt‹, wozu Menschen – Täter wie Opfer – fähig sind, seine vom Elternhaus geprägten Ideale von Solidarität und Güte lösen sich auf. Törleß wird zu einem kühlen Erwachsenen, am Ende heißt es: *… aber die Erinnerung, dass es anders sein kann, dass es feine, leicht verlöschbare Grenzen rings um den Menschen gibt, dass fiebernde Träume um die Seele schleichen, die festen Mauern zernagen und unheimliche Gassen aufreißen – auch diese Erinnerung hatte sich tief in ihn gesenkt und strahlte blasse Schatten aus.*

»Wir plärren für das Gefühl und gegen den Intellekt und vergessen, dass Gefühl ohne diese eine Sache so dick wie ein Mops ist.« Robert Musil

»Es wird dem deutschen, sehr in Gefühlen schlampenden Lesepublikum gut tun, sich mit dem hellen elastischen Geist Musils zu befassen.«
Alfred Döblin, 1924

■ *Die Verwirrungen des Zöglings Törless.* Einband der Erstausgabe 1906. Klagenfurt, Robert-Musil-Literaturmuseum

zenden Stil, dem die gesamte zeitgenössische Kritik ihren Respekt zollte, so toll konnte keiner schreiben. Leider sah Musil das genauso. Über seinem Mammutprojekt wurde der Schriftsteller zum arroganten Einzelgänger. Durchdrungen von der eigenen Größe, verzieh er weder dem Publikum, dass es die Einzigartigkeit des Romans nicht erkannte, noch hielt er mit seiner wütenden Verachtung für die damalige Literatur hinterm Berg. Wer mit ihm Umgang pflegte, musste sich hüten, die Namen von Erfolgsautoren jener Zeit wie Franz Werfel oder Lion Feuchtwanger auch nur auszusprechen. Und etliche Briefe und Tagebuchstellen verraten den unbändigen Neid auf Thomas Mann, dessen 1924 veröffentlichter *Zauberberg* jene Lorbeeren erntete, die Musils Epochenwerk verwehrt blieben. Den Nobelpreis für Thomas Mann empfand er als persönliche Kränkung. In zunehmender Armut und Isolation vergrub sich Musil weiter in den *Mann ohne Eigenschaften*, jener Leidenschaft und Mission, die sich erst lange nach seinem Tod erfüllen sollte. Erst mit einer dreibändigen Gesamtausgabe in den 1950er Jahren setzte die Renaissance des vergessenen Autors ein. Langsam wurden immer mehr Leser aufmerksam. 2003 wählten Schriftsteller und Kritiker bei einer Umfrage den *Mann ohne Eigenschaften* zum bedeutendsten Roman deutscher Sprache des 20. Jahrhunderts. Man mag sich Robert Musil beim Empfang dieser Nachricht vorstellen: Er hatte Thomas Mann geschlagen!

ROBERT MUSIL

LEBEN UND WERK

»Wenn ein Buch … wirkliche Dichtung ist, kommt man selten über die Hälfte. … ein fremdes Individuum versucht, seine Herzens- und Gedankenweisheit einem einzuflößen; kein Wunder, dass man sich diesem Zwang entzieht.« Der (sich) das 1929 eingesteht, hat in der zweiten Lebenshälfte eben darunter gelitten: Die Leser entzogen sich seinem Roman *Der Mann ohne Eigenschaften* (1931–1942, unvollendet), der weniger Erzählung als Zeitpanorama ist. Geboren wurde Robert Musil am 6. November 1880 in Klagenfurt; mit zwölf Jahren kam er in eine militärische Lehranstalt, das Studium an der technischen Militärakademie bricht er 1897 ab, gibt damit die vorgezeichnete Offizierslaufbahn auf, studiert Maschinenbau (1898–1901) und Philosophie, promoviert 1908 schließlich über Ernst Mach, der mit der Begründung, Denken sei Wahrnehmungsökonomie, jeden objektiven Wahrheitsbegriff bestreitet. Möglicherweise beruht der Erfolg des ersten Romans *Die Verwirrungen des Zöglings Törleß* (1906), der ihn zu einer Schriftstellerkarriere veranlasst, auf einem »Missverständnis« der Leser, die der Erzählung folgend übersehen, dass hier nachgezeichnet wird, was in den Wirren der Adoleszenz, in aussichtslosem Widerstand und unerfüllter Sehnsucht entsteht: eine eigene Wahrnehmungswelt – eine andere haben wir nicht. Es ist sicher kein Zufall, dass sich in Musils Tagebüchern bereits 1905 erste Hinweise auf das spätere Jahrhundertprojekt finden. 1911, *Die Versuchung der stillen Veronika* und *Die Vollendung der Liebe* erscheinen, heiratet er Martha Marcovaldi, nimmt verschiedene Stellungen an, ist Kompanieführer im Ersten Weltkrieg, Herausgeber der *Soldaten-Zeitung* in Bozen, wird ins Kriegspressequartier in Wien versetzt. Ab 1922 lebt er als freier Schriftsteller, Essayist, Theater- und Literaturkritiker in Wien und Berlin. 1931 erscheint der erste Band vom *Mann ohne Eigenschaften*, die Geschichte von Ulrich, dem der »Faden des Lebens« so abhanden kam, dass er an das »ordentliche Nacheinander von Tatsachen« nicht mehr glaubt, an das die Menschen, damit ihr Leben einen Lauf habe, sich klammern, dabei aber spüren (Ulrich weiß es), dass gesellschaftlich »alles schon unerzählerisch geworden ist und keinem Faden mehr folgt«. So wächst der Roman zu einer »unendlich verwobenen Fläche« und findet keinen Schluss. Dem stehen nicht nur das spröde, Musil entmutigende Lesepublikum, nicht nur die Zeitumstände im Weg – Musil muss 1936 ins Exil, lebt ab 1939 in Genf –, sondern das Projekt, die in viele Welten zerstiebende Welt noch einmal in einen Roman zu fassen, selbst ist schier aussichtslos. Am 15. April 1942 stirbt Musil in Genf.

AUF DEN PUNKT GEBRACHT

Stolz und unbeirrbar ging dieser Schriftsteller seinen Weg. Dass man ihm Rang und Erfolg zu Lebzeiten versagte, machte ihn bitter. *Der Mann ohne Eigenschaften* bleibt eines der schönsten, zartesten und witzigsten Bücher der Weltliteratur. Jede Zeile ist ein Genuss!

EMPFEHLUNGEN

Fünf Werke:
- *Die Verwirrungen des Zöglings Törleß*
- *Grigia*
- *Drei Frauen*
- *Der Mann ohne Eigenschaften*
- *Nachlaß zu Lebzeiten*

Lesenswert:

Robert Musil: *Nachlaß zu Lebzeiten*, Reinbek 1962

Robert Musil: *Die Schwärmer*, Reinbek 1995

Robert Musil: *Drei Frauen*, Reinbek 1996

Robert Musil: *Die Verwirrungen des Zöglings Törleß*, Reinbek 1998

Robert Musil: *Über die Dummheit*, Berlin 1999

Carl Corino: *Robert Musil. Eine Biographie*, Reinbek 2003

Johannes Cremerius: *Freud und die Dichter*, Freiburg/Br. 1995

Hörenswert:

Robert Musil: *Der Mann ohne Eigenschaften*, gelesen von Wolfram Berger, Frankfurt/M. 2006, 4 MP3-CDs mit Begleitbuch

Sehenswert:

Der junge Törless, Regie: Volker Schlöndorff; mit Mathieu Carrière. BRD 1965

Besuchenswert:

Robert-Musil-Literatur-Museum in Klagenfurt

Der Robert-Musil-Gedenkraum in der Rasumofskygasse 12, Wien, 3. Bezirk

So berühmt, so verzweifelt

Stefan Zweig

1881–1942

■ Stefan Zweig, undatierte Aufnahme.
»Mich hat das Schicksal mit einem unbestechlichen Auge, einem harten Auge und einem weichen Herzen geschlagen.«
Stefan Zweig

Eine seiner letzten Erzählungen handelt vom Überleben im Terror. Stefan Zweigs *Schachnovelle* erzählt die Geschichte eines Wiener Bankiers, der sich in der Isolationshaft der NS-Gestapo vorm Wahnsinn bewahrt, indem er berühmte Schachpartien memoriert und schließlich das Spiel in allen Facetten ›blind‹ beherrscht. Glücklich gerettet, trifft der Flüchtling auf einem Passagierschiff den amtierenden Schachweltmeister, ein primitives, geldgieriges Genie, es kommt zu einem sensationellen Duell. Stefan Zweig gestaltete die *Schachnovelle* als Kampf zwischen Zivilisation und Barbarei, am Ende kapituliert die Humanität. Wenige Monate nach Fertigstellung des Textes beging der Autor Selbstmord, zusammen mit seiner zweiten Ehefrau Lotte, im brasilianischen Exil.

Die Nachricht erschütterte die freie Welt, niemand begriff so recht, warum ausgerechnet einer der international erfolgreichsten deutschen Schriftsteller diesen Weg wählte. Manche Kollegen der Emigration, etwa Thomas Mann, reagierten zunächst sogar verstimmt, sahen in Zweigs Freitod eine sentimentale Flucht und letztlich den Triumph der Nationalsozialisten, die seine Bücher verbrannten und ihn als Juden verächtlich machten, wo sie konnten. In der Tat jubelte Propagandaminister Goebbels im fernen Berlin, immer noch siegesgewiss. Nazi-Deutschland hielt halb Europa besetzt, die Sowjetunion wankte, die Zeitungsmeldung vom Fall Singapurs an den deutschen Verbündeten Japan hatte Stefan Zweig veranlasst, sofort eine Urlaubsreise abzubrechen, eine Woche darauf vergiftete sich das Ehepaar mit einer tödlichen Dosis Veronal.

»Ich glaube, noch niemand vor ihm hat so eindringlich, mit so erstaunlicher Barmherzigkeit zum Menschen über die Liebe geschrieben.«
Maxim Gorki, 1927

Heute weiß man mehr über die schwere Depression eines Autors, der unter Hitlers Aufstieg geradezu körperlich litt. Der NS-Terror verhöhnte nicht nur Zweigs humanistische Ideale von Bildung, geistigem Fortschritt und Menschenliebe, sondern zerstörte auch die Hoffnungen auf eine friedlich versöhnte Gemeinschaft europäischen Künstlertums, mithin einen Lebenstraum, den zu verwirklichen der Schriftsteller als Pflicht und Aufgabe verstand. Stefan Zweig wurde zum renommierten kulturellen Botschafter und Mittler, füllte diese Rolle mit Tatkraft aus, die wenigsten Beobachter bemerkten, dass seine Zuversicht angesichts der politischen Entwicklung stetig abnahm und schließlich hinter der strahlenden Persönlichkeit des Dichters ein tief Verzweifelter mühsam um Fassung rang. Seiner posthum erschienenen Autobiographie gab Zweig den bezeichnenden Titel *Die Welt von Gestern. Erinnerungen eines Europäers*, eine wehmütige Reminiszenz an die Epoche vor 1933, an Glanz und Ruhm einer außerordentlich glücklichen Periode und Schaffenszeit, die dem Autor unwiederbringlich verloren schien.

Stefan Zweigs Leben und Werk haben Erstaunen ausgelöst, Bewunderung und oftmals auch Neid erregt. Geboren 1881 in Wien, wuchs er in eine Welt materieller Sorglosigkeit und kultivierter Noblesse hinein. Die sehr reichen Eltern – der Vater Textilfabrikant, die Mutter entstammte einer Bankendynastie – gehörten zur assimilierten, jüdisch-großbürgerlichen Schicht, die sich jeden Luxus leisten konnte. Klassenbewusst lebte man auf höchstem Niveau, interessierte sich für Dichtung, Bühne und Musik; das Wien der Jahrhundertwende glänzte mit einem überwältigenden Angebot an Kunst, und der junge Zweig tummelte sich darin wie ein Fisch im Wasser. Früh begann er zu schreiben, eiferte den verehrten Literaturgrößen Arthur Schnitzler und Hugo von Hofmannsthal nach. Mit 19 veröffentlichte Zweig in führenden Wiener Zeitungen, im Jahr darauf den ersten Gedichtband. Die Eltern waren stolz und förderten die literarischen Bestrebungen ihres Sohnes, der zum Dank ein Doktordiplom nach Hause brachte, um anschließend frohgemut die Karriere eines freien Schriftstellers aufzunehmen. Stefan Zweig musste sich um Geld nie kümmern, die Privilegien seiner Herkunft erlaubten einen kosmopolitischen Lebensstil mit Hausdiener; Nobelhotels und mondäne Ferienorte wurden zu einer zweiten Heimat. Etliche Novellen Zweigs spielen in dieser vornehmen Atmosphäre der *belle monde*, es sind sprachlich elegante, feine psychologische Gespinste, die noch heute hinreißend wirken und jenes Klima nervös angespannter Seelen beschwören, wie es in den Jahren bis 1914 in den Metropolen Europas herrschte.

FRAUEN I

Es ist kaum verwunderlich, dass Stefan Zweig von Frauen umschwärmt wurde. Er war vermögend, attraktiv – und freundlich. Nur wenige wollten ihm widerstehen, von zahlreichen Affären und erotischen Eskapaden, sogar zu dritt, erzählt er freimütig in seinem Tagebuch. 1912 lernte er Friderike Maria von Winternitz kennen (1882–1971), eine beeindruckend kluge Frau, die für Zweig sofort ihren Ehemann verließ.

■ Aufführung des *Jeremias* durch den Jüdischen Kulturbund im Berliner Theater im Oktober 1934

■ Stefan Zweig und seine Frau Lotte bei der Arbeit in Petrópolis, Brasilien, um 1941

Der Erste Weltkrieg änderte alles. Nur kurz verfiel Zweig dem kollektiven Rausch patriotischer Begeisterung. Als Berichterstatter des Wiener Kriegsarchivs reiste er an die galizische Front und kehrte völlig entsetzt zurück. In dem biblischen Drama *Jeremias* formulierte Zweig ein entschiedenes Bekenntnis zum Pazifismus, eine Haltung, die er nicht mehr aufgeben sollte. Das Stück erschien 1917 und wurde in Zürich uraufgeführt, Zweig fuhr zur umjubelten Premiere und blieb bis Kriegsende in der Schweiz. Hier traf er auf zahlreiche gleichgesinnte Schriftsteller und Intellektuelle, zum Beispiel Hermann Hesse, der sich für Kriegsgefangene einsetzte. Zweig knüpfte Kontakte, schloss Freundschaften, nun reifte der Plan, seine Literatur in den Dienst der Völkerverständigung zu stellen und ein neues Bewusstsein für europäische Kultur und Bildung zu schaffen. Schon vor dem Krieg hatte Zweig Monographien über den Lyriker Paul Verlaine und den belgischen Dichter Emil Verhaerens publiziert, jetzt folgten Essays zu Balzac, Dickens und Dostojewski, später dann Porträts historischer Persönlichkeiten wie Marie Antoinette oder den Seefahrer Magellan. Neben weiteren Erzählungsbänden und Dramen waren es diese leichthändig geschriebenen Biographien, die, in den 1920er Jahren unglaublich populär, in alle Weltsprachen übersetzt wurden und schließlich ein Millionenpublikum erreichten. Der Erfolg stieg Stefan Zweig nicht zu Kopf, einer der vielen Besucher in seinem prächtigen Haus am Kapuzinerberg in Salzburg, wo sich die gesamte geistige Prominenz des Kontinents einfand, notierte nach einer Begegnung: »Es wurde einem wohl in seiner Gegenwart.« Bereits 1934 verließ der Weltberühmte die österreichische Heimat, er konnte den Hauch der Gewalt, der aus Deutschland herüberwehte, nicht ertragen. Es folgten längere Aufenthalte in England, Portugal und den USA.

Nach mehreren Vortragsreisen in Brasilien, wo sogar der Präsident den Schriftsteller empfing, entschloss sich Zweig 1941 zur Übersiedlung. In der kleinen, idyllischen Stadt Petrópolis, nahe bei Rio de Janeiro gelegen, fanden er und seine Frau ihre letzte Bleibe. Doch Ruhe und Optimismus wollten sich nicht mehr einstellen. In der Nacht zum 23. Februar 1942 vollzog das Ehepaar den tödlichen Schritt. Brasilien ehrte Stefan Zweig mit einem Staatsbegräbnis.

FRAUEN II

Obwohl der Dichter zwischendurch immer wieder auf »Haserln«-Jagd ging, hielt die Liebe – 1920 war Hochzeit – über viele Jahre, bis Friderike eine Sekretärin für den Gatten einstellte und leider allzu perfekt dessen Geschmack traf, sie erwischte beide auf dem Sofa. Nach langer Krise und Scheidung blieb man dennoch freundschaftlich verbunden. Zweig heiratete 1939 die um 27 Jahre jüngere Lotte Altmann – sie ging mit ihm in den Tod.

STEFAN ZWEIG

LEBEN UND WERK

Geboren wird Stefan Zweig am 28. November 1881 in Wien; der Vater ist Textilindustrieller, die Mutter entstammt einer Bankiersfamilie. Er besucht das Gymnasium, studiert Germanistik und Romanistik, promoviert 1905 über die »Ursprünge des modernen Frankreich«. Er gehört zum Kreis des »Neuen Wien« um Schnitzler, Hofmannsthal, Bahr u.a. Die ersten Gedichte erscheinen 1901 (*Silberne Saiten*), die frühen Novellen ab 1905. Diese, wie die großen Biographien der 1920er Jahre machen den Autor weltberühmt. Europäisch-kosmopolitisch ist das ganze Werk angelegt; seine Vermittlertätigkeit zwischen »Menschen, Völkern und Kulturen« beginnt Zweig als Übersetzer französischer Autoren (Verlaine, Baudelaire); so kommt es auch zur lebenslangen Freundschaft mit dem Pazifisten Romain Rolland. Studien- und Vortragsreisen führen ihn durch Europa, nach Indien, nach Nord- und Mittelamerika. Bei Kriegsbeginn meldet er sich freiwillig, wird ausgemustert, arbeitet im Wiener Kriegspressequartier, bis er 1917 der Wehrpflicht ganz »enthoben« wird. 1918 in Zürich wird das Antikriegsdrama *Jeremias* uraufgeführt, Zweig bleibt als Korrespondent der *Neuen Freien Presse* in der Schweiz. Lebt ab 1919 in Salzburg, weitere Reisen führen ihn in die Sowjetunion und nach Südamerika. Gegen den grassierenden Revanchismus und Nationalismus wirbt er für ein geeintes Europa. Die Machtübernahme der NSDAP, die beginnende Verfolgung von Juden und Regimegegnern in Deutschland treiben ihn 1934 ins Exil; zunächst nach London, 1939 weiter nach New York, schließlich nach Brasilien. Dort in Petrópolis bei Rio de Janeiro nimmt er, der »allzu Ungeduldige«, sich am 23. Februar 1942 mit seiner zweiten Frau Charlotte Altmann das Leben, verzweifelt über den Niedergang des Europa, an das er geglaubt hat.

WISSENSWERTES

Stefan Zweig und die Emigration
In politischen Dingen war der Weltmann Zweig überraschend naiv. Seine strikte pazifistische Einstellung hielt er selbst dann noch aufrecht, als Hitler den Krieg vom Zaun brach. Er verweigerte sich jeglicher politischer Stellungnahmen, auch der Mitarbeit an Klaus Manns Exilzeitschrift *Die Sammlung*, was ihm scharfe Kritik eintrug. Als Reaktion schrieb Zweig ein Buch über Erasmus von Rotterdam. Materiell half der schwerreiche Zweig, wo er konnte, fütterte etwa Joseph Roth durch und rettete vielen Emigranten durch jahrelang gezahlte monatliche Renten »buchstäblich das Leben«, wie sich Hermann Kesten erinnerte.

AUF DEN PUNKT GEBRACHT

Gesegnet mit Talent und Reichtum, weltmännischer Eleganz und einem trotzdem bescheiden-höflichen Wesen, beeindruckte und bezauberte er seine Umgebung. Stefan Zweig sah sich als literarischer Vermittler kultureller Tradition. Durch den Nationalsozialismus verlor er den Glauben an die Menschheit.

EMPFEHLUNGEN

Fünf Werke:
- *Sternstunden der Menschheit*
- *Marie Antoinette*
- *Verwirrung der Gefühle*
- *Die Schachnovelle*
- *Die Welt von Gestern*

Lesenswert:
Hartmut Müller, *Stefan Zweig*, Reinbek 1997

Gert Kerschbaumer, *Stefan Zweig. Der fliegende Salzburger*, Frankfurt/M. 2005

Wilhelm von Sternburg, *»Um Deutschland geht es uns«. Arnold Zweig, die Biografie*, Berlin 1998

Hörenswert:
Max Regers Vertonungen von Gedichten des jungen Stefan Zweig

Angst, gelesen von Martina Gedeck; mit Originaltönen, München 2006, 2 CDs

Ungeduld des Herzens, als Hörspiel, Regie Gert Westphal, Berlin 2004

Sehenswert:
Brennendes Geheimnis. Regie: Andrew Birkin; mit Klaus Maria Brandauer, Faye Dunaway. GB/BRD 1988

Besuchenswert:
Salzburg, geführt von: Tomas Friedmann u.a. (Hg.), *Literatouren. Literarische Wege durch Stadt und Land Salzburg*, Salzburg 2001

Literatur auf Leben und Tod

Franz Kafka

1883–1924

▪ Franz Kafka in Zürau, heute Sirem, in Nordwestböhmen während seines Aufenthalts im Sanatorium Kierling vom September 1917 bis März 1918

»Er war scheu, ängstlich, sanft und gut, aber schrieb grausame und schmerzhafte Bücher. Die Welt sah er voller unsichtbarer Dämonen, die den ungeschützten Menschen vernichten und zerreißen. Er war zu hellsichtig, zu weise, um leben zu können …« So erinnerte sich Milena Jesenská in einem Nachruf in der tschechischen Zeitung *Národní listy* an ihren Freund und Geliebten Franz Kafka, der am 3. Juni 1924 an Lungentuberkulose gestorben war, einen Monat vor seinem 41. Geburtstag. Wie alle anderen Frauen in Kafkas Leben hatte Milena Jesenská leidvoll erfahren, was es hieß, diesen hochsensiblen, dabei überaus attraktiven Mann zu lieben. Dennoch konnte ihm keine wirklich böse sein. Offen und ehrlich sprach er über seine Unfähigkeit, eine ›normale‹ Beziehung einzugehen, obwohl er sich danach sehnte; hunderte von erschütternden Briefen umkreisen »dieses Verlangen nach Menschen, das ich habe, und das sich in Angst verwandelt, wenn es erfüllt wird«.

Angst bildet das zentrale Leitmotiv in Kafkas Dasein und seiner Literatur. Jedoch nur in Briefen und Tagebüchern nannte er diese Angst beim Namen. Schon das Kind fürchtete sich in der Schule vor ihren Autoritäten, an der Universität wurde es kaum besser. Kafka studierte Jura, ein reines Paukfach, zu dem ihn sein herrischer Vater antrieb. Herrmann Kafka war ein vierschrötiger, cholerischer Geschäftsmann, dessen hauptsächliches Anliegen darin bestand, aus dem jüdischen Milieu gesellschaftlich aufzusteigen. Die Kafkas gehörten in Prag zur Minderheit deutschsprachiger Juden tschechischer Abkunft. Der soziale Weg nach oben führte über die deutschen Schulen und Universitäten, woher die k.u.k Monarchie ihre Beamten und Verwaltungsangestellten bezog. Von den Tschechen als Deutsche marginalisiert, von den Deutschen wegen ihres Judentums verunglimpft, mussten Familien wie die Kafkas hart um einen höheren Status kämpfen. Der Vater Herrmann tat es mit Erfolg, und unempfänglich für das dünnhäutige Wesen seines Sohnes, versuchte er ihn auf Karriere zu dressieren. Kafkas literarischen Neigungen begegnete der Vater mit zorniger Verachtung. Die Mutter und drei Schwestern zeigten mehr Verständnis, doch hatten ihre Stimmen im strengen Regiment des

■ Szenenphoto aus dem Film *Das Schloß* von Rudolf Noelte aus dem Jahr 1968

Hausherrn wenig Gewicht. Zu jeglicher Rebellion außerstande, fühlte sich Kafka zum »Sklaven« erniedrigt, der der »systematischen Zerstörung meiner selbst«, wie er rückblickend schrieb, nichts entgegenzusetzen vermochte. Für seine Reaktion völliger Abkapselung und innerer »Versteinerung« ist bezeichnend, dass Kafka nicht einmal den Versuch machte, dieser quälenden Atmosphäre zumindest räumlich zu entfliehen. Erst mit 31 Jahren mietete er sich ein eigenes Zimmer, und das nur, weil bei Kriegsausbruch die älteste Schwester Elli mit ihren Kindern wieder in die elterliche Wohnung zurückkehrte und Kafkas Zimmer in Beschlag nahm. Vom frühkindlich geprägten Bewusstsein absoluter Minderwertigkeit, »ein solches Nichts« zu sein, kam Kafka auch als Autor nie wirklich los. Zeitlebens hielt Kafka sein Schreiben und »einziges Verlangen« für völlig unbedeutend, er nannte es »Gekritzel«, vernichtete zahlreiche Arbeiten und wies den Freund und Schriftsteller Max Brod testamentarisch an, alle ungedruckten Manuskripte zu verbrennen. Gottlob verweigerte sich Brod dieser letzten, bedrückenden Bitte.

Namenlose Angst und Schrecken regieren in Kafkas Werk. Die Protagonisten werden verfolgt und gejagt, ohne zu wissen, von wem und warum. Anonyme Instanzen walten über ihr Schicksal.

»Wir brauchen aber die Bücher, die auf uns wirken wie ein Unglück, das uns sehr schmerzt, wie der Tod eines, den wir lieber hatten als uns, wie wenn wir in Wälder verstoßen würden, von allen Menschen weg, wie ein Selbstmord, ein Buch muss die Axt sein für das gefrorene Meer in uns.«

Franz Kafka in einem Brief an seinen Freund Oskar Pollak, 27. Januar 1904

»Er ist ohne die geringste Zuflucht, ohne Obdach. Darum ist er allem ausgesetzt, wovor wir geschützt sind. Er ist wie ein Nackter unter Angekleideten.«
Milena Jesenská

Im Roman *Der Prozess* holen zwei schwarzgekleidete, mysteriöse Herren die Hauptfigur K. aus dem Bett, teilen ihm mit, dass ein Verfahren gegen ihn eingeleitet sei. Nie erfährt K., was man ihm vorwirft: »*Ich bin aber nicht schuldig*«, *sagte K.*, »*es ist ein Irrtum. Wie kann denn ein Mensch überhaupt schuldig sein? Wir sind doch hier alle Menschen, einer wie der andere.*« »*Das ist richtig*«, *sagte der Geistliche*, »*aber so pflegen die Schuldigen zu reden.*« Am Ende verzagt K., willig lässt er sich hinrichten. In *Das Schloss* bemüht sich ein Landvermesser vergeblich, auf das herrschaftliche Anwesen zu gelangen. Eine geheimnisvolle Hierarchie verbarrikadiert jeden Zutritt, jahrelang wird der Besucher auf die Erlaubnis warten. Die Erzählung *Das Urteil* handelt von einer zunächst banalen, dann immer bizarrer verlaufenden Auseinandersetzung zwischen Vater und Sohn, die in einen abrupten Selbstmord mündet. *Die Verwandlung*, eine der berühmtesten Geschichten, bedeutet für den Helden Gregor Samsa, morgens als riesiger hässlicher Käfer aufzuwachen.

In immer neuen albtraumhaften Konstellationen von Macht, Schuld und Strafe variierte Kafka das unsagbare Grauen und die Isolation, unter der er selbst litt; nur in der Literatur fand er dafür die Worte. Es ist eine nüchterne Sprache von äußerster Klarheit und Präzision, ohne Metaphern, sparsam an Adjektiven, ganz im Gegensatz zu dem stilistischen Schwulst, der im literarischen Prag jener Epoche von späterhin berühmten Autoren wie Franz Werfel oder Rainer Maria Rilke gepflegt wurde. Kafka hatte zu Kollegen kaum Kontakt, mied Literatenkreise, die einschlägigen Cafés und Orte; zu keinem Zeitpunkt zog er eine durchaus mögliche Laufbahn als Publizist, Lektor oder Rezensent in Betracht. Nur auf beharrliches Drängen seiner Freunde wandte er sich überhaupt an einen Verlag. Im Dezember 1912 erschien das erste Buch mit Erzählungen, Kafka zeigte es dem Vater, der ihn barsch anfuhr: »Leg's auf den Nachttisch!« Jahre darauf, nach ähnlichen Demütigungen, rächte sich der Sohn mit einem erbitterten *Brief an den Vater*, einem düsteren autobiographischen Fragment, das Herrmann Kafka allerdings nie zu sehen bekam.

■ Herrmann und Julie Kafka, die Eltern Franz Kafkas, Ende der 1920er Jahre. Sie starben bevor der Naziterror Prag erreichte. Franz Kafkas Schwestern Elli, Valli und Otta jedoch wurden in Konzentrationslagern umbegracht.

Abgesehen von wenigen Urlaubsreisen und späteren, durch die Krankheit erforderlichen Kuraufenthalten lebte Kafka stets in Prag und verließ nur selten den engen Bezirk der Altstadt. Vierzehn Jahre lang ging er jeden Morgen in sein Büro der »Arbeiter-Unfall-Versicherungs-Anstalt für das Königreich Böhmen in Prag«, wo der promovierte Jurist vortreffliche Leistungen zeigte und wegen seiner bescheidenen, freundlichen Art allseits beliebt war. Niemandem fiel auf, dass er die Arbeit als reine Fron empfand und jede Sekunde bis Dienstschluss zählte. Nachmittags schlief er zu Hause ein paar Stunden, um sich dann in seine Texte zu vergraben. Kafka schrieb in Schüben, über Monate stockte seine Inspiration, dann brach es förmlich aus ihm heraus: »Nur so kann geschrieben werden, nur in einem solchen Zusammenhang, mit solcher vollständigen Öffnung des Leibes und der Seele«, notierte er nach der rauschhaften Nacht vom 22. auf den 23. September 1912, in der in acht Stunden *Das Urteil* entstand, zwanzig makellose Seiten, mehrere hundert weitere kamen in jenem Herbst hinzu. Kafkas äußerer Erfolg blieb mäßig und auf die literarische Welt beschränkt. Viele Rezensenten staunten bewundernd, 1915 verlieh man ihm den Fontane-Preis, am damaligen Lesergeschmack schrieb Kafka mit seiner kargen Prosa zielsicher vorbei. Das Publikum interessierte ihn

■ Franz Kafka mit seiner Freundin und mehrmaligen Verlobten Felice Bauer im Juli 1917 in Budapest

WIE KAFKA BERÜHMT WURDE

Paradoxerweise machten erst englische und französische Übersetzungen die »klarste und schönste deutsche Prosa« (Kurt Tucholsky) überhaupt bekannt. In Krieg und Nationalsozialismus verschwand Kafkas Werk fast völlig aus dem deutschen Sprachgebiet. Vor allem die französischen Existentialisten wie Albert Camus und Jean-Paul Sartre feierten Kafka als wichtigsten Autor der Moderne. Ab 1950 leitete eine von Max Brod herausgegebene Werkausgabe die Renaissance Kafkas in Deutschland ein. Seine Romane und Erzählungen sind in Millionenauflagen verbreitet, die Forschungsliteratur ist kaum noch zu überblicken.

■ Der Schriftsteller Max Brod, geboren am 27.5.1884 in Prag, gestorben am 20.12.1968 in Tel Aviv, war ein guter Freund von Franz Kafka. Ihm verdanken wir die Erhaltung der Kafka-Manuskripte. Diese Aufnahme entstand um 1950.

KAFKAS JUDENTUM

Wie viele assimilierte Juden hatte Franz Kafka keine tiefere Bindung zur religiösen Tradition. Die jüdischen Rituale und Feiertage wurden in der Familie nur aus gesellschaftlichen Gründen gepflegt, der erwachsene Kafka hielt sich davon fern. Jedoch interessierten ihn Geschichte und die jiddische Literatur. Auch die zionistische Bewegung verfolgte er mit Spannung, eine oft geplante Reise nach Palästina kam aber nicht zustande. Die von Max Brod stimulierte Interpretation, Kafkas Werk stehe ganz im jüdisch-kabbalistischen Zeichen von Gericht und Gnade, gilt heute als überholt.

ohnehin nicht, nur bei zwei Gelegenheiten las er, nach viel Überredungskunst der Freunde, öffentlich aus seinen Werken, etliche Zuhörer sollen die Veranstaltung vorzeitig verlassen haben. Literatur behandelte Kafka wie eine intime Privatsache, einzig im Schreiben sah er den Sinn seiner Existenz. Dafür sonderte er sich rigoros ab, vom Leben, von der Liebe und Nähe zu Menschen, gleichzeitig verzweifelte er an dieser Distanz. Die missratenen »Heiratsversuche«, wie er sie selbst nannte, bilden ein entsprechend trauriges Kapitel. Insgesamt dreimal ver- und entlobte er sich, sogar zweimal mit derselben Frau, Felice Bauer. »Da ich nichts anderes bin als Literatur und nichts anderes sein kann und will«, notierte er in einem Briefentwurf an ihren Vater. Die zweite Verlobung löste er sofort, als 1917 die Diagnose seiner Erkrankung zur Gewissheit wurde. Dass der Ausbruch von Tuberkulose wesentlich von der seelischen Disposition des Patienten abhängt, ist von der modernen Medizin inzwischen vielfach bewiesen. So flüchtete sich Kafka regelrecht in die Krankheit, die Aussicht eines frühen Todes schreckte ihn nicht, sie entfesselte vielmehr neue Energien – einzig für die Literatur. Hätte er geheilt werden können? Seine Biographen bezweifeln, ob er es überhaupt wollte. Milena Jesenská, die ihm vielleicht am nächsten kam, beschrieb den Freund als »Menschen, der die Welt so klar gesehen hat, dass er das nicht ertrug und sterben musste«. Erging es Franz Kafka wie den Figuren seiner Romane und Erzählungen? Sie enden oft jämmerlich. Vom Glück reden sie nie.

»Der Realismus seiner Bilder übersteigt ständig die Vorstellungskraft, und ich wüsste nicht zu sagen, was ich mehr bewundere. Die ›naturalistische‹ Wiedergabe einer phantastischen Welt, die durch minutiöse Genauigkeit der Bilder glaubhaft wird, oder die sichere Kühnheit der Wendung zum Geheimnisvollen.«
André Gide

FRANZ KAFKA

LEBEN UND WERK

Franz Kafka hielt sein besessenes Schreiben für »Teufelsdienst«: »Dieses Hinabgehen zu den dunklen Mächten, diese Entfesselung von Natur aus gebundener Geister, fragwürdige Umarmungen und was da unten noch alles vor sich gehen mag, von dem man oben nichts mehr weiß, wenn man im Sonnenlicht schreibt.« Er schrieb nachts: »Ich kenne kein anderes Schreiben … nur dieses, in der Nacht.« So entstehen schmerzlich klare Texte, beunruhigend ortlos, irgendwie bekannt – drängende Traumfragmente. Am 3. Juli 1883 wird Kafka in Prag geboren, als Sohn eines jüdischen Kaufmanns, der sich in der judenfeindlichen Umwelt nach oben gekämpft hatte und von seinem Sohn ähnliche Resolutheit erwartet. Schreibend zieht sich Kafka aus seiner Umwelt zurück; er schreibt sein ganzes Leben, oft in Schüben und nahezu automatisch, und er verteidigt den nächtlichen Freiraum – wenn es denn einer war – gegen diverse »Hauptquartier(e) des Lärms«: gegen Vater und Familie, in deren Wohnung der Junggeselle bis 1914 lebt; gegen Schule und Universität (Jurastudium 1901–1906), gegen die Büros der privaten Assicurazioni Generali (1907) und die staatliche Arbeiter-Unfall-Versicherungsanstalt (1908–1922). Auch zum Lärm des literarischen Lebens hält er Distanz. Zwar sieht man ihn in Cafés, in Versammlungen von Sozialdemokraten, Realisten oder Anarchisten, in philosophischen Diskussionszirkeln, Vortragsabenden und im Theater; doch engeren Kontakt hat er nur zu einem kleinen Freundeskreis: zu Max Brod vor allem (ab 1902), zu Oskar Pollak und Oskar Baum. Hier liest er aus seinen Manuskripten, und Brod stellt den Kontakt zu Franz Blei und dessen Zeitschrift *Hyperion*, dann zum Verleger Kurt Wolff her (1912), der die Erzählungen zwischen 1912 und 1924 nach und nach veröffentlicht. Kafka, stets unsicher, drängt nicht. Er schreibt weiter, seit seiner Schulzeit ununterbrochen; ab 1910 führt er Tagebuch. Auch die Liebesgeschichte zu Felice Bauer spielt sich vorwiegend auf dem Papier ab; an deren Vater schreibt er, es dürfe zu keiner festen Verbindung kommen, er, mit seiner Schreibbesessenheit, könne Felice nur unglücklich machen. Konsequent löst er die erste Verlobung, für die Lösung der zweiten (1917) liefert die Lungentuberkulose den Vorwand. Von Julie Wohryzek trennt er sich, nachdem er Milena Jesenská kennengelernt hat (1920). 1923, in Berlin, zieht er mit Dora Diamant zusammen – die Erzählung *Eine kleine Frau* reflektiert die neue Erfahrung. Krankheit und Inflation zwingen zur Rückkehr nach Prag; Dora, die den Kranken schon in Berlin gepflegt hat, ist bei ihm, als er am 3. Juni 1924 im Sanatorium in Kierling bei Wien stirbt. Max Brod setzt sich über die testamentarische Verfügung zur Vernichtung der unveröffentlichten Werke hinweg und bereitet die Fragment gebliebenen Romane zum Druck vor.

AUF DEN PUNKT GEBRACHT

Franz Kafka zählt zu den bedeutendsten Schriftstellern der Weltliteratur. Man bewundert seine Prosa und ist traurig berührt von der Biographie eines lebenslang Verzweifelten. Doch wäre anders dieses Menschheitswerk entstanden?

EMPFEHLUNGEN

Fünf Werke:
- *Die Verwandlung*
- *Das Urteil*
- *In der Strafkolonie*
- *Der Prozess*
- *Das Schloss*

Lesenswert:

Elias Canetti (Hg.): *Der andere Prozess. Kafkas Briefe an Felice und andere Korrespondenz aus der Verlobungszeit*, München 1977

Hermann Schweppenhäuser (Hg.): *Benjamin über Kafka. Texte, Briefzeugnisse, Aufzeichnungen*, Frankfurt/M. 1992

Hanns Zischler: *Kafka geht ins Kino*, Reinbek 1998 (mit Filmographie)

Alena Wagnerová: *»Im Hauptquartier des Lärms«. Die Familie Kafka aus Prag*, Frankfurt/M. 2001

Klaus Wagenbach (Hg.): *Franz Kafka. Ein Lesebuch mit Bildern*, Reinbek 2003

Hörenswert:

Franz Kafka: *Der Landarzt und andere Erzählungen*, gelesen von Klaus Wagenbach, Berlin 1999

Franz Kafka: *Die Verwandlung*, gelesen von Ulrich Matthes, Berlin 2006, 2 CDs

Sehenswert:

Kafka, Regie: Steven Soderbergh; mit Jeremy Irons, Theresa Russell, Joel Grey. F/USA 1991

Besuchenswert:

Das Franz-Kafka-Museum, auf der Moldauinsel Kampa

Der humanistische Chronist
Lion Feuchtwanger
1884–1958

■ Undatierte Aufnahme von Lion Feuchtwanger

Er gehört zu den *happy few*, jenen wenigen Glücklichen, denen der Erfolg dauerhaft treu blieb. Lion Feuchtwanger war bis zu seinem Tod einer der weltweit meistgelesenen deutschen Romanciers, mit stetig hohen Auflagen, in mehr als zwanzig Sprachen übersetzt. Im kalifornischen Pacific Palisades, dem Ort der Emigration, bewohnte er ein prachtvolles Haus mit riesiger Bibliothek, heute ist die »Villa Aurora« eine öffentlich, von der Bundesrepublik geförderte Kulturstätte, wo Forscher tagen und Stipendiaten arbeiten – in schönster Umgebung. Mancher Kollege wähnte sich im Traum, wenn Feuchtwanger zum Tee oder Dinner einlud. Hermann Kesten, ebenfalls exilierter Autor und wie die meisten Leidensgenossen in permanenter Geldnot, schrieb 1942 an einen Freund: »So sollten Schriftsteller wohnen, in einem Schloss am Meer, auf einem Hügel, mit lauter Rundblicken aufs Meer und Gebirge, mit zwanzig Zimmern, mit 11 000 Büchern, mit Orangen-, Zitronen- und Eukalyptusbäumen, einem hügeligen Park mit zwei acres, einer Sekretärin und einer Frau, die kocht, gärtnert, bäckt, chauffiert und dem großen Dichter aufs ergebenste dient, was für ein Leben. Eigene tropische Fischteiche, Waschbären, Hunde, Katzen, Pumas, Rehe, Stinktiere, alles im eigenen Park. Terrassen, im Park Frühstückstische, Lunchtische, Autos.« In zahlreichen ähnlichen Schilderungen mischen sich Neid und respektvolle Sympathie, man gönnte Feuchtwanger den Triumph, bewunderte die unerschöpfliche Arbeitskraft, genoss sein fröhliches Temperament und sehr gerne auch die Freigebigkeit, mit der er vielen Bedrängten oftmals unter die Arme griff. Für den sozialistisch fühlenden und denkenden Feuchtwanger war Solidarität selbstverständlich, er sah sich als privilegiertes Mitglied der erdumspannenden Gemeinschaft von Intellektuellen, fixiert auf das große humanistische Ziel einer besseren Welt. Geschichten aus Geschichte – so lautete Feuchtwangers literarisches Rezept, und durch die historischen Stoffe seiner Romane leuchteten immer die aktuellen Probleme der Gegenwart, selbst wenn sie im 18. Jahrhundert spielten.

Schon in den 1920er Jahre eroberte Feuchtwanger damit sogar den amerikanischen Markt; sein Roman *Jud Süß* – nicht zu verwechseln mit dem späteren antisemitischen Nazi-Film und Machwerk gleichen Namens – machte ihn praktisch über Nacht international bekannt. 1940 setzte sich US-Präsident Roosevelt höchstpersönlich dafür ein, dass der Verfolgte aus dem besetzten Frankreich fliehen und in die USA einreisen konnte.

Geld hatte Lion Feuchtwanger bereits mit seinem allerersten Theaterstück verdient: Zu Ehren des bayrischen Prinzregenten schrieb der 13-Jährige ein Stück, es wurde an der Schule aufgeführt, von Zeitungen gegen Honorar gedruckt, der Prinz bedankte sich mit einer Krawattennadel. Auch Lions Vater, ein wohlhabender Münchener Fabrikbesitzer, reagierte gutmütig und war froh, dass der kleinwüchsige und recht schwächliche Sohn – der Älteste unter neun Geschwistern – energisch auf ein klares Berufsziel zusteuerte. Nach einem enttäuschenden Germanistikstudium stürzte sich der junge Dichter hoffnungsvoll in die Schwabinger Bohème, verfasste Dramen und Prosa im neuromantisch-ästhetizistischen Stil à la Oscar Wilde. Das kam zunächst kaum an. Mehr Aufmerksamkeit brachten journalistische Arbeiten, Feuchtwanger wurde Theaterkritiker, gab selbst eine Zeitschrift heraus.

Sein politisches Profil schärften befreundete ›linke‹ Schriftsteller wie Heinrich Mann, Frank Wedekind und Erich Mühsam,

JÜDISCHE IDENTITÄT
Als Kind litt Lion Feuchtwanger unter den streng orthodoxen jüdischen Regeln seiner Familie. Obwohl nicht gläubig, hielt er später dem Judentum stets die Treue. In Romanen und Essays setzte er sich mit der jüdischen Tradition auseinander, war stolz, Teil eines Volkes zu sein, dessen »Sinn, Inhalt, Leben ein Buch war«, nämlich die Bibel. Im vaterlandslosen und vertriebenen Juden sah Feuchtwanger sein Ideal vom Weltbürger ausgedrückt.

■ Lion Feuchtwanger und Bertolt Brecht in Pacific Palisades, 1945

■ Marta Feuchtwanger im Garten der Villa Aurora, dem Wohnsitz der Feuchtwangers in Pacific Palisades

auch Walther Rathenau, der spätere, 1922 ermordete Außenminister, zählte zu Feuchtwangers Bekannten. Im Ersten Weltkrieg entwickelte er einen radikalen Pazifismus, während zahlreiche Schriftsteller dem patriotischen Rausch verfielen. Feuchtwanger hingegen übersetzte *Die Perser* des Aischylos, jene griechische Tragödie, die vom Leid des besiegten Gegners erzählt; eine Lesung des Stückes geriet 1916 zum Skandal.

Ein strikt antinationalistisches Bewusstsein prägte auch Feuchtwangers Erfolgsromane. In immer neuen historischen Konstellationen variierte er seine Vorstellungen eines kritisch-aufgeklärten Weltbürgertums, der enge Freund Bertolt Brecht warf ihm deshalb Naivität vor und hielt marxistische Vorlesungen, die Feuchtwanger begeistert ignorierte. Er war ein glänzender Erzähler, der sich für Theorie nur interessierte, wenn er sie in literarische Wirklichkeit verwandeln konnte. Dass Feuchtwanger schnell und leicht schrieb, hat ihn in den Augen etlicher Kritiker und Kollegen merkwürdig diskreditiert, man bewunderte Feuchtwangers Engagement und sprach wegwerfend von der literarischen Leistung. Er selbst betrieb das Schreiben wie ein stolzer Handwerker, bezeichnete sich weder als Dichter noch als Genie, pries dafür andere – und legte den nächsten Bestseller vor.

Am Ende war viel Einsamkeit um den geselligen Autor. Nach 1945 und dem Tod von Präsident Roosevelt drehte sich jäh das politische Klima in den USA. Ein sogenannter »Ausschuss für unamerikanische Umtriebe« des berüchtigten Senators McCarthy suchte fanatisch nach Kommunisten und veranstaltete eine regelrechte Hexenjagd. Bertolt Brecht verließ fluchtartig das Land, Thomas Mann zog empört in die Schweiz, selbst vor Filmstars wie Charlie Chaplin machte die Paranoia der Kalten Krieger nicht halt. Feuchtwanger bot ein überaus bequemes Ziel. In den 1930er Jahren hatte er den Sowjetkommunismus begrüßt, war sogar von Stalin empfangen worden. Jetzt galt Feuchtwanger als Spion, aller Ruhm half nichts. Seit langem hatte er sich immer wieder um die amerikanische Staatsbürgerschaft beworben, man verweigerte sie ihm nun endgültig. Fast sämtliche deutschen Emigranten kehrten Amerika den Rücken, außer FBI-Agenten kam kaum noch Besuch in die »Villa Aurora«. Aber Feuchtwanger wollte nicht noch einmal umziehen. Unermüdlich schmiedete er literarische Pläne, die Ideen gingen ihm niemals aus. Am 21. Dezember 1958 starb Lion Feuchtwanger im Alter von 74 Jahren nach einer Magenblutung.

LEBENSLANGE MUSE UND STÜTZE

1912 heiratete Feuchtwanger die um 7 Jahre jüngere Marta Löffler. Das Paar blieb kinderlos, nachdem eine Tochter wenige Tage nach der Geburt gestorben war. Resolut und mit unbedingter Bewunderung hielt Marta Feuchtwanger zu ihrem Mann, betreute nach seinem Tod den Nachlass und baute die Villa Aurora zu einem literarischen Zentrum aus. Sie starb 1987 im Alter von 96 Jahren.

LION FEUCHTWANGER

LEBEN UND WERK

Am 7. Juli 1884 wird Lion Feuchtwanger, Sohn eines jüdischen Fabrikanten, in München geboren; ab 1903 studiert er dort Germanistik und Geschichte, verkehrt in der Münchner Bohème und verfasst erste Dramen, Erzählungen und Theaterkritiken, u.a. für Siegfried Jacobsohns *Schaubühne*; eine eigene Kulturzeitschrift, *Der Spiegel*, wird noch im Gründungsjahr (1908) mit der *Schaubühne* (ab 1918: *Die Weltbühne*) vereinigt. Mit einer Dissertation über Heines *Rabbi von Bacharach* schließt er 1907 das Studium ab. 1912 heiratet er Marta Loeffler. Der Ausbruch des Ersten Weltkriegs überrascht das Paar auf einer Tunesienreise; unter abenteuerlichen Umständen gelingt die Flucht aus der französischen Internierung. Aus dem Militärdienst wird Feuchtwanger, einer der frühen Kriegsgegner, krankheitshalber vorzeitig entlassen. 1918 veröffentlicht er das Drama *Jud Süß* (nicht zu verwechseln mit dem antisemitischen Drehbuch für Veit Harlans Film-Machwerk von 1940), zieht das Stück zurück, erweitert es zu einem Roman (1925), der wie alle seine historischen Romane und Stücke von deutlichen Bezügen zur Gegenwart lebt. 1924 übersiedelt Feuchtwanger nach Berlin, arbeitet dort auch mit Bert Brecht zusammen. Der schreibt: »Bei Disputen mit solchen, die seine Bücher nicht mochten, geriet ich häufig in Streitigkeiten, wenn ich den Rang, den ich seinen Büchern anwies, mit ihrer Gescheitheit begründete und man die Gescheitheit zugab und gerade darum ihren Rang bestritt.« 1930 erscheint *Erfolg*, eine Schilderung des bayerischen Biotops des Nationalsozialismus, zugleich der erste Band der *Wartesaal*-Trilogie. Es folgen, im französischen Exil geschrieben, *Die Geschwister Oppenheim* (1933) und *Exil* (1937–1939). Überzeugt, wie er schreibt, »dass diese ungeheure blutige Groteske … enden wird mit dem Sieg der Vernunft über die Dummheit … darum … kein *finis* unter diesen dritten Teil… ich rechne damit, dass ich die Trilogie mit einem Epilog *Rückkehr* werde schließen können.« Er muss 1940 abermals fliehen, über Lissabon in die USA; in Pacific Palisades, Los Angeles, vollendet er die *Josephus*-Trilogie, eine in der Antike angesiedelte Auseinandersetzung mit der Geschichte des jüdischen Volkes, der auch *Die Jüdin von Toledo* und *Jefta und seine Tochter* (1957) gewidmet sind. 1948 gerät er ins Visier des US-Kommunistenjägers McCarthy; weil ihm die amerikanische Staatsbürgerschaft verweigert wird, verlässt er die USA nicht mehr. Er stirbt am 21. Dezember 1958. Marta, die ihn um 29 Jahre überlebt, führt das gemeinsame Haus, die Villa Aurora, weiter. Bis heute ist sie, als Stiftung, was sie für die deutsche Exilantenkolonie gewesen war: Begegnungs- und Diskussionsstätte.

AUF DEN PUNKT GEBRACHT

Vergleichbar mit Stefan Zweig, ebenfalls Publikumsliebling und reich, gilt Feuchtwanger heute noch – zu Unrecht – vielen als zweitrangiger Schriftsteller. Sein Werk lebt von spannenden Geschichten und dem Pathos einer humanen Welt, die er in Geist und Person selbst verkörperte.

EMPFEHLUNGEN

Fünf Werke:

- *Jud Süß*
- *Erfolg*. 2 Bde.
- *Die Geschwister Oppenheim*
- *Goya*
- *Die Jüdin von Toledo*

Lesenswert:

Lion Feuchtwanger: *Der Teufel in Frankreich* (Lagererfahrung)

Salka Viertel: *Das unbelehrbare Herz. Ein Leben mit Stars und Dichtern des 20. Jahrhunderts*, Reinbek 1987

Marta Feuchtwanger: *Leben mit Lion*, Göttingen 1991

Reinhold Jaretzky: *Lion Feuchtwanger*, Reinbek 1993

Wilhelm von Sternburg: *Lion Feuchtwanger. Ein deutsches Dichterleben*, Berlin 1999

Sehenswert:

Die Geschwister Oppermann. Regie: Egon Monk; mit Wolfgang Kieling, Ros Zech, Michael Degen. BRD 1982

Besuchenswert:

Der Stolperstein in der Regerstraße 8, Berlin-Grunewald

Die Künstlerresidenz Villa Aurora in Pacific Palisades, Kalifornien. Der Kreis der Freunde und Förderer der Villa Aurora hat eine Niederlassung in Berlin

Der rasende Reporter
Egon Erwin Kisch
1885–1948

■ Egon Erwin Kisch mit seiner Frau Liesel in den 1940er Jahren

Der Egon-Erwin-Kisch-Preis wurde 1977 von Henri Nannen, dem STERN-Gründer, ins Leben gerufen, um die Qualität deutschsprachiger Reportagen zu fördern.

»Der Reporter hat keine Tendenz, hat nichts zu rechtfertigen und hat keinen Standpunkt. Er hat unbefangen Zeuge zu sein und unbefangene Zeugenschaft zu liefern, so verlässlich, wie sich eine Aussage geben lässt ...«
Aus dem Vorwort
Der rasende Reporter, 1924

Am Sonntag, den 25. Mai 1913, spielen in Prag die Fußball-Klubs »Sturm« und »SK Union Holeschovice« gegeneinander. Die »Sturm«-Mannschaft unterliegt mit 5:7, was ihren Trainer (im Hauptberuf Reporter beim deutschsprachigen Prager Blatt »Bohemia« und Korrespondent einer Berliner Zeitung) mächtig wurmt. Denn ausgerechnet der fähigste »Sturm«-Verteidiger hat unentschuldigt gefehlt! Tags darauf klopft dieser junge Mann (im Hauptberuf Schlosser) schuldbewusst beim Trainer an: »›Ich konnte wirklich nicht kommen‹, versuchte der saumselig Endback sich zu entschuldigen. ›Das ist mir egal.‹ Ich blieb ablehnend. »›Ich war schon angekleidet, da kommt eine Ordonnanz in unsere Werkstatt und sagt, es soll ein Gehilfe ins Korpskommando kommen, ein Schloss aufbrechen.‹ ›Erzähl mir keine Geschichten! So etwas dauert fünf Minuten. Und wir haben eine geschlagene Stunde mit dem Anstoß gewartet.‹ ›Aber ich musste die Wohnung eines Offiziers aufbrechen und dann alle Schubfächer und alle Schränke..., es war nämlich eine Kommission aus Wien da, die hat nach russischen Papieren gesucht. Und nach Fotografien von Plänen.‹ ›So? Und wem gehört die Wohnung?‹ ›Ich glaube, einem General. Eine sehr nobel eingerichtete Wohnung.‹ ›Aber der General war nicht da?‹ ›Nein, der ist gestern in Wien gestorben.‹« Schlagartig ist der Trainer nicht mehr verärgert, ihm dämmert eine Sensation! Denn am Tag vorher hat Wien gemeldet, dass sich Oberst Alfred Redl, Generalstabschef und Leiter des Prager Generalkommandos, erschossen habe, in einem Anfall von »Sinnesverwirrung« – so die offizielle Darstellung. Nun muss der Schlosser alles ganz genau erzählen, und sein Zuhörer kombiniert goldrichtig. Schon die Abendausgabe der »Bohemia« bringt die Geschichte, sorgt in Wien für Aufruhr, die Regierung tritt nachts zur Krisensitzung zusammen. Bald steht es in allen europäischen Blättern: Oberst Redl war ein Spion! Von den Russen wegen seiner Homosexualität erpresst, hat er dem Feind die Aufmarschpläne der gesamten k.u.k. Armee verraten.

Damit landet der 28-jährige Journalist Egon Erwin Kisch den ersten großen Coup, obwohl nur die Eingeweihten davon wissen, denn noch sind seine Artikel namentlich nicht gekennzeichnet. Später wird Kisch den »Fall Redl« in einem Buch schildern, mit allen Quellen und Hintergründen, die er bis dahin geheim hält. Stets befolgt Kisch jene Regel, die er selbst aufstellt: Schütze deine Informanten! Nur dann erfährst du mehr als andere. Und, nächste Regel, begnüge dich nicht mit dem Augenschein, erlebe selbst, worüber du berichtest! Um Obdachlosigkeit zu beschreiben, zieht Kisch als Penner ins Asyl. Den Hopfenpflückern soll es schlecht ergehen? Der Reporter arbeitet eine Saison lang mit, incognito, zwölf Stunden täglich, schläft in Scheunen auf dem Fußboden. Auf diese Weise erfindet Kisch den ›investigativen‹ Journalismus, er recherchiert, bohrt nach und lässt sich nicht mit amtlichen Verlautbarungen abspeisen. In einem Gefängnis herrschen üble Verhältnisse, der Direktor wiegelt ab und verwehrt die Besichtigung, Kisch klettert einfach über den Zaun. So wie er im Jahr 1934 kurzerhand vom Schiff springt, als man ihm, dem Kommunisten, in Australien die Einreise untersagt. Fünf Meter von der Reling bis zur Kaimauer – kein Problem für den trainierten Sportler, der sich zwar den Knöchel bricht, dafür aber Schlagzeilen macht und schließlich im Land bleiben darf.

Da ist Kisch längst weltberühmt, haben seine Reportagen, ihr origineller Blick und zupackender Stil neue Standards gesetzt, an denen sich Kollegen wie Kurt Tucholsky oder Joseph Roth orientieren. 1924 ist die Sammlung *Der rasende Reporter* erschienen, im Vorwort formuliert Kisch sein Credo: »Nichts ist verblüffender als die einfache Wahrheit, nichs ist exotischer als unsere Umwelt, nichts ist phantasievoller als die Sachlichkeit.« Das Buch wird zum ersten journalistischen Best-

KISCH IM ERSTEN WELTKRIEG

1914 lehnt der Reporter den sicheren Posten im Kriegspresseamt ab. Kisch geht freiwillig, »aus Neugier« zur Infanterie. In Serbien überlebt er mehrere Schlachten, wird verwundet und landet schließlich doch auf einer Pressestelle. Sein Vorgesetzter heißt Robert Musil. Im Band *Soldat im Prager Corp* verarbeitet der Reporter die Schrecken der Fronterfahrung, die ihn zum entschiedenen Kriegsgegner macht.

■ Kisch und der Schauspieler Ernst Busch während des Bürgerkriegs in Spanien, um 1937

■ Gedenktafel für Egon Erwin Kisch in Prag

seller des Jahrhunderts, sein Titel zum Markenzeichen des Autors und dauerhaften Synonym. Im Grunde stimmt es gar nicht: Denn wiewohl Kisch den halben Erdball bereist, Russland, Amerika und China, nimmt er sich Zeit, erkundet gründlich Land und Leute, notiert zahllose Details. Er forscht in Bibliotheken, zu Hause verfügt er über eine eigene von 4000 Bänden, hauptsächlich Sachliteratur. Und schreibt dann extrem langsam, ringt mit jedem Wort. Zehn bis zwölf Fassungen tippt Ehefrau Gisela, seine lebenslange Gefährtin und treue Sekretärin, die ihn überallhin begleitet.

Politisch entscheidet sich Kisch früh für den Kommunismus, tritt 1919 in die KPD ein, als reichlich unbequemer Genosse, der die Parteidoktrin beständig kritisch mit der Wirklichkeit vergleicht. Die junge Sowjetunion strebt nach Anerkennung, lädt den Star-Reporter ein, doch dessen allzu realistische Reportagen erzeugen kaum die Publicity, die Moskau sich wünscht. Dennoch bleibt Kisch überzeugter Sozialist, was der Kapitalismus mit dem Menschen macht, sieht er in den USA, an den Fließbändern von Henry Fords Autofabriken oder beim Besuch der Chicagoer Börse, wo gerade die Getreidebauern in Kansas durch Terminspekulationen ruiniert werden. Kisch blickt ins Wesen des Systems, seine Beschreibung ist noch heute von erschütternder Gültigkeit.

In der Ära des Nationalsozialismus – 1933 werden Kischs Bücher in Deutschland sogleich verboten und verbrannt – steht er an der Spitze der antifaschistischen Internationalen. Unermüdlich verfasst Kisch Artikel und Aufrufe, organisiert Kongresse, setzt seine Prominenz ein, um Verfolgten zu helfen. Er selbst überlebt im mexikanischen Exil, schreibt weitere Bücher – und einen seiner lustigsten Texte. Im fiktiven *Briefwechsel mit Hitler* liefert Kisch anhand sauberer Recherche den Beweis, dass das Eiserne Kreuz Erster Klasse, der Weltkriegsorden, von dem der ›Führer‹ in *Mein Kampf* so stolz berichtet, reine Propaganda ist: »Nee Adolf, alter Meldegänger, das EK I. hast Du also nicht …« Weltweit lachen die Emigranten. Zum 60. Geburtstag erreichen Kisch 1200 Grußadressen. Nach Kriegsende kehrt er in die Heimatstadt Prag zurück. Man empfängt ihn mit allen Ehren, wählt ihn gar in den Stadtrat. Dann erkrankt Egon Erwin Kisch überraschend und stirbt am 31. März 1948.

MENSCH, KISCH!

»Er war für sich allein ein ganzes Kaffeehaus«, erinnert sich Hermann Kesten an Egon Erwin Kisch. Viele Zeitgenossen berichten vom lebenslustigen, fröhlichen Naturell des brillanten Journalisten. So manche fröhliche Runde entzückt Egonek, wie ihn seine Freunde nennen, durch ein weiteres Talent: Kisch kann zaubern! Er beherrscht professionell sämtliche Taschenspielertricks. In der Emigration, als das Geld knapp wird, tritt Kisch sogar öffentlich damit auf. Ein Casino in Nizza engagiert ihn als Zauberkünstler.

EGON ERWIN KISCH

LEBEN UND WERK

»Nichts ist erregender als die Wahrheit«, also: »Schreib das auf, Kisch« – das (Selbst-)Bild des »rasenden Reporters« hat der freiberufliche Journalist und Schriftsteller selbst erfunden und zu seinem Markenzeichen gemacht. Aber da ist Egon Erwin Kisch bereits 40 Jahre alt und berühmt. Geboren wird er am 29. April 1885 in Prag, er studiert zwei Semester, ist Mitglied einer schlagenden Verbindung, meldet sich freiwillig zum Militärdienst, besucht schließlich eine Journalistenschule in Berlin. Noch ohne Namen schreibt er 1906–1913 als Lokalreporter der Tageszeitung *Bohemia*. 1912 erscheint *Aus Prager Gassen und Nächten* – Reportagen, die er nachträglich bearbeitet und die sich wie alle seine Texte auf der Grenze von Realität und präziser Zuspitzung, um nicht zu sagen Erfindung, bewegen: So hätte es, nach allem was wir wissen, sein können. Nach dem Erfolg seiner Recherchen zum »Fall Redl« zieht es ihn nach Berlin. »Er sprühte«, schreibt Irmgard Keun, »knisterte vor Lebendigkeit, Witz und Einfällen.« 1915, im Ersten Weltkrieg an der serbischen Front, wird er schwer verwundet, 1917 ins Kriegspressequartier nach Wien versetzt; tritt Anfang 1918 noch als Presseoffizier einem illegalen Arbeiter- und Soldatenrat bei und agitiert für den Frieden. Nach der Kapitulation im November 1918 gründet er die Rote Garde Wien, wird Redakteur von *Der freie Arbeiter*, tritt der KPÖ bei. Prompt aus Österreich ausgewiesen, geht er zunächst nach Prag, dann nach Berlin, schreibt frei für diverse Zeitungen, für den *Berliner Börsen Courier* ebenso wie für die *Rote Fahne* und die legendäre *Arbeiter-Illustrierte-Zeitung*. 1924 erscheint *Der rasende Reporter*, 1926 *Hetzjagd durch die Zeit*. Die Texte des ersten investigativen Journalisten in Deutschland, eines, wie Musil schreibt, »der Ewigkeitsschule davongelaufenen Dichters«, machen noch uns Nachgeborenen die Umwälzungen durchsichtig und nacherlebbar, die die 1920er und 1930er Jahre prägen – so wie auch die Reportagen seines Freundes Joseph Roth. Inkognito reist der Kommunist in die USA (*Paradies Amerika*, 1928), übernimmt einen Lehrauftrag für Journalistik in Charkow, reist nach China (*China geheim*, 1932). 1933, kaum zurück in Berlin, wird er nach dem Reichtagsbrand verhaftet, nach Prag abgeschoben, landet 1934 in Paris, wo er in der Internationalen Arbeiterhilfe mitarbeitet und mit Heinrich Mann den Schriftstellerkongress zur Verteidigung der Kultur vorbereitet. 1936–1938 ist er Berichterstatter der Internationalen Brigaden im spanischen Bürgerkrieg. 1939 flieht er nach Mexiko, dem Exil bis 1946. Seinem Markennamen entsprechend, veröffentlicht er seine Erinnerungen unter dem Titel *Marktplatz der Sensationen* (1942). 1946 kehrt er nach Prag zurück, wo er am 31. März 1948 einem Herzschlag erliegt.

EMPFEHLUNGEN

Fünf Werke:

- *Der rasende Reporter*
- *Zaren, Popen, Bolschewiken*
- *China geheim*
- *Abenteuer in fünf Kontinenten*
- *Entdeckungen in Mexiko*

Lesenswert:

Martin Hielscher (Hg.): *Fluchtort Mexiko. Ein Asylland für die Literatur*, Hamburg/Zürich 1992

Jürgen Serke (Hg.), *Die verbrannten Dichter. Lebensgeschichten und Dokumente*, Weinheim 1992

Marcus G. Pattka: *Der rasende Reporter Egon Erwin Kisch*, Biographie in Bildern, Vorwort: Hellmuth Karasek, Berlin 1998

Hörenswert:

Egon Erwin Kisch – Erinnerungen an den rasenden Reporter, Feature von Renate Beckmann und Klaus Ihlau, mit O-Tönen von Kisch u.a., München 2001

Aus der Reihe *Club der verbannten Dichter : Egon Erwin Kisch*, gelesen von Achim Höppner, 2005. 2 CDs

AUF DEN PUNKT GEBRACHT

Der Gründungsvater des modernen Journalismus. Egon Erwin Kisch erhob die Reportage zur eigenständigen Kunstform, ohne sie als Kunst zu betreiben. Sachlichkeit war ihm höchstes Gebot, Objektivität eine Pflicht. Seine Bücher seien allen angehenden Journalisten dringend empfohlen!

Dichten mit dem Skalpell
Gottfried Benn
1886–1956

»Stil ist der Wahrheit überlegen, er trägt in sich den Beweis der Existenz. Form: in ihr ist Ferne, in ihr ist Dauer.« Gottfried Benn

»Lyrik muss entweder exorbitant sein oder gar nicht. Das gehört zu ihrem Wesen.« Gottfried Benn

»Ich bin kein Menschenfeind, aber wenn Sie mich besuchen wollen, bitte kommen Sie pünktlich, und bleiben Sie nicht zu lange.«

Er konnte abweisend sein bis zur Unhöflichkeit, hasste Floskeln und oberflächliches Gerede, in seiner Stammkneipe ließ man ihn in Ruhe, wenn er abends allein beim Bier saß und schrieb. Er hegte strengste künstlerische Grundsätze und teilte nach allen Seiten aus, widersprach man seinen Auffassungen. Vom Kulturbetrieb hielt er sich fern, bei den geistigen Meinungsführern roch er nur eine unangenehme »Pomade im Haar aus Happy End und Konformismus«. Auch mit Dichterkollegen pflegte er wenig Freundschaft. Die meisten fand er langweilig, es fielen böse Worte. Auf einen völlig anderen Mann traf man jedoch in seiner Hautarztpraxis in der Berliner Belle-Alliance-Str. 12. Dr. med. Gottfried Benn war ein gewissenhafter Arzt, fürsorglich und anteilnehmend. Vom Schicksal besonders geschlagene Patienten behandelte er schon mal kostenlos, einem Arbeitslosen bezahlte er über mehrere Monate die Kohlenrechnung. Der Doktor selbst verdiente schlecht, seine literarische Arbeit brachte kaum etwas ein, die

■ Gottfried Benn in seiner Arztpraxis, 1934

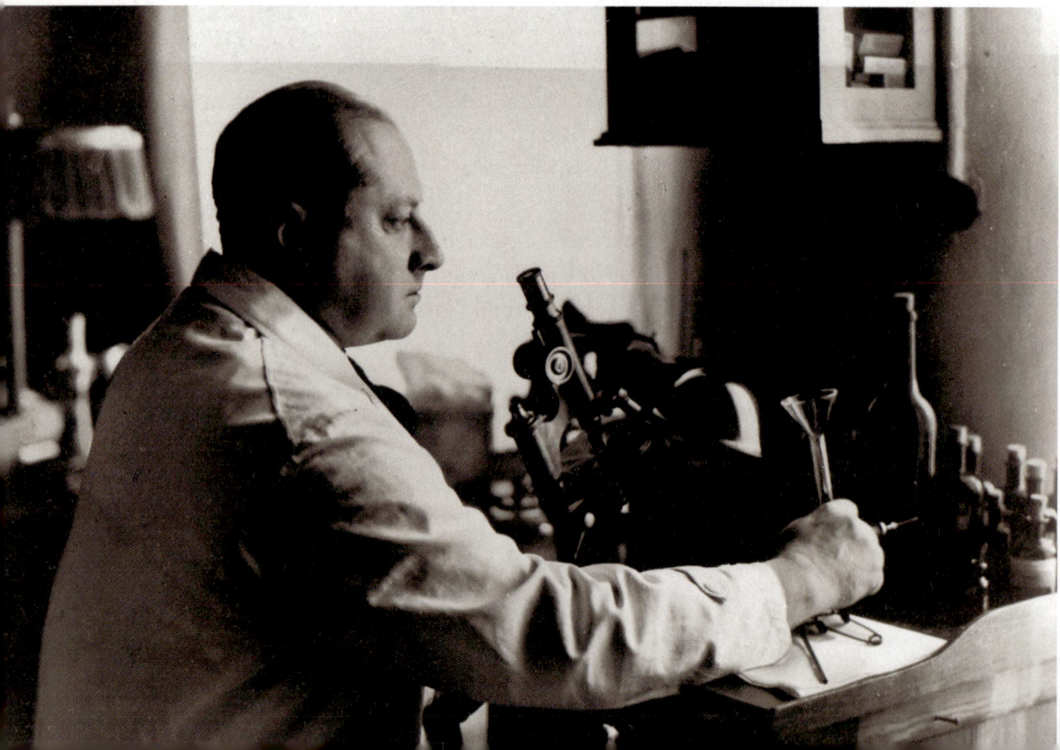

Praxis warf ebenfalls nicht viel ab. Bis fast ans Lebenende hielt er seine Sprechstunden ab, schob regelmäßig Bereitschaftsdienst, und wer nach dem Krieg tief in der Nacht den Notarzt rief, sah vielleicht jenen älteren, über sechzigjährigen Herrn die Stiegen hochkommen, den man heute zu den bedeutendsten deutschen Lyrikern der Literaturgeschichte zählt.

Seinen Ruf als misanthropischer Dichter, der am liebsten zwischen den Stühlen sitzt, hatte Gottfried Benn früh begründet. 1912 erschien in einem Berliner Verlag ein Faltblatt mit neun Gedichten, der Titel war Programm: *Morgue* – Leichenschauhaus. Da schreibt ein Mediziner von Verfall und Agonie, Tote werden obduziert, Kinder geboren und abgetrieben, es riecht nach Urin, Kot, Blut. Unterkühlt und klinisch ist der Ton, im Krankenhaus erlöschen alle Illusionen über Humanität und Menschenwürde: *Die Krone der Schöpfung, das Schwein, der Mensch –/... Was kläfft ihr denn?/Ihr sprecht von Seele – was ist eure Seele? Verkackt die Greisin Nacht für Nacht ihr Bett/schmiert sich der Greis die mürben Schenkel zu,/und ihr reicht Fraß, es in den Darm zu lümmeln.* Die Rezensenten wanden sich vor Ekel, einer empfahl die Einweisung des Verfassers in die Psychiatrie. »Jeder Vers ein Leopardenbiß«, urteilte bewundernd seine Freundin und Dichterkollegin Else Lasker-Schüler in Einklang mit den begeisterten Expressionisten, die sich damals als neue lyrische Bewegung formierten. Doch Benn verweigerte sich dieser Avantgarde genauso wie allen anderen literarischen Tendenzen. Er hatte aus seinem naturwissenschaftlichen Studium und der Lektüre Friedrich Nietzsches eine radikal skeptische Weltsicht abgeleitet, nannte sich stolz einen »Intellektualisten«, der keinem Gefühl vertraut, sondern die Probleme mit scharfen Begriffen und Zuspitzungen attackiert: »Intellektualismus ist die kalte Betrachtung der Erde, warm ist sie lange genug betrachtet worden, mit Idyllen und Naivitäten und ergebnislos.« Die Menschheitsgeschichte deutete Benn lediglich als Biologie, als stupiden Prozess von Werden und Vergehen, der trotz humanistischer Ideale und politisch-sozialem Fortschritt unabänderlich sinnlos bleibt. Auch Religion und Götter waren für Benn nur »Bluff« und Betäubung des Verstandes, einzig und allein in der Kunst sah er die Möglichkeit zur Transzendenz. Dabei habe der Dichter strikte Distanz zu jeglicher Tagesaktualität zu wahren, moralisch nichts zu melden. Nur die Form, die geistige Durcharbeitung des Stoffes, entscheide über den Gehalt eines Gedichts. In einer später berühmten Rundfunksendung von 1930 wurde Benn gefragt, ob denn diese Einstellung zur Dichtung nicht

■ Else Lasker-Schüler, um 1919

Gottfried Benns anfängliche Faszination für den Nationalsozialismus ist bis heute ein wunder Punkt. 1933 erschien das Buch *Der neue Staat und die Intellektuellen*. Klaus Mann hatte Benn öffentlich aufgefordert, sich von der NS-Herrschaft zu distanzieren. Im Mai '33 formulierte Benn im Radio eine polemische »Antwort an die literarischen Emigranten«: »Ich erkläre mich ganz persönlich für den neuen Staat, weil es mein Volk ist, das sich hier seinen Weg bahnt.« Damit war der Dichter Gottfried Benn für die Schriftsteller der Emigration gestorben.

■ Gottfried Benn, 1952

vollkommen nihilistisch sei? Die trockene Antwort: »Unbedingt.«

In diesen Jahren hatte sich der permanente Außenseiter allerdings so sehr in seiner reinen Artistik verkapselt, dass er entscheidende Dinge nicht mehr richtig mitbekam. Der apolitische Benn begrüßte 1933 den Sieg der Nationalsozialisten als imperativen Volkswillen, der den Zerrissenheiten der Weimarer Republik ein Ende machte. Ohne je ein Parteiprogramm gelesen zu haben, verfiel er dem Bann des NS-Rassenwahns, schauerliche Texte entstanden, die man ihm zu Recht bis heute vorwirft. Zwar dauerte es nicht lange, bis er das wahre Antlitz des Dritten Reiches erkannte und in seinem Stil charakterisierte: »Cäsarenfresse und das Gehirn von Troglodyten.« Doch der Schaden war beträchtlich, Benns Ruf unter kritischen Intellektuellen restlos ruiniert.

Die Nazis dankten ihm sein Engagement mit Schreibverbot, sie hatten die *Morgue*-Gedichte nicht vergessen. Er selbst floh in die Armee und fand sich damit ab, hinfort nur noch für die Schublade zu schreiben.

Umso überraschter erlebte Benn 1949 sein sensationelles Comeback. Nun entdeckte man den Ästheten wieder, die formvollendete Lyrik und geschliffene Prosa seiner zahlreichen Essays und Vorträge. »Erkenne die Lage. Rechne mit deinen Defekten, gehe von deinen Beständen aus, nicht von deinen Parolen« – Vor allem eine desillusionierte Nachkriegsjugend lauschte hingerissen solcher Nüchternheit, fühlte sich verstanden und auch erhoben durch entsprechende Verse voller Melancholie und Einsamkeit: *Ob Rosen, ob Schnee, ob Meere,/was alles erblühte, verblich,/es gibt nur zwei Dinge: die Leere/und das gezeichnete Ich.* Ein regelrechter Kult brach los, es regnete Preise und Ehrungen. Gottfried Benn blickte argwöhnisch auf diesen Erfolg, er misstraute jeder Mode, auch der, die ihn betraf. Mürrisch bis zuletzt schrieb er, als man ihm das Bundesverdienstkreuz verlieh: »Ablehnen wäre Angeberei, also nehme ich es hin. Tragen werde ich es nicht.«

STATISCHE GEDICHTE

Eines von Gottfried Benns berühmtesten Gedichten heisst *Ein Wort.* Während des Zweiten Weltkriegs im Privatdruck veröffentlicht, erschien es 1948 erstmals in dem Band *Statische Gedichte* in einem Zürcher Verlag. In Deutschland machte man um den Dichter wegen seiner nationalsozialistischen Verstrickung immer noch einen Bogen. Die Publikation in der Schweiz leitete die Wende ein, eine erweiterte deutsche Ausgabe erschien schon im Jahr darauf. *Statische Gedichte* bedeuteten für Benn den großen Durchbruch.

GOTTFRIED BENN

LEBEN UND WERK

Gottfried Benn, der Sohn eines protestantischen Pastors, wird am 2. Mai 1886 in Mansfeld (Westprignitz) geboren; seine Mutter stammt aus der französischen Schweiz. Er besucht das humanistische Gymnasium in Frankfurt/Oder, auf Wunsch des Vaters beginnt er 1903 ein Theologiestudium, studiert dann aber, eigenen Interessen folgend, in Berlin Medizin (1905–1911), wird Unterarzt in einem Prenzlauer Infanterieregiment. 1912 quittiert er den Dienst und arbeitet an verschiedenen Berliner Krankenhäusern. In diese Zeit fällt die Veröffentlichung des Gedichtbandes *Morgue;* zwölf Gedichte, deren zynische Kälte in der bürgerlichen Presse Skandal macht, deren eruptive Sprachkraft für die Expressionisten zum Vorbild wird. Aber er bleibt, auch mit dem zweiten Band, *Söhne,* wegen seiner Absage an das expressionistische Menschheitspathos ein Außenseiter. Den Ersten Weltkrieg verbringt er als Oberarzt im besetzten Brüssel; dort entstehen die Novellen um den Arzt Werff Rönne – veröffentlicht im Band *Gehirne.* 1917 eröffnet er in der Berliner Belle-Alliance-Straße eine Facharztpraxis für Haut- und Geschlechtskrankheiten (bis 1935). Die lyrische Produktion tritt zurück, er sucht, vornehmlich in Essays und Reden, Lebensmöglichkeiten »nach dem Nihilismus«, den Benn am nachdrücklichsten bei Nietzsche formuliert findet. 1932 wird er in die Preußische Akademie der Künste aufgenommen. In seiner Antrittsrede hofft er, dem »Realitätszerfall seit Goethe« lasse sich ein »großartiger halluzinatorisch-konstruktiver Stil« entgegensetzen. Dass dem auch ein neuer Menschentyp entsprechen müsse, bringt ihn in die Nähe der NS-Ideologie – *Der neue Staat und die Intellektuellen* –, bis er ab 1934 seinen politisch blinden Irrationalismus erkennt. »Der Geist und die Kunst kommt nicht aus sieghaften, sondern aus zerstörten Naturen, dieser Satz steht für mich fest … Geist und Macht sind zwei Reiche.« Die *Ausgewählten Gedichte* (1936) provozieren gefährliche Angriffe der NS-Kulturwächter und 1938 das endgültige Schreibverbot. 1935 bereits reagiert er mit der »aristokratischen Form der Emigration«: Er tritt wieder in den Heeresdienst ein. In dieser Zeit entstehen *die Statischen Gedichte,* formvollendeter Ausdruck seines »schöpferischen Nihilismus«: dem Einzelnen bleibe keine Wahl, als Sprache – Wort und Form – gegen eine sinn- und ziellos gewordene Geschichte zu setzen. Mit diesem ernüchterten Heroismus gewinnt er nach 1948 späten Ruhm: Grundlage der im Nachkriegs-Westdeutschland einsetzenden breiten Rezeption ist das in 3 Teilen – Lyrik, Essays, Prosa – erscheinende Werk (1949). In der Autobiographie *Doppelleben* rechtfertigt er sein Verhalten im Nationalsozialismus; 1951 erhält er den Büchnerpreis. Kurz nach seinem 70. Geburtstag, hochgeehrt, erliegt er am 7. Juli 1956 einem Krebsleiden.

AUF DEN PUNKT GEBRACHT

Der Dichter des reinen Worts – selten hat ein Autor so beharrlich auf ästhetische Autonomie gepocht wie Gottfried Benn. Seine Persönlichkeit polarisiert heute noch die Meinungen, als Lyriker gehört er unbestritten zu den besten des 20. Jahrhunderts.

EMPFEHLUNGEN

Fünf Werke:
- *Morgue*
- *Gehirne*
- *Statische Gedichte*
- *Der Ptolemäer*
- *Doppelleben*

Lesenswert:

Nele Poul Soerensen: *Mein Vater Gottfried Benn,* München 1986

Walter Lennig: *Gottfried Benn,* Reinbek 1994

Helma Sanders-Brahms: *Gottfried Benn und Else Lasker-Schüler. Giselher und Prinz Jussuf,* Reinbek 1998

Helmut Lethen: *Der Sound der Väter. Gottfried Benn und seine Zeit,* Berlin 2006

Hörenswert:

Heine – Benn. Im fiktiven Dialog, Rezitation von Manfred M. Bender, Pforzheim 2002

Nele Poul Soerensen: *Mein Vater Gottfried Benn,* gelesen von Sandra Breitmeyer und Otto Sander, München 2006. 3 CDs

Paul Hindemith und Gottfried Benn: *Das Unaufhörliche. Oratorium*

Besuchenswert:

Das Buch von Kai Uwe Scholz: *Gottfried Benn – Kindheitsorte,* Frankfurt/O. 1998, führt nach Mansfeld, Sellin und Frankfurt an der Oder.

Goldenes Herz, eiserne Schnauze!
Kurt Tucholsky
1890–1935

»Tucholskys Formulierungstalent ist außerordentlich. Aber die Pointe selbst, ihre Zuspitzung, ihre refrainhafte, leitmotivische Wiederholung ist nicht das Wesentliche. Das Wesentliche ist der ethische Wille, der dahinter steckt.«
Herbert Ihering, 1920

Gleich auf der Vorderseite des Buches trieft einer ekligen Gestalt mit Schnurrbart, Pickelhaube und Zylinder die Zeile »Deutschland, Deutschland über alles« aus dem Mund; auf dem Rückumschlag bilden die Insignien öffentlicher Ordnung – Schlagstock und Säbel in geballter Faust – ein bedrohliches Doppel. Dieser genial-bösartigen Bildmontage von John Heartfield entspricht der Furor, mit dem der Autor Kurt Tucholsky in den Texten zu Werke geht. Seine ganze Verachtung, aller Hohn und Spott über das Wesen der Deutschen fließen zusammen in einer politisch-soziologischen Generalabrechnung, wie sie in dieser Schärfe noch kein Publizist zuvor formuliert hat. Ob wilhelminischer Untertanengeist, sklavische Verehrung des Militärs, Revanchismus, Fremdenhass, Demokratiefeindlichkeit oder auch eine deutlich parteiische Justiz, die sozialistische Aktivisten zu hohen Haftstrafen verurteilt und nationalistische Feme-Mörder freispricht – Tucholsky spart nichts aus, zieht eine bittere Bilanz, nach der diese Deutschen ein hoffnungslos borniertes Volk sind. Als *Deutschland, Deutschland über alles* im Dezember 1929 erscheint, reagieren selbst seine Freunde skeptisch und äußern die Sorge, Tucholskys Rundumschlag liefere den Rechtsradikalen nur weitere Munition für den Angriff auf die geschwächte Weimarer Republik. Tatsächlich schäumt die Nazi-Presse, spricht vom »Judenschwein« Tucholsky und kündigt unverhohlen Rache an. Nach Hitlers Machtübernahme gehört er zu den Ersten, die sofort zur Verhaftung ausgeschrieben und ausgebürgert werden, seine Bücher wirft man im Mai 1933 auf dem Berliner Opernplatz ins Feuer.

■ Kurt Tucholsky und seine zweite Frau Mary, um 1935

Zu dieser Zeit lebt Kurt Tucholsky zum Glück bereits im sicheren Schweden. Schon in der Jugend hat es ihn nach Norden gezogen, er liebt Land-

■ Von John Heartfield gestalteter Schutzumschlag für Tucholskys *Deutschland, Deutschland über alles*, das im Neuen Deutschen Verlag 1929 erschien

schaft und Klima; im Örtchen Hindas, nahe bei Göteborg gelegen, bezieht er 1930 die »Villa Nedsjölund«. Noch verfügt Tucholsky über genügend Geld, er ist ein hochbezahlter Journalist, mehrere Sammelbände seiner Artikel verkaufen sich blendend. Er gilt als Edelfeder und Sprachzauberer mit einzigartigem Stil, dem »Tucho«-Ton. Schreibt Reportagen, Glossen und Essays, fürs Kabarett politische Gedichte und schmissige Chansons. Gibt mit der »Schaubühne« eine der kritischsten, intellektuellen Zeitschriften heraus. Wird gefeiert und gehasst, in einer Mischung, die ihm lange gefällt und Ansporn zu unermüdlicher Produktivität bedeutet. In zwanzig Jahren entstehen über 3000 Arbeiten, alle getragen vom eindeutigen Credo: Aufklärung, Kritik am Nationalismus, Verurteilung von Krieg und Gewalt. In der gesellschaftskritischen Tradition eines Heinrich Heine – sein großes Vorbild – nimmt Tucholsky am liebsten den deutschen Spießer aufs Korn, jene permanent beleidigte Leberwurst, prall von unterdrückten Trieben, die sich in Borniertheit und primitiven Ressentiments Luft verschaffen: »Ich bin ausgezeichnet, wenn ich einer noch dumpfen Masseneinsicht Ausdruck geben kann«, analysiert Tucholsky, und der Autor vertraut seinem Instinkt umso mehr, als er nur zu genau weiß, dass er selbst Züge des autoritären Charakters in sich trägt. Im Ersten Weltkrieg erfährt der 25-Jährige, wie rasch auch ein kritischer Geist unter die Räder des Zeitgeistes kommt. Der frisch gebackene Doktor der Jurisprudenz, der schon als Student flammende pazifistische Appelle gegen Militär und Obrigkeitsdenken veröffentlichte, macht brav Männchen vor den Vorgesetzten, schleimt sich ein und deichselt eine bräsige Etappenexistenz voller Privilegien. Er wird sich dieser Schwäche später tüchtig und öffentlich schämen, seine Artikel treffen das deutsche Wesen gerade deshalb so zielsicher, weil es in der eigenen Seele lebt: »Man hasst nur, was man selber ist.« Wohl kaum zufällig fügt Tucholsky nach

»FAMILIENBANDE«

Ein Wort, das Tucholsky gern in doppeltem Sinn verwendete. Aufgewachsen in einem wohlhabenden, assimilierten jüdischen Elternhaus, liebte er seinen geschäftstüchtigen, aber liberalen Vater Alex, den Direktor der Berliner Handelsgesellschaft, heiß und innig. Nach dem frühen Tod des Vaters – er starb 1905 – litten Sohn und Geschwister umso schwerer unter den hysterischen Ausbrüchen von Mutter Doris, einer vom Leben enttäuschten Frau, die ihre Launen an den Kindern abreagierte. Tucholsky rächte sich in erschütternd mitleidlosen Porträts, Hassgefühle begleiteten ihn das ganze Leben. Doris Tucholsky wurde von den Nazis im Alter von 74 Jahren deportiert und ging 1943 im KZ Theresienstadt zugrunde.

■ Kurt Tucholsky 1915 als Soldat während des Ersten Weltkriegs

LIEBE AUF DISTANZ
Was die Mutter verkorkste, hatten die Frauen auszubaden, die Tucholsky liebten. Seine große Liebe Mary Gerold hielt er so lange hin, bis sie jede Hoffnung aufgab. 1920 war Hochzeit mit der Ärztin Else Weil, vier Jahre später erfolgte die Scheidung, weil Kurt nun doch seine Mary heiraten wollte. Eine krisengeschüttelte Ehe begann, beständig floh der Gatte, auch in die Arme anderer Damen, 1928 warf Mary entnervt das Handtuch.

Kriegsende seinen bereits bekannten drei Pseudonymen den tragikumwölkten »Kaspar Hauser« hinzu, der staunend und fassungslos auf das Weltgeschehen blickt. Kaspar Hauser repräsentiert die tiefe Melancholie, den steten Selbstzweifel des Autors, während der lesehungrige »Peter Panter« mehrere hundert Bücher verschlingt und rezensiert, der freundliche Faulpelz »Theobald Tiger« lässige Verse schmiedet und ein stachliger »Ignaz Wrobel« zornige, politische Polemik ins Publikum schleudert.

Experten haben diese vierfache Aufspaltung von Tucholskys Publizistik psychoanalytisch gedeutet, als Strategie, um vom wahren, hochverletzlichen Ich abzulenken, das unter allen Masken hauste. In der Tat erzählen Zeitgenossen von einer bisweilen beängstigend multiplen Persönlichkeit, die in guter Stimmung alle mit Frohsinn und Witz bezauberte, anderntags in düsteren Pessimismus verfiel.

Erfolg, Popularität und intellektuelle Anerkennung helfen wenig gegen die wachsende Resignation Tucholskys angesichts der politischen Entwicklung in Deutschland, die ihm schließlich jeden Mut nimmt. »Ich richte ja auch nichts aus …«, klagt er Anfang 1931 in einem Brief, die Nationalsozialisten haben im Herbst zuvor bei den Reichtagswahlen triumphiert. Dass die Deutschen sich freiwillig und massenhaft für Hitlers Partei entscheiden, bedeutetet für Tucholsky die endgültige Niederlage. Nach dem letzten großen Wutausbruch mit *Deutschland, Deutschland über alles* fauchen Panter & Co immer seltener, 1932 stellen sie ihre Attacken ein: »Man kann nicht schreiben, wo man nur noch verachtet.« Jetzt bezeichnet sich Tucholsky als »dahingegangener Schriftsteller«, untersagt sogar einem Schweizer Verlag, seine Bücher weiter zu verbreiten. Krankheiten verleiden ihm zusätzlich die Tage, die Einkünfte versiegen.

Sein Freitod am 21. Dezember 1935 wirkt wie die logische Konsequenz eines völlig Verzweifelten. Doch bis heute ist ungeklärt, ob Kurt Tucholsky tatsächlich Selbstmord beging. Nahm der chronisch Schlaflose vielleicht einfach nur aus Versehen zu viele Tabletten? Einen Abschiedsbrief hat er jedenfalls nicht hinterlassen. Eine mögliche Grabinschrift formulierte er für sein Pseudonym Ignaz Wrobel bereits Jahre vorher, in wuchtigen Lettern sollte es heißen: »Hier ruht ein goldenes Herz/und eine eiserne Schnauze./Gute Nacht!« Der Wunsch wurde ihm nicht erfüllt. Heute steht auf seinem Grab, reichlich zahm: »Alles Vergängliche ist Nur Ein Gleichnis«.

KURT TUCHOLSKY

LEBEN UND WERK

Am 9. Januar 1890 wird Kurt Tucholsky, Sohn eines jüdischen Kaufmanns, in Berlin geboren; er studiert Jura in Berlin, Genf und Jena, promoviert 1915, wird eingezogen und ist drei Jahre lang Soldat im Ersten Weltkrieg. Schon vor dem Krieg veröffentlicht er Beiträge und Gedichte im »Vorwärts«, dem Zentralorgan der SPD; 1912 erscheint *Rheinsberg. Ein Bilderbuch für Verliebte*. Von 1913 an schreibt er für Siegfried Jacobsons *Schaubühne* (ab 1918 *Weltbühne*), der bedeutendsten Tribüne der intellektuellen Linken in der Weimarer Republik. Kurz übernimmt Tucholsky selbst die Leitung, bis er sie an Carl von Ossietzky übergibt (der später im KZ ermordet wird). Zwischen 1911 und 1932 veröffentlicht er in verschiedensten Zeitungen, Zeitschriften und Büchern über 800 Gedichte; über 600 unter dem Pseudonym Theobald Tiger, etwa 70 als Kaspar Hauser, unter drei Dutzend steht Kurt Tucholsky; sie bilden mit Kaspar Hauser und Ignatz Wrobel die »fünf PS«. »Nicht immer gilt der Klassik Maß«, lässt Tucholsky seinen Tiger vermelden, den »Lyriker« im streitbaren Quintett; am wenigsten für Couplets und Chansons, die er für Berliner Revuen und Kabaretts verfasst; »Sonx«, die er beliebten »Chansonnieren« auf den Leib schreibt – Trude Hesterberg, Gussy Holl, Kate Kühl oder Claire Waldof. Rosa Valetti und Ernst Busch sind die namhaftesten Interpreten seiner politischen Lieder. Er schreibt mit Blick auf sein Publikum; und er kennt es – Klein- und Großbürger, Arbeiter, Parteifunktionäre –, das zeigen Rollenprosa, Berliner Dialekt und schichtenspezifischer Jargon. Kompromisslos holt er ans Licht, was hinter jeglicher »Jemütlichkeit« sich verbirgt – das macht seine Texte haltbar bis heute. In der *Arbeiter Illustrierten Zeitung* veröffentlicht er seit 1928 »Tendenzkunst«: »ein tendenziöses Gedicht ist ein Gedicht; die Verse der Gebrauchslyrik sind gereimtes oder rhythmisches Parteimanifest«. 1929, vier Jahre vor Hitlers Ermächtigung, veröffentlicht er, zusammen mit John Heartfield, einen »politischen Baedeker«, das »Bilderbuch« zur Lage von Staat und Nation: *Deutschland, Deutschland über alles*, eine radikale, bis heute nicht verstaubte Kritik, die mit dem Bekenntnis endet: »Ja, wir lieben dieses Land.« 1933 wird nicht nur dieses Buch verbrannt; Tucholsky, der bereits seit 1929 in Schweden lebt, wird ausgebürgert. 1931 erscheint *Schloß Gripsholm*, charmant, verspielt, aber nicht ohne Anspielungen auf die Zeit, der das Paar nicht entfliehen kann: »Nein, damit ist es nichts. Wenn man umzieht, ziehen die Sorgen nach.« Der Schriftsteller verstummt, seine Briefe unterzeichnet er mit »ein aufgehörter Deutscher«, oder: »ein aufgehörter Schriftsteller«. Die posthum veröffentlichten *Q-Tagebücher* zeigen ihn als verzweifelt-sarkastischen Beobachter aus erlittener Ferne. Am 21. Dezember 1935 setzt er seinem Leben ein Ende.

AUF DEN PUNKT GEBRACHT

Einer der brillantesten Stilisten des 20. Jahrhunderts und schärfster Kritiker seiner Zeit. Dass Kurt Tucholsky am Ende so verzagte, zeigt, wie ernst es ihm mit seiner Arbeit war. Und noch heute lohnt die Lektüre allein der Sprache wegen. Unbedingt auf »Tuchofühlung« gehen!

EMPFEHLUNGEN

Fünf Werke:
- *Rheinsberg. Ein Bilderbuch für Verliebte*
- *Mit 5 PS*
- *Deutschland, Deutschland über alles*
- *Schloss Gripsholm*
- *Lerne lachen, ohne zu weinen*

Lesenswert:

Kurt Tucholsky: *Gedichte*, hg. von Mary Gerold-Tucholsky, Reinbek 1998

Kurt Tucholsky: *Panter, Tiger & Co. Eine neue Auswahl aus seinen Schriften und Gedichten*, hg. von Mary Gerold-Tucholsky, Reinbek 1995

Kurt Tucholsky: *Die Q-Tagebücher. 1934–1935*, hg. von Mary Gerold-Tucholsky und Gustav Huonker, Reinbek 1995

Richard von Soldenhoff (Hg.): *Kurt Tucholsky. 1890–1935. Ein Lebensbild*, Weinheim 1994

Michael Hepp: *Kurt Tucholsky*, Reinbek 2002

Hörenswert:

Hildegard Knef singt und spricht Tucholsky, Hamburg 2003

Kurt Tucholsky: *Rheinsberg*, gelesen von Anna Thalbach, Berlin 2006

Sehenswert:

Schloß Gripsholm. Regie: Xavier Koller; mit Ulrich Noethen, Heike Makatsch, Jasmin Tabatabei, Marcus Thomas u.a. D/CH/A 2000

Der gesellige Marquis Prosa

Joseph Roth

1894–1939

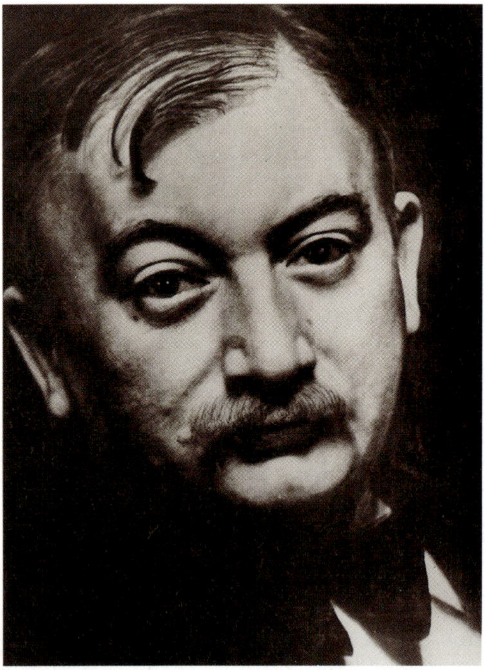

■ Joseph Roth, um 1930

Berlin, Juni 1932. In der Mampe-Stube am Berliner Kurfürstendamm herrscht wie gewohnt Hochbetrieb. Das Lokal ist ein beliebter Treffpunkt für Künstler, Schriftsteller und Journalisten. Zu den Stammgästen zählt auch Joseph Roth. An diesem Abend wirkt er, ein berüchtigter Kampftrinker und stets Mittelpunkt feuchtfröhlicher Runden, auffällig bedrückt. Man diskutiert die neuesten politischen Ereignisse und die jüngste Meldung, dass die Reichsregierung das Verbot von Hitlers SA-Truppe aufgehoben habe. Dann spricht Roth: »Es ist Zeit, wegzugehen. Sie werden unsere Bücher verbrennen und uns damit meinen. Wenn einer jetzt Wassermann heißt, oder Döblin oder Roth, darf er nicht länger abwarten. Wir müssen fort, damit es nur Bücher sind, die in Brand gesteckt werden.« Die Kollegen und Zechkumpane wiegeln ab, so schlimm werde es schon nicht kommen, dieser Hitler sei doch nicht ernstzunehmen! Roth lächelt düster. Ein knappes Jahr später, am 10. Mai 1933, brennen auf dem Berliner Opernplatz die Bücher von Jakob Wassermann und Alfred Döblin; die beiden jüdischen Autoren sind längst geflüchtet wie auch Roth, dessen Werk in Deutschland ebenfalls verboten und aus allen Bibliotheken entfernt wird.

Zu dieser Zeit befindet sich Joseph Roth auf dem Höhepunkt des Erfolges. Mit seinem fünften Roman, *Hiob,* war ihm 1929 endlich der langersehnte literarische Durchbruch geglückt – ein Weltbestseller, in Hollywood erklärte die Diva Marlene Dietrich die traurige Geschichte über den geschlagenen Juden Mendel Singer öffentlich zu ihrem Lieblingsbuch. Und jetzt macht der Nachfolger *Radetzkymarsch* international Furore, Roths melancholischer Abgesang auf seine Heimat und die österreichische k.u.k. Monarchie, die ihm, inzwischen im Exil, wie ein einziger glücklicher Traum erscheint. Doch wenigstens lebt der Autor nun wieder in Paris, für ihn die schönste Stadt der Welt, wo er schon in den frü-

»Ich bin ein Franzose aus dem Osten, ein Humanist, ein Rationalist mit Religion, ein Katholik mit jüdischem Gehirn.« Joseph Roth

DIE GROSSE LIEBE: FRIEDL

Frauen beschreiben den kleinen, zart gebauten Schriftsteller übereinstimmend als eigentlich häßlich, schwärmen jedoch zugleich von seiner enormen erotischen Ausstrahlung. 1922 heiratete Roth die 21-jährige Friederike Reichler, ein jüdisches Mädchen, deren Familie ebenfalls aus Galizien stammte. Friedl war eine anmutige Wiener Schönheit, Roth betete sie an. 1928 zeigten sich erste Anzeichen von Geisteskrankheit bei ihr, eine Leidensgeschichte begann, die in einer geschlossenen Anstalt endete. Roth kam darüber kaum hinweg, suchte noch stärkeren Trost beim Alkohol. Wie tausende anderer Psychiatrie-Patienten wurde Friedl 1940 von den Nationalsozialisten ermordet.

»Sehr geehrter Herr Redakteur! Ich bin einer von denjenigen, die man Lyriker nennt, oder Narren, oder Bettler, oder Alles zugleich. Sämtliche drei Attribute passen auch auf mich. Ganz besonders das letzte.«

Mit diesen Worten bewarb sich Joseph Roth 1915 erfolgreich um die Mitarbeit in Österreichs »Illustrierter Zeitung«, kurz darauf wurden erste Gedichte von ihm gedruckt.

hen 1920er Jahren gearbeitet hatte, für die »Frankfurter Zeitung«, Deutschlands größtes und bedeutendstes Blatt. Roth gilt als Edelfeder und Sprachmeister, ist mit einer Reichsmark Zeilenhonorar der höchstbezahlte Journalist der »Frankfurter Zeitung«, bereist ganz Europa, berichtet aus Russland, Albanien, Italien. Sein unbestechlicher Blick sieht in kleinen, scheinbar nebensächlichen Dingen das große Politische, elegant schlägt er den Bogen vom Schicksal kleiner Leute zu Stimmung und Atmosphäre der Zeit. Er formuliert mit viel Gefühl, bisweilen sarkastisch, immer klar und präzise. Millionen Leser verschlingen die glänzenden Feuilletons und Reportagen des »Marquis Prosa«, wie ihn der Schriftsteller und Freund Anton Kuh bewundernd charakterisiert. Kein Zweifel, Joseph Roth hat es weit gebracht vom bettelarmen galizischen Ostjuden, auf den alle herabschauten, bis zum Weltmann im teuren Maßanzug. Mit Stolz und kindlicher Freude genießt er den Ruhm, spielt ironisch Dandy und feiner Max, wirft das Geld zum Fenster hinaus. Noch Jahrzehnte nach seinem Tod erinnern sich Kellner an ausschweifende Diners, horrende Trinkgelder

■ Joseph Roth in Paris, um 1925

»Mein stärkstes Erlebnis war der Krieg und der Untergang meines Vaterlandes, des einzigen, das ich je besessen: die österreichisch-ungarische Monarchie. Auch heute noch bin ich durchaus patriotischer Österreicher und liebe den Rest meiner Heimat wie eine Art Reliquie.« Joseph Roth, 1932 in einem Brief

»DER LETZTE ALLER JUDEN«
Joseph Roth hatte ein extrem gespaltenes Verhältnis zum Judentum. In Wien erfuhr er die antisemitischen Ressentiments der Epoche am eigenen Leib. Obwohl wenig gläubig, verteidigte er stets vehement die orthodoxen Ostjuden und spottete über die assimilierten jüdischen Großbürger und Intellektuellen, zu denen er schließlich selbst zählte. 1934, als viele Juden an Auswanderung dachten, schrieb er an seine Schwiegermutter: »Ich bin nicht jüdisch genug, um nach Palästina zu gehen. Ich bin ein deutscher Schriftsteller.« Sein später behaupteter Übertritt zum Katholizismus ist nirgends belegt, sorgte aber noch beim Begräbnis für heftigen Streit unter der Trauergemeinde.

und jene unvergleichliche Magie von Roths Auftritten. Er bezaubert Männer wie Frauen, sprüht vor Temperament und eloquentem Witz. Noble Hotels, Restaurants und Bars bilden Roths natürliches Terrain, hier lebt und schreibt er, inmitten des Trubels entstehen die besten Texte. Über seine einfache Herkunft streut er zahlreiche Legenden, stilisiert sich zum Sohn eines hohen österreichischen Beamten oder behauptet, einem polnischen Adelsgeschlecht zu entstammen. Erst der amerikanische Biograph David Bronsen hat anhand jahrelanger, mühsamer Recherche die Wahrheit ans Licht gebracht.

Roth wächst nahe der russischen Grenze in der galizischen Kleinstadt Brody auf, im fernsten Winkel des Kaiserreiches, 800 km von Wien entfernt. Der Vater, ein windiger Handelsver-

■ Kaiser Karl I., Kaiserin Zita und Kronprinz Otto beim Trauerzug zum Begräbnis von Kaiser Franz Joseph I. 1916

■ Joseph Roth, um 1930

treter, verschwindet kurz nach der Geburt des Sohnes auf Nimmerwiedersehen, landet in einer Irrenanstalt und stirbt in geistiger Umnachtung. Das Stigma familiärer Schande begleitet den jungen Roth durch die Schulzeit, er bleibt ein Außenseiter, schreibt Gedichte und kennt bald nur noch ein Ziel: Schriftsteller zu werden und der provinziellen Enge sowie seiner überzärtlichen Mutter zu entkommen. Durch zähen Fleiß schafft er es bis nach Wien, 1914 beginnt Roth ein Studium der Germanistik, taucht beglückt in das quirlige Leben der Metropole ein, knüpft erste Kontakte zu Zeitungen und Zeitschriften. Obwohl pazifistisch eingestellt und wegen schwacher Konstitution vom Militärdienst befreit, meldet er sich im Ersten Weltkrieg freiwillig, aus Patriotismus und einer geradezu närrischen Verehrung für den greisen Kaiser Franz Joseph. Tieferschüttert steht der Rekrut Roth am 2. Dezember 1916 unter zehntausenden von Wienern in strömendem Regen, als der Monarch zu Grabe getragen wird.

Später verklärt der Autor dieses Erlebnis – »ich weinte wirklich« – und seine Soldatenzeit zu einem fast manischen Mythos, im Exil trägt Roth Uniformhosen und monarchistische Abzeichen, gibt sich als Offizier aus und erzählt schneidige Anekdoten von der Kavallerie. Heute weiß man, wie sehr Roth die Schinderei auf dem Kasernenhof hasste, sich zunehmend mit Schnaps betäubte und den Krieg als Mitarbeiter einer Militärzeitung überstand, auf einem Pferd hat er niemals gesessen.

Der Alkohol wird zum Verhängnis des Joseph Roth. Er trinkt ständig und oft bis zum Exzess, schon in den erfolgreichen 1920er Jahren liest die Polizei den prominenten Journalisten bisweilen vom Rinnstein auf. Entziehungskuren fruchten nichts. In der Emigration versuchen viele Freunde zu helfen, alle Bemühungen sind vergeblich. Noch immer produziert Roth unermüdlich, veröffentlicht Buch auf Buch. Doch die Tantiemen, die früher reichlich flossen, nehmen ab, die Exil-Verlage können wenig zahlen. An den 40 000 deutschen Exemplaren vom *Radetzkymarsch* verdient Roth keinen Pfennig; mittels perfider Steuerpolitik kassieren die Nationalsozialisten noch die Erträge jener Bücher, die sie verbieten. Der ewige Hotelnomade Roth braucht aber Geld, fordert wie

»Es war mein Ehrgeiz, vollendete Anzüge und Manieren zu besitzen, weitgereist, erfahren und elegant zu sein, ein Weltmann. Ich log sehr viel, erzählte geschickt von fremden Ländern, sprach weise von den Frauen und lernte in jener Zeit erst das eigentliche Handwerk des Schriftstellers und Hochstaplers: Die Formulierung!«
Joseph Roth

gewohnt exorbitante Vorschüsse, was ihm etliche notleidende Kollegen schwer übelnehmen. Alle haben zu kämpfen, doch Roth kann es nicht ertragen, wieder arm zu sein. Schamlos pumpt er von allen Seiten, den gutmütigen, reichen Stefan Zweig plündert er regelrecht aus. Wenn einmal Geld da ist, fließt Champagner, jeder wird eingeladen, einmal verprasst Roth ein Honorar von 3000 Francs an einem einzigen Abend. Unter solchen Eskapaden leidet sein Ruf erheblich, Thomas Mann schreibt böse vom »alkoholischen Emigrantentum«. Autoren wie den Nobelpreisträger Mann, der nach 1933 lange laviert, um in Deutschland weiter zu erscheinen, hat Roth allerdings gefressen. Wer sich nicht sofort und eindeutig gegen die Nazis ausspricht, ist bei ihm unten durch, empört lehnt er das wohlmeinende Angebot der »Frankfurter Zeitung« ab, unter Pseudonym für sie zu schreiben.

■ Stefan Zweig und Joseph Roth in Ostende, 1936

Roths zunächst tatkräftiges Engagement gegen Hitler läuft jedoch völlig aus dem Ruder, als ein verschwörerischer Kreis um den Thronprätendenten Otto von Habsburg zur Rettung Österreichs aufruft. Die Monarchie soll wiederauferstehen, und gemeinsam mit dem Vatikan will man der nationalsozialistischen Bedrohung begegnen! Begeistert macht Patriot Roth mit, plötzlich ist er Katholik, seine Bekannten fürchten um seinen Verstand.

Der absurde Plan löst sich in Luft auf, 1938 zieht Hitler triumphierend in Wien ein, Roth verzweifelt: »Warum soll ich Österreich überleben?« Hinter einem Wald von Flaschen verfasst er im Pariser Café Tournon, dem letzten Domizil, mit der *Legende vom heiligen Trinker* seinen eigenen Nekrolog. Am 23. Mai 1939 kommt die Nachricht, dass sich der Schriftsteller Ernst Toller in New York erhängt hat. Joseph Roth bricht am Tisch zusammen, vier Tage später stirbt er im Spital an den Folgen von Delirium tremens.

»Er war und blieb ein Edelmann und wahrhaft gütiger Mensch, immer bestrebt, Freundschaft zu erweisen, auch wenn die Freundschaft nicht viel mehr zu tun vermochte, als den anderen die Gewissheit zu geben, sie sei da. Er hatte nichts und gab, er war selbst hilflos und half. Die ohne Heimat fühlten eine Art Geborgenheit im Schutz seiner Ohnmacht.«
Stefan Zweig, Nachruf auf Joseph Roth, 1939

JOSEPH ROTH

LEBEN UND WERK

»Wohin soll ich jetzt, ich, ein Trotta?« – dieser Satz, mit dem Joseph Roth seinen Roman *Radetzkymarsch* (1932) enden lässt, könnte auf den Autor selbst gemünzt sein – die Welt, in die er geboren wurde – am 2. September 1894 im galizischen Brody, am äußersten Ende des Habsburgerreiches – und in der er aufwuchs, im Spannungsfeld jüdischer Aufklärung, Orthodoxie und chassidischer Frömmigkeit, diese Welt ist spätestens 1918 untergegangen; Brody von Budjonnys Reiterarmee zerstört, das Habsburger-Vielvölkerreich aufgelöst, die Monarchie abgeschafft, die jungen Republiken durch die Erblast des Weltkriegs mit ihrer Gründung in die Krise gestürzt. Auch die moralischen Werte hat dieser erste industriell, mit Maschinenwaffen von ungeheurer Zerstörungskraft geführte Krieg zersetzt; der religiöse Nihilismus, zuvor Zeitvertreib sich immer nutzloser fühlender Eliten, ergreift die Massen. Roth hat das mit unbestechlichem Subjektivismus gesehen und beschrieben – aus der Perspektive der leidenden Kreatur. Durch Schule (in Brody und Lemberg) und Studium (1913 in Lemberg, 1914 in Wien) arbeitet er sich aus der Enge der Provinz heraus. 1914 untauglich geschrieben, meldet er sich 1916 doch freiwillig, wird in die Wiener Armeepressestelle versetzt, beginnt 1918/19 seine Laufbahn als Journalist und Literat. 16 Romane, heute in drei dicken Bänden gesammelte Feuilletons, Reportagen, Reiseberichte, dazu Briefe (500 sind überliefert) wird er schreiben, und das in gerade zwanzig Jahren, als rastloser Bewohner von Hotelzimmern und Cafés. An seiner Unruhe scheitert die 1922 geschlossene Ehe mit Friederike Reichler, auch seine späteren Beziehungen, unter anderen die zu Irmgard Keun. Er ist Korrespondent der renommierten *Frankfurter Zeitung* in Paris (*Im mittäglichen Frankreich*, 1922), bereist in deren Auftrag die Sowjetunion (*Reise in Russland*, 1925), Italien, Albanien, Polen. Nach 1933 und bis zu seinem erbärmlichen Tod im Armenspital am 27. Mai 1939 lebt er in Paris. Von 1930 an wendet er, der seine Artikel im *Vorwärts* mit »der rote Joseph« zeichnete, sich dem Katholizismus zu, schreibt für die legitimistische Zeitschrift *Der christliche Ständestaat*. Über diese »Krise« ist viel gerätselt worden. Doch hat er zeitlebens angeschrieben gegen Tendenzen der Auflösung; Gottsucher, Irregeleitete, Gestrauchelte bevölkern schon das Frühwerk. Offenbar wurde dem Skeptiker zunehmend deutlich, dass es für die Sehnsucht der Menschen nach Gerechtigkeit und Erlösung in diesem Leben wohl keine Erfüllung gibt. Letztlich jedoch bleibt das Ideal des versunkenen Habsburgerreichs, in dem man, wie Roth glaubte, hätte Weltbürger sein können, ein Bild – Literatur, die aus den historischen und bis heute ungelösten Spannungen dieser Wendezeit lebt.

AUF DEN PUNKT GEBRACHT

Der härteste Trinker und wohl reizendste Gernegroß der modernen Literatur. In seinen Romanen baut Joseph Roth der k.u.k Monarchie ein liebevoll-kritisches Denkmal. Das weniger beachtete journalistische Werk sollte in jeder Journalistenausbildung Pflichtlektüre sein.

EMPFEHLUNGEN

Fünf Werke:

- *Radetzkymarsch*
- *Das falsche Gewicht*
- *Die Kapuzinergruft*
- *Die Legende vom heiligen Trinker*
- *Das Spinnennetz*

Lesenswert:

Joseph Roth: *Sehnsucht nach Paris, Heimweh nach Prag. Ein Leben in Selbstzeugnissen*, mit einem Vorwort von Helmut Preschina, Köln 2006

Reinhardt Baumgart: *Auferstehung und Tod des Joseph Roth. Drei Ansichten*, München 1991

Helmuth Nürnberger: *Joseph Roth*, Reinbek 2002

Géza von Cziffra: *Der heilige Trinker. Erinnerungen an Joseph Roth*, Berlin 2006

Hörenswert:

Joseph Roth: *Die Legende vom heiligen Trinker*, gelesen von Walter Schmidinger, Freiburg 1999

Joseph Roth: *Stationschef Fallmerayer*, gelesen von Peter Simonschek, Berlin 2005

Sehenswert

Das Spinnenetz. Regie: Bernhard Wicki; mit Klaus Maria Brandauer und Ulrich Mühe. D 1989

Besuchenswert:

Berlin, auf Roths Spuren, geführt von Michael Bienert (Hg.): *Joseph Roth in Berlin. Ein Lesebuch für Spaziergänger*, Köln 1997

Der stolze Krieger
Ernst Jünger
1895–1998

■ Ernst Jünger im März 1997 mit der Erstausgabe seines Buches *In Stahlgewittern* von 1920

»Ich weiß, dass ich zeit meines Lebens, das bereits länger als das Goethes währt, vielen ein Ärgernis gewesen bin.«

Frankfurt am Main, am 28. August 1982. Ein Schriftsteller spricht in der Paulskirche. Am Geburtstag des wohl berühmtesten Frankfurters erhält der 87-jährige Ernst Jünger den Goethepreis der Stadt. Vorausgegangen ist ein beispielloser Kulturkampf der Parteien; die CDU im Frankfurter Parlament hat die Entscheidung durchgedrückt, unter stärkstem Protest der Grünen und der SPD. Die gesamte deutsche Publizistik kreuzt die Klingen, wochenlang wogt der Streit, die Gegner sind in der Überzahl. Spezielle Jünger-Dossiers machen die Runde, Zitat-Collagen aus seinen Werken, die den Autor als reinen Faschisten ausweisen, der die Diktatur herbeiwünscht, Gewalt und Tod ästhetisch verklärt und feiert. Was sollte man auch halten von solchen Sätzen, wie sie Ernst Jünger über Kameraden im Ersten Weltkrieg schrieb: *In diesen Männern war ein Element lebendig, das die Wüstheit des Krieges unterstrich und doch vergeistigte, die sachliche Freude an der Gefahr, der ritterliche Drang zum Bestehen eines Kampfes. Im Laufe von vier Jahren schmolz das Feuer ein immer reineres, ein immer kühneres Kriegertum heraus.* Im Alter von 19 Jahren hat sich Ernst Jünger freiwillig gemeldet, mit 23 ist er Offizier, ausgezeichnet mit dem höchsten Orden »Pour le mérite«. Leutnant Jünger gilt als furchtloser Haudegen. Der Stoßtruppführer kämpft im vordersten Graben, Mann gegen Mann, die blanke Waffe in der Hand: *Ein wüstes Spiel wickelte sich in Bruchteilen von Sekunden ab. Ich hielt meine Pistole mitten in ein Gesicht, das mir wie*

»Unstreitig das schönste Kriegsbuch, das ich kenne; vollständig gutgläubig, wahrheitsgemäß, ehrlich.«
Literaturnobelpreisträger André Gide 1942 über *In Stahlgewittern*

eine blasse Maske aus der Dunkelheit entgegenleuchtete. Ein Schatten schlug mit quälendem Aufschrei rücklings in den Drahtverhau. Ernst Jünger tötet und entrinnt selbst oftmals nur knapp dem Tod, vierzehnmal liegt er verwundet im Lazarett. Aus seinen Tagebucheinträgen entsteht 1920 der Roman *In Stahlgewittern*, der Lobgesang auf den heldenhaften Soldaten an der Front. Das Buch macht Ernst Jünger sofort berühmt. Mit hymnischen Schilderungen von Mannesmut, Soldatenehre und hartem Kämpfertum, ohne den leisesten Anflug von Kritik am Sinn des Krieges wird *In Stahlgewittern* zur Bibel all jener Enttäuschten, die den Zusammenbruch des Kaiserreichs nicht verkraften. Jünger gehört dazu. Er hasst die neue Republik. Mit weiteren Kriegsbüchern festigt er seinen Ruf als extrem nationalistischer Schriftsteller, er veröffentlicht in Soldatenzeitschriften, wettert gegen die junge Weimarer Demokratie, propagiert eine »konservative Revolution«. Ernst Jünger ist ein Radikaler in radikaler Zeit. Als im Gewimmel nationalistischer Gruppierungen eine Fraktion immer schärferes Profil gewinnt, verschickt er seinen Roman: Dem »nationalen Führer Adolf Hitler« schreibt er 1926 als Widmung in den Band, der ›Führer‹ und ehemalige Weltkriegsgefreite bedankt sich kernig. Doch über die goldenen Brücken, die ihm die Nazis bauen, geht Jünger nicht. In zähem Selbststudium hat er sich philosophisch-literarisch gebildet, ihm schwebt eine autokratische Staatsordnung vor, in der kluger Geist regiert und die besten Köpfe be-

»Es dauert lange, bis man seine Aufgabe erkennt und seinen Stil findet, besonders in unserem Zeitalter. Für mich hat es über zehn Jahre gewährt, bis ich den Ersten Weltkrieg verdaut hatte. Das ließe sich auch so ausdrücken, dass der Vater überwunden werden muss, überwunden freilich durch Arbeit, nicht durch Kritik, und immer mit Respekt.« Ernst Jünger

■ Verdun 1916. Die Aufnahme zeigt die durch Granatfeuer verwüstete Straße bei Fort Souville südlich des Forts Douaumont am 26. Juli 1916.

■ Ernst Jünger (rechts) während eines Besuchs an der Ostfront in der Ukraine 1942

fehlen. Hitlers primitive Gesellen und seine dumpfe, rassistische Rhetorik stehen fernab von diesem elitären Ideal. Ein Reichstagsmandat für die NSDAP lehnt Jünger zweimal ab, er will nicht, wie er es ausdrückt, »60 000 Trottel vertreten«. Nach 1933 geht der Schriftsteller offen auf Distanz. Er lehnt eine Aufnahme in die gleichgeschaltete Akademie für Dichtkunst ab, untersagt dem

AUF DEN MARMORKLIPPEN

Die Handlung spielt in einem unbestimmten, mythischen Zeitalter, an einem märchenhaften Ort. Bauern und Gelehrte leben in Eintracht miteinander, bis sich in den Wäldern eine dunkle Macht zu regen beginnt. Ein Terrorregime unter der Führung eines »Oberförsters« zerstört mit Folter und Mord die Harmonie des Sonnenstaats. Symbol für die neue Ordnung ist die »Schinderhütte«, ein kaum getarnter Name für die nationalsozialistischen KZs: *Das Innere der Scheune lag fast im Dunkel, und wir erkannten dicht am Eingang eine Schinderbank mit aufgespannter Haut. Das sind die Keller, darauf die stolzen Schlösser der Tyrannis sich erheben und über denen man die Wohlgerüche ihrer Feste sich kräuseln sieht, Stankhöhlen grauenhaftester Sorte, darinnen auf alle Ewigkeit verworfenes Gelichter sich an der Schändung der Menschenwürde und Menschenfreiheit schauerlich ergötzt.*

»Dass er schreiben kann, erst das macht ihn gefährlich. Ein Geist von der finsteren Glut Jüngers kann Unheil stiften.«
Klaus Mann, 1930

»Völkischen Beobachter«, dem Zentralorgan der Nazis, Texte von ihm abzudrucken. Als sein ehemaliges Regiment jüdische Mitglieder verstößt, tritt er demonstrativ aus. 1939 erscheint sein Roman *Auf den Marmorklippen*, eine kaum verhüllte Parabel auf den NS-Staat. Propagandaminister Goebbels tobt, will das Buch verbieten, doch Hitler, der den *Stahlgewitter*-Autor weiterhin verehrt, untersagt den Schritt. Zu Kriegsbeginn wird Jünger eingezogen und nach dem Frankreichfeldzug beim Generalstab in Paris stationiert. Dort trifft Jünger auf Gleichgesinnte. Die Offiziere aus altem preußischen Militäradel verabscheuen das braune Regime, es bildet sich ein Widerstandskreis. Jünger hilft verfolgten Juden, unterschlägt Briefe, die er eigentlich zensieren und anzeigen müsste, er verfasst eine Schrift *Der Friede*, ein philosophisch-politisches Programm für eine Ära nach Hitler. Doch als dieser das Attentat vom 20. Juli 1944 überlebt, schlägt die Gestapo zu. Fast alle Vorgesetzten Jüngers werden zum Tode verurteilt und hingerichtet, ihn selbst erklärt man für »wehrunwürdig«, im Schnellverfahren wird er aus der Armee entlassen. Noch einmal schützt ihn sein Bewunderer, telefonisch weist Hitler den berüchtigten Richter Freisler am Volksgerichtshof an, den Schriftsteller nicht zu behelligen.

»Jüngers Problem ist ein Jahrhundertproblem. Bevor Frauen für ihn eine Erfahrung sein konnten, war es der Krieg.« Heiner Müller, 1992

Nach 1945 entwickelt sich Jünger zum Humanisten und Geschichtsphilosophen, der das Schicksal des Menschen an sich untersucht. Natur und Kosmos – das sind die Bezüge, in denen sich Ernst Jünger fortan bewegt. Er denkt jetzt in größten Zusammenhängen, »planetarisch«, wie er das nennt, spricht unter dem Eindruck atomarer Bedrohung vom »titanischen Zeitalter«, das im Zeichen der Apokalypse steht. Im utopischen Roman *Heliopolis* vermischt er Antike und Science-Fiction, darin wandeln vornehme Gestalten in weißer Robe, drahtlose Telefone am Ohr, am Himmel fliegen Raumschiffe. Mit zunehmendem Alter entfernt sich Jünger jedoch von aller Belletristik, er bevorzugt den Essay und das Tagebuch. In diesen zahlreichen autobiographischen Schriften fließt wenig Herzblut, streng und objektiv blickt der Autor auf sich und die Welt. Jüngers Stil ist schön wie kühler Marmor, aber genauso kalt. Er schreibt eine makellose, fein ziselierte Prosa, aus der alles Warm-Menschliche getilgt scheint. Zur Aura des weisen Philosophen

■ Der »Hobby«-Entomologe Ernst Jünger galt international als renommierter Fachmann auf diesem Gebiet.

■ Ernst Jünger im Juli 1993 im Gespräch mit dem französischen Staatspräsidenten François Mitterrand, der ihn mehrfach besuchte. In Frankreich wird Ernst Jüngers Werk bis heute sehr geschätzt. Er selbst hat seine große Verbundenheit mit der französischen Kultur immer wieder bekräftigt. Als Ehrengast bei der deutsch-französischen Versöhnungsfeier am 22. September 1984 sprach Ernst Jünger in Verdun. Zuvor hatte ihm die Stadt ihre Friedensmedaille verliehen, eine von zahlreichen Auszeichnungen, die Jünger in Frankreich erhielt.

passt, dass sich Jünger aus aktuellen, politischen Debatten gänzlich heraushält. Auch die Literatur von zeitgenössischen Kollegen nimmt er nicht zur Kenntnis. Vergraben in Wilflingen, einem Dorf in der schwäbischen Alb, kommuniziert Jünger nur noch mit der Natur und der Vergangenheit, den alten Griechen und französischen Klassikern, mit Goethe, Nietzsche und Schopenhauer. Hartnäckig schweigt er zu den Kontroversen um sein Werk, die in regelmäßigen Abständen aufflammen. Meist geben runde Geburtstage den Anlass, Jünger wird 70, 80, 90 – und schließlich gar fast 103 Jahre alt. Zu seinen Kriegserfahrungen und ihrer Verarbeitung steht er nach wie vor, nichts nimmt er davon zurück. Jünger kreist längst auf anderen Bahnen. 1986 fliegt der Greis nach Kuala Lumpur, um den Kometen Halley zu sehen, zum zweiten Mal nach 1910, als er das Phänomen mit seinem Vater verfolgte. Die Einsamkeit des Weltraums hat Ernst Jünger lebenslang fasziniert, mitten im Zweiten Weltkrieg notiert er in sein Tagebuch: »Berufswahl – ich möchte ein Sternpilot sein.«

»Jünger hat täglich Geheimnisse entdeckt und genannt.«
Botho Strauß, 1995

»Wie weit nun Jüngers Dichtungen und Prognosen ›stimmen‹, berührt mich nicht. Der Streit darüber wird Literatur und Geschwätz sein. Mir genügt es vollauf, an dieser Schau teilgenommen und fruchtbare Tage mit ihr verbracht zu haben.«
Hermann Hesse, 1960

ERNST JÜNGER

LEBEN UND WERK

»Zu begreifen, was einen ergreift – darum geht es. So hat Ernst Jünger«, meint der Philosophenbiograph Rüdiger Safranski, »Fühlung zu Daseinsmächten, die den meisten verschlossen bleiben.« Da ist es, das Raunen, das der politisch-ideologisch begründeten Ablehnung dieses Schriftstellers entgegengesetzt wird, sobald Streit um ihn entflammt. Und der ist offen bis heute. Kann man die Jünger immer wieder attestierte seismographische Sensibilität für die existentiellen Fragen des zerrissenen 20. Jahrhunderts verteidigen, diese an seinem kristallklaren Stil, am Faszinosum dieses auf elitäre Abgrenzung bauenden Lebenswerks, an dessen ästhetischer Qualität festmachen – unabhängig von den Inhalten, Werten, dem Ethos, den er vertritt? Muss man einen Autor nicht doch haftbar machen für die Anhänger, die er findet? Tragen falsche Freunde nicht zur Kenntlichkeit seines Denkens bei? Am 29. März 1895 geboren, schließt er sich – gemeinsam mit dem Bruder und Weggefährten Friedrich Georg – 1911 der Wandervogelbewegung an, läuft 1913 davon, zur Fremdenlegion, wird vom Vater zurückgeholt, nimmt als Freiwilliger am Ersten Weltkrieg teil, wird Offizier und hochdekorierter Stoßtruppführer, veröffentlicht seine Kriegstagebücher: *In Stahlgewittern* (1920), *Der Kampf als inneres Erlebnis* (1922). Scheidet 1923 aus der Reichswehr aus, schreibt – als Gegner der Weimarer Republik – für nationalrevolutionäre Zeitungen, argumentiert gegen die Assimilation der Juden, für deren Orthodoxie und den Zionismus, für Abgrenzung also. Zieht sich aus der politischen Publizistik just dann zurück, als seine Kriegsliteratur in der nationalen Rechten populär wird. Der NSDAP verweigert er sich, veröffentlicht *Auf den Marmorklippen* (1939), das als Kritik am NS-Regime gelesen wird (was Jünger auch nach 1945 bestreitet). Ab 1940 ist er als Offizier in Paris, im Stab des Militärbefehlshabers von Stülpnagel, der zum Widerstand gehört; wird nach dem Attentat 1944 als »wehrunwürdig« aus der Wehrmacht ausgestoßen, aber nicht weiter verfolgt. Weigert sich 1945 wiederum den Entnazifizierungs-Fragebogen der Alliierten auszufüllen, erhält Publikationsverbot (bis 1949) und zieht sich nach Wimpflingen zurück. 1959 mit dem Großen Bundesverdienstkreuz ausgezeichnet, passt er offenbar ins trotzige Nachkriegsverdrängen. Aber er beschäftigt sich nicht nur mit seiner Käfersammlung, experimentiert auch mit LSD (*Annäherungen. Drogen und Rausch*, 1970); stellt sich von *Waldgang* (1951) bis *Eumeswil* (1977), dem Roman, der »Gebäude seiner Weltweisheit« genannt wurde, der Frage des Widerstehens, einem Thema auch seiner utopischen Romane. Zwischen 1965 und 1996 entstehen die Alterstagebücher *Siebzig verweht*. Am 17. Februar 1998 stirbt der umstrittene Zeuge des »Zeitalters der Extreme« (Eric Hobsbawm).

EMPFEHLUNGEN

Fünf Werke:
- *In Stahlgewittern*
- *Auf den Marmorklippen*
- *Heliopolis*
- *Subtile Jagden*
- *Siebzig verweht*

Lesenswert:

Ernst Jünger, Text und Kritik, Heft 105/06, München 1990

Rolf Peter Sieferle: *Die Konservative Revolution. Fünf biographische Skizzen*, Frankfurt/M. 1995

Klaus Theweleit: *Männerphantasien*, München 2000

Steffen Martus: *Ernst Jünger*, Stuttgart 2001

Besuchenswert:

Das Jüngerhaus in Wimpflingen mit Bibliothek, Käfersammlung und Jüngers Wohn- und Arbeitsräumen ist zu besichtigen.

AUF DEN PUNKT GEBRACHT

Man liest Ernst Jünger mit Kopfschütteln und Widerwillen, aber auch mit Erstaunen und Faszination. Aus dem nationalistischen Krieger wurde ein greiser Seher vom Dorf, eine bis zum Ende vitale Jahrhundertgestalt, die bis heute die literarische Welt spaltet.

Das Fenster zur Welt
Heimito von Doderer
1896–1966

»Auf der Suche nach einem Thronfolger für die verwaisten Thronsessel der deutschen Literatur – Thomas Mann starb 1955, Gottfried Benn und Bertolt Brecht 1956 – wendet sich der Blick des Lesepublikums deutlich nach Wien. Der taxierende Blick gilt dem sechzigjährigen österreichischen Schriftsteller Heimito von Doderer.«
Der Spiegel, 1957, Nr. 23, Titelgeschichte

»Mein eigentliches Werk besteht, allen Ernstes, nicht aus Vers oder Prosa, sondern in der Überwindung meiner Dummheit.« *Meine neunzehn Lebensläufe*, 1966

■ Heimito von Doderer, um 1950

Der Winter 1946/47 war einer der kältesten des Jahrhunderts. Im Nachkriegs-Europa, in den ausgebombten Städten verhungerten und erfroren die Menschen zu tausenden. Auch im zerstörten Wien litten viele Not, unter ihnen ein Schriftsteller, der eigentlich gar keiner mehr sein durfte. Heimito von Doderer, gerade fünfzig geworden und aus der Kriegsgefangenschaft heimgekehrt, erfuhr die übliche Behandlung eines NSDAP-Mitglieds: Berufsverbot! Die früheren, reichlich erfolglosen Werke waren so gut wie vergessen. Seine einstmals hochvermögende, jetzt nahezu ruinierte Familie konnte ihn nur minimal unterstützen. Und dennoch, ohne Einkommen, ohne Perspektive auf Veröffentlichung arbeitete er unermüdlich an einem neuen Roman, auf den er alle Hoffnungen setzte. Fast täglich trabte Heimito Ritter von Doderer, wie er mit vollem edlen Namen hieß, zur staatlichen Pfandleihe, um Schmuckstücke, feines Geschirr und Kleidung zu Bargeld zu machen. Er hatte nichts zu essen, verheizte sogar die Stühle des kleinen Ateliers in der Buchfeldgasse, ständig drohte die Zwangsräumung. Vier mühselige, verzweifelte Jahre sollten so vergehen, die wenigsten von Doderers Freunden und Bekannten glaubten noch an eine Wende. Aber sie kam. Politisch inzwischen entlastet, knüpfte der Autor neue Kontakte zu Verlagen. Im April 1951 erschien *Die Strudlhofstiege*, 900 Seiten stark, ein sattes Epos über die Zeit vor und nach dem Untergang der alten Habsburgermonarchie. Praktisch über Nacht wurde Heimito von Doderer berühmt, bald nannten ihn Kritiker auch jenseits der Landesgrenzen den bedeutendsten lebenden Romancier Österreichs. Zu Recht stellte man *Die Strudlhofstiege* sogleich in die noble Reihe der Großwerke von Robert Musils *Mann ohne Eigenschaften*, Joseph Roths *Radetzkymarsch* und Hermann Brochs *Schlafwandler*-Trilogie. Doch anders als

diese Vorgänger der klassischen Moderne hielt sich Doderers Roman aus Politik und historischen Zusammenhängen weitgehend heraus. Rein auf ihre privaten Erlebnisse und Sorgen fixiert, umkreist ein kauziger Erzähler die zahlreichen Protagonisten, entschlüsselt ironisch liebevoll ihr Wesen und begleitet sie, ziemlich indiskret, auf allen Wegen. Die äußere Welt dringt kaum in diesen Umkreis. Doderers Figuren begreifen nicht, welche Katastrophe vor sich geht, es ist immer nur die eigene, die sie beschäftigt. Wie ein Mensch, der aus dem Fenster einer Wohnung blickt, lediglich einen begrenzten Ausschnitt sieht, zerfällt ihnen die Wirklichkeit in Einzelheiten. So erfasst niemand die Wahrheit der Epoche, in der er lebt. Als »Fenster zur Welt« verstand Doderer die Funktion des Schriftstellers. Allein die Literatur, vor allem der Roman, vermag die Scheiben zu zerbrechen und ein größeres Bild zu liefern, wenn es auch nur in der Summe subjektiver Mentalitäten besteht. Besonderes Augenmerk richtete Doderer dabei auf die Beschreibung sachlicher und örtlicher Details. Alles musste ganz genau stimmen. Jeder Schauplatz wurde akribisch geprüft, zu unterschiedlichen Tageszeiten, um die Lichtverhältnisse exakt zu bestimmen. Doderer zählte sämtliche Stufen auch der Strudlhofstiege, einer 1910 fertiggestellten Treppenanlage im Wiener Alsergrund, wo sich die Schicksale seiner Romangestalten kreuzen. Ebenso fanatisch achtete der Autor auf die Sprache, drechselte ein eigenwilliges Idiom aus altwienerischem Fin de Siècle und humoristischer Flapsigkeit: *Die Siebenschein schritt wiegend dahin mit allen erkennbar getragenen Waffen und Insignien des Geschlechts unter dem dünnen Sommerkleid ... Jedoch, die wünschenswerte Klarheit herrschte keineswegs in ihr; alles hatte wolkige und molkenbrockige Konturen ohne Kraft.* Solch leichthändigen Wiener Schmäh goutierte das Bildungsbürgertum bis hin zum Bundeskanzler wie auch die moderne österreichische Künstleravantgarde, die Doderers Stil begeistert begrüßte. Mit den Sprachspielern H.C. Artmann, Ernst Jandl und Helmut Qualtinger verband Doderer zudem das wüste Naturell, die Nacht zum Tage zu machen, wobei der drahtige Mittfünfziger das junge Gemüse locker unter den Tisch trank.

Doderer genoss die langersehnte Prominenz in vollen Zügen, nach dem Durchbruch der *Strudlhofstiege* ließ der 1956 publizier-

■ Heimito von Doderer deklamiert Homers *Ilias*, 1950er Jahre

DICKE DAMEN

Zu Lebzeiten wich Doderer allen Fragen nach privaten Dingen aus. Vermutlich weil er bisexuell war, Fetischist, Voyeur, mit sadistisch-flagellantischen Neigungen. Seit frühester Jugend ging er manisch auf »Sexualjagd«, besuchte regelmäßig Bordelle, sprach Frauen offen auf der Straße und im Kaffeehaus an. Erotisch bevorzugte Doderer extrem üppige Formen, im Tagebuch steht das Kürzel DD entweder für den Roman *Die Dämonen* oder »Dicke Damen«.

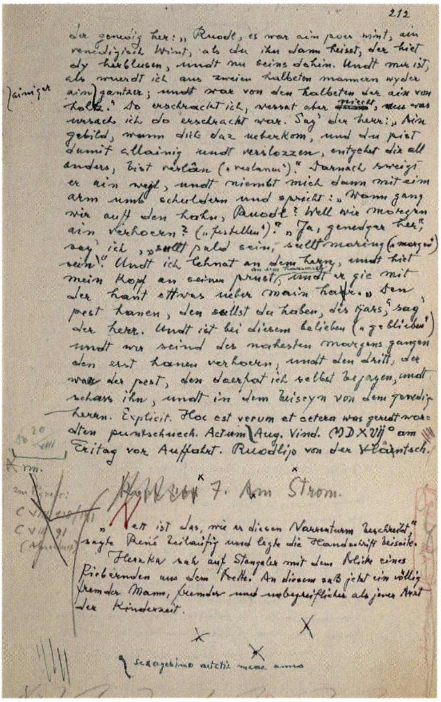

■ *Die Dämonen*, Manuskriptseite

te, noch umfangreichere Roman *Die Dämonen* den Autor zum nationalen Mythos aufsteigen, man sprach vom größten deutschsprachigen Epiker und rechtmäßigen Nachfolger Thomas Manns. Jenen gerade verstorbenen Meister bezeichnete Doderer allerdings als »Brechmittel«, wie er überhaupt rasch keine Konkurrenz mehr duldete. Nach außen hin trat Doderer vornehm aristokratisch auf, verbat sich jede biographische Beschäftigung mit dem bescheidenen Hinweis, allein die Kunst habe zu interessieren, keinesfalls die Person des Schriftstellers: »Man suche nichts hinter ihm. Er ist ein Herr unbestimmbaren Alters, der einem dann und wann im Treppenhause begegnet.« Seine nähere Umgebung registrierte dagegen ein ausgesprochen aggressives, hochfahrendes Temperament, beim geringsten Anlass geriet der Mann in Wut und scheute auch vor Handgreiflichkeiten nicht zurück. Wer ihn kritisierte, seine stets apodiktisch vorgetragenen Meinungen in Zweifel zog, hatte verspielt, für Doderer gab es nur Freund oder Feind. Die Nachwelt weiß inzwischen um die vielen inneren Zerrissenheiten des Schriftstellers, die das souveräne, zutiefst menschenfreundliche Werk streng verbarg. An der »Wissenschaft vom Leben«, die er im Roman betrieb, scheiterte er im Privaten ein ums andere Mal. Das offizielle Österreich verlieh Preise und Orden, feierte ihn zum siebzigsten Geburtstag mit einem Staatsakt. Wenige Monate darauf, am 23. Dezember 1966, starb Heimito von Doderer an einer Krebserkrankung. Beim Begräbnis erwies ihm die gesamte Bundesregierung die letzte Ehre, die Totenmesse las der Kardinal-Erzbischof von Wien. Auf dem Grinzinger Friedhof schlotterten die Trauergäste. Es war wieder ein bitterkalter Winter.

NAZI DODERER?

Politisch lebte der Dichter im naiven Geist seiner Figuren: Politik interessierte ihn nicht, und er begriff wenig davon. Am 1. April 1933 trat Doderer in die österreichische NSDAP ein, aus Opportunismus, weil er sich bessere Publikationsmöglichkeiten in Deutschland versprach. Ähnlich einem Gottfried Benn, ging Doderer bald innerlich auf Distanz. Nach dem Krieg wollte er wie Millionen anderer Mitläufer von allem nichts gewusst haben und setzte sämtliche Hebel in Bewegung, um den Makel seiner Mitgliedschaft zu tilgen. Dennoch vermasselte ihm sein »barbarischer Irrtum« schließlich den größten Erfolg: 1958 war Doderer der aussichtsreichste Kandidat für den Literaturnobelpreis. Der detaillierte Brief eines anonymen Wiener Absenders informierte das Stockholmer Komitee über Doderers Vergangenheit. Prompt strich man ihn von der Liste.

HEIMITO VON DODERER

LEBEN UND WERK

Heimito von Doderers Leben und Schreiben kreist um Wien, dem er, am 5. September 1896 im nahe gelegenen Weidlingau geboren, zeitlebens nicht entrinnt. Vater wie Mutter entstammen wohlhabenden Ingenieursfamilien, man übersiedelt nach Wien, wo Heimito die Schule besucht. 1914 immatrikuliert er sich für Jura, der Erste Weltkrieg unterbricht das Studium. 1916 gerät er in Kriegsgefangenschaft, in den sibirischen Lagern beginnt er zu schreiben. Erst 1920 kann er nach Wien zurückkehren und beginnt, Geschichte und Psychologie zu studieren; Karl Bühler, Otto Weiningers *Geschlecht und Charakter* und Spenglers *Untergang des Abendlandes* wirken nach. Daneben schreibt er, ohne Publikumserfolg. 1925 promoviert er über die bürgerliche Geschichtsschreibung im Wien des 15. Jahrhunderts. Der ausbleibende Erfolg, der Selbstmord der Schwester und die scheiternde Ehe mit Gusti Hasterlink führen zu einer Krise; 1933 tritt er in die NSDAP ein. Die Hoffnung, als »PG« und Mitglied der »Reichsschrifttumskammer« bessere Veröffentlichungschancen zu bekommen, erfüllt sich nicht; auch die Übersiedelung nach Dachau hilft nicht. Vom dortigen KZ findet sich in den Tagebüchern keine Spur, doch dient sich Doderer den NS-Ideologen in seinem Schreiben auch nicht an. Ab 1940 ist er Soldat an wechselnden Einsatzorten, zuletzt in Norwegen. 1946, zurückgekehrt nach Wien, erhält er Schreibverbot, erreicht aber seine Einstufung als »minderbelastet«. Erst 1951 gelingt die Veröffentlichung von *Die Strudlhofstiege* (beendet 1948) – und bringt dem knapp 60-Jährigen endlich enormen Erfolg. Sein Wienbild, das von den letzten Jahren der Monarchie bis in die 1920er Jahre reicht, passt in die Nachkriegszeit, weil es sich, ohne restaurative Nostalgie, auf das Leben der Wiener in all seiner individuell erfahrenen Zufälligkeit konzentriert. Ähnlich vielschichtig ist die »Synopsis des Lebens«, die Doderer in *Die Dämonen* (1956) entwirft, einer schon während der NS-Zeit begonnenen Auseinandersetzung mit dem Nationalsozialismus, deren vielfältige Handlungsstränge auf den Brand des Justizpalastes von 1927 zulaufen, auf »das österreichische Cannae«, in dem sich ein anonymes Geschehen mit den Alltagsleben der Figuren verknüpft. Nur durch äußerste »Apperzeptivität« (Wahrnehmungsbereitschaft), so Doderers Hoffnung, können sie sich ihren Verstrickungen, der Tiefe, »die außen ist«, entziehen. – 1952 heiratet Doderer Maria Emma Thoma, die er 1937 kennengelernt hatte; das Paar bezieht auch jetzt keine gemeinsame Wohnung. 1955 lernt er Dorothea Zeemann kennen, die Schriftstellerin, die zu seiner Geliebten wird. 1962 erscheinen, als »Gipfel der Wutliteratur« bezeichnet, *Die Merowinger*, eine Groteske um die »totale Familie«. Am 23. Dezember 1966 erliegt Doderer einem Krebsleiden.

AUF DEN PUNKT GEBRACHT

Bald vierzig Jahre wartete Heimito von Doderer auf den Erfolg. Seine Tagebücher enthüllen einen zwiespältigen Charakter, die Romane hingegen sind prachtvolle Schmuckstücke einer versunkenen Zeit.

EMPFEHLUNGEN

Fünf Werke:

- *Ein Mord, den jeder begeht*
- *Die Strudlhofstiege*
- *Die Dämonen*
- *Die Merowinger*
- *Tangenten*

Lesenswert:

Dorothea Zeemann: *Jungfrau und Reptil. Leben zwischen 1945 und 1972*, Frankfurt/M. 1982

Wolfgang Fleischer: *Heimito von Doderer. Das Leben. Das Umfeld des Werks in Foto und Dokumenten*, Wien 1995

Martin Löw-Cardonna (Hg.): *Heimito von Doderer 1896–1966. Selbstzeugnisse zu Leben und Werk*, München 1995

Lutz-Werner Wolff: *Heimito von Doderer*, Reinbek 2000

Hörenswert:

Heimito von Doderer. 1896–1966, 3 CDs mit Stimmen zu Person und Werk, Lesungen des Autors und von Schauspielern, Wien (ORF) 1996

Heimito von Doderer: *Die Merowinger oder die totale Familie*, gelesen von Bernd Jeschek, Wien 2006. 10 CDs

Besuchenswert:

In Wien: Strudlhofstiege, geführt von: Franz Hubmann: *Auf den Spuren von Heimito von Doderer. Eine photographisch-literarische Reise*, Wien 1996. Die Gedenkräume findet man im Bezirksmuseum Alsergrund.

Der Provokatör mit Zigarre
Bertolt Brecht
1898–1956

■ Bertolt Brecht in seinem Arbeitszimmer in Santa Monica, Kalifornien, im Oktober 1947

»Ich beobachte, dass ich anfange, ein Klassiker zu werden.« Brecht, 1921

»Deutschland hat viele große Sprachmeister. Sprachschöpfer hatte es in diesem 20. Jahrhundert einen einzigen: Brecht. Er hat bewirkt, dass die deutsche Sprache heute Spürungen und Gedanken ausdrücken kann, die sie, als Brecht zu dichten anfing, nicht auszudrücken vermochte.«
Lion Feuchtwanger, 1957

Er leidet an einem kranken Herzen und bricht jedes, das für ihn entflammt. Er unterhält komplizierte Drei- und Vierecksbeziehungen, lässt sich vertraglich Treue zusichern und besteht selbst auf sexueller Freiheit. Mit 24 Jahren hat Bertolt Brecht drei Kinder von drei verschiedenen Frauen, weiterer Nachwuchs wird folgen, die Reihe der willigen Geliebten reißt bis zum Tod nicht ab. Was ist bloß dran an diesem schmächtigen Mann, der vor dem Spiegel in ein »idiotisches Gesicht« blickt, wie er kühl-sachlich notiert: »Es hat viele Elemente von Brutalität, Stille, Schlaffheit, Kühnheit und Feigheit in sich, aber nur als Elemente, und es ist abwechslungsvoller und charakterloser als eine Landschaft unter wehenden Wolken.« Die Wolke als flüchtiges, ungreifbares Gespinst, das nach majestätischer Pracht schließlich in nichts zerläuft, bildet ein Lieblingsmotiv seiner Lyrik. Brecht verwendet es schon 1920 im berühmten Gedicht *Erinnerung an die Marie A.*, wo zarteste Poesie und ruppiges Machotum aufeinanderprallen. Der junge Dichter schreibt die Verse eher nebenbei, während einer Bahnfahrt nach Berlin, dort hofft er auf den großen Durchbruch, zwei komplette Theaterstücke hat er im Gepäck.

Die Manuskripte sind sauber abgetippt, von einer Sekretärin des Vaters, leitender Angestellter einer Papierfabrik, der die literarischen Neigungen des Sohnes wohlwollend unterstützt. Brechts Jugend verzeichnet keine nennenswerten Konflikte mit den Eltern, rebelliert wird nur auf dem Papier, zum Beispiel in einem Schulaufsatz über die Sinnlosigkeit des Heldentods im Krieg, weshalb der Schüler 1916 beinahe von der Schule fliegt. Vater Brecht regelt die Angelegenheit.

EPISCHES THEATER UND V-EFFEKT

»Glotzt nicht so romantisch!« konnten die Zuschauer 1922 bei der Premiere von *Trommeln in der Nacht* auf Plakaten lesen, eine rote Glühbirne hinter einem Wandschirm parodierte den Mond: erste Verfremdungseffekte von Brechts neuem »epischen Theater«. Später lässt er Schauspieler in Masken auftreten, Songs werden gespielt, Zwischentexte unterbrechen die Handlung. Meist haben die Stücke ein offenes Ende – das Publikum soll nach dem Theaterbesuch »weiterdenken«. Der extrem didaktische Impuls dieser Ästhetik wirkt heute vielfach aufgesetzt und altbacken, was man jedoch auch als Erfolg beurteilen kann: Wir haben unsere Brecht-Lektion gelernt!

In der beschaulichen Heimatstadt Augsburg gibt der Teenager den elitären Snob in Schlips und Jackett, versammelt im Kinderzimmer der bürgerlichen Wohnung erste Anhänger um sich, fordert Verehrung und bekommt sie für drastische, hingerotzte Gedichte. Das frühe Drama *Baal* des knapp 20-Jährigen schäumt über vor Lebensgier und Hass auf alle Konvention, der Held säuft und vögelt sich um den Verstand, verreckt am Ende wie ein Tier. »Baal, der provokatör, der verehrer der dinge, wie sie sind, der sichausleber und andereausleber« – so sieht sich der Autor gerne selbst. Im Großstadtmoloch Berlin wechselt Brecht umstandslos das Image, härtet den Vornamen Berthold zu Bertolt, die Krawatte verschwindet, jetzt gelten Lederjacke, Schiebermütze und billige Brillen als Ausweis des proletarisch-coolen Mackers, der solch feinen Herrschaften und Literaturgranden wie etwa Thomas Mann oder Rainer Maria Rilke, »empfindsamer Teil einer verbrauchten Bourgeoisie«, ordentlich vors Schienbein tritt. Brecht geht nicht zu Lesungen, sondern zum Boxen und Radrennen, streift durch die Berliner

■ 1948 ging Brecht nach Ostberlin, wo er mit seiner Frau Helene Weigel das »Berliner Ensemble« gründete. Als erste Inszenierung studierte er *Mutter Courage und ihre Kinder* ein. Die Aufnahme zeigt Helene Weigel in der Titelrolle während einer Probe im Jahr 1951.

■ Eugen Berthold Friedrich mit seinen Eltern, Berthold und Wilhelmine Friederike Sophie sowie seinem jüngeren Bruder Walter

Kneipen und Bars, finster entschlossen, die literarische Welt aus den Angeln zu heben. Eine erste Regie-Arbeit endet im Desaster, Brecht verprellt die Schauspieler, sagt zu ihrer Arbeit freiweg: »Alles Scheiße!«, das Ensemble streikt. Wenig später reißen sich sämtliche Theater um den jungen Wilden.

Er bringt, in den Worten des damals einflussreichen Kritikers Herbert Ihering, »einen neuen Ton, eine neue Melodie, eine neue Vision in die Zeit«. Kaum zehn Jahre dauert es, bis Brechts Name zum Markenzeichen wird, das für eine unverwechselbare Sprache und Ästhetik steht. Sein Selbstbewusstsein ist gewaltig und unerschütterlich, Brecht kennt keine Krisen und Zweifel, fühlt sich den Kontrahenten turmhoch überlegen. Unter dem Motto »Man darf die Menschen nicht antragöden!« zerfetzt er die Kulissen des bürgerlichen Theaters, wirft 200 Jahre Tradition auf den Müll. Der Zuschauer soll nicht länger mitfühlen und -leiden, er soll denken, kalt und distanziert, um dann die gesellschaftlichen Verhältnisse aktiv zu verändern. Aus der Philosophie Friedrich Nietzsches destilliert der junge Brecht seine nihilistische Vorstellung vom Menschen als Schwein und Triebwesen – »Erst kommt das Fressen, dann die Moral!« –, mit der Kritik von Karl Marx durchlöchert er die Fundamente der kapitalistischen Gesellschaft.

BRECHT UND DER KOMMUNISMUS

Als überzeugter Marxist war der Dichter zunächst ein beinharter Ideologe, feierte in Lehrstücken wie *Die Maßnahme* die Unterwerfung des Individuums unter die Parteidoktrin. Er verehrte Stalin, verteidigte dessen Macht- und Mörderpolitik der so genannten Säuberungen, bis der Hitler-Stalin-Pakt 1939 ihm alle Illusionen raubte. Schon zuvor hatte er sich für das Exil in Amerika entschieden, in sicherem Gespür für die Gefahr, die ihm in Moskau gedroht hätte. Sein zwiespältig kritisches Verhältnis zum DDR-Sozialismus machte ihn in den Augen der Staatsführung zum unsicheren Kantonisten. Im Westen waren der »Salonkommunist« Brecht und sein Werk über Jahrzehnte verpönt.

Und ausgefuchst lächelnd wie sein Gangster Mackie Messer aus der *Dreigroschenoper*, die ihn 1928 zum Superstar macht, spielt er dasselbe Spiel, erschachert hochdotierte Verträge, fährt im Sportkabriolett, wohnt repräsentativ am Berliner Kurfürstendamm, mit Dienstmädchen und Chauffeur. Ganze Stäbe von Mitarbeitern beschäftigt Brecht auch beim Schreiben, er ist kein Dichter im stillen Kämmerlein, braucht vielmehr und nutzt ein Kollektiv von künstlerischen Dienstleistern, die ihm Ideen, Anregungen und Formulierungen lieferten. Vor allem die Frauen spannt er dafür ein, sie machen begeistert mit. Noch heute wiederholen sich die Vorwürfe, Brecht habe geklaut wie ein Rabe, was er seinerzeit achselzuckend mit »meiner grundsätzlichen Laxheit in Fragen geistigen Eigentums« kommentiert. Es hat Zeitgenossen ebenso empört wie fasziniert, dass Brecht schon zu Lebzeiten völlig selbstsicher im Nimbus einer Jahrhundertgestalt auftritt, deren Größe und Werk jeglichen kleinkarierten Einspruch verbietet.

Das Exil 1933 – die Nazis hatten Brecht bereits zehn Jahre zuvor wegen des Gedichts *Legende vom toten Soldaten* auf die schwarze Liste gesetzt – wirft den umjubelten Kraftprotz in die Anonymität und Armut zurück. Durch halb Europa flüchtet der Brecht-Clan, und obwohl die Literaturwerkstatt unbeirrt weiter schnurrt und ein Meisterwerk nach dem anderen ausstößt, von *Mutter Courage* bis zum *Leben des Galileo Galilei*, fehlen nunmehr Bühne und Öffentlichkeit, mithin jegliche Aussicht auf Erfolg. Im schließlich rettenden Kalifornien interessiert sich niemand für Brechts Theater, schon gar nicht für seine Kapitalismuskritik, verloren steht der Dichter mit vielen anderen deutschen Exilanten in den Büros der Traumfabrik Hollywood, zum ersten Mal misslingt dem einstigen Marketing-Genie praktisch alles: *Jeden Morgen, mein Brot zu verdienen/Gehe ich auf den Markt, wo Lügen gekauft werden/Hoffnungsvoll/Reihe ich mich ein zwischen die Verkäu-fer.* Wieder ändert Chamäleon Brecht den Stil, er liest Konfuzius, und es entsteht jener psalmodierende, fernöstlich anmutende Tempelton seiner späten Lyrik, formt sich das Bild vom alten Weltweisen, das er, kaum vierzigjährig, mit grauem, kragenlosem Arbei-

»Von all den überraschend vielen unbehaglichen literarischen Figuren, die dieses Jahrhundert hervorgebracht hat, kenne ich keinen, der mir so unmittelbar und selbstverständlich unsympathisch ist wie Bertolt Brecht. Sein literarisches Schmarotzertum, seine blinde Bewunderung für die Gewalt, seine seltsamen Karrieremethoden und seine Art, mit der Wahrheit umzugehen, verleihen ihm eine Sonderstellung.«
Lars Gustafsson, 1998

»Die Faszination, die Brecht immer wieder hat, schreibe ich vor allem dem Umstand zu, dass hier ein Leben wirklich vom Denken aus gelebt wird.«
Max Frisch, 1948

»Das Scheusal hat Talent.«
Thomas Mann, 1938

■ Brecht in seiner Wohnung in der Spichernstraße in Berlin, um 1927

■ Bertolt Brecht wurde am 17. August 1956 auf dem Dorotheenstädtischen Friedhof im damaligen Ostberlin beigesetzt.

terkittel unterstützt (später, in Ostberlin, wird die Tracht aus Seide und maßgefertigt sein!). Der Berliner Rabauke verwandelt sich in einen kleinen, bescheiden auftretenden Mann, das warme Wort ›Freundlichkeit‹ auf den Lippen, gerichtet *An die Nachgeborenen*, wie eines seiner legendären Schulbuch-Gedichte heißt: *Ihr aber, wenn es so weit sein wird/Dass der Mensch dem Menschen ein Helfer ist/Gedenkt unsrer/Mit Nachsicht.*

In mehreren, deutlich voneinander abgegrenzten Phasen entwickelt sich Brecht vom Punkrocker über den Marxisten bis zum humanistischen Klassiker, immer jedoch ist er ganz er selbst, mit sich im Reinen, zuletzt macht er den Eindruck einer sonderbar alterslosen Figur, die allein durch ihre enorme Aura wirkt.

Eine nahezu mythische Qualität haben Brechts Ostberliner Jahre im Gedächtnis vieler Weggefährten angenommen. Sie sprechen vom Zauber seiner Persönlichkeit, von unermüdlicher Produktivität und dem Glück, mit ihm arbeiten zu dürfen. Die Deutsche Demokratische Republik empfängt den Heimkehrer 1948 wie einen König, stattet ihn mit Privilegien und Dienstvilla aus. Als literarischer Mahatma Gandhi quasi unantastbar, kämpft Brecht einen zähen, schlauen Kampf gegen die sozialistische Kulturbürokratie, erbaut mit dem Berliner Ensemble ein eigenes Theater von internationalem Rang – und nun geht sein Name wirklich um die Welt. Öffentlich bleibt er linientreu, intern toben die Funktionäre angesichts der Inszenierungen, die der kommunistischen, bornierten Doktrin beständig eine Nase drehen. Bertolt Brecht stirbt am 14. August im Alter von 58 Jahren an einem Herzinfarkt. Das Ereignis ahnt er in einem Gedicht voraus: *Schon seit geraumer Zeit/Hatte ich keine Todesfurcht mehr. Da ja nichts/Mir fehlen kann, vorausgesetzt/Ich selber fehle.* Seiner Unsterblichkeit war sich dieser Souverän längst bewusst.

»Brechts Ansehen hatte wohl darunter gelitten, dass er auf der »falschen Seite« stand. Die Wahrheit ist, dass er ein Dramatiker von immenser Statur und Vollendung war. Ich bewundere seinen stählernen Verstand, die Stärke seines Witzes, die Kraft und Spannweite seiner Erfindungsgabe.«
Literaturnobelpreisträger
Harold Pinter, 1998

BERTOLT BRECHT

LEBEN UND WERK

Berthold Eugen Friedrich Brecht wird am 10. Februar 1898 in Augsburg geboren. 1916 stehen in den *Augsburger Neuesten Nachrichten* Gedichte über das Leid des Krieges; ein Aufsatz gegen den Heldentod führt zu Schulstrafen – und zu Brechts Ausbruch aus der bürgerlichen Ordnung. Er will »die Wirklichkeit studieren«, damit seine Gedichte und Lieder »Gebrauchswert« bekommen. 1918 wird er eingezogen, gehört dem Augsburger Arbeiter- und Soldatenrat an; ist 1919 in München, studiert Medizin, aber so unregelmäßig, dass er 1921 exmatrikuliert wird. Er hat zahlreiche Liebesaffären, notiert im Tagebuch, er sei keiner, der geheiratet werden könne, heiratet dann doch die Schauspielerin Marianne Zoff. »Tut sich«, wie sie sagt, 1924 mit Helene Weigel, der Mutter seines dritten Kindes Stefan, »zusammen« und zieht nach Berlin. Seine Themen findet er in der Wirklichkeit der Weimarer Republik, zunächst – in *Baal* – getragen von antibürgerlichen Affekten; auch *Mahagonny* (1927, mit Kurt Weill) zeigt die kapitalistische Wirklichkeit nur an ihrer Oberfläche, in ihren Verführungen. Erst 1926/27 will er genauer wissen, wie Warentausch, Börse und Spekulation funktionieren, und liest *Das Kapital* von Karl Marx. Um zu zeigen, wie die Strukturen der bürgerlichen Gesellschaft menschliches Verhalten (de)formieren, revolutioniert er das Drama, erfindet das »epische Theater«, das statt auf Einfühlung aufs Mitdenken der Zuschauer setzt. Erfolgreich demonstriert er die neue Theorie-Praxis mit der *Dreigroschenoper* (1928), die den umtriebigen Autor mit einem Schlag berühmt macht. Das »Zur-Ansicht-Stellen« ist auch das Verfahren von Brechts lyrischer Produktion, er will kein lyrisches Ich mehr: Das Gedicht soll »sprechen wie die Wirklichkeit selber«. 1933, nach dem Reichstagsbrand, verlässt Brecht mit Familie und Mitarbeitern Deutschland; lebt bis 1939 nahe der dänischen Stadt Svendborg. 1935, auf dem Ersten Internationalen Schriftstellerkongress in Paris, sagt Brecht, dass man die Ereignisse als Folge der kapitalistischen Eigentumsverhältnisse begreifen müsse: das Thema seiner großen Dramen. 1939 flieht Brecht über Schweden, Finnland, die Sowjetunion in die USA, lebt 1941–1947 in Hollywood, schreibt für den Film, erarbeitet nach Hiroshima und Nagasaki die englische Fassung des *Galilei*. 1947, vor den »Ausschuss für unamerikanische Betätigungen« zitiert, kann sich Brecht aus der Schlinge ziehen und ausreisen. Ab 1948 lebt er in Ostberlin, gründet das »Berliner Ensemble« (1949). Das elegische Spätwerk zeigt die zunehmende Distanz zur DDR, die sich zum Bürokraten- und Funktionärsstaat entwickelt. Am 14. August 1956 stirbt Bert Brecht an einem Herzinfarkt.

AUF DEN PUNKT GEBRACHT

Bertolt Brecht bildet einen Kosmos für sich. In stetigem Wandel, aber immer authentisch, gesegnet mit ungeheurem Reichtum an Talent hat er eine eigene ästhetische Kultur geschaffen. Ohne sein Werk, seine Persönlichkeit ist die Literatur des 20. Jahrhunderts nicht zu denken.

EMPFEHLUNGEN

Fünf Werke:

- *Baal*
- *Der kaukasische Kreidekreis*
- *Die Dreigroschenoper*
- *Mutter Courage und ihre Kinder*
- *Der gute Mensch von Sezuan*

Lesenswert:

Hannah Arendt: *Walter Benjamin, Bertolt Brecht. Zwei Essays*, München 1986

Hanns Eisler: *Fragen Sie mehr über Brecht. Gespräche mit Hans Bunge*, Darmstadt 1986

Marianne Kesting: *Bertolt Brecht*, Reinbek 2003

Werner Mittenzwei: *Das Leben des Bertolt Brecht oder Der Umgang mit den Welträtseln*, Frankfurt/M. 2002

Hörenswert:

Bertolt Brecht. Ein Leben in Gedichten, eingerichtet, gelesen und gesungen von Lutz Görner, Unterhaching 2003. 2 CDs

Bertolt Brecht, Erotische Gedichte, gelesen von Blixa Bargeld, München 2006

Sehenswert:

Kuhle Wampe oder: Wem gehört die Welt? Regie: Slatan Dudow; mit Hertha Thiele, Gerhard Bienert. D 1932, Drehbuch von Bertolt Brecht

Besuchenswert:

In Berlin: Das Theater am Schiffbauerdamm, die Brecht-Weigel-Gedenkstätte in der Chausseestraße 125 und der Dorotheenstädtische Friedhof

Weltbürger wider Willen
Erich Maria Remarque
1898–1970

■ Erich Maria Remarque, um 1940

In ihrem Erinnerungsbuch *Escape to Life* kolportieren Erika und Klaus Mann ein Bonmot, das in den Berliner literarischen Kreisen um 1930 kursierte. Ein Jahr zuvor war der Roman *Im Westen nichts Neues* erschienen und blitzartig zu einem Bestseller ohnegleichen aufgestiegen. Natürlich lautete nun die spannende Frage, was jener bis dahin kaum bekannte Autor wohl als Nächstes vorlegen würde: »Am besten nichts Neues«, sagte ein Scherzbold und charakterisierte damit grausam die Lage eines Künstlers, der fürchten muss, die schwindelnde Höhe, in die ein jäher Erfolg ihn getragen, nicht halten zu können. In der Tat sollte Erich Maria Remarque von der einzigartigen Wirkung dieses Buches nie wieder loskommen. Seine ungeschminkte Geschichte über blutjunge Männer, die in den Materialschlachten des Ersten Weltkriegs elend verrecken, erregte und spaltete die ganze Nation. Allein in den ersten zwölf Monaten gingen in Deutschland 925 000 Exemplare über den Ladentisch, sechs Druckereien arbeiteten rund um die Uhr, mit annähernd 30 Millionen Bänden, in 55 Sprachen übersetzt, ist *Im Westen nichts Neues* noch heute der meistverkaufte deutsche Roman aller Zeiten.

»Der Roman ist unpolitisch, seine Intention ist weder pazifistisch, noch militaristisch, sondern schlicht menschlich.«
Erich Maria Remarque über *Im Westen nichts Neues*

Der Schriftsteller Remarque fand sich über Nacht im Rampenlicht einer Öffentlichkeit, die ihn so begeistert begrüßte wie hasserfüllt schmähte. Die politisch Linken feierten den Pazifisten, die Rechte wütete gegen einen Nestbeschmutzer, der deutsches Heldentum buchstäblich in den Dreck zog. Am lautesten keiften die Nationalsozialisten mit ihrem Propagandaminister Joseph Goebbels. Als im April 1930 die spektakuläre amerikanische Verfilmung von Lewis Milestone in Berlin uraufgeführt wurde, zündeten SA-Leute Stinkbomben im Kinosaal und ließen weiße Mäuse los. Im

Reichstag erzwang die NS-Fraktion ein Verbot des Films wegen »Gefährdung des deutschen Ansehens in der Welt«, ein parlamentarischer Sieg, der zeigte, wie geschwächt die Demokratie der Weimarer Republik inzwischen war.

Gleichzeitig verfolgte eine entzückte Klatschpresse den neuen Star auf Schritt und Tritt. Dieser Remarque sah blendend aus; wann bekamen die Reporter schon mal solch einen adretten Schriftsteller vor die Kamera, nebst mondänen Begleiterinnen und dem rasantesten Sportwagen der Saison, den ein überglücklicher Verlag seinem Goldesel spendierte? Remarque fuhr das Automobil auf der Berliner Avus zu Schrott, man bestellte gleich das nächste. Für die bunten Blätter hatte der Romancier indes noch gehörig mehr in petto: Die internationale Schickeria von St. Moritz, Paris und New York empfing den Deutschen mit offenen Armen, Hollywood zahlte phantastische Summen für die Filmrechte auch der folgenden Bücher, und eine schier endlose Reihe hinreißender Frauen – etwa Marlene Dietrich und Greta Garbo (um nur die prominentesten zu nennen) – luden »Boni«, wie sie ihn zärtlich nannten, in ihr Bett. Während draußen bald Krieg, Chaos und Massenmord regierten, zahlreiche Schriftstellerkollegen um die nackte Existenz kämpften, führte er, umflossen von Reichtum und attraktiver Weiblichkeit, gute zwanzig Jahre lang das Leben eines eleganten Weltenbummlers, der in den Debatten über seinen epochalen Roman kaum Stellung nahm, auch sonst politisch schwieg und anscheinend lieber in der frischerworbenen Villa am Lago Maggiore, im Pariser Ritz oder am Strand von Malibu mit einer Schönheit nach der anderen poussierte. Viele Berichte von Zeitgenossen haben dieses für einen Schriftsteller recht ruinöse Image lange wachgehalten. »Remarque und die Dietrich, minderwertig«, notierte etwa Thomas Mann nach einem angespannten, gemeinsamen Mittagessen, von Bertolt Brecht und etlichen weiteren Autoren sind ähnlich verkniffen-bösartige Kommentare überliefert. Heute weiß man, aus Briefen und Tagebüchern, dass Remarques wahres, einziges Interesse der Literatur galt. Zeitlebens graute ihm vor dem Ruf einer öffentlichen Person, vor deren Pflichten er beständig floh, zu den Frauen und verstärkt in den Alkohol. Um dann,

MARLENE & CO.
Als Liebhaber war Erich Maria Remarque eher ein verzweifelter Casanova als ein lüsterner Don Juan. Zwar gaben sich die Schönen die Klinke seines Schlafzimmers in die Hand, doch meistens war er der unterlegene Verliebte, der nicht nur emotional draufzahlte. Schon die erste Gemahlin Jutta Zambona betrog ihn vor aller Augen, er unterstützte sie finanziell ihr Leben lang. Die Affäre mit Marlene Dietrich brachte Remarque fast um den Verstand. Nach Belieben ging die Diva

■ Josef von Sternberg, Marlene Dietrich und Erich Maria Remarque an der französischen Riviera im Juli 1939

■ Remarque mit seiner Frau, der Schauspielerin Paulette Goddard, während einer Auktion im Mai 1959 in New York

mit schlechtem Gewissen, an den Schreibtisch zurückzukehren, wo er verbissen an seinen Manuskripten arbeitete, oft mehrere komplette Fassungen schrieb und selten damit zufrieden war. In den Romanen wich Remarque nicht aus, fast immer spielen sie in den politischen Verhältnissen der Gegenwart, erzählen knapp und sachlich von Leid und Not, von Exil, Krieg und Konzentrationslagern. Zwar konnte das deutsche Publikum die Bücher nicht mehr lesen, längst hatten die Nazis den Schriftsteller ausgebürgert, sein Werk verbrannt und verboten. Doch die hohen internationalen Auflagen bewiesen, dass Remarque keine literarische Eintagsfliege blieb.

Nach dem Zweiten Weltkrieg teilte er die bittere Erfahrung vieler Exilanten, in der Heimat gänzlich unwillkommen zu sein. Verachtung und Aggression schlugen ihm entgegen, die Deutschen mochten nicht an Verbrechen und Schuld erinnert werden. Die Verdrängung ging so weit, dass ängstliche Verleger unter öffentlichem Druck ihre Angebote zurückzogen oder, schlimmer noch, die Bücher ohne Wissen des Autors ›entschärften‹ und große Passagen einfach strichen. Auch kam niemand in der Bundesrepublik je auf die Idee, Remarque wieder einzubürgern; in der Geburtsstadt Osnabrück entbrannte noch 1971 ein heftiger Streit, als der Magistrat eine Straße nach dem berühmten Sohn benennen wollte!

Erst in den letzten Jahren vor seinem Tod setzte eine Renaissance ein, nun begriff und wertete man Remarques Romane als kritische Zeugnisse der Zeitgeschichte, die vor allem jüngere Leser erreichten. Nur wenige Male reiste Remarque noch nach Deutschland, zumeist inkognito, um den Sensationsreportern zu entgehen, die weiterhin nach Photos gierten. Jetset-Trubel, Frauengeschichten und Alkoholorgien gehörten längst der Vergangenheit an, sie hatten Spaß und Ablenkung gebracht, aber einen hohen Preis gefordert. Tief schmerzte Remarque die Missgunst der Kollegenschaft, die ihm neben dem Erfolg jenen ausschweifenden Lebensstil nie verzieh. Auch der Körper streikte irgendwann, die Herzanfälle häuften sich. Am 25. September 1970 starb Erich Maria Remarque im Krankenhaus von Locarno an einem Infarkt.

mit jedem Mann (und mancher Frau) ins Bett, was den eifersüchtigen Boni in schwerste Schreibkrisen stürzte. Marlenes Nachfolgerin, die kapriziöse Russin Natascha Pailey war von ähnlichem Kaliber. Erst mit der Schauspielerin Paulette Goddard, einer Ex-Ehefrau von Charlie Chaplin, fand Remarque ein spätes, unbelastetes Glück.

ERICH MARIA REMARQUE

LEBEN UND WERK

Erich Paul Remark, am 22. Juni 1898 in Osnabrück geboren, besucht dort die Volksschule und das katholische Lehrerseminar, wird 1916 einberufen, 1917 an die Front geschickt, kurz darauf schwer verletzt und verbringt die restliche Zeit des Ersten Weltkriegs in einem Duisburger Lazarett. Nach Kriegsende versucht er sich in diversen Berufen: Aushilfslehrer, Buchhalter, Grabsteinverkäufer, Klavierlehrer, Organist, beginnt für Osnabrücker Zeitungen zu schreiben. Werbetexter in Hannover, Sportredakteur der Zeitung *Sport im Bild* in Berlin (1925) sind die nächsten Stationen. Mit *Im Westen nichts Neues* (1929), von Lewis Milestone in Hollywood verfilmt (1930) und in rund 50 Sprachen übersetzt, wird er weltberühmt. Und bezieht Prügel dafür, dass er – wie gleichzeitig Ludwig Renn mit *Krieg* (1928), Ernst Glaeser mit *Jahrgang 1902* (1928), Hemingway mit *Fiesta* (1926) und *In einem anderen Land* (1929) – die vaterländische Legende vom Heldentod demontiert: ohne pazifistisches Programm, allein durch nüchterne Schilderung der Wirklichkeit des Stellungskriegs, in dessen Explosionen den Menschen nichts Vertrautes blieb als der »winzige gebrechliche Menschenkörper« (Walter Benjamin). Wie Hemingway spricht auch Remarque von der »verlorenen Generation, vom Krieg zerstört, auch wenn sie den Granaten entkam«. Der von Nationalsozialisten inszenierte Skandal um den Film wird noch schärfer, Remarque verlässt Deutschland 1932 endgültig. Seine Villa im Tessin wird zu Treffpunkt und Zwischenstation für deutsche Exilanten wie Thomas Mann, Zuckmayer oder Toller. 1933 werden seine Romane öffentlich verbrannt, 1938 verliert er die deutsche Staatsbürgerschaft. Kurz darauf emigriert er in die USA, lebt in der Filmstadt Los Angeles, dann in New York. Ebenfalls zum Welterfolg wird der Emigrantenroman *Arc de Triomphe* (1946), schon 1947 mit Ingrid Bergman und Charles Boyer in den Hauptrollen verfilmt (*Arch of Triumph*). Remarque wird amerikanischer Staatsbürger, lebt nun abwechselnd in New York und im Tessin. Auch die späteren Romane – *Der Funke Leben* (1952), *Zeit zu leben und Zeit zu sterben* (1954) und *Der schwarze Obelisk* (1956) – thematisieren NS-Verbrechen, die Nachkriegsdeutschen aber wollen das so genau nicht wissen; der Emigrant, so heißt es, berichte über eine Zeit, die er nicht miterlebt habe. Die Ehe mit der Tänzerin Jutta Ilse Zambona ist 1957 endgültig gescheitert. 1958 heiratet Remarque die Filmschauspielerin Paulette Goddard, zieht sich aus dem öffentlichen Leben mehr und mehr zurück und stirbt am 25. September 1970 in Locarno. 1991 stiftet seine Geburtsstadt Osnabrück den Erich-Maria-Remarque-Friedenspreis, der alle zwei Jahre vergeben wird – im Rathaus, in dem 1648 der Westfälische Friede unterzeichnet wurde.

AUF DEN PUNKT GEBRACHT

Dass der Prophet im eigenen Land wenig gilt, hat Erich Maria Remarques Existenz als Schriftsteller nachhaltig geprägt. Von vielen unterschätzt, wenn nicht verachtet, schrieb er auch jenseits von *Im Westen nichts Neues* Weltliteratur, die bis heute Millionen Leser begeistert.

EMPFEHLUNGEN

Fünf Werke:
- *Im Westen nichts Neues*
- *Arc de Triomphe*
- *Zeit zu leben, Zeit zu sterben*
- *Der schwarze Obelisk*
- *Die Nacht von Lissabon*

Lesenswert:

Erich Maria Remarque: *Der Weg zurück*, Köln 1998

Thomas F. Schneider (Hg.): *Erich Maria Remarque – ein militanter Pazifist. Texte und Interviews 1929–1966*, Köln 1998

Wilhelm von Sternburg: *»Als wäre alles das letzte Mal«. Erich Maria Remarque. Eine Biographie*, Köln 1998

Werner Fuld, Thomas F. Schneider (Hg.): *»Sag mir, dass du mich liebst …« Erich Maria Remarque – Marlene Dietrich. Zeugnisse einer Leidenschaft*, Köln 2001

Hörenswert:

In der Reihe *Laut gegen Nazis*: Erich Maria Remarque: *Liebe deinen Nächsten* (Auszug), gelesen von Smudo, Pforzheim 2005

Sehenswert:

Im Westen nichts Neues. Regie: Lewis Milestone; mit Lew Ayres, Louis Wolheim. USA 1930

Die Nacht von Lissabon. Regie: Zbynek Brynych; mit Martin Benrath, Erika Plukas, Horst Frank. BRD 1971

Seine Helden waren Mütter

Erich Kästner

1899–1974

Erich Kästner, 1970

Ihren Mann Emil liebte sie nicht, den Sohn Erich dafür umso mehr. Sie hing an ihm wie eine Klette, trug ihn auf Händen, er bedeutete ihr ganzes Glück. Um seine Bildung zu fördern, vermietete sie in der winzigen Wohnung ein Zimmer ausschließlich an Lehrer, die dem Sprössling Privatstunden gaben. Mit 35 Jahren schulte die Hausfrau auf Friseuse um, der Vater verdiente zu wenig, und Erich sollte doch studieren! Und als der frischgebackene Doktor hinaus in die große Welt entfloh, wo sich bald Erfolg und Ruhm einstellten, forderte sie unerbittlich: »Schick die Wäsche!« Allwöchentlich ging ein Paket Unterhosen von Berlin heim nach Dresden, jegliche Rebellion blieb chancenlos. Ida Kästner war die Übermutter par excellence, und der Sohn dankte ihr die resolute Anhänglichkeit mit dem einzigen Liebesgedicht, das er je veröffentlichte; in der dritten Strophe heißt es: *Seine Mutter saß am Tisch und schrieb/Ernsthaft rückte sie an ihrer Brille/Und die Feder kratzte in der Stille/Und er dachte: Gott, hab' ich sie lieb!* Und streng hüteten beide ein Geheimnis …

Der Schriftsteller Erich Kästner hat diese enge Mutterbindung und die einfachen, ärmlichen Verhältnisse, denen er entstammte, vor allem in seinen Jugendbüchern immer wieder thematisiert. Dass ein gemeiner Dieb den kleinen Helden in *Emil und die Detektive* bestiehlt, wird zum schlimmsten Kummer, weil Emil an die Tränen der Mutter denkt, die für das Geld im Frisiersalon so hart schuften musste. Und Pünktchen, Antons reiche Freundin, genießt die menschliche Wärme von dessen armer, kranker Mutter in der Küche, wo es leckeres Rührei mit Salzkartoffeln gibt. Der Roman *Pünktchen und Anton* liefert vielleicht das beste Beispiel für Kästners enormes, aus eigener Erfahrung gewonnenes Talent, den emotionalen Konflikt zwischen Eltern und Nachwuchs anschaulich zu machen. Dabei spielen die Kinder die Rolle sensibler Psychologen, die das Drama der Erwachsenen klar erkennen und oftmals zu einem guten Ende leiten. Deshalb lieben alle Kästner: Die jungen Leser fühlen sich ernstgenommen, und die Alten erinnert es an jene Lebensphase, in der ihr kindliches Gemüt mehr von der Wahrheit wusste als die reife Vernunft. Insofern sind Kästners Jugendbücher von seiner politischen Lyrik keineswegs zu trennen, in beiden Genres erklingt der humane Appell, nicht zu vergessen, wie sicher man einst in der Kindheit zwischen Recht und Unrecht zu unterscheiden vermochte. *Wer zu verstehn beginnt,/versteht nichts mehr./Er starrt entgeistert auf das Welttheater*, dichtete Kästner 1932 im *Brief an meinen Sohn*, den er zu dieser Zeit noch gar nicht hatte, ihn jedoch schon davor warnte, ein *Mensch wie die meisten/ein Kerl wie alle* zu werden.

Autoritäten anzuzweifeln, hinter die Fassaden herrischer Gebärden zu blicken, bestimmte Kästners gesamtes Werk wie sein persönliches Wesen. Aus dem Ersten Weltkrieg kehrte er traumatisiert zurück, schwer herzleidend, aber vollständig kuriert vom Militarismus, den er fortan als »deutsche Krankheit« in jeder Form bekämpfte. Nach einem Germanistikstudium fand er rasch eine Stelle bei der *Neuen Leipziger Zeitung*, man druckte begeistert seine Feuilletons – und feuerte ihn prompt wegen eines frechen, erotischen Gedichts! Das hitzige Berlin hingegen freute sich

»Es ist die alte Melodie, im Anfang, am Ende, wie in der Mitte. Sie ist der Grundakkord des Menschen Kästner: Seid anständig. Lasst euch nicht verführen. Bleibt anständig. Und herum das bunte Gewirr seiner tausend Bilder; schwermütig und frech, erotisch und voll Kampf, Gärten und Frauen und alte Klassenkollegen, Unteroffiziere und Kinder. Und Mütter!«

Hans Fallada, 1931

■ Szenenphoto aus *Emil und die Detektive* von Gerhard Lamprecht aus dem Jahr 1931

DER MÖBLIERTE HERR

Erich Kästner war ein Bohemien und geborener Großstadtmensch. Er liebte die Geselligkeit in Cafés und Bars, wo er trank, rauchte und bis zum frühen Morgen schrieb. Unbelastet von Besitz und Hausstand, lebte er vorwiegend in möblierten Zimmern, genoss und pries die Existenz als alleinstehender Herr, der jederzeit seine Koffer packen konnte. Erst die feste Beziehung zu Luiselotte Enderle brachte den Wandel, es dauerte jedoch lange, bis er sich in der gemeinsamen Wohnung wohl fühlte. In München, wo Kästner ab 1945 dauerhaft blieb, bezog man sogar ein Haus, im schönen Herzogpark. Dort entstanden idyllische Naturgedichte, die harte Politik war weiterhin fürs Café reserviert.

auf diesen originellen jungen Mann, gleich ein halbes Dutzend Blätter beschäftigte den »lyrischen Reporter des Zeitalters«, wie ihn der Kollege Hermann Kesten später respektvoll taufte. 1928 gelang der literarische Durchbruch zum großen Publikum, im selben Jahr erschienen *Emil und die Detektive* und der erste Gedichtband, der Kästner über Nacht bekannt machte. »Gebrauchslyrik« nannte der Autor unprätentiös seine Verse, er wollte keine hohe Kunst, sondern praktische Wirkung, bald drückte sie sich in geflügelten Worten aus: *Kennst Du das Land, wo die Kanonen blühen …?*

■ Flankiert von zwei Schulmädchen hält Erich Kästner am Ostermontag 1961 während der Abschlusskundgebung auf dem Münchner Königsplatz eine Ansprache vor den Teilnehmern des Ostermarsches gegen Atomwaffen. Zu seinen Füßen liegt ein Hund mit einem Schild »Ich will auch leben«.

In nur fünf Jahren wurde Kästner zum Volksschriftsteller, Liebling der Kinder und kritischen Linken zugleich, aber auch zum Hassobjekt der neuen radikalen Kräfte. Am 10. Mai 1933 flogen seine Bücher unter Gebrüll auf den Scheiterhaufen: »Ich übergebe den Flammen die Schriften von Heinrich Mann, Ernst Glaeser und Erich Kästner …« Der Dichter verfolgte leibhaftig das widerliche Schauspiel auf dem Berliner Opernplatz, eine Passantin rief: »Dort steht ja der Kästner!«, doch selbst der fanatisierte Pöbel tastete ihn nicht an.

Nach 1945 hat man die Schilderung dieser Szene oft an die vorwurfsvolle Frage geknüpft, warum Erich Kästner Deutschland nicht empört verließ. »Ich blieb, um Augenzeuge zu sein«, lautete seine schlichte Antwort. Verschwieg er mit Absicht, dass er auch an die Mutter dachte, die immer noch fast täglich an ihren Erich schrieb?

■ Emil, Erich und Ida Kästner auf dem Luisenhof in Dresden, 1946

Die Nazis erteilten Schreib- und Publikationsverbot, mehrfach wurde Kästner verhaftet, wieder freigelassen, gegen Kriegsende brachten ihn befreundete Filmleute in Tirol in Sicherheit. Den Wiederaufbau Deutschlands begleitete Kästner mit scharfer politischer Satire, entsetzt sah er, wie flink die Nation zur Tagesordnung überging. Sein bitteres Theaterstück *Die Schule der Diktatoren* fand ein geteiltes Echo, die meisten mochten nicht an den Schrecken, an Schuld und Verantwortung erinnert werden. In der Re-Militarisierung zu Beginn der 1950er Jahre witterte Kästner den alten, unseligen deutschen Geist: *Fern von blutigen Geschäften/kam man im Verlauf der Zeit/wieder zu Pension und Kräften/Und nun ist es wieder soweit! ... Hauptsache, dass wir wieder Ordnung kriegen/Und dass wir wieder mal richtig liegen/Und wenn's sein muss, zum drittenmal siegen!* Das Publikum schüttelte sich unwillig, las lieber den ›netten‹ Kästner, feierte sein *Doppeltes Lottchen* und die frühen Kinder-Klassiker. Mehr und mehr setzte sich dieses Renommee im öffentlichen Bewusstsein fest, die hohen Buchauflagen und hunderte von Erich-Kästner-Schulen beweisen es noch heute. Zu seinen Lesungen strömten die Massen; wurde Kästner kritisch, nickte man andächtig – und hoffte auf lustige Gedichte. Selten enttäuschte er die Erwartungen, zu viele kleine Zuschauer saßen in den Reihen. Und gerade sie verstanden auf Anhieb, wenn er ihnen seine *Moral* vortrug, ein unübertreffliches Gedicht in zwei Zeilen: *Es gibt nichts Gutes/außer: man tut es.*

»Zwölf Jahre waren Sie der Unmoralist, der nationale Zersetzer, die Berliner Wühlmaus, die Großstadthyäne, der Sexualpanegyriker und so fort – wir freuen uns, Ihnen heute sagen zu können, dass Sie ein mutiger Drachenbekämpfer, ein Partisan im Gebiet der Dunkelmänner und immer unter den Vorposten derer sind, welche für die Freiheit eintreten, heute, morgen und einerlei, wo.«

Kasimir Edschmid in der Laudatio zur Verleihung des Büchnerpreises 1957

■ Diese Plastik des Radebeuler Künstlers Wolf-Eike Kuntsche erinnert am Dresdner Albertplatz an Erich Kästner.

UNVERHEIRATET, DOCH NICHT KINDERLOS

Vielleicht lag es auch an der starken Mutter und ihrer wenig glücklichen Ehe, dass Erich Kästner nie offiziell sein Ja-Wort gab. Der gutaussehende, charmante und liebenswürdige Dichter hatte zahlreiche Liebschaften, bis er die Journalistin Luiselotte Enderle kennenlernte. Ab 1935 lebten sie ohne Trauschein zusammen, ein Skandalon zu jener Zeit. Eine Affäre mit Friedl Siebert, einer blutjungen Verehrerin, hatte Folgen: 1957 wurde Sohn Thomas geboren, was Kästner jahrelang geheim hielt. Hin- und hergerissen zwischen beiden Frauen, entschied er sich am Ende doch für Luiselotte. Sie starb 1991; in einem Erinnerungsbuch fällt kein böses Wort über den Gefährten.

Obwohl offiziell mit Auszeichnungen überschüttet, bis hin zum Bundesverdienstkreuz, geriet der politische Dichter Kästner allmählich aus der Mode; er reagierte mit sarkastischer Gelassenheit, auch in der Überzeugung, dass bei den Deutschen in Sachen Politik sowieso Hopfen und Malz verloren sei. Verstärkt wandte er sich der eigenen Vergangenheit zu, schrieb Memoiren über die Dresdner Kindheit, erinnerte im Gedichtband *Notabene 45, ein Tagebuch* an das Jahr der Befreiung vom Nationalsozialismus. Und ein erst posthum veröffentlichter Brief an »mein liebes, gutes Muttchen« galt der einzigen Frau, der Kästner als ewiger Junggeselle stets treu war. Die Mutter verschied 1951, geistig völlig verstört, buchstäblich krank geworden aus Sorge um den Sohn. In den Nachkriegswirren riss die Verbindung über Monate ab, Briefe kamen nie an, die sowjetischen Besatzer erlaubten keine Reisen, Ida Kästner verzweifelte und sank in Umnachtung. Beim letzten Besuch erkannte die Mutter ihren geliebten Schatz nicht mehr und fragte ängstlich: »Wo ist denn der Erich?« Er drückte ihre Hand und weinte. Vater Emil saß daneben.

Diese Szene verfolgte Kästner bis ans Lebensende. Am 29. Juli 1974 starb er in einem Münchener Krankenhaus an Krebs. Wie oft mag der gute Sohn über die Jahrzehnte wohl an jenes Geheimnis gedacht haben, das die Mutter einst nur ihm anvertraut hatte? Dass nämlich sein Vater nicht Emil Kästner, sondern der Hausarzt der Familie war?

ERICH KÄSTNER

LEBEN UND WERK

Erich Kästner wird am 23. Februar 1899 in Dresden geboren; der Vater ist Sattlermeister, die Mutter, zu der er zeitlebens ein sehr enges Verhältnis hatte, arbeitet später als Friseuse. Er besucht die Volksschule, später das Fletschersche Lehrerseminar in Dresden. 1917 muss er in den Krieg und kehrt mit einem schweren Herzleiden zurück; absolviert 1919 das Kriegsabitur, studiert Germanistik, Philosophie und Theaterwissenschaften, promoviert 1925. Neben dem Studium, ab 1922, arbeitet er bei der *Neuen Leipziger Zeitung*, verliert den Posten 1927 wegen eines zu freizügigen Gedichts und zieht nach Berlin, wo er als freier Journalist und Theaterkritiker arbeitet; unter anderem für Carl von Ossietzkys *Weltbühne*. Mit seinen Gedichten, die ab 1928 erscheinen und die er *Gebrauchslyrik* nennt, wird er zum »lyrischen Reporter seines Zeitalters« (Hermann Kesten). Dem Band *Herz auf Taille* (1928) folgen *Lärm im Spiegel* (1929), *Ein Mann gibt Auskunft* (1930) sowie *Gesang zwischen den Stühlen* (1932; alle mit hohen Auflagen). Kästner verzichtet auf das traditionelle Medium des »lyrischen Ich«, perfektioniert stattdessen das »Rollengedicht«, in dem der Autor sich dem jeweils fingierten Sprecher anverwandelt. So zeichnet er eine Generation, die ihre elementaren Ansprüche an das Leben, ihr Verlangen nach Geborgenheit und Liebe, das Recht auf die eigene Kindheit nicht hat einlösen können. 1928 erscheint *Emil und die Detektive*, der erste und erfolgreichste (in 24 Sprachen übersetzt) seiner weltbekannten »Kinderromane«. 1931 folgt *Fabian. Die Geschichte eines Moralisten;* der Roman sollte ursprünglich *Der Gang vor die Hunde* heißen. So radikal sein Blick auf die Gesellschaft, so unvermittelt bleibt eine sentimentale Sehnsucht, die aus fast all seinen Texten spricht. Walter Benjamin hat diese *Linke Melancholie* als positionslosen Radikalismus charakterisiert, der schließlich im Fatalismus münde. Am 10. Mai 1933, kurz nach der Machtübernahme, verbrennen die Nazis auch Kästners Bücher. Er wird mehrfach von der Gestapo verhaftet und wieder freigelassen, reist aber nicht aus. *Doktor Kästners Lyrische Hausapotheke* erscheint 1936 in Zürich; 1942 erhält er endgültig Publikationsverbot (auch für das Ausland). Als »Bertold Bürger« schreibt er 1943 das Drehbuch für den UFA-Film *Münchhausen*. 1945 geht er nach München, gründet das Kabarett *Die Schaubude;* 1951 *Die kleine Freiheit*, veröffentlicht mit gleichem Titel einen weiteren Gedichtband. Die Schärfe seiner Vorkriegslyrik erreicht er nicht mehr, in *Die dreizehn Monate* (1955) sind politische Themen völlig verschwunden. 1957 erhält er den Georg-Büchnerpreis; ist 1951–1967 Präsident des Westdeutschen PEN-Zentrums; zieht sich dann aus dem literarischen Leben zurück. Am 29. Juli 1974 stirbt er in München.

AUF DEN PUNKT GEBRACHT

Der vielleicht populärste deutsche Schriftsteller war ein Freund der kleinen Leute, und deshalb verzieh er ihnen nicht, politisch versagt zu haben. Seine Lyrik geht Hand in Hand mit den unsterblichen Kinderbüchern, die Menschenliebe predigen und wissen, dass sie schwer zu bekommen ist.

EMPFEHLUNGEN

Fünf Werke:
- *Emil und die Detektive*
- *Fabian*
- *Pünktchen und Anton*
- *Lyrische Hausapotheke*
- *Die Konferenz der Tiere*

Lesenswert:

Dr. Erich Kästners lyrische Hausapotheke. 56 Gedichte im Warschauer Getto aufgeschrieben und illustriert von Teofila Reich-Ranicki, Stuttgart – München 2000

Luiselotte Enderle: *Erich Kästner*, Reinbek 1998

Franz Josef Görtz, Hans Sarkowicz: *Erich Kästner. Eine Biografie*, München 2003

Hörenswert:

Erich Kästner: *Es gibt nichts Gutes: außer man tut es*, eine Erich Kästner Revue von Klaus Harprecht und Hanjo Kesting, Hamburg 2002. 2 CDs

Sehenswert:

Das verlorene Gesicht. Regie: Heinrich Breloer, BRD 1986 (Dokumentarfilm)

Drei Männer im Schnee. Regie: Kurt Hoffmann; mit Paul Dahlke, Claus Biederstaedt, Nicole Heesters. BRD 1955

Besuchenswert:

Erich Kästners Bibliothek, für Publikum nutzbar, im Erich-Kästner-Kinderdorf, in Oberschwarzbach, Unterfranken

Das Kästner-Museum in Dresden

»Ich schreibe, um zu bestehen«

Max Frisch

1911–1991

»Jeder Mensch, nicht nur der Dichter, erfindet seine Geschichten – nur dass er sie, im Gegensatz zum Dichter, für sein Leben hält. Anders bekommen wir unsere Erlebnismuster, unsere Ich-Erfahrung nicht zu Gesicht.«
Unsere Gier nach Geschichten, 1960

Sein Schwimmbad steht noch heute. Im Stolz auf den berühmten Sohn hat die Stadt Zürich die große Anlage am Letzigraben nach ihm benannt: Max-Frisch-Bad. Als der junge Architekt im August 1946 den Zuschlag für das Millionenprojekt erhielt, dachte noch niemand an solcherlei Ehre, er selbst schon gar nicht. Bereits einige Jahre zuvor hatte sich der Autor Max Frisch für gescheitert erklärt, Manuskripte, Notizen und Entwürfe verbrannt und entschlossen eine unsichere literarische Existenz gegen ein Leben mit festen Bürostunden eingetauscht: »Ich bin dreißig und habe endlich einen Brotberuf, ein Diplom, ich bin dankbar, dass ich eine Stelle habe: acht bis zwölf und eins bis fünf …« Lob und öffentliche Anerkennung für erste Bücher zählten wenig, wichtiger schien ein respektabler Platz in der Gesellschaft nebst einer soliden, materiellen Basis, deren Bedeutung ihm schon seit seiner Kindheit schmerzlich genug bewusst war. Äußerlich wuchs Max Frisch in gutbürgerlichen Verhältnissen auf, doch dem Vater, einem glücklosen Architekten, zerrann das Geld unter den Fingern, Schulden drückten, manchmal konnte die Familie die Gasrechnung nicht bezahlen. Der Abiturient versuchte seine vagen Künstlerträume durch ein Germanistikstudium in etablierte Bahnen zu lenken, enttäuscht brach er es aber nach zwei Semestern ab. In der Schublade verkümmerten mehrere Theaterstücke, eines davon hatte Max Frisch mit sechzehn an den großen Regisseur Max Reinhardt in Berlin geschickt, die ernüchternde Antwort zerstörte alle Hoffnungen auf eine Zukunft als Dramatiker. Leider sind diese Proben verschollen, vermutlich hätten auch sie gezeigt, was heute in der Rückschau über

■ Max Frisch, 1966

■ Sam Shepard als Walter Faber in Volker Schlöndorffs Verfilmung von *Homo faber* aus dem Jahr 1991

Max Frischs Gesamtwerk offen zutage liegt: Von Beginn an umkreist und variiert der Schriftsteller ein einziges Thema und Problem, das man in der schlichten Frage »Wer bin ich eigentlich?« zusammenfassen kann. Nahezu sämtliche seiner Roman- und Theaterhelden ringen entweder um eine Antwort, fliehen davor oder verbergen mit Absicht ihre Identität. *Ich bin nicht Stiller* … – so programmatisch eröffnet der erste Erfolgsroman *Stiller*, der 1954 erscheint, in *Mein Name sei Gantenbein*, zehn Jahre später, steckt der Zweifel gleichfalls im Titel wie 1967 im Bühnenstück *Biographie: Ein Spiel*. Die politischen, stark von Bertolt Brechts Lehrtheater geprägten Dramen *Biedermann und die Brandstifter* (1958) und *Andorra* (1961) überführen die Frage in Moral und gesellschaftliche Verantwortung. Der Spießbürger Biedermann will nicht wahrhaben, dass er Brandstifter beherbergt, die sein Haus anzünden. Der vermeintliche Jude Andri in *Andorra* lässt sich in eine jüdische Identität hineinreden, übernimmt sie mit den herrschenden Vorurteilen und bringt sich schließlich um.

Ohne es zunächst selbst zu bemerken, entwickelte Max Frisch dieses literarische Lebensthema entlang den Linien der eigenen Biographie. Auf den rigiden Entschluss, hinfort kein Schriftsteller mehr zu sein, und nach einigen Jahren journalistischer Brotarbeit folgte ein zweites Studium, das ihm ein begüterter Freund ermöglichte. Aber die Identifikation mit der Rolle als »Bürger, Ehemann, Architekt« bescherte ihm persönlich genau jene Probleme, aus denen er seine literarischen Stoffe und Charaktere formte. Vierzehn lange Jahre hielt er die Fassade aufrecht, schrieb gewissermaßen heimlich unterm Reißbrett, bis er 1955 das Büro schloss und schließlich auch allen weiteren Bindungen entlief; jetzt wusste Max Frisch zumindest, wer oder was er bestimmt nicht war – und dass er nur als Schriftsteller den mühsamen Prozess der Selbsterkenntnis vorantreiben könne. Auf diesem Weg begleiteten ihn bald Millionen Leser, die sich in den bohrenden Fragen und Widersprüchen seiner Literatur wiedererkannten und den Autor zu ihrem Ratgeber erkoren. Ob er, vor allem in der Prosa, von Beruf, Liebe und Ehe, Ehrgeiz und Eifersucht, von moralischer

POLITIK

Unverkrampft wie kaum ein zweiter deutschsprachiger Schriftsteller akzeptierte Max Frisch die öffentliche Rolle, die ihm seine Prominenz und Wirkung zuwies: »Wer sich nicht mit Politik befasst, hat die politische Parteinahme, die er sich sparen möchte, bereits vollzogen: Er dient der herrschenden Partei.« Konsequent wandte sich Max Frisch in zahlreichen Vorträgen und Aufsätzen gegen Willkür und Machtstreben in der westlichen Demokratie wie im östlichen Sozialismus.

■ Im Juli 1958 verabreden sich Max Frisch und Ingeborg Bachmann in Paris zu einer Aufführung von Frischs *Biedermann und die Brandstifter.* Statt ins Theater gehen sie essen und werden ein Liebespaar.

Verpflichtung und Schuld schrieb – Max Frisch verwandelte das Private ins Repräsentative, was ihn anging, ging jeden an, sogar die komplexen literarischen Schwierigkeiten des modernen Schriftstellers gehörten dazu. Dass Dichter lügen, lautete der Vorwurf Platons aus der Antike, Max Frisch folgerte daraus das allgemeine soziale Gesetz, nach dem alle Menschen sich und andere belügen, wenn es um die Schilderung ihres Lebens geht. Darin mischen sich beständig Realität und Fiktion, wir spielen Rollen, tragen Masken, verstellen uns, freiwillig oder gezwungenermaßen: *Man kann alles erzählen, nur nicht sein wirkliches Leben* … heißt es in *Stiller*, und Gantenbein sagt über sich: *Ich probiere Geschichten an wie Kleider.* Das Erzählen zum Gegenstand des Erzählens zu machen hat im 20. Jahrhundert das Publikum oft strapaziert, mit Max Frisch begriff man sofort: Ästhetische Theorie spiegelt zugleich eine Theorie des Lebens, Welt und Literatur müssen keine Gegensätze sein, vielmehr bedingen sie einander und befruchten jedermanns Alltag. Literarische Posen waren Max Frisch völlig fremd, er nannte sich einen »Notwehrschriftsteller«, der niemand belehren und überzeugen wolle, sondern nur einem subjektiven, existenziellen Impuls gehorche: »Ich schreibe, um zu bestehen.« Ruhm bedeutete ihm wenig, der Reichtum freute ihn, weil er nach Belieben reisen, an vielen Orten leben, guten Wein trinken und einen schicken Jaguar fahren konnte. Amerika wurde zur zweiten Heimat. Dort, wo man ihn kaum behelligte, zog er mit der 1975 veröffentlichten autobiographischen Erzählung *Montauk* die Summe eines bewegten Künstlerdaseins: »Ich habe mich selbst nie beschrieben. Ich habe mich nur verraten.« Max Frisch starb am 4. April 1991 an Krebs. Wie ein Freund mitteilte, lauteten die letzten Worte, in schönstem Schwyzerdütsch: »Jetzt müend d'Lüt sälber für sich luege.« Auch am Ende war Max Frisch ganz bei sich selbst.

INGEBORG BACHMANN

Liebe und Ehe bilden in Max Frischs Werk ein bedeutendes Thema, auch weil er persönlich schlecht damit zurecht kam. Zweimal verheiratet und geschieden, litt er unter dem unauflöslichen Widerspruch zwischen Bindung und Freiheit. 1958 zog er mit der Lyrikerin Ingeborg Bachmann zusammen. Sie liebten einander bis zur Hörigkeit, stritten ebenso heftig, trennten und versöhnten sich mehrmals. Nach fünf Jahren zerbrach die Liaison, enttäuscht bilanzierte der Autor: »Das Ende haben wir nicht gut bestanden, beide nicht.« Ingeborg Bachmann unternahm einen Selbstmordversuch, Max Frisch flüchtete sich zur nächsten Geliebten.

MAX FRISCH

LEBEN UND WERK

Max Frisch, am 15. Mai 1911 in Zürich geboren, beginnt 1930 ein Germanistikstudium, muss es 1932 abbrechen, als der Vater stirbt; schreibt als freier Mitarbeiter für die *Neue Zürcher Zeitung*. Eine Reise als Reporter durch Südosteuropa findet ihren Niederschlag auch in einem ersten Roman: *Jürg Reinhart. Eine sommerliche Schicksalsfahrt* (1934). Doch er zweifelt an seinem literarischen Talent, verbrennt alle Manuskripte, beginnt ein Architekturstudium an der ETH Zürich (1936–41). Von 1939 an bewacht er als Kanonier der Schweizer Armee die Landesgrenzen, seine Erfahrungen hält er fest im *Dienstbüchlein* (1974 veröffentlicht, im Zug seiner Abrechnung mit den Mythen der Schweiz). Tagebuch führt er lebenslang, Teile veröffentlicht er zu Lebzeiten, so die Notate der Jahre 1946–49: Reisen durchs zerbombte Deutschland, Begegnungen mit Brecht, Reflexionen zu Schuld und Verdrängung, zum Schreiben. 1942 gewinnt er den Architektur-Wettbewerb um ein Freibad in Zürich, eröffnet ein eigenes Büro und heiratet Gertrud von Meyenburg, mit der er drei Kinder hat. Und beginnt erneut zu schreiben: *J'adore ce qui me brûle oder Die Schwierigen* (1943), Theaterstücke: Seine erste Premiere findet 1945 statt, am Züricher Schauspielhaus, mit *Nun singen sie wieder*. Auch die nächsten Stücke werden in rascher Folge dort uraufgeführt; die größten Theatererfolge erzielt er mit *Herr Biedermann und die Brandstifter* (1958) und *Andorra* (1961), mit denen Frisch zum meistgespielten Autor seiner Zeit wird. Noch bekannter aber machen ihn drei große Romane: *Stiller* (1954), *Homo faber* (1957) und *Mein Name sei Gantenbein* (1964). In ihnen entwickelt er, was Brecht für das Theater wollte, den verfremdenden Blick auf Biographie und Identität: Wie lässt sich das Eigene als Fremdes erleben, wie kann man sich selbst, den bürgerlich vorgefassten Bahnen entkommen? 1955 löst er das Architekturbüro auf, widmet sich ganz dem Schreiben, reist viel, entdeckt die Politik für sich, beugt sich jedoch keiner »Interventionspflicht«. Je deutlicher ein Text Politisches anspricht, desto mehr sieht er ihn als Privatsache des Bürgers Frisch. Und umgekehrt: je privater ein Text, desto mehr Recht hat der Autor auf Gehör. So die autobiographische Erzählung *Montauk* (1975), eine Art öffentliche Beichte des Autors als Mann. Die Beziehungen zu seiner zweiten Frau Marianne Oellers (verheiratet 1968–79), zu Ingeborg Bachmann (1958–63, in Rom) und zu Alice Lock-Carey (1974, 1980–85) tauchen darin auf. Alter und Einsamkeit sind Thema von *Der Mensch erscheint im Holozän* (1979); skeptisch äußert er sich 1985 zu seinem jahrzehntelangen politischen Engagement: »Am Ende der Aufklärung steht das goldene Kalb« (1985). Am 4. April 1991 erliegt Max Frisch einem Krebsleiden in Zürich.

AUF DEN PUNKT GEBRACHT

Einer der erfolgreichsten und populärsten Schriftsteller des 20. Jahrhunderts. Mit Max Frischs Theaterstücken lernen Schüler noch heute, wie gefährlich es ist, sich in die Tasche zu lügen. Seine Prosa lehrt die Erwachsenen jedoch, dass man im Leben schwerlich ganz ums Lügen herumkommt.

EMPFEHLUNGEN

Fünf Werke:
- *Stiller*
- *Homo faber*
- *Andorra*
- *Biedermann und die Brandstifter*
- *Montauk*

Lesenswert:
Volker Hage: *Max Frisch*, Reinbek 1999.

Heinz Ludwig Arnold: *»Was bin ich?« Über Max Frisch*, Göttingen 2002

Luis Bolliger (Hg.), *jetzt: max frisch. Mit Zeugnissen und Dokumenten*, Frankfurt/M. 2001

Hörenswert:
Mein Name sei Gantenbein, Hörspiel, eingerichtet von Rudolf Noelte, München 2006

Der Laie und die Architektur. Grenzen und Möglichkeiten der modernen Architektur (1954), Regie Martin Walser, Frankfurt/M. 2001, Tonkassette

Sehenswert:
Homo Faber. Regie: Volker Schlöndorff; mit Sam Shepard, Barbara Sukowa, Julie Delpy. D 1991

Besuchenswert:
Zürich, ausgerüstet mit dem Dichter-und-Denker-Stadtplan *Literarisches Zürich*, hg. von Arlette Kosch, Berlin 2002

Einsam auf der Heide

Arno Schmidt

1914–1979

Selten sah man ihn lachen. Nur wenige Photographien zeigen einen heiteren und entspannten Mann. Schon als Kind hatte Arno Schmidt diesen Blick – skeptisch, verschlossen, abweisend. In der Miene des Erwachsenen spiegeln sich Hochmut und Distanz, der Schriftsteller fixiert die Kamera wie einen Feind: Komm mir bloß nicht zu nahe! Die ganze Welt war damit gemeint. Auf alles und jeden reagierte Schmidt notorisch aggressiv, Zeitgenossen wussten ein Lied davon zu singen. Wer ihn traf, konnte damit rechnen, unvermittelt beschimpft zu werden; in die zahlreichen helfenden Hände, die sich Schmidt in seiner Laufbahn boten, biss er stets kräftig hinein. Der Lektor Kurt Marek beim Hamburger Rowohlt-Verlag schilderte eine erste Begegnung: »Er saß mit krampfhaft geballten Fäusten vor mir auf dem Stuhl. Man musste jeden Augenblick gewärtig sein, dass er einen anspringt. Er eröffnete das Gespräch mit Beleidigungen. Wenn der Mann nicht diese unwahrscheinliche, diese sprachlich geradezu glühende Prosa eingesandt hätte, hätte ich ihn nach fünf Minuten rausgeschmissen.« Im April 1949 hatte der 35-jährige Schmidt mehrere Erzählungen an den Verlag geschickt, niemand kannte seinen Namen. Und doch trat der Debütant im vollen Bewusstsein literarischer Genialität auf, die es gefälligst anzuerkennen und untertänig zu begrüßen gelte. Her mit Ruhm, her mit Geld, und zwar sofort! Dass beides zunächst hartnäckig ausblieb, bedeutete einen Affront, den der Autor jedermann spüren ließ. Zur Verleihung seines ersten Literaturpreises erschien er betont abgerissen, ohne Hemd unterm Jackett, als Zeichen und Anklage schändlicher Armut. Noch 1973, auf dem Höhepunkt seines Erfolgs, als ihn die Stadt Frankfurt am Main mit dem renommierten Goethepreis auszeichnete, schmähte er das

■ Eines der letzten Photos von Arno Schmidt zeigt ihn im neuen Archiv in Bargfeld im April 1979. Schmidts Wohnhaus in Bargeld beherbergt heute die Arno Schmidt Stiftung, die 1981 von Alice Schmidt und dem Mäzen Jan Philipp Reemtsma gegründet wurde. Reemtsma, großer Verehrer Schmidts, unterstützte den Schriftsteller in dessen letzten Lebensjahren.

Publikum in einer Schimpfrede, die seine Ehefrau Alice verlas; er selbst boykottierte den Festakt.

Die Aura vom widerborstigen Hagestolz hat viel zum Kult beigetragen, der schon zu Schmidts Lebzeiten einsetzte und von einer begeisterten Fangemeinde bis auf den heutigen Tag fast religiös zelebriert wird. Arno-Schmidt-Verehrer erkennt man daran, dass sie mit Namen von vergessenen Autoren um sich werfen, das ästhetisch Spitzfindig-Skurrile favorisieren und augenverdrehend alle, die mit dem Werk ihres Meisters nichts anzufangen wissen, für Dummköpfe halten. Genau das machte Schmidt mit Wonne, er verachtete nahezu sämtliche lebenden Kollegen, wenn er sie denn überhaupt zur Kenntnis nahm, feierte literarische Randgestalten des 18. Jahrhunderts, stilisierte sich zum »Anachronisten« und empfand die kleinste Kritik an der eigenen Arbeit als Majestätsbeleidigung.

Arno Schmidts Biographen haben sein explosives Temperament und die Posen des ewig Gekränkten mit Verletzungen in der Kindheit erklärt. Fest steht, dass Schmidt schon in jüngsten Jahren einem kapriziösen Außenseitertum zustrebte: »Speziell Mir eign war die Isoliertheit, von Babybeinen an«, schrieb er in der Erinnerung. 1914 in Hamburg geboren, floh der Heranwachsende aus den ärmlichen, kleinbürgerlichen Verhältnissen der Eltern – der Vater war ein hartherziger, weil frustrierter Polizist – in Tagträume und bald in die Welt der Literatur. Sie wurde zum Lebensraum eines jahrzehntelangen, zähen Selbststudiums, aus dem ein Bücherwurm hervorging, der die gesamte europäische Geistesgeschichte intus hatte und sie später verschwenderisch in seine Texte wuchtete. Nach einer Kaufmannslehre arbeitete Schmidt als Lagerbuchhalter, abends las er und schrieb Gedichte. Innerlich völlig davon absorbiert und unerreichbar für die äußeren Realitäten von Politik und Zeitgeschehen, durchleb-

ZETTELS TRAUM

Arno Schmidts Haupt- und Monumentalwerk von über 1300 Seiten, im DIN-A3-Format, typographisch dreispaltig gesetzt. Der Titel bezieht sich auf eine Figur und Situation in Shakespeares *Sommernachtstraum* sowie auf Schmidts Arbeitsweise: Für das Buch verwertete er ca. 120 000 Zettel mit Notizen. Der Roman spielt an einem einzigen Tag und erzählt im Kern die Geschichte des alternden Schriftstellers Daniel Pagenstecher, dem eine 16-jährige Göre heillos die Sinne verwirrt. Daneben geht es um Sigmund Freud und Edgar Allan Poe und abertausend andere Dinge, die bis heute noch nicht entschlüsselt sind. Zum Teil kaum lesbar, gilt *Zettels Traum* als deutsches Pendant zu *Finnegans Wake* von James Joyce.

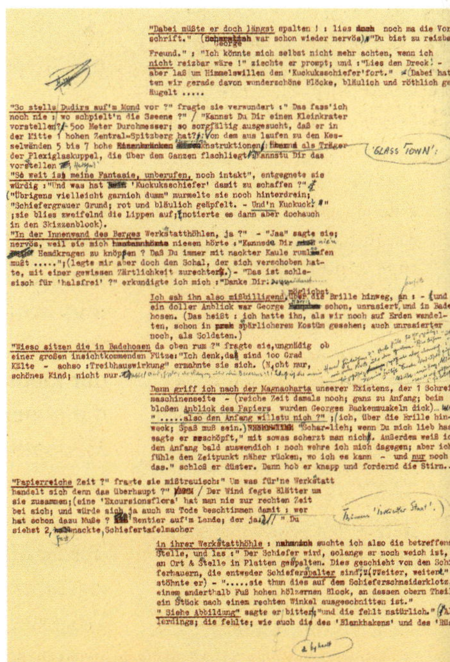
"Dabei müßte er doch längst spalten ! : lies noch ma die Vorschrift." (George war schon wieder nervös) "Du bist zu reizba
Freund." ; "Ich könnte mich selbst nicht mehr achten, wenn ich nicht reizbar wäre !" zischte er prompt; und :"Lies den Dreck! - aber laß um Himmelswillen den 'Kuckukschiefer' fort." (Dabei hatten wir gerade davon wunderschöne Blöcke, bläulich und röthlich ge hugelt .....

"So stells Dudirs auf'm Mond vor ?" fragte sie verwundert :" Das fass'ich noch nie ; wo schpielt'n die Szene ?" / "Kannst Du Dir einen Kleinkrater vorstellen? - 500 Meter Durchmesser; so sorgfältig ausgesucht, daß er in der Mitte 1 hohen Zentral-Spitzberg hat? : Von dem aus laufen zu den Kesselwänden 5 bis 7 hohe ...konstruktionen; ... als Träger der Plexiglaskuppel, die über dem Ganzen flachliegt : Kannstu Dir das vorstellen
'GLASS TOWN':
"So weit ist meine Fantasie, unberufen, noch intakt", entgegnete sie würdig :"Und was hat 'Kuckukschiefer' damit zu schaffen ?"
("Übrigens vielleicht garnich dumm" murmelte sie noch hinterdrein;
"Schiefergrauer Grund; rot und bläulich geäpfelt. - Und'n Kuckuck!"
;sie blies zweifelnd die Lippen auf; notierte es dann aber dochauch in den Skizzenblock).
"In der Innenwand des Berges Werkstatthöhlen, ja ?" - "Jaa" sagte sie; nervös, weil sie mich niesen hörte :"Kannsde Dir Hemdkragen zu knöppen ? Daß Du immer mit nackter Kaule rumlaufen mußt ....."; (legte mir aber doch den Schal, der sich verschoben hatte, mit einer gewissen Zärtlichkeit zurechte.) - "Das ist schlesisch für 'halsfrei' ?" erkundigte ich mich :"Danke Dir:
Ich sah ihn also mißbilligend, möglichst über die Brille hinweg, an : - (und ein doller Anblick war George schon, unrasiert, und in Badehosen. (Das heißt : ich hatte ihn, als wir noch auf Erden wandelten, schon in spärlicherem Kostüm gesehen; auch unrasierter noch, als Soldaten.)
"Wieso sitzen die in Badehosen da oben rum ?" fragte sie, ungnädig ob einer großen insichtkommenden Pfütze:"Ich denk, da sind 100 Grad Kälte - achso :Treibhauswirkung" ermahnte sie sich. (Nicht nur, schönes Kind; nicht nur.
Dann griff ich nach der Magnacharta unserer Existenz, der 1 Schreibmaschinenseite - (reiche Zeit damals noch; ganz zu Anfang; beim bloßen Anblick des Papiers wurden Georges Backenmuskeln dick)...
" .....also den Anfang willstu nich ?" ;(ich, über die Brille hinweck; Spaß muß sein.) "Schar-lich; wenn Du mich lieb has sagte er erschöpft," mit sowas scherzt man nicht. Außerdem weiß ic den Anfang bald auswendich : noch wehre ich mich dagegen; aber ich fühle den Zeitpunkt näher rücken, wo ich es kann - und nur noch das." schloß er düster. Dann hob er knapp und fordernd die Stirn..
"Papierreiche Zeit ?" fragte sie mißtrauisch:" Um was für'ne Werkstatt handelt sich denn das überhaupt ?" / Der Wind fegte Blätter um sie zusammen; (eine 'Excursionsflora' hat man nie zur rechten Zeit bei sich; und würde sich ja auch zu Tode beschtimmen damit : wer hat schon dazu Muße ? Rentier auf'm Lande; der ja.) " Du siehst 2, nackte, Schiefertafelmacher
in ihrer Werkstatthöhle : suchte ich also die betreffen Stelle, und las :" Der Schiefer wird, solange er noch weich ist, an Ort & Stelle in Platten gespalten. Dies geschieht von den Schieferhauern, die entweder Schieferspalter sind; (Weiter, weiter." stöhnte er) - ".....sie thun dies auf dem Schieferschneiderklotz, einem anderthalb Fuß hohen hölzernen Block, an dessen obern Theil ein Stück nach einem rechten Winkel ausgeschnitten ist."
" Siehe Abbildung" sagte er bitter; "und die fehlt natürlich." (Allerdings; die fehlte; wie auch die des 'Blankhakens' und des 'Hü

■ Erster Entwurf zu *Kaff auch Mare Crisium*

■ Alice und Arno Schmidt beim Schach in ihrer ersten gemeinsamen Wohnung in Greiffenberg, um 1937

ARNO UND ALICE

1937 heiratete Arno Schmidt die zwei Jahre jüngere Alice Murawski. Willig fügte sie sich zunächst der genialischen Natur ihres Gatten, der seine Vorstellung von der idealen Ehefrau als »stumme Anbetung, die auch Maschine schreiben kann«, deutlich auf den Punkt brachte. Über Jahrzehnte war Alice die treue Sekretärin, dann entfremdete sich das Paar. Zuletzt lebten beide auf getrennten Stockwerken und kommunizierten nur noch über ein Haustelefon. Alice Schmidt starb ebenfalls früh, 1983, nur vier Jahre nach ihrem Mann.

te Schmidt die nationalsozialistische Epoche in einer Art literarischer Verkapselung; selbst im Zweiten Weltkrieg interessierten den Soldaten die ästhetischen Probleme der deutschen Romantik weitaus stärker als Nachrichten von der Front. Dennoch bot der Krieg die ersten leibhaftigen Erfahrungen, und wie kein zweiter Autor der Ära nach 1945 hat Schmidt den Untergang Deutschlands, die Auflösung und menschliche Verzweiflung in drastisch-packenden Bildern porträtiert. Das war das Neue, Originelle, Unerhörte: In rasenden Gedankenketten, mit galligem Humor und vertrackten literarischen Anspielungen schnurren und schnoddern sich Schmidts Helden durch das Chaos, das als einziger böser Witz erscheint. Sprachlich blitzt, zischt und kracht es in dieser Prosa, die den braven Realismus der Nachkriegszeit, etwa eines Heinrich Böll, rebellisch übertrumpfte und alle traditionellen Gattungsgrenzen sprengte. »Überlebm wird Der, der noch aus jeder Cat'astrophe ›1 Geschichte‹ machn kann«, rekapitulierte Schmidt in jener bald typischen Schreib- und Sprechweise (»fonetische Schreibunk«), die zu seinem Markenzeichen wurde. Die Bücher lagen allerdings wie Blei in den Regalen. Das Publikum mochte sich nur schwer an diesen speziellen ›Sound‹, den phonetischen Stil, an gerasterte Druckseiten, assoziativen Satzbau und wilde Interpunktion gewöhnen. Inhaltlich schuf sich Schmidt einen eigenen Kosmos schwärzester Tragikomödien und negativer Utopien, die eine Welt nach dem atomaren Erstschlag schildern, aber auch immer wieder das Drama eines Intellektuellen in den sozialen, finanziellen und erotischen Mühlen des Alltags umkreisen. Ab 1958 lebte Schmidt zurückgezogen im niedersächsischen Bargfeld inmitten der Lüneburger Heide, verweigerte sich dem literarischen Betrieb – nur eine einzige öffentliche Lesung ist dokumentiert. Selbst der Medienrummel, der 1970 nach dem Erscheinen des Großromans *Zettels Traum* losbrach, riss ihn nicht aus seinen ruppigen Inszenierungen vom verkannten, einsamen Genie. Körperlich zerrüttet durch Alkohol – Cognac schon am frühen Morgen – und zwanzigstündige Arbeitstage, starb Arno Schmidt am 3. Juni 1979 an den Folgen eines Gehirnschlags.

ARNO SCHMIDT

LEBEN UND WERK

»Ein toller Knabe. Zuerst denkt man: Blödsinn. Dann ärgert man sich. Ein Mann offenbar, der sich für ein Genie hält … Man liest weiter. Man ist entzückt … Dann kommen wieder Snobismen. Dann herrliche Bilder. Expressionismus mit drei Ausrufungszeichen« – was Walter Jens 1951 notiert, wird jeder Arno-Schmidt-Erstleser erlebt haben. Geboren wurde dieser Einsiedler unter den deutschen Nachkriegsautoren, der sich längst, bevor er seine Texte nennenswert verkaufen konnte, zur Marke gemacht hatte, geboren wird Arno Schmidt am 18. Januar 1914 in einem Vorort von Hamburg, in einer ärmlichen Umgebung, der er sich durch Lesen (er lernte es mit drei, mit der Schwester) und Phantasieren entzieht. 1828 stirbt der Vater, die Mutter geht zurück ins heimatliche Schlesien, nahe Görlitz, Arno macht 1933 Abitur, beginnt eine Kaufmannslehre und erste literarhistorische Studien (zu Fouqué und Karl May). 1940 eingezogen, kommt er nach Norwegen, meldet sich 1944 an die Front. Nur so bekommt er Heimaturlaub, und er braucht ihn, um seiner Frau Alice (geheiratet wurde 1937) bei der Flucht aus Schlesien zu helfen; die verpackte Habe, Bücher vor allem, geht verloren. Das Paar landet in der Lüneburger Heide, ein provisorisches Leben, Schreiben in heute unvorstellbarer Armut beginnt – geschildert in den ersten Romanen. Man siedelt die beiden um, weitere Umzüge folgen, einer, um der Verurteilung wegen Gotteslästerung zu entgehen, bis sie 1958 das legendäre Arno-Schmidt-Haus in Bargfeld bei Celle kaufen und umbauen können. Mit Funkessays, Übersetzungen und dem Roman *Kaff auch Mare Crisium* (der in Bargfeld und Umgebung spielt) werden die Schulden bezahlt. Umzug und »Landschaft« haben sich als »beruflich brauchbar« erwiesen, das betrifft auch die Abgeschiedenheit Bargfelds. So geht er an das Mammutwerk *Zettels Traum*, das 1970 erscheint und für großen Wirbel sorgt. Die sechsjährige Fron fordert aber auch Tribut: Schmidt erleidet 1972 einen ersten Herzinfarkt. Den Goethepreis der Stadt Frankfurt kann er 1973 nicht persönlich entgegennehmen. In seiner Rede, von Alice vorgetragen, heißt es: »mein erstes Büchelchen ist erschienen, da war ich 36 Jahre alt. (Umstände mehrerer Art, ausschlaggebend die Hitler-Barbarei, verhinderten ein früheres öffentliches Auftreten.) / […] die unwahrscheinliche Energieleistung, mit 35 noch einmal neu anzufangen; und die fehlenden Jahre, um die man uns betrogen hatte, möglichst wieder einzubringen. / Sei es noch so unpopulär; aber ich weiß, als einzige Panacee, gegen Alles, immer nur ›Die Arbeit‹ zu nennen; und was speziell das anbelangt, ist unser ganzes Volk, an der Spitze natürlich die Jugend, mit nichten überarbeitet, vielmehr typisch unterarbeitet.« Am 3. Juni 1979 erliegt Arno Schmidt den Folgen eines Schlaganfalls.

AUF DEN PUNKT GEBRACHT

Die einen beugen ehrfürchtig das Knie, andere schütteln nur den Kopf: An Arno Schmidt scheiden sich die Geister. Seine penetrante Angriffslust stimulierte ein unbestritten originelles, einzigartig kauziges Werk, das den Autor zum Superstar der Avantgarde machte.

EMPFEHLUNGEN

Fünf Werke:
- *Leviathan*
- *Das steinerne Herz*
- *Kaff auch Mare Crisium*
- *Zettels Traum*
- *Abend mit Goldrand*

Lesenswert:

Wolfgang Martrynkewicz: *Arno Schmidt*, Reinbek 1992

Jan Philipp Reemtsma: *Über Arno Schmidt. Vermessungen eines poetischen Terrains*, Frankfurt/M. 2006

Alice Schmidt: *Tagebuch aus dem Jahr 1954*, Frankfurt/M. 2004

Hörenswert:

Arno Schmidt liest, Sämtliche Tonbandaufzeichnungen 1962–64, 6 CDs, Frankfurt/M. 1993

Arno Schmidt. Mikrophonprobe: und Notizen für »Vorläufiges zu Zettels Traum«, Bargfeld 1999

Sehenswert:

Janos Frecot (Hg.), *Vier mal vier. Fotografien aus Bargfeld*, Frankfurt/M. 2003

Besuchenswert:

Bargfeld, Wohnhaus und Alte Schmiede mit Arno-Schmidt-Museum und Forschungsstätte der Arno Schmidt Stiftung

Literatur und Engagement sind eins

Heinrich Böll

1917–1985

»Unsere Literatur hat keine Orte. Die ungeheure, oft mühselige Anstrengung der Nachkriegsliteratur hat ja darin bestanden, Orte und Nachbarschaft wiederzufinden. Man hat das noch nicht begriffen, was es bedeutete, im Jahr 1945 auch nur eine halbe Seite deutscher Prosa zu schreiben.«
Heinrich Böll, *Frankfurter Vorlesungen* 1964

■ Heinrich Böll in seiner Bibliothek im Dezember 1970

»Ich kann nicht begreifen, dass irgendein Politiker einem solchen Blatt noch ein Interview gibt. Das ist nicht mehr kryptofaschistisch, nicht faschistoid, das ist nackter Faschismus, Verhetzung, Lüge, Dreck …« Deutschland im Januar 1972. Ein Schriftsteller legt sich mit der Presse an. Es ist nicht irgendeine Zeitung, die er so massiv angreift, sondern die auflagenstärkste und damit eine der mächtigsten in der Bundesrepublik: Die »Bild«-Zeitung. Das Zugpferd des konservativen Axel-Springer-Konzerns, täglich millionenfach verkauft, mit plakativen Schlagzeilen und notorisch vereinfachendem Journalismus. In der Zeit der Studentenrevolte der 1960er Jahre hat sich das Blatt eindeutig positioniert: Gegen alles, was politisch ›links‹ steht, gegen die langhaarigen Rebellen und Aufwiegler, die lautstark gesellschaftliche Veränderungen fordern und damit so manchen braven Bürger in Rage versetzen. Erschreckende Ereignisse scheinen der Zeitung recht zu geben: Eine Gruppe um die Extremisten Andreas Baader und Ulrike Meinhof nimmt den bewaffneten Kampf auf, verübt Anschläge, raubt Banken aus, es gibt Tote und Verletzte. Auch »Bild« macht mobil und fahndet energisch nach den Terroristen. *Baader-Meinhof-Bande mordet weiter* lautet die Überschrift am 23. Dezember 1971 anlässlich eines Bankraubs, bei dem ein Polizist ums Leben kam. Noch stehen die Täter keineswegs fest, doch für Bild ist die Sache klar. Und da platzt Heinrich Böll der Kragen. Schon lange angewidert von dieser perfiden journalistischen Praxis, bezieht er im Magazin »Der Spiegel« grundsätzlich Stellung. Böll sieht in Andreas Baader und Ulrike Meinhof verirrte junge Menschen, denen man eine Chance geben muss. Er fordert »freies Geleit« und macht Bild mitverantwortlich für die Eskalation der Gewalt – nun

hat das Boulevardblatt einen weiteren Lieblingsfeind.

Zu jener Zeit ist Heinrich Böll 55 Jahre alt, als Schriftsteller weltberühmt und längst zu einer moralischen Instanz geworden. Immer wieder hat er sich eingemischt, öffentlich Kritik geäußert an den politischen Verhältnissen und Entwicklungen. In Staat und Klerus, bei Parteien und Politikern – überall registriert Böll mangelndes demokratisches Bewusstsein, das Fortwirken der nationalsozialistischen Vergangenheit, die Verdrängung von Schuld und Verantwortung. In den 1950er Jahren geißelt er die selbstzufriedene deutsche Wirtschaftswunderwelt in seiner beißenden Satire *Nicht nur zur Weihnachtszeit*; gegen den darauffolgenden Protest der Kirche setzt Böll ein tiefempfundenes Bekenntnis zu wahren christlichen Werten, die seiner Meinung nach von den offiziellen Würdenträgern verraten werden. Er analysiert die Sprache des damaligen Bundeskanzlers Konrad Adenauer und zeigt darin den restaurativen Geist der Epoche. Die 60er Jahre erleben Böll als vehementen Wahlkämpfer gegen die Große Koalition aus CDU und SPD; mit Blick auf die NS-Verstrickung des Bundeskanzlers Kiesinger fragt er die Deutschen: »So einen wollen Sie wählen?«

■ Katharina Blum wird von Polizisten abgeführt. Szenenphoto aus Volker Schlöndorffs Film *Die verlorene Ehre der Katharina Blum* von 1975 mit Angela Winkler in der Titelrolle

Heinrich Bölls umfangreiches Werk gründet ganz auf einer »Ästhetik des Humanen«, wie er sie selbst bezeichnet. Geprägt von Diktatur, Krieg und der materiellen Not des Wiederanfangs nach 1945, entwickelt der junge Schriftsteller einen eigenwilligen, neuen literarischen Stil. Die einfachen Dinge des Lebens – Wohnen, das Essen, private Beziehungen – werden zu wesentlichen Symbolen für ein menschliches, fürsorgliches Miteinander. Viele Romane und Erzählungen handeln vom Schicksal ›kleiner‹ Leute, die um ihr Dasein kämpfen müssen, stets im erbitterten Widerstreit mit den ›großen‹ Komplexen von politischer Macht, Geld und Gesellschaft. Fast alle Helden Bölls sind sympathische Gerechtigkeitsfanatiker, Rebellen gegen die Niedertracht ihrer Umwelt, die sie zu Außenseitern stempelt, weil sie der allgemeinen Norm nicht entsprechen. Gemäß der Überzeugung, »dass Sprache, Liebe, Gebundenheit den Menschen zum Menschen machen«, stellt Böll seine gesamte Arbeit in den Dienst der Humanität: »Moral und Ästhetik erweisen sich als kongruent.« Wenn auch etlichen Kriti-

Karl Carstens, damaliger Fraktionsvorsitzender von CDU/CSU, späterer Bundespräsident, am 12. Dezember 1974 in offensichtlicher Unkenntnis von Bölls Novelle:
»Ich fordere die ganze Bevölkerung auf, sich von der Terrortätigkeit zu distanzieren, insbesondere auch den Dichter Heinrich Böll, der noch vor wenigen Monaten unter dem Pseudonym Katharina Blüm ein Buch geschrieben hat, das eine Rechtfertigung von Gewalt darstellt.«

■ Heinrich Böll bei einer Friedensdemonstration. Szenenphoto aus dem Dokumentarfilm *Krieg und Frieden* von Volker Schlöndorff und anderen aus dem Jahr 1983

kern diese literarische Ethik bis heute zu schlicht erscheint, so führt Heinrich Böll die deutsche Nachkriegsliteratur doch eindrucksvoll auf die internationale Bühne zurück. Seine Bücher finden ein Millionenpublikum; in alle Sprachen übersetzt, wird Böll neben Günter Grass zum bekanntesten Autor Deutschlands und weltweit respektierten Vertreter einer engagierten Literatur. Der Nobelpreis 1972 ist eine Sensation – und ein Schlag für die konservative deutsche Publizistik, die es sich angewöhnt hat, Heinrich Böll als nationalen Miesmacher und Unruhestifter zu brandmarken. Unermüdlich erinnert die »Bild«-Zeitung ihre Leser auch daran, dass der Schriftsteller seit jener Attacke im Frühjahr mit Terroristen sympathisiere. Böll hat eine machtvolle Antwort parat. Im Juli 1974 veröffentlicht er die Novelle *Die verlorene Ehre der Katharina Blum*, in der die Heldin von einem zynischen Journalisten zum Mord getrieben wird. Katharina Blum hat eine Nacht mit einem polizeilich gesuchten Bundeswehrdeserteur verbracht und gerät nun in die Fänge der Sensationspresse. Man verdreht jedes ihrer Worte, diffamiert ihr Privatleben, hetzt die Öffentlichkeit gegen sie auf. Dabei spielt der Autor mit völlig offenen Karten. Im Vorspann des Buches schreibt er, dass bei der Schilderung der erfunden Geschichte »Ähnlichkeiten mit den Praktiken der ›Bild‹-Zeitung unvermeidlich« seien. Am Ende ist Katharina Blums Existenz zerstört. Als der Journalist die Verzweifelte schließlich noch sexuell bedrängt, erschießt sie ihn. Gewalt erzeugt Gewalt – heißt die moralische Botschaft. Die Novelle wird zu Heinrich Bölls größtem Erfolg, in wenigen Monaten werden 200 000 Exemplare verkauft, die Auflage steigt auf über eine Million. Gegen diesen Triumph kann selbst die »Bild«-Zeitung nichts machen. Sie stellt in dieser Zeit den Abdruck ihrer Bestseller-Liste ein.

»Das Personal von Böll verpflichtet den Leser in unnachgiebiger Weise zur Zeitgenossenschaft, und diese verlangt nun einmal die Deutlichkeit des Gegenwärtigen. Sein Personal macht uns wieder zu dem, was wir zwar seit langem sind, was wir uns jedoch aus Gleichgültigkeit oder Zaghaftigkeit nicht einzugestehen wagen: zu Mitwissern.«
Siegfried Lenz

DER NOBELPREISTRÄGER

1972 wurde Heinrich Böll für den Roman *Gruppenbild mit Dame* der Literaturnobelpreis verliehen. In der Begründung rühmte die Jury das Werk Bölls als »eine Dichtung, die durch ihren zeitgeschichtlichen Weitblick in Verbindung mit ihrer von sensiblem Einfühlungsvermögen geprägten Darstellungskunst erneuernd im Bereich der deutschen Literatur gewirkt hat.« Der Roman erzählt vom Schicksal der Leni Gruyten, einer einfachen, aber starken Frau, die durch ihre selbstlose Liebe zu einem russischen Kriegsgefangenen gesellschaftlich gebrandmarkt wird und doch unbeirrt ihren Weg geht. *Gruppenbild mit Dame* gilt heute – auch wegen seiner unkonventionellen Form – als moderner Klassiker und einer der aufregendsten Romane Heinrich Bölls.

HEINRICH BÖLL

LEBEN UND WERK

Er ist weder Jahrhundertautor noch Avantgardist, aber für die deutsche Nachkriegszeit so repräsentativ wie kein anderer, ein Porträtist der »Bonner« Republik, deren Geschichte er mit Romanen, Erzählungen, mit Essays und Reden fortlaufend kommentiert. Er selbst hat seine Gebundenheit an Land und Leute, an die Geschichte, die seine Biographie prägte, als Ausgangspunkt seines Schreibens benannt. Die damit gehaltene Nähe zu seinen Lesern ist der Grund seines Erfolgs. Heinrich Böll, am 21. Dezember 1917 in einem katholisch-bürgerlichen Elternhaus in Köln geboren und aufgewachsen, ist gerade 22, als er im Juli 1939 zur Wehrmacht einberufen wird; das Vorjahr musste er schon beim Reichsarbeitsdienst verbringen. Sechs Jahre dient er als Soldat, vor allem in Russland. 1945 Neuanfang, Gelegenheitsjobs, Wiederaufnahme des Studiums (vor allem wegen der Lebensmittelkarten für Studenten); Annemarie Cech, die er 1942 geheiratet hatte, ernährt die Familie als Lehrerin. Mit Kurzgeschichten, gesammelt in *Wanderer kommst du nach Spa…* (1950) macht er sich einen Namen, 1951 erscheint der Antikriegsroman *Wo warst du, Adam?* Er schreibt unermüdlich, Kurzgeschichten, Erzählungen, Romane, Hör- und Fernsehspiele, Essays, Theaterstücke und Gedichte, ist als Herausgeber und Übersetzer tätig (unter anderen von J. D. Salinger und Bernard Malamud). Bölls Antihelden suchen Überlebensstrategien, nach Möglichkeiten des richtigen Lebens in einer Gesellschaft, die von Konsumzwängen, Wirtschaftswundereuphorie, bigotter Scheinheiligkeit, der Last verschwiegener Geschichte geprägt ist. Nach *Ansichten eines Clowns* (1963), seiner Abrechnung mit dem CDU-Staat, verstummt der Erzähler eine Weile, es meldet sich der Essayist und Publizist zu Wort, der viele öffentliche Kontroversen provoziert. Als er 1972 für eine sachliche Berichterstattung im Zusammenhang mit der RAF eintritt, gerät er in den Verfolgungswahn des »Deutschen Herbstes«. Er reagiert mit der Erzählung *Die verlorene Ehre der Katharina Blum* (1974; in 30 Sprachen übersetzt). Mit seinem internationalen Ansehen – 1971–74 ist er Präsident des internationalen P.E.N.-Zentrums – setzt er sich für politisch verfolgte Schriftsteller ein, ermöglicht Alexander Solschenizyn 1974 die Ausreise aus der UdSSR. 1972 wird Böll der Literaturnobelpreis verliehen. Bölls letzter Roman, *Frauen vor Flusslandschaft* (1985), liefert rückblickend betrachtet das Schlussbild des politischen Bonn, dessen frühes Porträt Wolfgang Koeppen mit *Das Treibhaus* (1953) gezeichnet hat – zwei literarische Marksteine bundesrepublikanischer Geschichte. Am 16. Juli 1985 ist Böll in Langenbroich bei Köln gestorben.

AUF DEN PUNKT GEBRACHT

Man hat ihn den »guten Menschen von Köln« getauft – in Anspielung auf die lebenslange Verbundenheit mit seiner Heimatstadt und auf Bertolt Brechts Drama *Der gute Mensch von Sezuan*, in dem die Heldin trotz aller Grausamkeit der Welt unbeirrbar auf ihrem Ideal der Menschlichkeit besteht. Genauso war Heinrich Böll, und deshalb wird man ihn nicht vergessen.

EMPFEHLUNGEN

Fünf Werke:

- *Wanderer, kommst du nach Spa…*
- *Das Brot der frühen Jahre*
- *Billard um halbzehn*
- *Gruppenbild mit Dame*
- *Die verlorene Ehre der Katharina Blum*

Lesenswert:

Heinrich Vormweg: *Der andere Deutsche. Heinrich Böll. Eine Biographie*, Köln 2002

James H. Reid: *Heinrich Böll. Ein Zeuge seiner Zeit*, München 1991

Hörenswert:

Dr. Murkes gesammeltes Schweigen, Hörspielfassung von Hermann Naber, München 2006

Heinrich Böll liest, aus: Die verlorene Ehre der Katharina Blum, Gruppenbild mit Dame u.a., München 2003, 6 CDs

Sehenswert:

Ansichten eines Clowns. Regie: Vojtech Jasny; mit Helmut Griem, Hanna Schygulla. BRD 1975.

Gruppenbild mit Dame. Regie: Alexander Petrovitsch; mit Romy Schneider, Boris Koltowski. BRD 1977

Die verlorene Ehre der Katharina Blum. Regie: Volker Schöndorff/ Margarethe von Trotta; mit Angela Winkler, Mario Adorf, Jürgen Prochnow. BRD 1975

»Was steht uns Juden noch bevor?«
Paul Celan
1920–1970

■ Paul Celan, undatierte Aufnahme. Aus der rumänischen Schreibweise Ancel seines Familiennamens Antschel formte Paul Celan das Anagramm seines Künstlernamens. Er bestand auf der Betonung der ersten Silbe: Tsélan.

»Celan hörte niemals auf, sich mit dem Drachen Vergangenheit zu konfrontieren, und am Ende verschluckte dieser ihn.«
Paul Auster, 1983

Er hätte sie wahrscheinlich doch nicht retten können. Aber vielleicht wenigstens mehr Zeit gewinnen. Vergeblich warnte er: »Versteckt euch!« Er selbst tauchte unter an jenem Wochenende im Juni 1942, als die SS-Kommandos wieder ausschwärmten und die jüdischen Menschen aus den Häusern holten. Am Montag kehrte er in die elterliche Wohung zurück, Vater und Mutter waren fort, er sah sie nie wieder. Beide starben im Konzentrationslager, der Mutter schoss man ins Genick. Dieser grausame Tod entschied auch über das Schicksal des 22-jährigen Sohnes Paul. Zwar entkam er dem Holocaust, doch wie so viele Überlebende peinigte ihn das paradoxe Gefühl eigener Schuld – sein ganzes Leben und alle Arbeit wurden davon geprägt, am Ende hat es ihn zerstört.

Bis zum Zweiten Weltkrieg und dem Einmarsch deutscher Truppen in die Heimatstadt Czernowitz genoss Paul Antschel, der sich als Dichter Paul Celan nannte, eine schöne Kindheit und Jugend. Er war ein hochbegabter Schüler mit besonderem Sprachtalent, lernte neben Englisch, Französisch, Hebräisch auch mühelos Rumänisch und Russisch, die Sprachen seiner Umgebung. Die damalige Vielvölkerstadt Czernowitz lag im Herzen der Bukowina, einer Gegend im Grenzgebiet zu Rumänien und zur Ukraine, weit im Osten der österreichischen k.u.k. Monarchie. Hier mischten sich Kulturen und Ethnien in einem einzigartigen geistigen Klima. Es gab eine bedeutende Universität, in den zahlreichen Cafés las die Jugend europäische Zeitungen, man diskutierte über Literatur, Theater und Oper. Die Familie Antschel gehörte nicht zur jüdisch-intellektuellen Oberschicht, doch die Mutter Friederike verehrte die deutschen Dichter, rezitierte gern Goethe und Rilke, eine bekannte Gedichtzeile Celans erinnert daran: *Und duldest du,*

Mutter, wie einst, ach, daheim/den leisen, den deutschen, den schmerzlichen Reim? Der junge Paul fand rasch Anschluss an die literaturbesessenen Kreise in Czernowitz, begann selbst Verse zu schreiben, viele Freunde taten es ihm gleich.

Diese Welt versank bei Kriegsausbruch. Zuvor war Celan kurze Zeit in Frankreich gewesen, um ein Medizinstudium vorzubereiten. Ausgerechnet am 9. November 1938 ging die Reise los, tags darauf hielt der Zug frühmorgens in Berlin, Celan erblickte vom Fenster aus den Qualm der brennenden Synagogen: *Über Krakau/ bist du gekommen, am Anhalter/Bahnhof/floss deinen Blicken ein Rauch zu,/der war schon von morgen* … Solche Erlebnisse mit einem direkten historischen Hintergrund bilden ein wesentliches Fundament seiner Dichtung. Poetologisch versteht Celan jedes Datum (lateinisch das Gegebene) streng wörtlich. Stets bezieht er sich auf reale Dinge, historische, biographische oder rein faktische Gegenstände. Oft und verzweifelt hat er sich gegen den Vorwurf gewehrt, er schreibe eine ›hermetische‹, gegen die Wirklichkeit abgeschottete Lyrik voller dunkler, unverständlicher Metaphern. Auch die weltberühmte *Todesfuge* benennt die konkrete Realität der Vernichtungslager, sie handelt in Celans Sinn von ›Tat-Sachen‹: von der Musikbegleitung, unter der man die Juden in die Gaskammern trieb, von den Hunden und den Schergen, die nach dem Morden abends sentimental werden: *der schreibt wenn es dunkelt nach Deutschland dein goldenes Haar Margarete* …«. Und jene sinistre *schwarze Milch der Frühe* ist ebenfalls nicht aus der Luft gegriffen, sondern einem Vorkriegsgedicht der Czernowitzer Freundin Rose Ausländer entlehnt, das die Bedrohung atmosphärisch vorwegnimmt.

Die *Todesfuge* erschien erstmals am 2. Mai 1947 in einer Bukarester Literaturzeitschrift. Nach zweijähriger Zwangsarbeit von 1942 bis 1944 in einem rumänischen Arbeitslager kehrte Celan nie wieder nach Czernowitz zurück, von den 100 000 Juden der Bukowina hatten nur 5000 überlebt.

Als die sowjetischen Okkupanten immer stärkere diktatorische Züge zeigten, floh Celan, erneut unter Lebensgefahr, aus Bukarest.

DEUTSCHE NACHKRIEGSLITERATUR
Schon der erste Kontakt wurde zum Fiasko: 1952 las der Dichter auf der Tagung der Gruppe 47 in Niendorf die *Todesfuge*. Man lachte ihn aus. Er folgte nie wieder einer Einladung. Dieses Erlebnis, auch ein fatales »Datum«, trug wesentlich dazu bei, dass Celan stets auf Distanz selbst zu wohl wollenden Kollegen blieb.

■ Das Mädchenorchester in Ausschwitz. Szenenphoto aus *Spiel um Zeit* von Daniel Mann aus dem Jahr 1980, der Film wurde nach der Autobiographie von Fania Fénelon gedreht.

DER VORWURF DER UNVERSTÄNDLICHKEIT

Schon zu Lebzeiten sorgten Paul Celans Gedichte für Verwirrung. Er hielt die Mutter(Mörder)sprache für lyrisch weitgehend verbraucht, zog sich immer mehr in entlegene Sprachgebiete zurück. So nutzte er naturwissenschaftliche Spezialbegriffe aus der Botanik, Geologie oder Mineralogie als »neutrale Quelle«, wie es sein enger Freund Franz Wurm beschrieb. Kaum jemand vermochte seine »Daten« noch zu entschlüsseln. Dennoch beharrte Celan stets darauf, dass man seine Gedichte auch ohne Vorkenntnis verstehen könne. Einem seiner Biographen schrieb er: »Lesen Sie! Immerzu lesen. Das Verständnis kommt von selbst!«

»Ich verdanke Paul Celan viel: Anregung, Widerspruch, den Begriff von Einsamkeit, aber auch die Erkenntnis, dass Auschwitz kein Ende hat. Seine Hilfe kam nie direkt, sondern verschenkte sich in Nebensätzen, etwa auf Spaziergängen im Park.«

Günter Grass, 1990

Doch nirgends wurde er mehr richtig froh. Von Wien, wo er das nächste halbe Jahr verbrachte und sich in eine heillos komplizierte Liebesgeschichte mit der jungen Ingeborg Bachmann verstrickte, übersiedelte Celan nach Frankreich, er wollte weg von seiner Muttersprache, die ihm im täglichen Umgang als Sprache der Mörder entgegenschlug. Und doch ließ sie ihn nicht los. In den ersten mühevollen Pariser Jahren gab er privaten Schülern Deutschunterricht, hielt sich mit Übersetzungen und Gelegenheitsarbeiten über Wasser, schließlich wurde er Lektor für deutsche Sprache und Literatur an der École Normale Supérieure.

Der Gedichtband *Mohn und Gedächtnis* brachte 1952 seinen literarischen Durchbruch, bald regnete es Erfolge – und gleichzeitig setzten Kontroversen ein, die nicht mehr aufhören sollten. Das deutsche Feuilleton begrüßte in Paul Celan begeistert den Lyriker der ›Wiedergutmachung‹, nichts konnte ihm ferner liegen. Ebenso zornig, wie er sich dieser Umarmung entwand, beobachtete und kommentierte er die flächendeckende Verdrängung der Vergangenheit in der Ära Adenauer. Fassungslos angesichts der Rehabilitation zahlreicher belasteter Politiker, Juristen, Ärzte und Beamter, schrieb er in einem Brief an die Dichterfreundin und jüdische Leidensgenossin Nelly Sachs: »Ach, Sie wissen gar nicht, wie es in Deutschland tatsächlich wieder aussieht!« Und später an anderer Stelle: »Was steht uns Juden noch bevor?« Mit der Zeit, trotz stetig wachsenden Ruhms, entwickelte Celan einen regelrechten Verfolgungswahn, in jeder noch so leisen Kritik witterte er neuen Antisemitismus. Psychische Krisen häuften sich, eine Ehe mit der französischen Künstlerin Gisèle de Lestrange, die ihn lange stabilisierte, zerbrach. Die näheren Umstände seines Selbstmords sind bis heute nicht geklärt. In der Nacht zum 20. April 1970 stürzte sich Paul Celan von einer Brücke in die Seine. War dieses Datum, der Geburtstag Adolf Hitlers, ein Zufall? Oder schien es ihm ›auf-gegeben‹?

■ Paul Celans Grab, im Cemetière de Thiais, Paris

PAUL CELAN

LEBEN UND WERK

1920 wird Paul Antschel (rumänisch Ancel), der einzige Sohn von Friederike und Leo Antschel, im damals rumänischen Czernowitz geboren. Er besucht deutsch-, hebräisch- und rumänischsprachige Schulen, macht 1938 Abitur, beginnt in Tours (Frankreich) ein Medizinstudium. 1939 (Kriegsausbruch) geht er nach Rumänien zurück, studiert Romanistik, ab 1940 (unter sowjetischer Besatzung) Russisch, Anglistik. 1941 besetzen die Deutschen die Bukowina, deportieren 1942 Celans Eltern; beide werden ermordet. Celan flieht, gerät 1942–44 als Zwangsarbeiter in ein rumänisches Arbeitslager. Erste Gedichte erscheinen 1945 in Bukarest; er arbeitet als Lektor und Übersetzer, flieht nach Wien und weiter nach Paris (1948), wo er bis zu seinem Tod lebt. Dort studiert er Sprachen und erwirbt 1950 die »License des lettres«. 1951 lernt er seine spätere Frau, die Malerin Gisèle de Lestrange, kennen. 1955 wird der Sohn Eric geboren; der 1953 geborene François war kurz nach der Geburt gestorben. Den ersten Gedichtband *Der Sand aus den Urnen* (1948 in Wien erschienen) lässt er wegen sinnentstellender Druckfehler einstampfen. Teile daraus, auch die *Todesfuge*, gehen ein in *Mohn und Gedächtnis* (1952); es folgen *Von Schwelle zu Schwelle* (1955), *Sprachgitter* (1959), *Die Niemandsrose* (1963), *Atemwende* (1967) und *Fadensonnen* (1968); posthum *Lichtzwang* (1970) und *Schneepart* (1971). Den unauslöschlichen Brennpunkt seines Schreibens bildet die Erfahrung von Nationalsozialismus und Shoa. Jedem Gedicht, so sagt er in *Der Meridian* (1960, Rede zur Verleihung des Büchnerpreises) sei der »20. Jänner eingeschrieben«, das Datum der Berliner Wannsee-Konferenz, auf der 1942 die »Endlösung« der Judenfrage beschlossen wurde. In jedem Gedicht erneut müsse man den Kampf gegen die gesellschaftliche Instrumentalisierung der Kunst ausfechten: durch permanente Umwendung, Verknappung und Neugruppierung der gebräuchlichen Sprache; zugleich sei das Gedicht das Medium, über das er »zuhält« auf ein Dasein in der Sprache, das unentfremdet wäre. *Mach den Ort aus, machs Wort aus./Lösch. Miß.* Im »Auslöschen« herkömmlicher Bedeutungen erkundet er neue Möglichkeiten des Sprechens. Mit seinem unbedingten Widerstand gegen jede Form »falscher Versöhnung« (Theodor W. Adorno) riskiert er, sich nur noch einem Kreis Eingeweihter verständlich machen zu können, und schließlich das Verstummen. In der politisch aufgeregten Zeit um 1968 finden viele Leser und Kritiker, auch wenn sie Celans Absichten grundsätzlich teilen, kaum mehr die Geduld, seiner poetischen Arbeit am Material der Sprache zu folgen. Die Bilder erscheinen ihnen zu privat, die »Toposforschung im Licht der U-topie« (auch: Nicht-Ort) zu anstrengend. Am Vorabend des 20. April 1970 stürzt sich Paul Celan in die Seine.

AUF DEN PUNKT GEBRACHT

Neben Gottfried Benn ist Paul Celan der berühmteste Lyriker im Nachkriegsdeutschland. Seine späten Gedichte klingen fremd und rätselhaft, weil sie in der radikalen Reduktion der Worte auf eine Sprache abzielen, die das Trauma des Massenmords kühl pariert – wenigstens einen Moment lang.

EMPFEHLUNGEN

Fünf Werke:
- *Mohn und Gedächtnis*
- *Sprachgitter*
- *Die Niemandsrose*
- *Atemwende*
- *Lichtzwang*

Lesenswert:
Helmut Böttiger: *Orte Paul Celans*, Wien 1996

Hans-Georg Gadamer: *Wer bin ich, wer bist du? Ein Kommentar zu Paul Celans Gedichtfolge Atemkristall*, Frankfurt/M. 1995

Wolfgang Emmerich: *Paul Celan*, Reinbek 2006

Hörenswert:
Ich hörte sagen: Gedichte und Prosa, gelesen von Paul Celan, München 2004, 2 CDs

Paul Celan liest Sergej Jessenin und Ossip Mandelstam. München 2002

Besuchenswert:
Als architektonische Entsprechung zu Celans Schaffen: Daniel Libeskinds Bau des Jüdischen Museums in Berlin

Die ganze Welt ein Verbrechen
Friedrich Dürrenmatt
1921–1991

»Dürrenmatt war ein Schriftsteller, der zwischen allen Stühlen saß und querlag. Er war, was in deutschen Landen immer Seltenheitswert hatte: ein Humorist auf höchster künstlerischer und intellektueller Ebene.«
Marcel Reich-Ranicki, 1990

Selten ist es ein Glück, wenn Kinder krank werden. Im Fall von Friedrich Dürrenmatt muss die Weltliteratur jedoch dem Schicksal danken, dass im Jahr 1955 bei ihm zu Hause die Masern grassieren. Zudem liegt Ehefrau Lotti im Berner Spital, nach schwerer Operation dauert der Aufenthalt an, die Kosten steigen. Hinzu kommt die ebenfalls teure Impfung mit 15 Injektionen zu jeweils 50 Franken. Die Rechnung verdoppelt sich, weil auch die Haushälterin den Schutz benötigt. Dürrenmatt braucht also dringend Geld, ›schnell was Einträgliches schreiben‹, lautet die Devise. Auf eine der vielen Zugfahrten zwischen Bern und dem Wohnort Neuchâtel fällt dem bekümmerten Vater von drei Kindern die rettende Idee ein: Da gibt es doch noch diese frühe, unvollendete Novelle, in der ein Mann aus Amerika die alte Heimat besucht, ein abgelegenes Alpendorf, um Rache für erlittenes Unrecht zu üben! Als Abiturient hat Dürrenmatt die Geschichte konzipiert, dann abgebrochen, jetzt zieht er sie wieder aus der Schublade. Prosa bringt nicht genug Honorar, ein Theaterstück dagegen schon. In wenigen Wochen verwandelt er Figuren und Stoff: Nun kehrt eine steinreiche Witwe heim, nach Güllen, einem öden Nest in den Bergen. Von dort vertrieb man sie einst, blutjung und schwanger. Eine Milliarde bietet Ölbaronin Claire Zachanassian den Güllener Bürgern – wenn sie jenen töten, der sie damals verführte und sitzenließ! Ein Vermögen für einen Mord! Empört lehnen die Dörfler solch ein Ansinnen ab, doch rasch beginnt die Verheißung des Reichtums zu wirken, und das Drama nimmt seinen Lauf … Am 29. Januar 1956 erlebt *Der Besuch der alten Dame* eine umjubelte Premiere in Zürich. Danach erobert das Stück weltweit die Bühnen, Friedrich Dürrenmatts Name macht international die Runde, niemals

■ Friedrich Dürrenmatt im Juni 1988 in Schwetzingen, wo er mit der Inszenierung seiner Komödie *Achterloo* bei den Schwetzinger Festspielen Abschied vom Theater nimmt.

mehr werden den Autor Geldsorgen drücken. Auch in den nächsten Jahren jagen sich die Triumphe: Dürrenmatt schreibt wie entfesselt, mit dem großen Konkurrenten und Antipoden Max Frisch wetteifert er bald um den Rang des erfolgreichsten Schweizer Schriftstellers aller Zeiten – bis heute teilen sich beide den Ruhm als Schulbuch-Klassiker. Am Ende versammelt Dürrenmatts Werk zwei Dutzend Theaterstücke und nahezu zwanzig Bände Prosa, die Auflagen gehen in die Millionen.

■ Szenenphoto mit Gert Fröbe in Ladislao Vajdas Film *Es geschah am hellichten Tag* von 1958

»Ich zähle mich nicht zur Avantgarde und gelte lieber als ein etwas verwirrter Naturbursche mit mangelndem Formwillen …« – so charakterisiert sich der Dramatiker launig im Nachwort der ersten Buchausgabe vom *Besuch der alten Dame*; ein typisches Understatement, das ein durchaus stabiles Selbstbewusstsein verrät. Stärker beeinflusst von den grotesken Possen eines Johann Nestroy als vom damals maßgeblichen Lehrtheater Bertolt Brechts, entwickelt Dürrenmatt auf der Bühne einen ureigenen komödiantischen Stil, der rabenschwarzen Humor mit treffsicherer gesellschaftlicher Satire verbindet. Die Stücke strotzen nur so vor Bosheit und menschlicher Niedertracht, sie sind eigentlich kaum zum Lachen, jedoch höchst unterhaltsam, reich an bissigen Pointen und glänzenden Dialogen. Seine Romane und Erzählungen überraschen durch eine hochgradig mörderische Energie, die das Genre des Kriminalromans in gänzlich neue Bahnen lenkt. Dürrenmatt erfindet den philosophischen Krimi, der eine spannende Handlung stets mit existenziellen Fragen nach Schuld und Verantwortung verknüpft. Dabei geraten die Koordinaten von Recht und Gesetz durcheinander, tauschen Täter und Opfer die Rollen. In *Der Richter und sein Henker*, Dürrenmatts wohl bekanntestem Roman, deckt Kommissar Bärlach einen Mörder, um einen anderen Verbrecher zu überführen. »Gestehen muss man, ob man will oder nicht, und zu gestehen hat man immer was«, heißt es in der ähnlich hintergründigen Erzählung *Die Panne*; hier inszenieren vier pensionierte Juristen private Prozesse zur abendlichen Unterhaltung und treiben damit einen harmlosen Handelsvertreter in den Selbstmord. Dürrenmatts zutiefst pessimistische Überzeugung, dass die ganze Welt ein einziges Verbrechen darstellt, das im Grunde weder aufzuklären

»Nicht der Glaube an eine Ideologie, sondern gerade der Zweifel an Heilslösungen ist das Movens seines Denkens. Die Dialektik von Zweifel und Glauben konstituiert die Dramatik Friedrich Dürrenmatts.«
Heinz Ludwig Arnold, 1976

noch zu sühnen ist, formt sich vor allem während seines Studiums in Zürich, wo er in den 1940er Jahren das Porträt des Künstlers als zynischer junger Mann abgibt, der im Leben nicht aus noch ein, dafür aber alles besser weiß. Sein ländlich-christliches Elternhaus hat der Rebell und miserable Schüler schon auf den Kopf gestellt, den Vater, einen milden Pfarrer, einmal gar im Zorn an die Schrankwand geworfen. In Bern schließlich bringt ein beeindruckender Professor, der neben Philosophie zugleich kriminalistische Psychologie lehrt, den wilden Dürrenmatt wieder halbwegs in die Spur und auf jene zentralen literarischen Ideen, die sein Schriftstellerleben fortan begleiten. 1946 wagt er den Schritt ins Dasein des freien Autors, verlässt die Universität ohne Abschluss, schon im Jahr darauf wird das erste Theaterstück uraufgeführt.

■ Szenenphoto mit Jack Nicholson und Pauline Roberts aus Sean Penns Film *Das Versprechen* aus dem Jahr 2000, einem Remake von *Es geschah am hellichten Tag*

Der Öffentlichkeit hat sich Friedrich Dürrenmatt vornehmlich als rundlich-gemütlicher, älterer Herr eingeprägt, verschmitzt lächelnd, meistens eine Pfeife im Mund. Dahinter steckt jedoch ein radikaler Moralist und Kritiker, der zwar die Welt für ein Irrenhaus hält, menschliche Fehler damit aber keinesfalls entschuldigt. Seine wachsende Popularität, gerade auch bei der kritischen Jugend der APO-Generation, nutzt Dürrenmatt für ein weitgespanntes politisch-essayistisches Engagement, das ihm ebenso viel Zustimmung wie Protest einträgt: »Geistige Aufklärung ist wirkungslos, wenn sie nicht auch eine politische ist.« Vor allem die Schweiz kann ein Lied davon singen: Noch ein Jahr vor seinem Tod vergleicht er in einer Rede das Heimatland mit einem Gefängnis, in dem jeder Häftling frohgemut den eigenen Wärter spiele. Den Aufschrei der Eidgenossen empfängt der Dichter wie Applaus. Widerborstig und unberechenbar bis zum Schluss, stirbt Friedrich Dürrenmatt am 14. Dezember 1990 an einem Herzinfarkt, drei Wochen vor seinem siebzigsten Geburtstag.

DER ZEICHNER

Friedrich Dürrenmatt war eine klassische Doppelbegabung, was erst nach seinem Tod richtig bekannt wurde. Schon als Kind begeistert er sich für die bildende Kunst, mit zwölf Jahren gewinnt er einen Talentwettbewerb. Sein jugendlich-expressionistischer Stil stößt jedoch auf Ablehnung, enttäuscht lässt er die Malerei zunächst fallen. Später entsteht neben der Literatur ein umfangreiches künstlerisches Werk.

FRIEDRICH DÜRRENMATT

LEBEN UND WERK

»Die Welt ist eine Tankstelle, an der das Rauchen nicht verboten ist.« Nichts könnte das Denken dieses Autors besser charakterisieren als dieses (sein) Aperçu. Er konstruiert sich die Welt aus ihren Katastrophen, aus dem, wie man heute sagen würde, *worst case*. Die Welt ist grotesk, also muss es auch die Literatur sein – möglicherweise, wenn sie nämlich den Widersinn nicht mehr aushalten, erwachen Leser, Zuschauer; möglicherweise wehren sie sich, wie Dürrenmatts Helden, auch wenn es aussichtslos ist. Eine andere Chance, ihre Humanität zu bewahren, haben sie nicht. Der so dachte, Friedrich Dürrenmatt, wird am 5. Januar 1921 in Konolfingen, einem Dorf im Kanton Bern, geboren; der Großvater ein konservativer Politiker, der Vater protestantischer Dorfpfarrer, der mit seiner Familie 1935 nach Bern zieht, wo Dürrenmatt zur Schule geht, die »übelste Zeit meines Lebens« – überall Engstirnigkeit. Noch in Konolfingen beginnt er zu malen, eine lebenslange Neigung. Dennoch studiert er Philosophie, Naturwissenschaften, Germanistik; er hat es nicht eilig, tatsächlich will er Schriftsteller werden. 1947 heiratet er die Schauspielerin Lotti Geissler, das Paar zieht an den Bieler See, die bald fünfköpfige Familie hat es schwer mit dem schreibenden Vater. Erst mit *Der Besuch der alten Dame* findet er den Ton, der die Welt begeistert – auch das ist eine Groteske, denn eigentlich müsste den Zuschauern, Lesern das Lachen im Hals stecken bleiben. Das im Wortsinn explosive Stück *Die Physiker* wird zum erfolgreichsten der Saison 1962/63 und 1982/83. Dürrenmatt hat offenbar den Nerv der Zeit getroffen, das belegen auch die zahllosen Preise, die er für seine Stücke, Detektivromane, Erzählungen, Hörspiele, Essays und Vorträge erhält. Tagebücher wie sein Schweizer Antipode Max Frisch hat Dürrenmatt nicht geschrieben, für die Werkausgabe (ab 1979) aber bearbeitet er seine Texte nicht nur, sondern kommentiert sie und seine Absichten. So entsteht die neunteilige *Geschichte meiner Schriftstellerei*, veröffentlicht als *Labyrinth. Stoffe I-III* (1981) und *Turmbau. Stoffe IV-IX* (1990). Das Labyrinth ist eine Grundmetapher seines Schreibens und Zeichnens: »die totale Ausweglosigkeit: alle Fluchtwege erweisen sich als Illusionen: es gibt keine Lösungen, nur Irrwege.« Und diese Welt ist, was die Menschen aus ihr machen. *Durcheinandertal* heißt der Roman aus dem Jahr 1989. Im Jahr 1983 stirbt Dürrenmatts Frau Lotti; 1984 heiratet er die Schauspielerin, Filmemacherin und Journalistin Charlotte Kerr. Zusammen erarbeiten sie den Film *Porträt eines Planeten* und das Theaterstück *Rollenspiele*. Am 14. Dezember 1990 stirbt Friedrich Dürrenmatt in Neufchâtel. Die Erinnerung an die gemeinsame Zeit hat Charlotte Kerr in *Die Frau mit dem roten Mantel* festgehalten.

EMPFEHLUNGEN

Fünf Werke:
- *Die Ehe des Herrn Mississippi*
- *Der Richter und sein Henker*
- *Der Verdacht*
- *Der Besuch der alten Dame*
- *Die Physiker*

Lesenswert:

Heinrich Goertz: *Friedrich Dürrenmatt*, Reinbek 2003

Heinrich Vormweg: *Querfahrt mit Dürrenmatt*, Göttingen 1991

Charlotte Kerr: *Die Frau im roten Mantel*, München 1994

Hörenswert:

Max Frisch – Friedrich Dürrenmatt. Briefwechsel, gelesen von Helmut Griem und Maximilian Schell, Zürich/Frankfurt 2007

Sehenswert:

Das Versprechen. Regie: Sean Penn; mit Jack Nicholson, Benicio del Toro, Robin Wright Penn. USA 2001

Besuchenswert:

Das Centre Dürrenmatt in Neuenburg (Neufchâtel), ein Museum, in dem auch das malerische Werk gezeigt wird

AUF DEN PUNKT GEBRACHT

Dichter, Denker, böser Scherzbold – Friedrich Dürrenmatt trieb die literarische Unterhaltung auf die philosophische Spitze. Seine Stücke wirken immer noch, gänzlich unverwelkt blüht die Prosa.

Das grimmige Orakel
Heiner Müller
1929–1995

»So ist das also. Da schindet man sich krumm, ins Kreuz getreten dreißig Jahre, fressen wie ein Hund und in Trab wie ein Gaul. Und jetzt heißt es: ein Saboteur! Das ist also euer Arbeiterstaat. Ihr seid nicht besser als die Nazis.«
Aus *Der Lohndrücker*, 1958

Der kleine Junge erwacht, als die Männer kommen, um fünf Uhr früh: Lärm dringt in sein Kinderzimmer, schwere Schritte, Gebrüll, Bücher poltern zu Boden: »Ich hörte die Stimme meines Vaters, heller als die fremden Stimmen. Ich stieg aus dem Bett und ging zur Tür. Durch den Türspalt sah ich, wie ein Mann meinem Vater ins Gesicht schlug …«

Was der erst vierjährige Heiner Müller im Morgengrauen des 9. März 1933 voller Angst erlebt, geschieht in ganz Deutschland: Die Schergen der neuen Machthaber verhaften, misshandeln und verschleppen tausende von Menschen. Jeder Sozialdemokrat, Kommunist oder kritische Intellektuelle muss damit rechnen, ›abgeholt‹ zu werden. Auch den Vater Heiner Müllers nimmt die SA in »Schutzhaft«, wie der offizielle, verharmlosende Terminus lautet. In der sächsischen Kleinstadt Eppendorf ist Kurt Müller Ortsvorsitzender der Sozialistischen Arbeiterpartei SAP, einer neuen linken Gruppierung aus enttäuschten SPD- und KPD-Mitgliedern. Erst Ende 1933 kommt Kurt Müller wieder frei, von Folter gezeichnet und unter strengen Auflagen, die seine berufliche Existenz als Verwaltungsangestellter vernichten; die Mutter sorgt mit ihrer Arbeit in einer Fabrik für den Unterhalt der Familie.

■ Heiner Müller, einer der vier Intendanten des Berliner Ensembles, vor der Büste von Bertolt Brecht, 1994

Für Heiner Müller bleibt die nächtliche Heimsuchung ein Trauma, fast fünfzig Jahre später sieht er darin »die erste Szene meines Theaters«. Sie spiegelt etliche Grundmotive seines Werkes: brutale Gewalt, die Erfahrung der Ohnmacht, die Ausgrenzung des Individuums durch einen staatlichen Parteiapparat, die Wirkung von Ideologien. Fast alle Stücke und Gedichte demonstrieren den Konflikt zwischen Anpassung und Unterwerfung, kreisen um das Problem sozialer wie politischer Herrschaft. Poesie, Schönheit, gar Glück sucht man in Heiner Müllers Literatur vergebens, vielmehr finden sich darin die Katastrophen der menschlichen Existenz, zumeist verursacht vom Ingrimm historischer Mächte, die das Schicksal des Einzelnen finster besiegeln.

Am Beginn seiner Laufbahn versucht der Dramatiker noch, die gesellschaftlichen Widersprüche aufzulösen, im festen Glauben an die sozialistische Utopie. Nach dem Zweiten Weltkrieg, in den Entstehungsjahren der DDR, bildet Heiner Müller eigentlich den idealen literarischen Kandidaten für den neuen Staat: Von einfacher, proletarischer Herkunft, politisch links eingestellt, ist er unverdächtig, bürgerlich-intellektuelle Positionen zu vertreten. Die Eltern sind 1951 in den Westen gegangen, frustriert von der rigiden Praxis der SED. Müller bleibt, tritt in die Partei ein, steht zum Projekt des Arbeiter- und Bauernstaats. Den ersten Arbeiten begegnen die Funktionäre mit skeptischem Wohlwollen. Doch schnell merken die Genossen, dass sie einen literarischen Individualisten in ihren Reihen haben, der sich wenig vorschreiben lässt und beinhart das eine, einzige Ziel verfolgt: Schriftsteller zu sein und die Wahrheit zu sagen. Zunächst gelingt das kaum. Stur verbietet die SED-Bürokratie fast alles, was Heiner Müller zur Veröffentlichung beantragt. Völlig mittellos pendelt er von einer Berliner Bruchbu-

■ Das Theater am Schiffbauerdamm wurde 1892 von Heinrich Seeling erbaut. Seit 1954 ist es Spielstätte des von Helene Weigel und Bertolt Brecht gegründeten Berliner Ensembles.

EIN FRAUENTYP À LA BRECHT

Nicht nur Heiner Müllers Literatur ist stark von Bertolt Brecht geprägt. Mit dem verehrten Vorbild teilt der Schüler auch den Wesenszug notorischer Treulosigkeit in der Liebe. Und wie Brecht spornt Müller seine Geliebten stets zur Mitarbeit an. Mit seiner zweiten Ehefrau, der Kinderbuchautorin Inge Schwenkner, schreibt Müller gemeinsam die ersten Stücke. Nach ihrem Tod – Inge Müller begeht 1966 Selbstmord – heiratet er 1970 die Bulgarin Ginka Tscholakowa, sie hilft bei Übersetzungen und der Inszenierung von *Macbeth*. Dazwischen kommt es zu ebenfalls literarisch produktiven Affären, bis der Dichter 1992 mit der um 36 Jahre jüngeren Photographin Brigitte Maria Mayer den vierten Ehehafen ansteuert – und noch einmal stolzer Vater einer Tochter wird.

»Der Widerspruch der Zeit war nicht nur, wie er es manchmal darstellte, sein Arbeitsmaterial; er war Grundlage und Stachel seines Lebens.« Christa Wolf, 1991

»Auch diejenigen, die dieser Sprache fernstehen, sollen dankbar sein, einen großen Gegner vor sich zu haben und keinen der vielen kleinen Opportunisten, die heute in den Feuilletons ihr Unwesen treiben.« Walter Jens, 1996

de zur nächsten, schläft bei Freunden auf dem Sofa, lebt von der Hand in den Mund. Beim Berliner Ensemble, der Bühne des großen Bertolt Brecht, wo sich Müller hoffnungsvoll bewirbt, weist man ihn ab; der übermächtige Hausherr empfängt den selbstbewusst auftretenden Dichterjüngling äußerst reserviert, wittert in Müller gar einen Spitzel der Staatssicherheit. Also muss er sich weiter durchschlagen, journalistische »Scheiße schreiben, damit ich leben kann«, wie er es später nennt. Im kurzfristig liberaleren Klima der Entstalinisierung landet Müller 1958 endlich den ersten Theater-Erfolg. *Der Lohndrücker* spielt in der ›Produktion‹, wie die DDR ihre industriellen Betriebe bezeichnet, sogar Staatschef Walter Ulbricht lobt das Stück und erklärt es auf der berühmten Bitterfelder Konferenz neben den Werken von Anna Seghers und Erwin Strittmatter zum Vorbild sozialistischer Gegenwartskunst. Zwei Jahre später werden die Daumenschrauben wieder angezogen, Müller fliegt prompt aus dem Schriftstellerverband, da sein zweites Drama, *Die Umsiedlerin,* allzu kritisch die Lage der Landbevölkerung reflektiert. Müllers Kurs steigt und fällt mit der jeweiligen kulturpolitischen Richtung, konstant bleiben sein Eigensinn und der unbedingte Wille, sich literarisch durchzusetzen. Er entwickelt diplomatisches Geschick im Umgang mit den Betonköpfen der Partei, er taktiert, laviert, gibt auch mal Pfötchen, zum Beispiel beim SED-Chefideologen Kurt Hager, der sich dankend für Müller einsetzt. Ist er nicht ein prima Kommunist? Bisschen

■ Der Schauspieler Veit Schubert mistet als Herakles den Augiasstall aus. In dem Stück *Herakles* werden in der Inszenierung von Klaus Emmerich drei Texte des Dramatikers Heiner Müller zusammen aufgeführt, 1999.

sperrig, je nun! So läuft das Spiel, Müller lernt es mit den Jahren immer besser. Ist er ein feiger Opportunist? Manche Kollegen lassen später kein gutes Haar an ihm. Müllers Stücke sprechen eine andere Sprache. Mit Bearbeitungen antiker Klassiker betritt Müller Ende der 1960er Jahre vermeintlich ungefährliches Gelände. Aus den Vorlagen des Sophokles und Aischylos formt Müller gewaltige Dramen, in denen die Jahrtausende zusammenrücken und aktuelle sozialistische Gestalt annehmen. Ödipus als Tyrann, Herakles ein Held der Arbeit. Meint Müller das kritisch? Die Parteikader rätseln, sind sich nicht einig. Mit Shakespeare geht Müller ähnlich zu Werke: Er inszeniert *Macbeth*, aber ohne Hexen und Metaphysik, unter seiner Feder wird der mörderische Schottenkönig zum unselig getriebenen Diktator, der untergeht, weil er das Volk, das Kollektiv vergisst, ohne das kein Mächtiger auskommt. Im Grunde gut sozialistisch gedacht, aber das nunmehr offensichtliche DDR-Porträt, die saftigen Dialoge und spitzen Pointen entsetzen die Kulturfunktionäre, erneut hagelt es Verbote. Doch inzwischen hat Müller einen anderen mächtigen Partner an der Hand: Im Westen wird man aufmerksam, dort erfährt Müller nun die Anerkennung, die ihm sein Staat hartnäckig verweigert. Stücke werden gedruckt, die Inszenierungen häufen sich. Vor allem die originellen Adaptationen der Klas-

■ Heiner Müller hält am 4. November 1989 eine Rede auf dem Ostberliner Alexanderplatz vor den Teilnehmern der größten Demonstration in der Geschichte der DDR, – über 500 000 Menschen forderten mehr Demokratie und Bürgerrechte.

»IM HEINER«?

Zäh halten sich Gerüchte, dass der Dichter für die Staatssicherheit der DDR als »Inoffizieller Mitarbeiter« tätig war. Tatsache ist, dass Müller 1976 nach der Unterzeichnung der Petition für den ausgebürgerten Liedermacher Wolf Biermann ins Visier der Stasi geriet. Man stufte ihn als »feindlich negativen Schriftsteller« ein, hörte sein Telefon ab, stellte belastendes Material zusammen. 1981 tauchte der Deckname »IM Heiner« in den Akten auf. Mehrmals im Jahr bekam der Autor Besuch von einem Stasi-Offizier. Dessen Aufzeichnungen belegen, neben banalen Allerweltsgesprächen, dass Müller die Gelegenheit nutzte, sich für bedrängte Kollegen einzusetzen. Bis heute beweist kein Dokument das Gegenteil.

»In meinen Augen ist er ein ganz großer Dichter. Gemessen an Brecht natürlich ein Zwerg, der von den Brosamen lebt, die von Brechts Tisch fallen, aber das tun wir alle. Ich hatte immer das Gefühl, dass wir zusammengehören, was das immer diffus bedeuten mag. Auch im Streit der Welt. Heiner war, egal ob wir ihn Spitzel nennen oder nicht, einer von uns.«

Wolf Biermann, 1998

siker setzen einen Trend. Und nicht nur in Westdeutschland greifen die Theater zu den Stoffen dieses neuen, so kraftvollen Autors. Auch in Frankreich, Italien, gar in den USA feiert die Avantgarde Müllers Stil und Ton als ästhetisches Ereignis. Das DDR-Regime ruft den Renegaten nach wie vor zur Ordnung – und kassiert willig die Devisen, die Müllers Erfolge im kapitalistischen Ausland bringen. Unaufhaltsam wächst sein Renommee, in den westlichen Feuilletons grassiert eine nahezu kultische Verehrung, der Name Heiner Müller wird zum Begriff und Markenzeichen. Vor dem Weltruhm knickt die SED-Führung schließlich ein, gewährt großzügig Privilegien und Reisefreiheit, freilich in der beruhigenden Gewissheit, dass ihr kulturelles Aushängeschild politisch die Form wahrt und kein böses Wort über die DDR verliert. Müllers Linientreue hat viele Kritiker auf den Plan gerufen und ihn zum verwöhnten Staatsdichter gestempelt. Innerhalb der DDR-Kollegenschaft gilt Müller als ungeliebter Außenseiter, es ist die Rolle seines Lebens, die er achselzuckend akzeptiert. Auf der Bühne versorgt Müller das Publikum mit immer pessimistischeren Einsichten in die Fatalität der Geschichte, inszeniert deutsche Tragödien mit beklemmenden Bilderreihen von Stalingrad bis zum Arbeiteraufstand vom 17. Juni 1953, in Interviews und Talkshows gibt er das dunkel raunende, schwarzgewandete Orakel mit Whiskyglas und Zigarre. Am 4. November 1989, fünf Tage vor der Maueröffnung, spricht Müller auf dem Berliner Alexanderplatz vor hunderttausenden von Demonstranten. Ein letztes Mal zuckt die Staatsmacht, gedungene Stasi-Leute pfeifen ihn aus. Den Zusammenbruch der DDR kommentiert er ohne Triumph, dem Kapitalismus weissagt er das gleiche Schicksal. Alles muss untergehen, nichts bleibt, und *die Trümmer antworten nicht*, formuliert Müller 1993 im Prosagedicht *Mommsens Block*. Im Jahr darauf erkrankt er an Krebs. Am 30. Dezember 1995 stirbt Heiner Müller in Berlin.

■ Heiner Müller, Ende August 1995 auf dem Helsinki Festival; das Berliner Ensemble führte dort sein Stück *Quartett* auf.

»Jene allseits verehrte Artaud-Brecht-Chimäre, die ihren heftigen Grabeshauch schon zu Lebzeiten über Land und Kunst dünstete; deren zynisches Frohlocken, deren menschenverächtliche Gesellschaftsbegriffe mit beifälligem Nicken, zuletzt mit allen Ehrenzeichen des Staatsdichters belohnt wurden. In ihm erkannte das hässliche, sich selbst hassende, ewig spätexpressionistische Deutschland seinen ungeniertesten Repräsentanten.«

Botho Strauß, 1997

HEINER MÜLLER

LEBEN UND WERK

»Lieber verboten, aber ernst genommen, als unbehindert, aber wirkungslos« – ein Theatermacher, Dramatiker, Dichter, literarischer Querdenker, mit dem sich die auf den »sozialistischen Gang« der Dinge (Wolf Biermann) eingeschworenen Kulturbürokraten der DDR schwertaten (so wie im Westen alle, die ihn auf platten Antikommunismus festnageln wollten). Das zeigt das Auf und Ab von Ehrungen, Verboten, Wiederaufnahmen, größeren Ehrungen, die Heiner Müller in dem Staat zuteil wurden, den er zwar nie verließ (erst nach dem Mauerfall bezieht er mit seiner dritten Ehefrau, der Photographin Brigitte Maria Mayer, eine Fabriketage in Kreuzberg), den er aber herausforderte, indem er die Möglichkeiten, »im Westen« zu veröffentlichen und gespielt zu werden, listig nutzte. Geboren ist Heiner Müller am 9. Januar 1929 im sächsischen Eppendorf. Der Vater, ein Sozialdemokrat, wird 1933 verhaftet und malträtiert, der Sohn 1944 ins letzte Aufgebot des NS-Staats, den »Volkssturm«, gerufen. So gerät er in amerikanische Gefangenschaft. Seine Eltern verlassen die DDR 1947, er tritt 1951 in die SED ein. 1954 heiratet er die Dichterin Inge Müller. Ab 1958 arbeitet er am Max Gorki Theater und als freier Autor, wird 1959 (für *Der Lohndrücker*, *Die Korrektur*) mit dem Heinrich-Mann-Preis ausgezeichnet; fällt 1961 wegen der *Umsiedlerin* in Ungnade. Aus dem Schriftstellerverband ausgeschlossen, hat er praktisch Schreibverbot; 1965 kritisiert das ZK der SED den *Bau*, das letzte der »Stücke aus der Produktion«, mit denen er an Brecht anknüpfend – »Brecht nicht zu verändern, heißt, ihn zu verraten« – von der SED-Leitkultur, der heroisierenden Darstellung des Aufbaus des Sozialismus abweicht. Die Frage, ob erzwungene individuelle Opfer im Namen einer ideologisch propagierten Zukunft zu rechtfertigen sind – das Selbstrechtfertigungsmuster aller Diktaturen –, bestimmt Müllers Werk, der nun, mit der Bearbeitung antiker Stoffe (z.B. *Prometheus*, 1967) einen indirekten Weg der Gesellschaftskritik sucht. Die Widersprüchlichkeiten deutscher Geschichte – dargestellt im Bilderbogen *Germania. Tod in Berlin*, 1978 in München uraufgeführt – zeigen sich auch biographisch: viele Stücke Müllers werden im Westen uraufgeführt; er, der im eigenen Land unter Zensur steht, kann doch frei reisen; in Deutschland West und Ost wird er geehrt. Auch *Hamletmaschine*, eine Auseinandersetzung mit der Rolle des Intellektuellen, zugleich eine Absage an das optimistische Geschichtsbild der Aufklärung, kommt 1979 in Essen auf die Bühne. 1990, nach der Wende, wird Müller in Frankfurt am Main, beim Festival *Experimenta*, mit einer großen Werkschau geehrt. 1992 wird er ins Leitungsteam des Berliner Ensembles berufen. Am 30. Dezember 1995 stirbt er an Krebs.

AUF DEN PUNKT GEBRACHT

Keiner sonst hat das geschafft: Neben Bertolt Brecht wurde Heiner Müller der einzige DDR-Dramatiker von Weltrang. Den sozialistischen Idealismus schrieb er sich Stück für Stück vom Leib. Übrig blieb der pessimistische Blick auf alle Zeiten, in denen die Gewalt regiert.

EMPFEHLUNGEN

Fünf Werke:

- *Der Lohndrücker*
- *Ödipus Tyrann*
- *Die Schlacht*
- *Die Hamletmaschine*
- *Germania 3. Gespenster am toten Mann*

Lesenswert:

Heiner Müller, Max Messer: *Krieg ohne Schlacht. Leben in zwei Diktaturen. Eine Autobiographie*, Köln 1994

Heiner Müller, Alexander Kluge: *Ich bin ein Landvermesser. Gespräche. Neue Folge*, Hamburg 1996

Jan Hauschild: *Heiner Müller*, Reinbek 2000

Brigitte Maria Mayer: *Der Tod ist ein Irrtum. Bilder Texte Autografen*, Frankfurt/M. 2005

Hörenswert:

Germania 3: Gespenster am toten Mann, Hörspiel mit Ulrich Mühe, Berlin 1999

Sehenswert:

Barluschke. Psychogramm eines Spions. Regie: Thomas Heise (Mitarbeiter Müllers am Berliner Ensemble). D 1997

Besuchenswert:

Berliner Ensemble/Theater am Schiffbauerdamm, mit Kantine und schönem Biergarten

Heimat der Erinnerung

Uwe Johnson

1934–1984

■ Auf einer Schreibmaschine dieses Typs schrieb Uwe Johnson 1959 seinen Roman *Mutmassungen über Jakob*.

Er kam jeden Abend um sieben Uhr, in schwarzer Lederjacke, die Schiebermütze auf dem kahlen Schädel. Knurrte ein mürrisches »Good evening« oder sagte gar nichts. Der Wirt und die Gäste im Pub The Napier kannten das. So war er eben, dieser seltsame Deutsche, der oben in der Marine Parade, Nr. 26, ganz alleine wohnte. Es hieß, er sei Schriftsteller, schreibe Krimis, niemand fragte genau nach. In der Kneipe verlieh man ihm den Spitznamen Charles, was er gutmütig akzeptierte. Manchmal redete er ein wenig, übers Wetter, über Fußball. Meistens jedoch saß der große, massige Mann schweigend auf seinem Stammplatz an der Theke. Er las und kritzelte Notizen, trank dabei acht Pints, knapp vier Liter vom stärksten Ale, rauchte eine halbe Packung Gauloises und verließ die Bar nach exakt zwei Stunden und einem doppelten Wodka mit Tomatensaft zum Abschluss.

Keiner im Napier ahnte, dass hier ein prominenter Autor nach Hause ging, zurück an seinen Schreibtisch, wo Arbeit wartete, die *Jahrestage*, jener vierbändige Roman, der heute zu den bedeutendsten Werken der deutschen Nachkriegsliteratur zählt.

»Die *Jahrestage* sind ein opus magnum. Eine Tetralogie, die den großen Werken unserer Literaturgeschichte an die Seite zu stellen ist, ein Zeit-Mosaik von staunenerregender, präziser Fülle, von politisch-aufklärerischem Rang, von verhalten melancholischer Zartheit auch und von einsamer schriftstellerischer Meisterschaft.«
Joachim Kaiser

Fast zehn Jahre lang lebte Uwe Johnson in dem kleinen Sheerness-on-Sea, auf der britischen Insel Sheppey an der Themsemündung. Dorthin hatte er sich 1974 geflüchtet, in die Anonymität, weg von der Öffentlichkeit in Deutschland, die ihn immer mehr zermürbte. Der körperlich ungeschlachte Johnson war ein schwieriger Mensch mit einer überaus verletzlichen, leicht reizbaren Seele. Er dachte und sprach kompliziert, reagierte fassungslos, wenn man ihn falsch wiedergab oder, wie in den Medien üblich, seine Meinungen auf Schlagworte verkürzte. Von konservativer Seite prasselten die Angriffe nur so herab. Dass Uwe Johnson, in der DDR geboren und aufgewachsen, stets betonte, 1960 aus der SED-Diktatur nicht geflohen, sondern lediglich ins damalige Westberlin »übergesiedelt« zu sein, legte man ihm ebenso negativ aus wie sein kritisches Verhältnis zur Politik der Bundesrepublik. Linke Intellektuelle wiederum empfanden Johnsons zärtliche, literarische Hingabe an die mecklenburgische Heimat als reaktionär, die ersten Bände der *Jahrestage* wurden skeptisch begrüßt, es fiel sogar das Wort von »Blut-und-Boden«-Prosa. Mit den Usancen des westdeutschen Literaturbetriebs kam Johnson nie zurecht. Auf einer Schriftstellertagung verprellte er sämtliche Kollegen, als er öffentlich den Luxus der Unterbringung anprangerte und das Festbankett, mit dem Hinweis auf verfolgte Autoren in aller Welt, boykottierte. Danach lud man ihn kaum zu weiteren Veranstaltungen ein. Nur wenige hielten noch zu ihm, wie etwa sein Verleger Siegfried Unseld. Dieser glaubte fest an Johnsons Arbeit und finanzierte das sich endlos dahinschleppende Projekt der *Jahrestage* mit einem großzügigen monatlichen Wechsel. Ein treuer Freund blieb auch der wohlhabende Max Frisch, der es Johnson schließlich ermöglichte, das Haus in Sheerness zu kaufen.

STIL UND POETIK

In Grammatik und Interpunktion hat Johnson eine eigenwillige Schreibweise entwickelt, an der man ihn sofort erkennt, wie zum Beispiel am Beginn von *Das dritte Buch über Achim*: »da dachte ich schlicht und streng anzufangen so:«. Manche Kritiker warfen Johnson sogar vor, er könne gar kein richtiges Deutsch. Seine Vorstellungen von Literatur hat der Schriftsteller in zahlreichen Aufsätzen und Reden dargelegt, zuletzt in dem Band *Begleitumstände* von 1980. Darin bekennt er sich zum Wesen des Romans als erfundener Geschichte. Bei allem dokumentarischen Eifer, der Johnsons Bücher kennzeichnet, versteht er sich als Geschichtenerzähler, der nur »eine Version der Wirklichkeit« liefert. Der Roman war für ihn eine selbständige »Welt, gegen die Welt zu halten«.

Uwe Johnson entstammte einfachen ländlichen Verhältnissen. Auf der einsamen britischen Insel fand er Menschen, mit denen er die schlichte Herkunft teilte, und das passende Klima für seinen Roman: *Lange Wellen treiben schräg gegen den Strand, wölben Buckel mit Muskelsträngen, heben zitternde Kämme, die im grünsten Stand kippen …* So beschreibt Johnson zu Beginn der *Jahrestage* den Atlantik vor der amerikanischen Ostküste. Dort, in den USA lebt die Heldin des Romans, Gesine Cresspahl. Ihre Familie hat schon in Johnsons allererstem Roman *Mutmassungen über Jakob* eine wesentliche Rolle gespielt, damals war Gesine noch klein. Jetzt arbeitet sie als Fremdsprachensekretärin in New York City, hier hat sie der Autor ›wiedergefunden‹ und mit ihr eine literarische Zusammenarbeit vereinbart. Tag für Tag, ein volles Jahr lang erzählen sie Gesines kleiner Tochter Marie Geschichten *für wenn ich tot bin:* von der Heimat im kleinen Dorf Jerichow in Mecklenburg-Vorpommern, von der Kindheit, den Eltern und Großeltern, von Krieg, Gewalt und der

▪ Uwe Johnson, undatierte Aufnahme

»Ein homerisches Gedächtnis hat dieser Mann; Mecklenburg wird sich darauf verlassen dürfen.«

Max Frisch zu *Jahrestage*

■ Uwe Johnson wird im März 1979 vom Kultursenator der Stadt Lübeck mit dem Thomas-Mann-Preis ausgezeichnet.

Zeit danach, als die DDR entstand. Zugleich fließt die amerikanische Gegenwart in die Erzählung ein. Neben den alltäglichen Dingen in Gesines Leben wird alles, was vom Sommer 1967 an in der Welt geschieht, anhand der Lektüre der »New York Times« akribisch festgehalten. Die *Jahrestage* sind ein Protokoll von Geschichte und Geschichten, eine weitgespannte Familiensaga und der energische Versuch, die verlorene Heimat durch das Erzählen zurückzugewinnen. So entsteht im Chor literarischer und authentischer Stimmen eine zweite, andere »Heimat der Erinnerung«. Gegen das Vergessen – darum war es Uwe Johnson lebenslang zu tun, in den *Jahrestagen* verwirklicht er dieses humane Programm als sein persönliches Vermächtnis. Das Buch endet am 20. August 1968, dem Tag, als Truppen des Warschauer Pakts in die Tschechoslowakei einmarschieren. In der Schluss-Szene steht Gesine erneut am Meer: *Beim Gehen an der See gerieten wir ins Wasser. Rasselnde Kiesel um die Knöchel. Wir hielten einander an den Händen: ein Kind; ein Mann unterwegs an den Ort wo die Toten sind; und sie, das Kind, das ich war.*

Mit nahezu 2000 Seiten sind die *Jahrestage* der längste moderne deutsche Roman, über 15 Jahre zog sich die Arbeit hin, zwischendurch rechnete man nicht mehr damit, dass Johnson sein literarisches Großprojekt je fertigstellen würde. Eine dramatische Ehekrise führte zu einer Schreibblockade und zur völligen inneren wie äußeren Isolation des Schriftstellers. Der Alkohol tat das Übrige. Zum täglichen Pensum im The Napier kam noch schwerer spanischer Rotwein, den sich der Schriftsteller kistenweise vom Festland liefern ließ. Im Februar 1984, acht Monate nach Vollendung des Romans, starb Uwe Johnson an Herzversagen, im Alter von nur 59 Jahren. Man entdeckte den Toten erst drei Wochen später, die Leute vom Pub hatten das Haus aufgebrochen. In Johnsons Geldbörse steckte eine Notiz mit der Anweisung zum Begräbnis: »... zu verbrennen am Ort des Todes ohne Gesang Ansprachen Predigt Musik whatsoever.« Das ist der Stil der *Jahrestage*, der Satz steht im vierten Band, Uwe Johnson fand ihn wohl passend für sich selbst.

UWE JOHNSON UND DIE DDR

Die deutsche Teilung war ein Lebensthema. Schon sein erster Roman *Mutmassungen über Jakob*, mit dem er 1959 über Nacht bekannt wurde, erzählt vom Leben in der ehemaligen DDR. *Das dritte Buch über Achim*, 1961 erschienen, handelt von einem berühmten Radrennfahrer der DDR. Nach diesem Buch nannte man Johnson den »Dichter der beiden Deutschland« – ein eigentlich wohlwollendes Etikett, das er verabscheute, aber nie mehr loswurde.

UWE JOHNSON

LEBEN UND WERK

»Das allen in die Kindheit scheint und worin noch niemand war: Heimat« – was für Ernst Bloch der utopische Ort war, an dem Geschichte als von Menschen bewusst gemachte beginnen könnte, will Uwe Johnson (den Bloch tief beeindruckt hat) durch Erinnerung und Überlagerung, als literarischen Raum begehbar machen: als »möglichen Entwurf von Wirklichkeit«. Und das in Deutschland, durch das eine Grenze läuft, die Unterschiede, Fremdheiten, Entfernungen schafft, auch im Verhältnis zur Vergangenheit, der ersten deutschen Diktatur. Geboren wird Johnson am 20. Juli 1934 in Cammin, Pommern, die Eltern stecken den Sohn in ein NS-Internat in Polen, aus dem er flieht, 1945 geht es mit den Eltern weiter nach Anklam, Mecklenburg. Ab 1946 besucht er die Oberschule in Güstrow, beginnt 1952 zu studieren (Germanistik und Anglistik), zuerst in Rostock, dann in Leipzig, unter anderen bei Hans Mayer. Er gilt, wegen Konflikten mit der FDJ, der er fünf Jahre angehörte, »als nicht geeignet für Beschäftigung in staatlichen Institutionen«, sieht sich zu »wissenschaftlicher Heimarbeit« gezwungen, verfasst Verlagsgutachten und Übersetzungen. 1959 erscheinen *Mutmassungen über Jakob* nur im Westen. Die Geschichte des Eisenbahners, der zweimal die Grenze wechselt, hüben wie drüben nicht leben kann oder mag, macht Johnson schlagartig bekannt. 1959 »übersiedelt« er nach Westberlin. Auch *Das dritte Buch über Achim* (1961) und die Erzählung *Zwei Ansichten* (1965) handeln von den Brüchen und Fremdheiten, zu denen die Grenze zwischen Deutschland und Deutschland im (Er-)Leben einfacher Menschen führt. Das macht einsträngig realistisches Erzählen unmöglich, Johnson schneidet zudem reale Ereignisse (17. Juni 1953; Ungarn-Aufstand; Mauerbau) in die Handlung, und es bleibt den Lesern herauszufinden, wie sich die Fäden und Perspektiven möglicherweise verknüpfen lassen. Zur Perfektion treibt Johnson dieses Verfahren in *Jahrestage*, dem schließlich vierteiligen Roman, mit dem er während eines New-York-Aufenthaltes (1966–1968) beginnt und in dem er alle Themen und Figuren seines Werks samt eigener Geschichte und Zeitgeschehen zusammenführt. Zwischen 1970 und 1973 erscheinen die ersten drei Bände. 1974 zieht er auf die kleine britische Insel Sheerness-on-Sea vor Kent, unterstützt von Max Frisch und dem Suhrkamp-Verleger Siegfried Unseld. Er lebt zurückgezogen, von persönlichen Krisen und einer Schreibhemmung geplagt, schreibt den vierten Band der *Jahrestage*, der 1983, kurz vor seinem Tod, erscheint. Am 23. oder 24. Februar 1984 stirbt Uwe Johnson in seinem Haus in Sheerness-on-Sea an Herzversagen.

AUF DEN PUNKT GEBRACHT

Mit Uwe Johnson haben viele Leser ihre Probleme. Seine Prosa wirkt oft sperrig und umständlich. Wer sich jedoch in diesen besonderen Klang hineinhört, entdeckt eine eigene Welt, die so poetisch zart wie realistisch genau ist. Einmalig und unverwechselbar.

EMPFEHLUNGEN

Fünf Werke:

- *Mutmassungen über Jakob*
- *Das dritte Buch über Achim*
- *Karsch, und andere Prosa*
- *Zwei Ansichten*
- *Jahrestage*. 4 Bde.

Lesenswert:

Jürgen Grambow: *Uwe Johnson*, Reinbek 1997

Eberhard Fahlke, Thomas Wild (Hg.): *Hannah Arendt, Uwe Johnson. Der Briefwechsel 1967–75*, Frankfurt/M. 2004

Eberhard Fahlke, Gesine Treptow (Hg.): *»Kaum beweisbare Ähnlichkeiten.« Uwe Johnson, Walter Kempowski – Der Briefwechsel*, Berlin 2006

Hörenswert:

Jahrestage. Aus dem Leben der Gesine Cresspahl, gelesen von Max Volkert Martens, München 2005

Sehenswert:

Jahrestage. Regie: Margarethe von Trotta; mit Suzanne von Borsody, Marie Helen Dehorn, Matthias Habich. D 2000

Besuchenswert:

Das Uwe-Johnson-Museum im Nordwestmecklenburgischen Klütz, dem (vermuteten) Vorbild Jerichows

Geschichte, auf Blech getrommelt

Günter Grass

geb. 1927

Keiner ging uns verloren. Alle kamen wir an. Doch hat uns in jenem Jahrhundert nie wieder jemand in Telgte oder an anderem Ort versammelt. Ich weiß, wie sehr uns weitere Treffen gefehlt haben. Ich weiß, wer ich damals gewesen bin. Ich weiß noch mehr ... Mit diesen Sätzen schließt Günter Grass seine Erzählung *Das Treffen in Telgte* – eine rührende Hommage an die legendäre Gruppe 47 und ihren Gründervater Hans Werner Richter, der 1955 das Talent des noch völlig unbekannten Grass erkannt hatte und ihn zu einer ersten Lesung einlud. Zugleich würdigt *Das Treffen in Telgte*, das am Ende des Dreißigjährigen Krieges spielt, den barocken Luftikus Grimmelshausen mitsamt seinem listig-derben Naturell. Dessen wilder *Simplicissimus*-Roman läutete ein neues literarisches Zeitalter ein, und mit demselben Furor eröffnet dreihundert Jahre später der erklärte Nachfahre Grass eine eigene Epoche: *Die Blechtrommel* bildet 1959 den fulminanten Auftakt zu einem weitgespannten Werk, das die Welt erobert, kaum je nachlässt an Kraft und Originalität und immer wieder heftige Kontroversen erzeugt. Jedes Buch von Grass ist ein Ereignis, erregt die Gemüter, löst Proteste aus, gar Wut. Von Beginn seiner Laufbahn

■ David Bennent als Oskar Matzerath in der oscarprämierten Verfilmung der *Blechtrommel* von Volker Schlöndorff aus dem Jahr 1979

an polarisiert er die Öffentlichkeit. Denn wer ihn liest, bekommt nicht nur muskelstarke Prosa und feingesponnene Lyrik geboten, sondern zugleich auch stets die pointierte Meinung eines Autors, dem Literatur und Politik zwei Seiten einer Medaille sind.

■ Günter Grass und Marcel Reich-Ranicki vor Beginn des Literaturforums im jüdischen Gemeindezentrum in Frankfurt, wo Grass auf Einladung Reich-Ranickis am 25. April 1995 erstmals aus seinem Buch *Ein weites Feld* las.

Geboren 1927, gehört Günter Grass zur Generation der knapp Entronnenen, die man als halbe Kinder noch in Uniformen zwingt, um den Untergang Nazi-Deutschlands aufzuhalten. Mit 17 muss Grass in den Krieg, überlebt verwundet die letzten Schlachten und erfährt, entsetzt wie viele, nach der Befreiung von den deutschen Verbrechen. Er sieht Photos der Leichenberge aus dem Konzentrationslager Bergen-Belsen: »Ich habe es nicht glauben wollen. Das war der Satz auch bei allen Gleichaltrigen, mit denen ich zusammen war. Das ist unmöglich, das können Deutsche nicht gemacht haben. Es brach alles mögliche zusammen.« Die Bilder lassen den jungen Mann nicht mehr los, die Katastrophe des Nationalsozialismus prägt sein Bewusstsein und bestimmt den künstlerischen Lebensweg.

Grass lernt Steinmetz, studiert Kunst, will Bildhauer werden, schreibt nebenher Gedichte, gewinnt den dritten Preis bei einem Lyrikwettbewerb. Anfang der 1950er Jahre liefert ihm die zufällige Begegnung mit einem Knirps, der vergnügt eine Blechtrommel bearbeitet, die Idee zu einer Romanfigur, wie es sie noch nie gegeben hat: Oskar Matzerath, ein abnormer Gnom, der im Alter

»Man kann diesen Günter Grass für den vielleicht demokratisch segensreichsten Intellektuellen halten, der nach dem Zweiten Weltkrieg die politische Bühne betreten hat. Mit dem Einsatz seiner ganzen Kraft und seines politischen Temperaments hat er mehr als alle anderen Schriftsteller dafür getan, dass der Geist hierzulande einmal wieder ernstgenommen und respektiert wird.«
Joachim Kaiser, 1978

DER BILDENDE KÜNSTLER

Jedes literarische Projekt begleitet Günter Grass auch zeichnerisch, Bilder sind für ihn ein wichtiger, unerlässlicher Teil beim Prozess des Schreibens. Der studierte Bildhauer und Maler hat ein umfangreiches künstlerisches Werk an Zeichnungen, Radierungen, Lithographien, Kupferstichen und Skulpturen geschaffen. Auch seine Leser kennen dieses außerordentliche Talent: Sämtliche Originalumschläge seiner Bücher sind von Günter Grass selbst gestaltet.

»Für mich war Grass eins der stärksten literarischen Erlebnisse meiner Jugend. Sicher hat er wesentlichen Anteil daran, dass ich selbst zu schreiben begonnen habe.«
Nobelpreisträgerin Elfriede Jelinek, 1992

von drei Jahren das Wachstum einstellt, Glas zersingen kann und sich Zeit und Welt von unten anschaut. Seine Blechtrommel wird zum Medium der Vergangenheit, Oskar trommelt Geschichte herbei. Er erzählt vom kleinbürgerlichen Leben in Danzig, vom Beginn der Nazi-Herrschaft, dem langsam einsetzenden Terror der Diktatur, von Ignoranz, Anpassung und der achselzuckenden Passivität angesichts der Verfolgung und Ermordung jüdischer Menschen. Aggressiv und knallhart macht *Die Blechtrommel* Schluss mit der damals gängigen Tendenz, Hitlers Regime als schlimmes Unwetter aufzufassen, dem die Deutschen hilflos zum Opfer gefallen seien. Oskars Froschperspektive enthüllt die wahren Verhältnisse: Alle haben willig mitgemacht, alle sind schuld.

Der Roman, seine drastische Sprache, die oft grotesken, auch erotischen Szenen entfachen einen Skandal und machen Günter Grass über Nacht berühmt. Die Literaturkritik feiert, das Publikum stürzt sich auf *Die Blechtrommel* und kauft das Buch in Massen. Politisch konservative Kreise gehen prompt auf Abstand. Und Grass legt thematisch nach: Schon 1961 erscheint die Novelle *Katz und Maus*, da onanieren zur Zeit des Zweiten Weltkriegs Teenager um die Wette, ein späterer Ritterkreuzträger ist darunter. Und zwei Jahre später fährt Grass im großflächigen Roman *Hundejahre* einen neuerlichen Frontalangriff auf die deutsche Mentalität, die NS-Zeit gnädig auszublenden. Die drei Bücher bilden die *Danziger Trilogie*, Weltliteratur auf höchstem Niveau, die Übersetzungsrechte gehen in aller Herren Länder. Derweil beginnen in Deutschland die Attacken, man schimpft Grass einen Nihilisten, Gotteslästerer und Pornographen. Er wird zum umstrittenen Politikum, aber eines, das beißt und zornig zurückschlägt. Grimmige Wut packt ihn, als Bundeskanzler Adenauer den Berliner Regierenden Bürgermeister und SPD-Spitzenkandidaten Willy Brandt schmäht, weil er Emigrant gewesen sei und darüber hinaus unehelicher Herkunft. Jetzt trommelt Grass selbst, lautstark für die »Es-Pe-De«, und eine verblüffte Öffentlichkeit sieht den Dichter in den nächsten Wahlkämpfen durchs Land ziehen und Reden halten; auf Marktplätzen, in Turnhallen legt sich Grass für ›Willy‹ robust ins Zeug, die Zuschauer

■ König Karl XVI. Gustav von Schweden überreicht am 10. Dezember 1999 in einer feierlichen Zeremonie im Konzerthaus in Stockholm den Nobelpreis für Literatur an Günter Grass. In der Begründung des Nobelpreiskomitees heißt es, Grass habe »in munteren schwarzen Farben das vergessene Gesicht der Geschichte gezeichnet«.

strömen zu tausenden herbei. Zur Bundestagswahl 1969 absolviert Grass eine Deutschland-Tour von 31 000 Kilometern, im klapprigen VW-Bus, Willy Brandt dankt ihm das Engagement durch lebenslange Freundschaft.

Literarisch steigt Grass neben Heinrich Böll zum international prominentesten deutschen Schriftsteller der Nachkriegszeit auf, bis heute erreicht kein anderer diesen Rang. Weltautoren wie Gabriel García Márquez, Salman Rushdie und John Irving nennen Grass ihren Lehrmeister. Als Böll 1972 den Literaturnobelpreis erhält, fragt er spontan: »Warum ich? Warum nicht Grass?« Dieser sieht das zwar genauso, gönnt Böll aber den Erfolg von Herzen. Wie überhaupt Grass seinen Kollegen stets ein solidarischer Kamerad und guter Gastgeber ist. Gern versammelt er fröhliche Runden um sich, bei Rotwein und vielen Zigaretten, schwingt leidenschaftlich das Tanzbein.

Grass liebt die Frauen, und die Frauen lieben ihn und seine Glut, die ihn zum stolzen Vater von sechs Kindern macht. Hervorragend kochen kann er auch noch, vornehmlich deftige Gerichte aus der kaschubischen Heimat, Aal und grüner Hering, mancher Gast kaut allerdings schwer an den berüchtigten Kutteln des Hausherrn – Innereien vom Rind sind nicht jedermanns Sache. Begeistert goutiert dagegen eine inzwischen gewaltige Leserschaft die Schilderung solch sinnlicher Genüsse im nächsten sensationellen Epos *Der Butt*, der 1977 des Autors Lebenslust verbreitet

▪ Günter Grass im Gespräch mit Willy Brandt zu Beginn der Podiumsdiskussion beim ersten Kongress des Verbandes Deutscher Schriftsteller am 21. November 1970. Links im Bild Heinrich Böll

»Die Blechtrommel kennt keine Tabus. Gewalttätig wirkt dieser Roman, weil er alles berührt, als wäre es unantastbar. Zu Unrecht wird man ihn der Provokation verdächtigen. Er ist dem Skandal weder aus dem Weg gegangen, noch hat er ihn gesucht; aber gerade das wird ihn hervorrufen, dass Grass kein schlechtes Gewissen hat, dass für ihn das Schockierende zugleich das Selbstverständliche ist.«
Hans Magnus Enzensberger, 1959

SECHZIG JAHRE SCHWEIGEN

Wenige innenpolitische Ereignisse haben im Jahr 2006 mehr Aufsehen erregt als das Bekenntnis von Günter Grass, Mitglied der Waffen-SS gewesen zu sein. Nach eigener Darstellung wurde Grass im November als 17-Jähriger 1944 für Hitlers Elite-Truppe rekrutiert. Auf die Frage, warum er so lange darüber geschwiegen habe, antwortete er im Interview mit der *Frankfurter Allgemeinen Zeitung*: »Es ist sicher so, dass ich glaubte, mit dem, was ich schreibend tat, genug getan zu haben.« Ein Sturm der Entrüstung brach in Teilen der deutschen Öffentlichkeit los, in gewohnt temperamentvoller Manier konterte Grass im Frühjahr 2007 mit dem Gedichtband *Dummer August*.

und alle Verkaufsrekorde schlägt: *Ilsebill salzte nach. Bevor gezeugt wurde, gab es Hammelschulter zu Bohnen und Birnen, weil Anfang Oktober. Beim Essen noch, mit vollem Mund sagte sie: »Wolln wir nun gleich ins Bett oder willst du mir vorher erzählen, wie unsere Geschichte wann wo begann?«* Natürlich herrschen wieder Zwist und Zank, kreuzt Grass rauflustig die Klingen mit seinen Gegnern. Er bleibt ein Energiebündel, permanent auf Streit gebürstet. Nicht frei von Star-Allüren und gegen Selbstkritik komplett gefeit, lässt er niemals locker, mischt sich in jede Debatte ein und reagiert mit den Jahren immer allergischer, sowie man ihm widerspricht. Das nervt zunehmend auch die wohlmeinende ›linke‹ Presse, die »Spiegel«-Redakteurin Ariane Barth bringt es auf den Punkt: »Dieser Großdichter kann gar nicht anders – er will angehimmelt sein!« Die späteren Romane *Die Rättin* (1986) oder *Ein weites Feld* (1995) sind wütende, politisch teils überfrachtete Kommentare zum aktuellen Zeitgeschehen, fernere Epochen werden daran das Reizklima ermessen, in dem Grass gleichermaßen hart austeilt, wie er einstecken muss. 1999 kommt es zur sehnlichst erwarteten, langverdienten Krönung des Lebenswerks durch den Nobelpreis, selbst die schärfsten Kritiker gratulieren. Am Tag als die Nachricht eintrifft, marschiert Grass feixend zum Zahnarzt, dieser Termin geht vor, die Journalisten sollen gefälligst warten. Die Feier in Stockholm verläuft ungewöhnlich schwungvoll. Nach Preisverleihung und festlichem Diner geleitet ein triumphierender Dichter die Damen aufs Parkett. Noch nie habe ein Nobelpreisträger so schön getanzt, gibt ein Orchestermusiker zu Protokoll. Auf dem Olymp des Weltruhms ist Günter Grass auch bei Tango und Rock 'n' Roll ganz in seinem Element.

■ Der frisch gekürte Nobelpreisträger für Literatur Günter Grass tanzt mit seiner Frau Ute im Ballsaal der Stockholmer Stadthalle.

GÜNTER GRASS

LEBEN UND WERK

Günter Grass, am 16. Oktober 1927 in Danzig geboren, verbringt seine Jugend im kleinbürgerlichen Vorort Langfuhr. Schon der Schüler beginnt zu zeichnen und zu schreiben. Mit 15 Luftwaffenhelfer, wird er 1944 eingezogen, nimmt am Krieg teil, wird verwundet, gerät in Kriegsgefangenschaft; seine Zugehörigkeit zur Waffen-SS gibt er zu Protokoll. An Kriegsverbrechen ist er nicht beteiligt gewesen, deren Erkenntnis jedoch, Scham, Reue, Wut, dass Deutsche dergleichen getan haben, sie prägen sein Werk, das sich in der Spannung von Artistentum und politischem Engagement entfaltet und sich darin von dem des Zeitgenossen Böll unterscheidet. Artistentum: Grass will Bildhauer werden, schlägt sich als Bergarbeiter durch, macht eine Steinmetzlehre (1947), studiert Bildhauerei in Düsseldorf und Berlin. Schreibt surreal-poetische Gedichte, *Die Vorzüge der Windhühner* (1956), und absurde Theaterstücke; geht nach Paris (1956–1960) – um dort die *Blechtrommel* (1959) zu schreiben. Die groteske Figur des Trommlers Oskar Matzerath macht ihn weltberühmt. Schon dieser Roman zeigt einen Zwiespalt: Die präzis überzeichnete Figur kommt im Nachkriegsdeutschland nicht wirklich zurecht, ihre trommelnd-seherisch-anarchischen Fähigkeiten erlahmen im Klima der Restauration. Dieser beizukommen, reichen artistische Mittel nicht aus. Der politisch aktive, der Mahner Grass meldet sich von nun an deutlich hörbar, mit dem Gewicht des anerkannten Epikers zu Wort. Adenauers polemische Angriffe auf Willy Brandt (1961) motivieren Grass zum »Trommeln für die Es-Pe-De« (bis 1972), was Niederschlag findet in *Örtlich betäubt* (1969) und *Aus dem Tagebuch einer Schnecke* (1972). Epische Fülle erreicht erst wieder *Der Butt* (1977); der Widerstreit zwischen artistischer Meisterschaft und moralisch-politisch motiviertem Schreiben prägt die *Die Rättin* (1986) und *Ein weites Feld* (1995), gespiegelt in deren gespaltener Rezeption. 1999, im Erscheinungsjahr des Buchs *Mein Jahrhundert*, erhält Grass den Nobelpreis für Literatur – mit ausdrücklicher Erwähnung der *Blechtrommel*. Die privateren Erinnerungen – *Beim Häuten der Zwiebel* (2006) – machen die Mitgliedschaft bei der Waffen-SS publik. Ein Interview im August 2006 mit der »Frankfurter Allgemeinen Zeitung« entfacht eine landesweite, breite Debatte. Man wirft Günter Grass sein Schweigen vor, er reagiert mit zornigen Attacken auf seine Kritiker. Literarisch verarbeitet er die Diskussion im Gedichtband *Dummer August*, eine großangelegte lyrische Polemik, die einen tiefverletzten Autor zeigt.

AUF DEN PUNKT GEBRACHT

Daran führt kein Weg vorbei: Günter Grass ist der bedeutendste lebende Schriftsteller der deutschen Literatur. Unangefochten bei seinem Millionenpublikum, hat er als künstlerisches Kraftpaket und politischer Sturkopf Geschichte geschrieben – und tut es noch.

EMPFEHLUNGEN

Fünf Werke:

- *Die Vorzüge der Windhühner*
- *Die Blechtrommel*
- *Katz und Maus*
- *Der Butt*
- *Ein weites Feld*

Lesenswert:

Volker Neuhaus: *Schreiben gegen die verstreichende Zeit. Zu Leben und Werk von Günter Grass*, München 1997

Michael Jüngs: *Bürger Grass. Biografie eines deutschen Dichters*, München 2002

Heinrich Vormweg: *Günter Grass. In Selbstzeugnissen und Bilddokumenten*, Reinbek 2002

Hörenswert:

Günter Grass liest Die Blechtrommel, Göttingen 1997. 23 CDs

Komm, Trost der Nacht, Günter Grass und Peter Rühmkorf lesen Barocklyrik, München 2004

Sehenswert:

Die Blechtrommel. Regie: Volker Schlöndorff; mit David Bennent, Mario Adorf, Angela Winkler, Katharina Thalbach, Daniel Olbrychski, Charles Aznavour. BRD/F 1978/79

Besuchenswert:

Das Günter-Grass-Haus in Lübeck, Graphiken und Skulpturen im Kunsthaus Lübeck

Danzig, auf den Spuren von Grass, die Stadt bietet geführte Stadtrundgänge an.

PERSONENREGISTER

Fiktive Personen sind *kursiv* gesetzt.
Schriftsteller, denen ein Essay gewidmet ist, sind **fett** gesetzt.

BILDNACHWEIS

Der Verlag dankt allen, die uns Bilder zur Verfügung gestellt haben, für die freundliche Genehmigung zum Abdruck. Leider war es uns nicht in allen Fällen möglich, die Rechteinhaber ausfindig zu machen; alle Ansprüche bleiben gewahrt.

akg-images Berlin: S. 3, 6, 8, 12, 14 oben und Umschlag vorn, 14 unten, 15, 16, 19 oben und unten, 23, 24, 25, 26, 29, 30, 32 und Umschlag vorn, 33, 34 oben, 35, 36, 39, 42, 44 oben und unten, 45, 46-47, 48, 50, 51, 52, 54, 55, 59 unten, 64, 72, 73 und 4, 74, 76, 77, 83, 92, 93, 96 und Umschlag hinten, 100, 102 und 5, 112, 113, 117, 118, 119, 122, 124, 130 und Buchrücken, 135, 138, 139, 140, 142, 143 unten, 147, 150, 158, 163 und Umschlag vorn, 164, 167, 171 und 4, 174, 175, 176, 178 und 4, 180, 182, 185, 189, 190, 198 und Umschlag hinten, 200, 201, 204, 208 und 5, 209, 231, 241/Archiv Klaus Wagenbach: S. 160/Archiv Mehrl: S. 34 unten/Bildarchiv Pisarek: S. 157/© The Heartfield Community of Heirs/VG Bild Kunst, Bonn 2007: S. 179/Heiner Heine: S. 22/Joseph Martin: S. 11/Bruni Meya: S. 188 · Archiv der Theodor-Storm-Gesellschaft, Husum: S. 88, 89, 90 · Arno-Schmidt-Stiftung, Bargfeld: S. 218, 219, 220 · Bildarchiv Preußischer Kulturbesitz: S. 148 · Filmbild Fundus Eva Klemens, Kirchseeon: S. 146, 215 · Georg-Büchner-Gesellschaft, Marburg: S. 86 · INTERFOTO/Karger-Decker: S. 170 · Jauch und Scheikowski, Porep: S. 62, 82, 84 unten, 98, 107, 123, 131, 134, 151, 153, 161, 205, 223, 224 und Umschlag hinten, 227, 232, 244 · Karl-May-Verlag, Bamberg: S. 106, 108 · Thomas Kirchhoff: S. 228 · Österreichische Nationalbibliothek Wien, Bildarchiv, E 21.531-D: S. 196 · Sarah Pasquay: S. 70 · picture-alliance/dpa-Bildarchiv: Umschlag vorn 1. Abb. v. r., S. 7, 9, 18 und 4, 56, 63 oben, 94, 97, 110 und Umschlag hinten, 116, 120, 127, 132, 133, 136, 144, 156, 162, 166, 172, 191, 192, 199, 202, 206, 210, 212 und Umschlag vorn, 216, 222, 226, 230, 234 und 4, 235, 236, 237, 238, 240, 242, 245, 246, 247, 248 und Umschlag vorn, 256/IMAGNO/Austrian Archives: S. 111, 114, 126, 128, 183, 184, 186 und 5/IMAGNO/Franz Hubmann: S. 194, 195 · Robert-Musil-Literatur-Museum, Klagenfurt: S. 152, 154 · SLUB/Abt. Deutsche Fotothek, Foto: Fritz Eschen: S. 211 · Jürgen Sorges: S. 80 · Mit freundlicher Genehmigung der University of Southern California, USC Specialized Libraries and Archival Collections, Feuchtwanger Memorial Library: S. 168

IMPRESSUM

Bibliografische Information der Deutschen Nationalbibliothek
Die Deutsche Nationalbibliothek verzeichnet diese Publikation in der Deutschen Nationalbibliografie; detaillierte bibliografische Daten sind im Internet über http://dnb.d-nb.de abrufbar.

Gestaltung und Satz: typocepta, Wilhelm Schäfer, Köln
Satz aus der Berthold Concorde und der DTL Caspari
Druck und Bindung: Westermann Druck, Zwickau
Printed in Germany

www.gerstenberg-verlag.de

ISBN 978-3-8369-2580-8